Polinnia
Testi, Studi e Manuali di Letterature europee

Direttore
Giuseppe Savoca

• XXXVI •

POLINNIA

Silvia Freiles

# BARTOLO CATTAFI FRA LIBRO DI POESIA E LIBRO D'ARTE

.L.S.
O

Leo S. Olschki Editore

2025

Casa Editrice Leo S. Olschki
Viuzzo del Pozzetto, 8
50126 Firenze
www.olschki.it

ISBN 978 88 222 6994 2

*Al professore Giuseppe Savoca*
*A mio padre Antonio Freiles*
*All'amica di sempre Giovanna Quartarone*

# INTRODUZIONE

Essere un grande artista non significa nulla:
essere un puro artista, ecco ciò che importa.
DINO CAMPANA

Bartolo Cattafi è un autore che, pur eleggendo la poesia ad attività principale, ha saputo spaziare, con diversi esiti, dalla prosa giornalistica alla scrittura diaristica, dalla pittura al disegno e alla fotografia: modalità espressive che concorrono alla formazione di un unico mondo immaginifico per arrivare, proprio nel periodo più denso di concrescenze doppie e multiple, ad una (per lui) inedita forma di *doppelbegabung* costituita dal libro d'artista, in cui si riuniscono istanze espressive tenute sino a quel momento separate.

Introducendosi in questo affascinante e complesso ramo dell'editoria, che prevede l'integrazione di interventi testuali e visuali (anche esterni), Cattafi accede in qualche modo allo statuto di 'artista contemporaneo' che interagisce con più mondi immaginali e più campi del sapere, allineandosi perfettamente alle pratiche artistiche della contemporaneità, rispetto alla quale egli è stato considerato dalla critica sempre un po' appartato.

In realtà la sua interattività non discende sommessamente dall'idea primonovecentesca dell'inscindibilità delle arti, ma si sostanzia di apporti più recenti, approdando alla versatilità di forme miste, quali l'iconismo e l'iconotesto.[1]

Considerare Bartolo Cattafi un doppio talento significa, allora, introdurlo nell'avventuroso campo degli studi novecenteschi che si occupano della «'terra di mezzo' tra il verbale e il visuale, quali che siano le scelte finali dell'autore che si serve dei due media».[2]

---

1 Per un approfondimento di questi concetti si rimanda a MICHELE COMETA, *Letteratura e arti figurative: un catalogo*, «Contemporanea», 3, 2006, pp. 15-29.

2 *Al di là dei limiti della scrittura. Testo e immagine nel "doppio talento"*, in *Al di là dei limiti della rappresentazione. Letteratura e cultura visuale*, a cura di Michele Cometa e Danilo Mariscalco, Macerata, Quodlibet, 2015, p. 49.

Quella del doppio talento è, attualmente, una questione che riguarda più la rappresentazione della realtà da parte degli autori, che la loro concreta produzione artistica, pure necessario oggetto di analisi.

Nella consapevolezza di questa dicotomia di fondo, buona parte del nostro percorso si incentrerà sulle suggestioni dei grandi movimenti artistici di inizio Novecento e del dopoguerra sulla poesia cattafiana.

Le avanguardie storiche e le neoavanguardie, imprescindibili punti di riferimento – anche per contrasto – per le trame, le correnti, i contesti e gli artisti successivi, per Cattafi sono da prendere in considerazione a partire dal momento in cui 'intervengono' nella sua testualità: ad esempio, il Futurismo precede cronologicamente il Surrealismo, ma lo segue nella biografia cattafiana, poiché la riemersione di scenari futuristi avviene all'altezza dei primi anni Sessanta, dopo l'adesione ai caratteri fortemente surrealisti, simbolisti e misticheggianti delle raccolte *Nel centro della mano* e *Partenza da Greenwich* (in seguito confluita interamente in *Le mosche del meriggio*).

Occorre specificare che l'influsso di tali correnti artistiche non si esaurisce quasi mai nello spazio di una stagione poetica, ma agisce sul lungo periodo, vibrando insieme a nuovi e più recenti condizionamenti letterari, visuali, biografici, come succede ad esempio con Montale,[3] uno dei modelli più 'resistenti' della poesia cattafiana insieme a Ungaretti e, in misura minore, Quasimodo.

È ancora il caso del lessico futurista, che presenta un picco all'altezza della raccolta *Qualcosa di preciso* (poi riversata in *L'osso, l'anima*), in concomitanza con il trasferimento del poeta nell'industrialissima Milano, ma continua ad agire sino a *Chiromanzia d'inverno*,[4] risemantizzandosi e diventando funzionale ad altri valori e contenuti.[5]

La costante funzione propulsiva, per l'immaginazione cattafiana, del Futurismo, oltre che dalla visione di specifiche mostre, sarà alimentata dal contatto con le opere del pittore siciliano Giulio D'Anna negli anni Settanta.

---

[3] La lezione di Montale continua ad agire «in profondo anche nel più maturo Cattafi [...] senza sminuirne l'originalità e la novità», riaffiorando anche nelle prove più tarde con echi della *Bufera*, di *Satura*, dei *Diari* o dei *Quaderni* (Giuseppe Savoca, *Linea montaliana del linguaggio di Cattafi*, in Id. *L'infinito e il punto. Letture di poesia tra Ungaretti e Cattafi*, Firenze, Olschki, 2011, p. 123).

[4] Per la commistione tra lessico tecnologico e lessico sportivo nelle ultime raccolte cattafiane, mi permetto di rinviare a Silvia Freiles, *La «parola illimitata» di Bartolo Cattafi*, Roma, Aracne, 2016, pp. 161-162.

[5] Giovanni Raboni notava come non vi fosse alcun tema cattafiano che da *Le mosche del meriggio* non si ritrovasse «infinitamente mutato e misteriosamente intatto, sin nella *Discesa al trono* o in *Marzo e le sue idi*» (Giovanni Raboni, *Introduzione* a Bartolo Cattafi, *Poesie scelte (1946-1973)*, Milano, Mondadori, 1978, p. 16).

Anche il ruolo del poeta e scienziato Nino Pino Balotta, figura della «preistoria»[6] cattafiana, andrà ridisegnato, scoprendone l'apporto a lungo raggio in relazione a soluzioni stilistiche e suggestioni futuriste.

Se per il *Liberty* sarà possibile rintracciare puntuali ascendenze lemmatiche, si dovrà parlare invece di un particolare sentire nel caso del Surrealismo, la cui vicenda caratterizzò a lungo la pratica artistica e il dibattito teorico europeo, tramutandosi, nella poesia italiana, in volontà trasgressiva di canoni e regole linguistiche, eversività pura, «ordine semplice di libertà illimitata», come Oreste Macrì affermava in *Nozione del Surreale*.[7]

La tendenza all'accumulazione asindetica, cifra della poesia cattafiana, rappresenta il risultato del condizionamento incrociato delle avanguardie futurista e dada-surrealista, ma anche della performatività intrinseca ai *collages* materici utilizzati dalla poesia verbo-visiva degli anni Sessanta e Settanta e da certi indirizzi della pittura contemporanea con cui Cattafi entra in contatto.

La fitta sequenza di rottami, macerie, scarti che si ritrovano in alcune poesie è comunque riconducibile – almeno in parte – a quell'adorniano «sfrangiamento delle arti» dovuto al principio di montaggio instauratosi ad inizio secolo,[8] per via del quale l'opera accoglie materiale a sé estraneo. Parliamo della rivoluzione tecnica operata dalle avanguardie che, dissolto il confine tra arte e vita, assimilano nel proprio linguaggio una pluralità di oggetti comuni, frammenti della quotidianità, scarti della civiltà industriale, materiali eterogenei.

Può fungere da esempio la poesia *Messina, 27.864* che snocciola una sequenza disordinata[9] di «Muri tetti pavimenti pareti / con calce con carta da parato / ferro legno vetro cemento ottone / calcestruzzo malta cemento armato / piombo zinco tegole tubi pietre / mattoni mattonelle [...]» (*L'aria secca del fuoco*).

Dopo avere individuato i modelli figurativi della giovinezza, atto necessario vista l'esorbitanza dei corrispettivi letterari, a partire da *L'Osso, l'anima* (1961) si scopre un Cattafi vicino idealmente ai 'pionieri' dell'arte

---

6 Sergio Palumbo, *La preistoria di Bartolo Cattafi*, in *Atti del Premio Nazionale di Poesia «Bartolo Cattafi»*, (V-VI edizione, Barcellona P.G., 1989-1991), Marina di Patti, Pungitopo, 1992.

7 Oreste Macrì, *Nozione del surreale*, in Id., *Esemplari del sentimento poetico contemporaneo*, Firenze, Vallecchi, 1941, p. 313.

8 Theodor W. Adorno, *L'arte e le arti* (1967), in Id, *Parva aesthetica. Saggi 1958-1967*, Milano, Feltrinelli, 1979, p. 170.

9 Mladen Machiedo vede un rinnovamento del dettato poetico cattafiano in questa poesia, definendola, all'interno di una lettera-recensione, un «bombardamento di nomi [...] testo – per me – indubbiamente antologico» (*Per Bartolo Cattafi*, a cura di Diego Bertelli e Francesco Rognoni, «Paragone», LXXIII, nn. 162-163-164, agosto-dicembre 2022, p. 76).

astratta, le cui sollecitazioni sono state determinanti nel raboniano passaggio dalla «figuratività» alla «figuralità»,[10] sia per le modalità compositive dell'immagine che per la selezione lessicale.

Lungo questa direttrice, verrà anche indagato il rapporto tra il poeta e l'Informale (in particolare quello di Alberto Burri), che nella poesia italiana ha rappresentato la consapevolezza della dimensione pre-linguistica quale luogo di origine di ogni forma espressiva.

Discorso a parte meritano lo Spazialismo, conosciuto da Cattafi grazie all'amicizia con uno dei suoi principali esponenti, Beniamino Joppolo, e le sperimentazioni verbo-visive e concettuali da cui il poeta prenderà le distanze, per inglobarne però assunti e impressioni nella sua raccolta più avanguardistica, *Segni*.

L'opera poetica di Cattafi va dunque calata nella temperie artistico-culturale del suo tempo, mettendone in evidenza i caratteri di originalità e innovazione, e coinvolgendo la sua produzione pittorica e grafica che per la critica è rimasta per lo più in una zona d'ombra, investendo più la dimensione biografica che quella artistica.

L'ipotesi critica di una compattezza dell'universo segnico cattafiano impone di mettere decisamente in conto la circolarità di ritmi compositivi, modalità operative e, in parte, diagrammi figurativi (ma tutti i *media* sono 'misti' sul piano percettivo).

Rispetto alle primissime ipotesi di tangenze della poesia cattafiana con la pittura straniera che, com'è stato notato, risultavano paradossalmente più calzanti di quelle letterarie,[11] siamo adesso in grado di delineare con minore approssimazione dei profili di vicinanza a numerose esperienze artistiche svoltesi in Italia dagli anni Sessanta in poi, grazie all'analisi delle presenze editoriali nel fondo bibliografico messo a disposizione dall'Università Statale di Milano,[12] tra le quali spiccano cataloghi, saggi e monografie d'arte.

È così possibile colmare molti vuoti relativi alla formazione artistica del poeta, ridimensionando o confermando ascendenze soltanto ipotizzate, ed esplorare aree di interesse e d'intesa con altri intellettuali, avvalorate da

---

[10] G. Raboni, *Introduzione* a B. Cattafi, *Poesie 1943-1979*, a cura di Vincenzo Leotta e Giovanni Raboni, Milano, Mondadori «Lo specchio», 1990, p. vii.

[11] Raoul Bruni, *Per la poesia di Bartolo Cattafi*, in B. Cattafi, *Tutte le poesie*, a cura di Diego Bertelli, introduzione di Raoul Bruni, Firenze, Le Lettere, 2019, p. xviii.

[12] Il fondo, composto da circa 1000 volumi, è attualmente consultabile presso il Centro Apice (Archivi della Parola, dell'Immagine e della Comunicazione Editoriale) dell'Università degli Studi di Milano e, digitalmente, al seguente *link*: La biblioteca del poeta Bartolo Cattafi - Università degli Studi di Milano Statale (exlibrisgroup.com).

una quanto mai folta e varia corrispondenza epistolare[13] e, nella maggior parte dei casi, dalle testimonianze diaristiche. Proprio i diari – scritti tra il 1971 e il 1979 – concorrono a delineare una personalità poliedrica, tracciandone un ritratto anche sotto il profilo artistico, nonostante l'adesione alla vocazione poetica dia finanche alla scrittura diaristica una patina letteraria.

Lo spazio dedicato agli amici pittori, sia quelli che vedremo coinvolti nei suoi libri d'artista (come Ludovico Mosconi, Ruggero Savinio, Carmelo Cappello, Gian Luigi Giovanola, Nino Ricci ed altri), sia quelli con cui Cattafi ebbe solo contatti saltuari, aspira ad essere *in primis* un mezzo per indagare tanto il percorso creativo del poeta, quanto quello degli artisti a lui vicini.

*In secundis*, tra le conoscenze cattafiane è possibile individuare dei plausibili punti di riferimento per la produzione poetica (pensiamo a Luca Crippa, Achille Pace, Renzo Ferrari, Giulio D'Anna), grafica (Giorgio Morandi) e pittorica (Beniamino Joppolo), da affiancarsi ai grandi nomi internazionali già avanzati dalla critica, come Wols, Bacon o Sutherland.

L'integrazione della 'biblioteca' del poeta con i libri ancora in possesso della sua famiglia (molti dei quali già presenti nella casa milanese di via Venini prima del trasferimento in Sicilia) permette di verificare la sua propensione per autori come De Chirico (il cui influsso soprattutto sulla poesia di *Marzo e le sue idi* è indiscutibile), e di conoscere i libri su cui Cattafi si è formato negli anni Cinquanta.

Ma per lui sono stati decisivi anche gli anni Settanta, che a livello biografico hanno visto congiuntamente la ripresa della versificazione, la sperimentazione nel campo del disegno, nonché la prosecuzione dell'attività pittorica iniziata durante il lungo vuoto poetico, da intendersi come «un pieno di altra natura rispetto alla pagina scritta, un'esperienza della vita che attendeva di farsi energia lirica, di esplodere nella grande fioritura della seconda stagione».[14]

Nel secondo proficuo periodo creativo, Cattafi si muove in un contesto innovativo e spiazzante caratterizzato da un coacervo di 'narrazioni' e fatti diversissimi nei confronti del quale tuttavia il poeta si dimostra alquanto

---

[13] L'elenco dei corrispondenti di Cattafi si trova in calce alla monografia di STEFANO PRANDI, *Da un intervallo del buio. L'esperienza poetica di Bartolo Cattafi*, Lecce, Manni, 2007, pp. 212-214.

[14] Sarà presa in considerazione la suddivisione cronologica di G. SAVOCA che, nel saggio *Linea montaliana del linguaggio di Cattafi* (cit., p. 117), individua il «vuoto di circa sette anni, del quale non sopravvive testimonianza» quale discrimine tra un primo periodo «dagli ultimi anni quaranta al 1964, quando esce *L'osso, l'anima*», ed un secondo «dal '71 (data della maggior parte delle liriche dell'*Aria secca del fuoco*) al '77 (che è l'anno sotto cui sono raccolte le ultime cose dell'*Allodola ottobrina*)».

ricettivo: dalle sperimentazioni tecnico-linguistiche alle questioni identitarie, ecologiche, geopolitiche, alle riflessioni sulla forma *tout court*, alla preparazione di quella che sarebbe stata la videoarte multimediale negli anni Ottanta.

Ci si è domandati attraverso quali canali e in quale misura tali innovazioni siano state assorbite da un Cattafi ormai stabilmente collocato nella campagna di Mollerino in provincia di Messina, e 'separato', per così dire, dai luoghi in cui l'arte si faceva e si autoproduceva e in cui si svolgevano le grandi mostre che rielaboravano le esperienze americane (Torino, Roma, Milano, luogo quest'ultimo che il poeta frequenterà progressivamente sempre meno), emancipandosi al contempo da esse.

Come emerso dalle rare dichiarazioni esplicite di poetica (e da quelle più numerose interne ai testi),[15] la creazione per Bartolo Cattafi passava in prima istanza attraverso canali nascosti: una serie di misteriosi segni e premonizioni, congiunture quasi astrali (per rifarci al fortunato simbolismo del poeta) che poco hanno a che fare con gli spostamenti in senso fisico o con la perentoria presenza in un luogo ben determinato; tanto più che la fitta rete di amicizie e conoscenze, non solo nel campo letterario (dominato da Raboni, Sereni, Solmi, Erba, Forti, Bo) ma anche in quello pittorico, era tramata da un continuo scambio (anche a distanza) di materiale cartaceo e librario, fatto che il fondo bibliografico può testimoniare, se 'interrogato' correttamente.

Non si tratta, tuttavia, di operare un'impossibile sovrapposizione tra biblioteca reale e biblioteca ideale, ma di avviare un'analisi documentale utile ad individuare eventuali nuove piste di indagine: ad esempio, l'elevata incidenza della stessa tipologia di testi in un preciso arco temporale (nel nostro caso il libro d'artista nei primi anni Settanta) potrà illuminare il *milieu* in cui è avvenuto l'ennesimo cambio di marcia dell'attività cattafiana, da sempre improntata ad uno spiazzante metamorfismo.

Il nome di Cattafi è da connettere per più ragioni a Vanni Scheiwiller (il cui influsso pervasivo lascia, però, al poeta libertà e autonomia nelle scelte editoriali), ma anche a molte altre figure di editori, incisori, artisti, ruotanti attorno a quella esperienza di «straordinaria compenetrazione tra poesia e

---

[15] In alcuni microcontesti cattafiani di *La discesa al trono*, *Marzo e le sue idi* e di *Segni* si può rinvenire un lessico del 'fare poetico', precisatosi in costellazioni lessicali inerenti ad intenzioni programmatiche – per lo più problematizzate o negate – secondo una convenzione prettamente novecentesca di contro all'ipotizzata «assenza di una precisa vocazione all'indagine metaletteraria» nel poeta, giustificata col «sistematico ricorso all'aiuto degli amici Sereni e Raboni, critici-poeti di prim'ordine, per la progettazione dei propri volumi» (S. Prandi, *Da un intervallo del buio*, cit., p. 7).

pittura»[16] che è il libro d'arte nei primi anni Settanta, e di cui Cattafi si appropria, cominciando la sua breve, ma significativa avventura nel mondo delle edizioni d'arte.

Ad ogni libro d'artista cattafiano, compresi quelli postumi, sarà dedicata una sezione di approfondimento critico che vuole andare oltre la tradizionale scheda bibliografica, articolandosi in molteplici direzioni di analisi: dai riferimenti bibliografici alla genesi dell'opera, dalle dinamiche relazionali tra 'illustratore' e poeta alle peculiarità dell'edizione.

I contatti – più o meno diretti – con altri doppi talenti (come Milena Milani, poetessa e pittrice), Renzo Modesti (poeta e critico d'arte), e soprattutto con Beniamino Joppolo (poeta, scrittore, drammaturgo e pittore), sono indicativi della progressiva consapevolezza, da parte del poeta, della duplicità dei propri mezzi espressivi, culminata nella partecipazione a mostre di settore e, tuttavia, mai enfatizzata.

Quello di Cattafi è stato sin dagli esordi un pensiero pittorico, un pensiero per immagini (*bildnerisches Denken*, per dirla con Paul Klee) che lo ha portato a forzare e oltrepassare i limiti del linguaggio verso una concezione 'liquida' dell'arte, comprensiva di tutte le forme espressive, di contro all'opposizione della semiotica tradizionale tra rappresentazione iconica e simbolica: stante questa complessità, da intendersi quale significativo apporto dei doppi talenti al sentire contemporaneo, l'immagine ultima del poeta non può che essere «necessariamente mobile, *in progress*»,[17] come, d'altronde, tutte le rappresentazioni o definizioni che lo riguardano.

Una ricognizione dettagliata della preziosa testimonianza diaristica (sugli ambienti, i personaggi, i luoghi, le mostre visitate dal poeta nel duplice scenario della capitale lombarda e della città dello Stretto), rimasta finora inedita, conferma la centralità del dialogo tra parola cattafiana e immagine.

Le quattro appendici di cui il presente studio è corredato presentano, oltre a testimonianze inedite dell'attività artistica del poeta (Tavole), rese disponibili da Ada De Alessandri Cattafi, anche materiale eterogeneo attinente, per usare un'espressione di Genette, all'epitesto privato dell'autore, la cui utilità, per quanto messa in dubbio da autori, critici, studiosi, può consistere nello «stabilire i rapporti che l'opera allaccia con un indefinito e complesso extratesto».[18]

In particolare, l'Appendice I riporta una pagina estrapolata dal diario del 1977 ed esemplificativa di un *modus sentiendi* tipicamente cattafiano,

---

16 Barbara Taccone, *De Libero, Sinisgalli e la "Scuola romana"*, in *Verba Picta*, cit., p. 100.

17 G. Savoca, *Linea montaliana del linguaggio di Cattafi*, cit., p. 117.

18 Marcello Pagnini, *Letteratura e ermeneutica*, Firenze, Olschki, 2002, p. 209.

seguita da alcune missive indirizzate a Giovanola, Joppolo, Pino Balotta, Govoni, Scheiwiller (le ultime quattro inedite); l'Appendice II offre per la prima volta l'inventario dei volumi e dei cataloghi conservati nell'archivio privato della famiglia del poeta; nell'Appendice III si legge la testimonianza inedita di padre Felice Scalìa, scrittore e teologo, che insieme a padre Weber celebrò il matrimonio religioso del poeta e che, da confidente e amico di famiglia, viene citato più volte nei diari.

In sintesi, tutta l'opera cattafiana è satura di sollecitazioni visive e non solo strettamente artistiche, benché essa testimoni, insieme ad altre opere del secondo Novecento, il recupero dell'*ékphrasis*', figura retorica della tradizione classica, in risposta alla sempre più incipiente diffusione dei dispositivi di comunicazione visuale nel periodo storico preso in considerazione.

## Capitolo primo

# DAGLI ESORDI ALLA MATURITÀ: IL SURREALISMO (E IL LIBERTY)

> Il surrealismo ha permesso alla pittura di allontanarsi a passi da gigante dalle quattro mele di Renoir, dai quattro asparagi di Manet e dal pacchetto di tabacco dei cubisti.
>
> Max Ernst

Cattafi è stato accostato sia a Max Ernst che a René Magritte,[1] benché il suo fosse più «un surrealismo naturale, del sangue, generato con lui», che «nasce dall'area mediterranea, dall'area del Meridione».[2] Questo Surrealismo si può cogliere ad esempio a livello stilistico nella concatenazione aggettivale o sostantivale, spesso trisillabica, che sembra di primo acchito un precipitato della scrittura automatica postulata da André Breton nel celebre *Manifeste du Surréalisme* del 1924 (consultabile da Cattafi nel volume *Primo Manifesto del Surrealismo*, Venezia, Edizioni del Cavallino, 1945 e rinvenuto da Stefano Prandi tra i libri acquisiti dal poeta nel '46-'47).[3]

Tra i libri cattafiani, a suggerire un interesse particolare per la letteratura surrealista, sono stati citati anche *Le crève-coeur* di Aragon e il *Bilancio del Surrealismo* di Bo.[4] La cultura visiva di Cattafi si dovette formare, però, anche sui saggi contenuti in *Pittura moderna nel mondo* a cura di Renzo Modesti, un volume risalente al 1961,[5] e che conteneva un quadro generale del movimento surrealista.

---

1 Ernst e Magritte appartengono a due gruppi differenti nati in seno al Surrealismo: il primo, tra i pittori preferiti di Breton insieme a Mirò, De Chirico e altri, partecipò nel 1925 alla prima mostra collettiva del Surrealismo presso la galleria Pierre di Parigi dal titolo *Exposition, la peinture surréaliste*; il secondo, noto come "realista magico", rifiutò l'automatismo e l'immaginario onirico freudiano, rientrando nel gruppo indipendente formatosi a Bruxelles nel 1926 (Amy Dempsey, *Surrealismo*, Milano, 24 Ore Cultura, 2023-2024, p. 38).

2 Intervista di Vittorio Sereni a Cattafi su *Marzo e le sue idi* per la Televisione Svizzera Italiana del 1977, in www.bartolocattafi.it, sez. Mediateca, Video, consultato il 17/12/2024.

3 Si veda S. Prandi, *Da un intervallo del buio*, cit., pp. 51-52.

4 D. Bertelli, *Vita e opere di Bartolo Cattafi*, in B. Cattafi, *Tutte le poesie*, cit., p. xxxvii.

5 Il volume fa parte dell'archivio privato del poeta (in Appendice II).

Infine, nel diario del 3 aprile 1977 Cattafi racconta di stare leggendo la prefazione ad un libro su Ernst, e questo ci conferma un'attenzione duratura al fenomeno del Surrealismo, se pensiamo che nella minuta di una lettera per Beniamino Joppolo, risalente al 1950,[6] il poeta lo inseriva tra i suoi riferimenti artistico-letterari del periodo, affermando ironicamente: «Sarò forse un decadente, un più o meno "cadavere squisito"».

La citazione del celebre gioco del *cadavre exquis*, con cui Breton credeva di disattivare le funzioni critiche dell'intelletto, liberandone il potenziale immaginativo, denota una certa conoscenza delle tecniche surrealiste utili a raggiungere l'inconscio collettivo per mezzo di accostamenti casuali.[7] Ciò, d'altro canto, non stupisce perché le forme e i linguaggi del Surrealismo hanno rappresentato una delle esperienze più influenti in Europa, e poi in America, nell'ambito dell'arte dalla seconda metà degli anni Venti ai primi anni del dopoguerra.

Quale principale effetto del Surrealismo, l'accumulo paratattico percorre trasversalmente tutte le raccolte cattafiane per rintracciare un dettaglio trascurato, un significato recondito, un accostamento ardito, una qualità inaspettata, e provocare improvvisi cambi di prospettiva.

Surrealista è anche il caratteristico stravolgimento di senso in chiusura di testo, in virtù del quale Cattafi, ribadendo l'impossibilità di ogni stabile nozione del reale, «vi sfugge dalle mani proprio quando credete di averlo afferrato».[8]

In proposito, viene in mente il caso di Peter Weiss, doppio talento che desumeva la propria prassi compositiva dalla combinazione surrealista di elementi diversi per arrivare a ricomporli sul filo di una profonda affinità strutturale tra parola e immagine (data dai *collages* alla Ernst che accompagnavano le sue opere).[9]

Poesie come *L'ultima*, in *L'allodola ottobrina*, non nascondono affatto la loro matrice surrealista, avvicinandosi tecnicamente alla scrittura automatica per la casualità, ma anche e soprattutto per il costituirsi delle immagini

---

[6] Il carteggio è consultabile al Centro Apice, al fascicolo "Joppolo Beniamino".

[7] «Intorno al 1925, a Parigi, un gruppo di amici surrealisti tra cui Breton, Tanguy, Marcel Duchamp e il poeta Jacques Prévert inventarono una tecnica chiamata *cadavre exquis* (in francese "cadavere squisito"). Si rifaceva all'antico gioco di società "Conseguenze", in cui i giocatori scrivevano qualcosa su un foglio di carta e lo passavano, ripiegato in modo che la frase non si vedesse, al giocatore successivo, che aggiungeva un'altra frase e lo passava a sua volta. Il gruppo di artisti adattò rapidamente questa tecnica, passando dalla scrittura al disegno collaborativo che di solito rappresentava un corpo» (A. Dempsey, *Surrealismo*, cit., p. 95).

[8] Elio Filippo Accrocca, *L'oltre di Bartolo Cattafi*, in *Atti del Premio Nazionale di Poesia e Saggistica «Bartolo Cattafi»* (I e II edizione 1981-1982), Barcellona P.G., Carbone, 1983, pp. 80-82.

[9] A tal proposito si veda M. Cometa, *Al di là dei limiti della scrittura*, cit., p. 68.

come *montage*, una tecnica riferibile sia alle arti figurative che al cinema, e capace di trascendere le diversità dei vari codici espressivi per unificare tempo narrativo e spazio visivo:

> Scene che si montano da sole
> si smontano rimontano
> che si susseguono snodate
> oleate scorrevoli poi traballano
> rallentano
> s'inceppano sulla guida
> a scossoni riprendono
> finché una non ti si ferma davanti
> quella ti resta da rimirare
> da ricamarci sopra.

Che si tratti insomma di *collage*, di fotomontaggio o di videomontaggio, ciò che conta è che Cattafi, per affrontare un tema del tutto esistenziale come quello della memoria soggettiva e del tempo, attribuisca autonomia di senso ed esistenza alla particola, al frammento, al singolo fotogramma, utilizzando un linguaggio 'tecnico' contemporaneo.

## 1. Contatti surrealisti degli anni Cinquanta: Luca Crippa

Altro indizio di apertura all'arte surrealista può essere considerato il ritratto cattafiano eseguito dal decoratore, disegnatore, costumista e scenografo Luca Crippa che accompagna la prima edizione di *Nel centro della mano* del 1951,[10] curata direttamente da Cattafi.[11]

La figura rappresentata nel disegno caricaturale di Crippa, che poco prima, nel 1948, aveva partecipato alla Triennale di Milano e si accingeva a intraprendere una lunga e fortunatissima carriera artistica (fu anche l'inventore del Carosello), è quella di un giovane ritratto di tre quarti, con la capigliatura mossa e il lungo collo prospiciente, quasi assimilabile al tronco di un albero, sospeso tra la vegetazione verticalizzante degli agrumi siculi e un sole *naïf* che emerge dal fitto delle nuvole (fig. 15, Tavole).

---

[10] Le Edizioni della Meridiana, «la piccola casa editrice "inventata" da quello straordinario umanista-manager che è stato Giuseppe Eugenio Luraghi» (Sebastiano Grasso, *Astrazioni di Cattafi*, «Corriere della Sera», 20 gennaio 2007) e diretta da Sereni, prevedevano puntuali coesistenze grafiche e poetiche nelle venti nuove raccolte di autori noti ed emergenti tra cui rientrava Cattafi.

[11] Secondo quanto si evince dalla lettera alle Edizioni della Meridiana del 17 agosto 1951 (S. Prandi, *Da un intervallo del buio*, cit., pp. 21 e 50).

Nel periodo di composizione della prima raccolta cattafiana, Crippa si stava affermando seguendo un percorso controcorrente rispetto alla cultura dominante, ricollegandosi direttamente a Ernst – ma anche a Dalì e Mirò[12] – per lo sperimentalismo tecnico e manuale dei suoi fantastici *collages* e *assemblages*, ma anche delle innovative opere 'polimateriche', che altro non erano se non «magie al contempo puerili e illusorie, fatt(e) di cumuli di sassi e frammenti di legno portati dal tempo».[13]

Mentre il mondo dell'arte dell'immediato dopoguerra cominciava a focalizzarsi sulla diatriba tra realismo e astrattismo (ricordiamo la *Mostra Internazionale di Arte Astratta e Concreta* di Palazzo Reale del 1947 organizzata a Milano da Max Huber e Lanfranco Bombelli Tiravanti), le carte incollate di Crippa, nate dalla ironica combinazione di oggetti disparati ed elementi della natura, fondevano metamorfismo e oggettivismo, due precipitati dadaisti e surrealisti destinati a confluire nella cultura artistica degli anni Sessanta e Settanta.

Alcuni testi di *Nel centro della mano* come *La vasca* (in cui «un bambino mette / a navigare barchette / di carta che vanno lontano. / Vuole acchiapparlo / ma gli guizza di mano, / il sole che è un pesce rosso») sembrano replicare senza difficoltà le composizioni del maestro di Seregno, per l'evidenza onirica e stupefacente di elementi come i pesci, le rose, gli angeli, le navi, le conchiglie, le nuvole, le farfalle: tutt'«un linguaggio e una griglia simbolica incredibilmente statici, chiusi, quasi da petrarchista dell'analogismo».[14]

Pensiamo a *Col corvo*, dove le navi sono «rose fermate all'orizzonte» e le piogge sono «inclinate come navi», ma anche alla delicata immagine «di bambine che vanno in tutta corsa / recando in pugno farfalle di neve /[...]/ la farfalla di neve è nella mano» in *Natale nei bordelli*; agli esiti grotteschi di *Fame* («impugnati due rami secchi / suoneranno lo stupido stomaco / marceranno bardati di stagnòla») o di *Il signore nel Dancing* con i «negri» che esibiscono «bave gialle come cravatte».[15]

---

[12] Intervista a Willy Montini, in *Gioiosa creatività del sogno*, documentario per il centenario di Luca Crippa, scritto e diretto da Dorian Cara, con interventi di Roberto Cassanelli, Carlo Franza, Remo Giatti, Vincenzo Guarracino, Willy Montini e Dorian Cara; fruibile al *link*: Luca Crippa. Gioiosa creatività del sogno. il docufilm di Dorian Cara (youtube.com).

[13] Dorian Cara, *Costruzione e metamorfosi di ilarità creativa. Assemblage e collage nell'opera surreale di Luca Crippa*, in *Luca Crippa. Seduzioni polimateriche*, catalogo della mostra (Seregno, Galleria Civica "Ezio Mariani", 25 marzo-17 aprile 2006) a cura di Id., Cinisello Balsamo, Silvana Editoriale, 2006, p. 39.

[14] *Ivi*, p. 62.

[15] *Il signore nel Dancing* rientra tra i testi composti tra il 1943 e il 1949 (P. Maccari, *Spalle al muro. La poesia di Bartolo Cattafi*, Firenze, SEF, 2003, pp. 217-218), ora in B. Cattafi, *Tutte le poesie*, cit., p. 687.

È inoltre di Crippa, come del nostro poeta, la preferenza tematica accordata alle mani,[16] messe in risalto in molte composizioni e intente a reggere oggetti strani o inutili e ad indicare allo spettatore la via per gli universi bizzarri e distopici creati dall'artista.

Considerata dai critici «autentica operazione di poesia»,[17] la capacità cumulativa e germogliativa delle immagini di Crippa potrebbe essere *de plano* paragonata, scongiurando il pericolo di false simmetrie paventato da Jean Rousset,[18] al continuo uso della concatenazione analogica nel Cattafi degli anni Quaranta e Cinquanta: diverso il *medium*, identica l'operazione.[19]

In altre parole, questi potrebbe aver risentito dal punto di vista gestaltico di un Surrealismo più vicino alla sua esperienza, rispetto a quello dei grandi modelli stranieri prima citati: come dire, più a portata di mano.

Sono a Milano gli anni intensi del manifesto del Realismo (1946), del gruppo Forma (1947), dei manifesti dello Spazialismo e dell'Astrattismo classico (1950), del Gruppo Origine (1951), del gruppo degli Otto (1952), del movimento Arte Nucleare (1952),[20] tutti spunti, insomma, che non poterono passare inosservati a un Cattafi che tra il 1947 e il 1950 frequenta specifici ritrovi di Brera, centro propulsore di innovazioni espressive e crocevia di artisti:

> E poi c'era la zona di Brera, con uno strascico di esistenzialismo in verità non molto cupo. Il Bar Titta, il caffè Giamaica, la trattoria delle sorelle Pirovini in via Fiori Chiari [...] i pittori veri e quelli falsi, le modelle prostitute [...] e poi diversi geni incompresi e arrabbiati che facevano tutto al tavolo: la bevuta, il capolavoro e anche la rivoluzione.[21]

---

16 Si legga al riguardo D. Cara, *Costruzione e metamorfosi di ilarità creativa*, cit., p. 26.

17 Enzo Di Martino, *Mostra antologica dell'opera grafica 1947-1980* (Reggio Emilia, Palazzo del Capitano del Popolo, 18-20 gennaio 1981), Ente provinciale per il turismo di Reggio Emilia, 1981, s.p.

18 Jean Rousset, *La letteratura dell'età barocca in Francia. Circe e il pavone*, Bologna, il Mulino, 1985, p. 282.

19 Gli ermetici avevano anch'essi le loro tangenze al Surrealismo: «Le figure retoriche dell'enallage e della sinestesia, le giustapposizioni analogiche immediate, fondandosi sull'accostamento impertinente di due elementi, tradussero in termini poetici il *collage* surrealista, così come lo intendevano pittori come Max Ernst» (Giorgio Villani, *Ordine e immagine: tra la figuratività ermetica e surrealista*, in *L'Ermetismo e Firenze*, Atti del convegno internazionale di studi (Firenze, 27-31 ottobre 2014), vol. 1, Critici, traduttori, maestri, modelli, a cura di Anna Dolfi, Firenze University Press, 2016, p. 128).

20 Dal sito ufficiale di Luca Crippa, www.lucacrippa.it, consultato il 2/12/2023.

21 Testimonianza cattafiana raccolta da Enzo Fabiani, *In Sicilia a caccia di sirene*, «Gente», 22 luglio 1972.

Si tratta della Brera in cui viveva e lavorava Crippa,[22] in un contesto urbano che vantava cinquanta gallerie d'arte e cinque, sei spazi espostivi comunali già alla fine degli anni Quaranta.

La descrizione che del decoratore fa il critico e amico Dorian Cara nel documentario *Gioiosa creatività del sogno*, quella cioè di un artista disinteressato al riscontro economico e autenticamente immerso nella sua dimensione immaginifica (da cui non era esclusa la grande poesia del Novecento, visto che intitolerà un'opera a Montale),[23] può rendere forse ragione della sinergia venutasi a creare con Bartolo Cattafi, il quale lo nomina in una lettera a Sergio Ferrero del 1954, rammaricandosi di non essere riuscito a incontrarlo nella capitale.[24]

## 2. Reminiscenze *liberty* nella prima produzione cattafiana

Se i numerosi debiti verso la tradizione letteraria italiana e straniera[25] nella prima fase della poesia cattafiana vanno inquadrati «non tanto in termini intertestuali, ma di evocazione di atmosfere e stilemi analoghi»,[26] le suggestioni figurative dovute agli scambi avvenuti in seno a quella *bohème* lombarda vanno intese come parte di una spinta a superare i limiti espressivi convenzionali: in *Nel centro della mano*, infatti, si intrecciano allusioni ermetiche ed impressioni artistiche derivanti da Dada e Surrealismo, filoni osteggiati ma ancora operanti.[27]

---

22 L'artista «abiterà in via Brera 28, a pochi metri dall'Accademia e praticamente sopra al mitico bar Jamaica, ritrovo simbolo della cultura artistica meneghina» (*Gioiosa creatività del sogno*, cit.).

23 Nel 1967 Crippa crea un disegno a china intitolato *Eugenio Montale "Ossi di seppia" - Crisalide* conservato nella "Collezione Luca Crippa Seregno" e visibile al *link*: Eugenio Montale "Ossi di seppia" – Crisalide, Crippa Luca – Opere e oggetti d'arte – Lombardia Beni Culturali. Lo scambio tra poeti e pittori, a volte sul puro piano delle immagini, è segno di quella fluidità delle arti che caratterizzò la cultura italiana negli anni Sessanta e Settanta.

24 «Per puro caso non ho visto a Roma Luca Crippa, che lì pare abbia lavorato con molto successo alla TV. Era partito per Napoli dove aveva scene e costumi di qualcosa al S. Carlo» (dalla lettera a Sergio Ferrero del 23 febbraio 1954, in *Per Bartolo Cattafi*, cit., p. 33).

25 Tra questi contiamo Montale, Ungaretti, Quasimodo, Dante, Rebora, Campana, Govoni, Palazzeschi, Baudelaire, Rimbaud, Borges e il surrealista Federico García Lorca. Per una ricognizione puntuale sulle fonti del primo Cattafi si vedano B. Cattafi, *Tutte le poesie*, cit., pp. xii-xiii e Diego Bertelli, *«Un felice viaggio». Poesia e destino in Bartolo Cattafi (1951-1961)*, Roma, Carocci, 2025.

26 S. Prandi, *Da un intervallo del buio*, cit., p. 36.

27 Nel 1954 il critico d'arte Arturo Schwarz inaugura a Milano la libreria-galleria che ospiterà numerose mostre di artisti surrealisti culminanti nella *Mostra internazionale del Surrealismo* del maggio 1961.

Tra Ermetismo e Surrealismo, d'altronde, sussiste un sottile legame che il primissimo Cattafi coglie alla perfezione: entrambe le correnti abitano l'impossibile, nel senso che l'oggetto si sottrae ad una pacifica acquisizione che passi attraverso la mera sensorialità o la comprensione logica.

Per quanto riguarda i preziosismi *liberty* variamente disseminati nelle prime tre raccolte, si ritiene che essi provengano da altra letteratura,[28] ma non possiamo escludere reminiscenze di un ben definito stile decorativo[29] che affondano le radici nei luoghi della giovinezza del poeta: mi riferisco alle immagini dei «gaviali di giada», delle «ninfee», del «drago», dell'«ibis», del «serpe» tipiche del *design* anni Trenta.

Ma vanno segnalati anche il motivo della stampa («i bicchieri dagli orli ancora caldi / che hanno stampe di triste rossetto», *Festa*; «Tu l'emblema stampato sopra il pane», *Preghiera per il Signore*) e un certo gusto per le pose *liberty* («Una fanciulla dormiva», con «la chioma abbandonata / sul guanciale», *Una fanciulla morta*).[30]

In questi microcontesti la figura femminile, come nel D'Annunzio di *Canto Novo*, per quanto espressione di una certa naturalezza, risponde a precisi parametri estetici, con i «capelli, fluenti, o avvolti in nodi intriganti come nei quadri di un Klimt, di un Bistolfi, di un Previati, di un Sartorio, di un Roller».[31]

Guardando a *Le mosche del meriggio*, la poesia *Caposaldo* presenta un'immagine che risponde all'idea (tipica del Liberty e, in via più generica, dell'arte simbolista di fine secolo) della natura intesa come movimento: «s'aprono forme / vivide, squame splendide, ali / in un angolo di fiordo»; e in *Un colpo di dadi* «Molecole di morte / vanno in alto, volteggiano nell'aria».

Non dimentichiamo che su questo repertorio figurativo può avere influito anche l'esperienza visiva dovuta alla permanenza di Cattafi a Parigi nel 1954, di cui rimane un carteggio con la madre Matilde Ortoleva: proprio lo stile *Liberty* aveva toccato la sua fantasia, innescandogli una nostalgia da intendersi etimologicamente come 'dolore del ritorno' ad un'epoca passata:

---

28 Questo repertorio, secondo Maccari, «non è molto distante da certi esiti del primo Govoni, del Palazzeschi dei *Cavalli bianchi* e di *Lanterna*, o di tutta quella serie di poeti minori che trovarono posto nell'antologia di Glauco Viazzi *Dal Simbolismo al déco*» (*Spalle al muro*, cit., p. 34).

29 Il dettaglio dell'arrivo di un lampadario *liberty* nella casa colonica di Cattafi annotato l'8 febbraio 1973, ad esempio, pur rientrando nell'ambito del cronachismo diaristico, costituisce comunque il segnale di una precisa propensione stilistica, in continuità con il passato del *milieu* di provenienza. Lo stesso si può dire per la notazione estemporanea riguardante un «meraviglioso ingresso liberty» di un locale di Parigi (diario del 25 marzo 1978).

30 La poesia rientra tra i testi composti tra il 1943 e il 1949 (P. Maccari, *Spalle al muro*, cit., p. 215, ora in B. Cattafi, *Tutte le poesie*, cit., p. 684).

31 Alida D'Aquino, in Giuseppe Savoca – Alida D'Aquino, *Concordanza del «Canto novo» di Gabriele D'Annunzio. Concordanza, Liste di frequenza, Indici*, Firenze, Olschki, 1995, p. xxvi.

A vedere le vecchie glorie in stile floreale o liberty dei bei tempi andati così tristi, abbandonate, prive di significato, il cuore mi si fa piccolo e provo (ti sembrerà ridicolo) una struggente nostalgia per tempi che non ho mai conosciuto [...].[32]

Possiamo considerare per l'appunto *liberty* (benché venata talvolta di un certo crepuscolarismo govoniano)[33] la serie di farfalle presenti in *Le mosche del meriggio*, come la «farfalla mortuaria», la «folle farfalla tropicale», la già citata «farfalla di neve»: tutti motivi decorativi diffusissimi non solo nella gioielleria del periodo, ma anche nella tappezzeria inglese che, oltre ai motivi floreali di William Morris e Walter Crane, prediligeva il motivo esotico orientale delle farfalle, così vicino al gusto del tempo per le cineserie e per le giapponeserie.[34]

Attinenti al linguaggio delle arti applicate, i termini «smalto» (3 occorrenze), «smaltato» (5), «smaltare» (1), «iridescenza» (1), «iridato» (6), insieme ai neologismi «neroiridato» (1) e «argentostriato» (1), inferiscono all'uso di vernici e materiali cangianti nell'oreficeria, nella moda e nell'arredamento *liberty*, gusto confluito nell'alveo della cultura futurista attraverso le sperimentazioni *déco* (caratterizzate anch'esse – come il Futurismo appunto – da elementi di modernità e di geometrismo) e in parte giunti a Cattafi, probabilmente, attraverso la poesia di Nino Pino Balotta.[35]

## 3. Il magrittismo del secondo Cattafi

Altro contatto con la pittura surrealista fu quello che avvenne negli anni Sessanta grazie ad Arturo Carmassi, con il quale Cattafi stava pianificando una collaborazione, se gli promise, come emerge da uno scambio epistolare del 1959,[36] un testo poetico per delle sue cartelle. Tuttavia, l'opera di Carmassi non può essere considerata surrealista *tout court*: lo aveva ben no-

---

32 Lettera del 9 settembre 1954 (consultabile presso Centro Apice, in "Corrispondenza con familiari"). Il poeta fa riferimento ad un suo precedente ma breve soggiorno parigino avvenuto due anni prima.

33 Si può considerare Govoni «uno dei primissimi "poeti nuovi" che si pone sul discrimine tra liberty e crepuscolarismo» (Vincenzo D'Agostino, *Civiltà letteraria del Novecento. Rassegna di notizie, spunti critici e commenti*, Chiaravalle Centrale, Frama Sud, 1981, p. 70).

34 Flaminio Di Biagi, *Sotto l'arco di Tito: le "farfalle" di Gozzano*, Trento, La finestra, 1999, p. 11.

35 *Iridescenze* è il titolo di una poesia di *Altalene* (Nino Pino, *Poesie e teatro*, Marina di Patti, Pungitopo, 1984, p. 73).

36 Carmassi si considera un grande amico di Bartolo Cattafi («Ricordati che a Milano, tra i tanti tuoi amici, c'è anche l'Arturo»). Il documento epistolare, risalente al 19 ottobre 1959, è consultabile presso il Centro Apice (fascicolo "Carmassi Arturo").

tato Vigorelli, per il quale essa prendeva piuttosto le mosse da una pittura metafisica impregnata e circonfusa di elementi pre-surrealisti.[37]

A differenza di Crippa, Carmassi rimase prettamente lirico, cioè non-figurativo, almeno per tutta la prima fase della sua produzione.[38] A lui è dedicato il testo *Trofei* in *Qualcosa di preciso*. Ecco come Cattafi traslò in poesia l'onirismo coloratissimo dell'artista: «occhio che vide / e tace, / asciutta, astrusa / l'insondabile cornea /[...]/ Talvolta l'occhio ha durezza di smalto / incantato in lucenti fissità».

I versi, ad alta densità metaforica, hanno un valore quasi ecfrastico, alludendo all'efficacia visiva e alla brillantezza cromatica della pittura carmassiana, acclamata da molti critici tra cui Luigi Carluccio, Pierre Restany e un ancora sconosciuto ai più Andrea Camilleri nel 1971.[39]

Seguendo un criterio prevalentemente cronologico, nel biennio '72-'73 incontriamo nella poesia cattafiana un'elevata concentrazione simbolica con l'ultima sezione di *L'aria secca del fuoco* intitolata *Tenebra e azzurro*, a proposito della quale Vittorio Sereni potrà parlare di poesia «essenzialmente visiva, affidata a valori visivi», in seguito divenuta «visionaria, la più visionaria che io conosca».[40]

Anche *La discesa al trono* giunge ad esiti di estremo surrealismo grazie alla vividezza delle immagini del componimento *Quando esco di mente*, che trae da *Nel centro della mano* i dettagli della vasca e del pesce rosso:

> Quando esco di mente
> sono infagottato
> poi mi sciolgo mi metto
> le scarpe da tennis
> volo dovunque
> ansante e stordito
> amo grandi distese
> d'aria d'acqua di terra di fuoco

---

37 Giancarlo Vigorelli, *Il traguardo di Carmassi*, in *Arturo Carmassi*, catalogo della mostra (Milano, Galleria Toninelli, 1974).

38 Dal '67 «il dato oggettivo delle immagini è pienamente recuperato. È un salto nel vuoto per l'artista che, attraverso un suo personale linguaggio di "*astrazione* informale" aveva già trovato una collocazione di primo piano all'interno del panorama artistico internazionale» (*Arturo Carmassi*, catalogo della mostra (Torino, 27 novembre-23 dicembre 2008), con testi critici di Luigi Carluccio, Bernard Manciet, Pierre Restany e Antonio Vanni, Torino, Sant'Agostino Aste, 2008, p. 123).

39 Si veda Andrea Camilleri, *Arturo Carmassi*, Milano, Edizioni La Nuova Cairola, 1973, poi in Id., *Come possedere correttamente un Carmassi*, catalogo della mostra (19 aprile-30 giugno 2007), Milano, Galleria Morone, 2007.

40 Vittorio Sereni, *Per Cattafi*, in *Atti del Convegno di Studi su Bartolo Cattafi* (Acireale, 6-8 dicembre 1979), Lunario Nuovo, a. II, nn. 6/7, Catania, 1980, p. 149.

spesso le cambio
scottandomi di posto
ragiono in termini
di grandi blocchi
il bosco il prossimo
me stesso il mare
la mente è un piccolo globo
arcigna e deserta se ne muore
vuota vasca
senza la dolce acqua
i pesci rossi che ho versato fuori.

In casi come questo, l'accostamento a Magritte, per il quale il senso del meraviglioso promana dal mondo fenomenico quanto da quello dell'inconscio, è perfettamente calzante: il celebre dipinto *L'arte di vivere*[41] del 1967 rappresenta il classico personaggio magrittiano – in completo formale, cravatta rossa e bombetta – con la testa dalle sembianze di un grosso pallone librata in aria sopra il corpo, cui possiamo associare, in una sorta di *contaminatio* visuale, *Golconda* (1953),[42] per le tipiche figure borghesi geometricamente sospese in cielo, e *La riconoscenza infinita*[43] del 1963, in cui due signori passeggiano tra le nuvole.

Da non tralasciare la citazione figurativa inserita in funzione espressionistica nella dolorosa riflessione esistenziale che è *Sotto pessimi astri* in *Marzo e le sue idi*: gli uomini sono «Come molle allentate / scappate da orologi senza numeri»; sono «cose allocate sotto pessimi astri». Inizialmente votati ad un efficiente meccanicismo, da strumenti di precisione essi si trasformano in oggetti non funzionali, deformi, destinati alla dislocazione e alla perdita, a un destino incerto.

L'immagine rinvia di primo acchito all''orologio molle' de *La persistenza della memoria* di Dalì, opera che John Russel interpreta come riflessione sui temi dell'identità, della trasfigurazione e della perdita (comuni anche al secondo Cattafi).[44] Tuttavia, un'altra opera di Dalì con lo stesso soggetto venne ammirata da Cattafi: *Gli orologi molli-sveglia molle* del 1933, esposta alla mostra "Metamorfosi dell'Oggetto" a Milano.[45]

---

41 Collection Alexandre Jolas, Paris.

42 The Menil Collection, Houston.

43 Collection Leslee e David Rogath, California.

44 John Russel, *L'oggetto surrealista*, in *Metamorfosi dell'Oggetto*, catalogo con interventi di Werner Haftmann, François Matthey, Franco Russoli, Jorn Merkert, John Russel e Jean Dypréau (Palazzo Reale, Milano, 17 gennaio-23 febbraio), Milano, Comune di Milano, Ripartizioni iniziative culturali, 1972, p. 88).

45 *Ivi*, p. 93.

È plausibile che il poeta vi si sia ispirato, data la coincidenza temporale tra la visita della mostra, registrata sul diario il 26 gennaio 1972, e il periodo di composizione della poesia, riferibile al biennio 1972-1973.

Pur convenendo, quindi, con Sereni che l'accostamento ai surrealisti vada fatto «con una certa cautela e precisando certi confini»,[46] mi sembra che possa valere per Cattafi quanto afferma Beatrice Sica per Libero De Libero e Leonardo Sinisgalli, cioè che il Surrealismo rappresenti più una tentazione costante per la poesia italiana che un effettivo movimento poetico.[47]

Il Surrealismo finisce quindi per interpretare il desiderio di libertà di una parola che non vuole più sottostare ai vincoli della tradizione letteraria da un lato e della censura della ragione dall'altro, divenendo in particolare, nell'ambito del post Ermetismo, una sorta di rivelazione interiore.

Questo fondamentalmente sarebbe ciò che distingue i poeti 'surrealisti' italiani da ogni forma di impegno politico tipica invece del movimento francese.

Ci troviamo perfettamente in linea con quanto la poesia rappresentò per Cattafi: «un modo come un altro di essere uomini»,[48] al di là delle proclamazioni di impegno e di servizio.

---

46 V. Sereni, *Per Cattafi*, cit., pp. 149-150.

47 Beatrice Sica, *Poesia surrealista italiana*, Genova, San Marco dei Giustiniani, 2007, p. 9.

48 Giacinto Spagnoletti, *Bartolo Cattafi*, in *Poesia italiana contemporanea (1909-1959)*, Parma, Guanda, 1964, pp. 891-892.

## Capitolo secondo

# DALLA PUBBLICITÀ ALLA *POP ART*

> Anche l'Europa diventerà industriale. Così che il Pop non sarà soltanto americano, sarà universale.
>
> Andy Warhol

Al di fuori della questione se l'attività pubblicitaria sia da intendersi o meno come forma d'arte (ma Depero sicuramente l'aveva intesa come tale, esponendo provocatoriamente *Squisito al Selz* alla XV Biennale di Venezia),[1] la formazione artistica di Cattafi può aver risentito della collaborazione saltuaria con la direzione propaganda della "Pirelli"[2] durata fino al '57 «in qualità di compilatore di testi pubblicitari e "di prestigio"», come egli stesso asserisce in una lettera a Giovanni Cesarino,[3] cui affiancava l'attività di pubblicista su «L'Ora», «Automobile Club d'Italia», «Quattroruote».[4]

La rivista bimestrale «Pirelli», diretta dal doppio talento Leonardo Sinisgalli, si proponeva di realizzare un nuovo modello di pubblicità industriale segnato da una forte impronta letteraria, privilegiando un approccio multidisciplinare per il quale autori e artisti venivano 'interrogati' su questioni riguardanti la possibile compatibilità tra arte e tecnica.[5]

L'evidenza delle immagini e la loro capacità combinatoria con la parola nell'operazione pubblicitaria non solo anticipano la poesia visiva degli anni Sessanta (sostituendola progressivamente), e i presupposti teorici del libro d'artista degli anni Settanta, ma nutrono anche la fantasia cattafiana, che

---

1 Elio Grazioli, *Arte e pubblicità*, Milano, Mondadori, 2001, p. 168.

2 Su «Pirelli» uscì a firma di Cattafi nel 1955 il primo pezzo giornalistico del periodo milanese intitolato *Le isole lontane* e dedicato alle isole Eolie, mentre nel '56 fu la volta de *La montagna leggera*, sulla raccolta della pietra pomice (S. Prandi, *Da un intervallo del buio*, cit., p. 22).

3 B. Cattafi, *Tutte le poesie*, cit., p. xliv.

4 Cattafi era stato assunto in prova dalla "Motta", ma si era dimesso dopo appena due mesi (Diego Conticello, *L'oltraggio d'una minima stella rugginosa: viaggio nella poesia di Bartolo Cattafi*, Milano-Udine, Mimesis, 2022, p. 9).

5 B. Taccone, *De Libero, Sinisgalli e la "Scuola romana"*, cit., pp. 92-93.

tende già dalle origini a superare i limiti della scrittura per accedere all'immagine e veicolare un messaggio.

## 1. Sconfinamenti tra pubblicità e poesia

Gillo Dorfles nel saggio *Linguaggio pubblicitario e linguaggio letterario* evidenzia, quale aspetto positivo della pubblicità, l'invenzione da parte dei *copywriters* di un vero e proprio gergo, in stretta relazione con le tendenze letterarie e poetiche dell'epoca, capace di produrre fenomeni di «novità linguistica», dovuti allo spostamento di un termine dal «contesto» che gli è proprio ad un altro (sia letterario, che pubblicitario).[6]

Aderendo a questo invito a prendere in considerazione il fenomeno più dal punto di vista linguistico-estetico che sociale, si può osservare che anche nella produzione cattafiana non è raro trovare movenze, scansioni e modulazioni tipiche del linguaggio pubblicitario. Ad esempio, nella prosa *La montagna leggera* del 1956 questo tipo di linguaggio è sapientemente simulato a partire dalla descrizione di un disegno impresso a stampa su una scatola:

> Due teneri piedi carnicini, imbrigliati da esili corregge, stampati su una scatola trapezoedrica. E molti puntini raffiguranti la sabbia; poi stelle marine, conchiglie. *Sandal Stone* c'è scritto, *For Beautiful feet*.
>
> «E questa?»
>
> «Questa», ripetè Erich J.S. «Partiti da Napoli 2000 pezzi di Sandal Stone con aereo di società americana, in due casse, due giorni dopo a Chicago: *S. Toiletries Inc.*, pronti alla vendita. Sandal Stone è pietra per piedi, pomice per calli; è cosa che il popolo di Chicago si strofina sui piedi per girare coi sandali.
>
> «E questa?»
>
> È come una spazzola per mani, ma di pomice, attaccata a un foglio di cartone in cui c'è scritto: *Brosseponce, Efficace, Douce, Rapide*. [...] fa le mani morbide e nette come quelle d'un neonato.[7]

È però soprattutto nella poesia che Cattafi inserisce inserti 'pubblicitari' (in particolare nella parte oggi chiamata *body copy*, ovvero l'enumerazione delle caratteristiche di un prodotto) con un'efficacia che forse mancava ai bozzetti originali da lui prodotti nel ruolo di *copywriter*.

Fra i testi poetici di *Marzo e le sue idi*, *Un altro modo* mima la descrizione, quasi da avvertenza commerciale, di un non ben definito prodotto, del qua-

---

[6] Gillo Dorfles, *Le buone maniere*, Milano, Mondadori, 1978, pp. 117-123, poi Id., *Linguaggio pubblicitario e linguaggio letterario*, in *Il linguaggio della pubblicità: le fantaparole*, a cura di Massimo Baldini, Roma, Armando Editore, 2003, p. 87.

[7] B. Cattafi, *La montagna leggera*, in Id., *Le isole lontane. Scritti di Bartolo Cattafi*, a cura di Nino Sottile Zumbo, introduzione di Paolo Maccari, Messina, GBM, 2008, pp. 66-67.

le si mettono in evidenza le proprietà di resistenza e di maneggevolezza, seguite da un sintetico *vademecum*, istruzioni per l'uso caratterizzate dall'infinito con valore consecutivo:

> Pieghevole fino al punto
> di non spezzarsi in due
> attaccabile a un chiodo
> sibilante nell'aria
> esile nera astratta
> da tenersi negli occhi tra le palpebre
> come un lungo cammino un altro modo
> d'essere attratti lontano dalla luce.

Stesso schema si ripete in *Scorpioni*, una sorta di invito ad apprezzare, con i sensi, dei *mirabilia*:

> Veri e propri scorpioni del mondo
> campioni di dolce consistenza
> di caldo colorito
> da impugnare
> come pezzi di pollo rosolato
> rovistali per trarne
> l'essenza più profonda.

Si legga anche *Riserva*, i cui versi sembrano formulati quasi come una pubblicità di dispositivi medici:

> Una riserva
> di materiale buono
> bende per i lampi
> tappi contro il tuono
> altri occhi orecchi soprattutto
> da impiantare
> girevoli nella bella
> nella brutta stagione.

Come nei testi pubblicitari, è la rottura degli schemi, data dalla calibrata combinazione di giochi fonetici ed effetti stranianti, a dare esiti di particolare impatto espressivo. Cattafi si serve talvolta di rime semantiche («tuono»-«buono»), ricalcando, forse, più che la pubblicità degli anni Settanta, quella di qualche decennio addietro che si affidava esclusivamente alle potenzialità della parola, non supportata ancora dall'immagine. In *Marzo e le sue idi* trova spazio anche un componimento che utilizza un linguaggio *target-oriented* (mirato alla vendita) per apostrofare in modo accattivante il lettore / consumatore.

Qui l'azione persuasiva si serve di effetti fonici quali l'allitterazione della «o» che con la sua rotondità grafica richiama la forma dell'oggetto proposto e l'assonanza «ro»-«or» che presentifica i riverberi del metallo prezioso, cui il termine «lucente» rimanda:

> UN COLLARE
>
> Un pr*o*d*o*tt*o* t*o*rnit*o*
> ribadit*o* e lucente
> appes*o* a un mur*o* bianc*o*
> un c*o*llare per te
> per tutte le c*o*se
> c*o*n cui quietamente camminare
> [...]

Alle tecniche espressive da *slogan* pubblicitario sono ispirati anche i versi «fatto d'acciaio o altro / che abbia fredde luci» della lirica *Qualcosa di preciso*, contenuta in *L'osso, l'anima*, volti ad esaltare «le qualità estetiche (aerodinamiche, nello specifico) e cromatiche»[8] di un ipotetico veicolo.

Accanto all'amplificazione degli elementi di seduttività dell'oggetto, questa tipologia di poesie, proprio come i testi pubblicitari e le lettere di vendita, esplica la propria funzione celebrativa attraverso le strategie argomentative, emotive e persuasive tipiche della retorica classica.[9]

*Au contraire*, il materiale prodotto durante l'apprendistato da *copywriter*, e riguardante numerosi *slogan* per le sigarette "Camel" e per gli pneumatici "Pirelli",[10] contiene delle suggestioni semantiche – non sempre perfettamente funzionali alla comunicazione pubblicitaria –, dalle soluzioni ed atmosfere più vaghe, più letterarie, in seguito sviluppate nelle poesie.

Si tratta di brevi testi in forma prosastica compresi in tre taccuini, strutturati paratatticamente in sequenze descrittivo-narrative, per lo più nominali, che offrono indicazioni al grafico per la realizzazione dei disegni, cui segue rapido lo *slogan* – detto *claim* – articolato anche in due, tre varianti:

> Tasche. Tasche di vario tipo; sportive e no, con bottoni e senza. Collegate da una serie di oggetti personali: orologio con catena, stilografica, fazzoletto, portafogli e, riprodotto nel modo più vistoso, il pacchetto Camel.

---

8 D. BERTELLI, *Arma, automobile, umanoide, Cristo crocifisso: che cos'è* Qualcosa di preciso *di Bartolo Cattafi? Lettura e analisi di una poesia proteiforme*, «Italian Poetry Revue», vol. XVII, 2022, p. 204.

9 Sui caratteri del testo pubblicitario si veda FRANCO FORTINI, *Del copywriting come genere letterario*, «L'ufficio moderno», 35, 2, febbraio 1961, p. 331; ora in *Umanesimo e tecnologia. Il laboratorio Olivetti*, a cura di Daniele Balicco, collana "L'ospite ingrato", Annuario del Centro studi Franco Fortini, n.s. 6, Macerata, Quodlibet, 2021, p. 179.

10 Il materiale è catalogato presso Centro Apice, fascicolo "Recensioni, citazioni e annunci pubblicitari" (unimi.it).

Sigarette CAMEL

il vostro confort di ogni ora.

Le stesse immagini saranno riutilizzate in *Marzo e le sue idi*, in particolare nel testo *Ali quinte fondali* che si apre proprio con un riferimento alle tasche («La concretezza è tale / degli oggetti di cui ho colme le tasche / possente e lucente / che potrei farne ali / di cartapesta quinte fondali»), e nel componimento coevo a *L'osso, l'anima* dal titolo *Non sai nulla* («Non sai nulla / ti perlustri le tasche / concludi "questo è tutto" / [...]»).[11]

La penna stilografica e il fazzoletto sono altri 'feticci' cattafiani che verranno elaborati rispettivamente in *Stilografica* (*L'aria secca del fuoco*) e *Tattica* (*Simùn*), riflettendo l'idea di Montale per cui «il grande semenzaio di ogni trovata poetica è nel campo della prosa».[12]

In generale, a livello lemmatico tutto ciò che ruota attorno alle sigarette "Camel" si allinea al repertorio esotizzante – e cinematografico – del viaggio tra le sabbie del «deserto» (supportato da una precisa geografia semantica: «mappa», «carovana», «cammello», «Sahara», «duna»»), su cui l'azienda Reynolds aveva incentrato le sue campagne pubblicitarie sin dai primi del Novecento.

Per quanto riguarda gli pneumatici, invece, immancabile è il lessico geometrico con l'usuale presenza della «linea», del «punto» e del «cerchio».

In uno scritto si parte infatti dalla brevità e perentorietà di un assioma geometrico:

> La linea più breve tra due punti è quella retta. Due punti, uno a destra uno a sinistra uniti da una retta. Intorno al punto di sinistra c'è scritto: Stati Uniti. Intorno al punto di destra: Italia. Riproduzione del pacchetto Camel.
>
> Sigarette Camel:
> genuinità
> freschezza

Impossibile non pensare ad un testo di *L'osso, l'anima* come *La retta*, che presenta a chiusura i seguenti due versi: «Questa è la retta / la strada più breve tra due punti». Per quanto riguarda gli pneumatici, Cattafi decise di puntare sulla loro struttura e forma geometrica per pubblicizzarli: «Ragazzino che gioca col cerchio. Il cerchio è uno pneumatico Pirelli. Il pneumatico che non invecchia».

---

[11] Inserito in B. Cattafi, *Tutte le poesie*, cit., p. 703.

[12] Eugenio Montale, *Intenzioni (Intervista immaginaria)*, «La rassegna d'Italia», n. 1, gennaio 1946, poi in Id., *Il secondo mestiere. Arte, musica, società*, a cura di Giorgio Zampa, Milano, Mondadori, "I Meridiani", 1996, p. 1478.

Il dettato cattafiano procede per associazioni, servendosi in questo caso del sillogismo, tipica strategia degli enunciati pubblicitari, per dirigersi rapido alla conclusione in cui viene inserito il *claim*.

In un altro scritto leggiamo:

Una grande mappa del mondo: ma questa mappa è liquida, la sua superficie è mossa da una serie di cerchi concentrici (come per la caduta di un corpo solido) e questi cerchi concentrici – tutti di colore grigio in contrasto coi colori della mappa – adombrano i pneumatici Pirelli; è come se fossero meno liquidi della stessa massa-mappa. In mezzo al pneumatico-cerchio centrale, scritto verticalmente, il nome Pirelli.

Pirelli si estende nel mondo.

Ed ancora:

Cielo azzurro. Contro il cielo due grandi mani maschili che stringono un volante (il tutto visto dal basso). All'anulare della mano sinistra spicca una grossa vera: che è la minuscola ma nitida riproduzione d'un pneumatico Pirelli. Tra automobilista e pneumatico.

Pirelli la fedeltà è reciproca. Oppure: reciproca fedeltà.

Ebbene, questi cerchi concentrici, dopo essere comparsi in *Tiro a segno* (*Partenza da Greenwich*) ritornano insospettabilmente in una delle poesie più religiose di Cattafi (*Nei cerchi*, in *L'allodola ottobrina*), segno di un dantismo sotterraneo che si faceva strada già da *La discesa al trono*, attivando però, in qualche modo, il recupero di porzioni 'altre' di significato: negli scritti pubblicitari i cerchi concentrici erano connessi all'idea di tenuta di strada, di sicurezza, ma anche di perfezione, stabilità, fiducia non incompatibili con l'invito finale di *Nei cerchi*: «Nei cerchi concentrici abbi fede».

Guardiamo anche alla costruzione cinematografica della scena di *Un vecchio*, in *L'allodola ottobrina*, dove l'occhio dello spettatore sembra introdursi nella stanza da un'apertura: «In un triste interno / dipinto di celeste / un vecchio in pigiama / siede davanti a tanti / piccoli uccelli in gabbia / se ama non so / se non ama / ci si aiuta però / tagliando agli altri le ali». Molte le somiglianze, sia per la postura dell'uomo che per l'enigmatica presenza degli uccelli, ad un più antico scritto pubblicitario:

Uomo visto di spalle appoggiato alla balaustrata d'una terrazza. L'uomo fuma, si vede salire il fumo della sua sigaretta. Dove il fumo finisce, turbina uno stormo d'uccelli. Riproduzione in primo piano d'un pacchetto di Camel.
Liberate i vostri sogni nel fumo d'una Camel.

Lo stesso immaginario si ripresenta in *Gabbiani* («i tuoi pensieri di vecchio seduto sulla scogliera / i gabbiani inerte / cartastraccia»), in *Marzo e le sue idi*, e nell'appena citata *Nei cerchi*, caratterizzata non solo dal simbolismo ustorio-purificatorio del fuoco, ma anche dalla circolarità in movimento, che è tipicamente un motivo *liberty*, di presenze aeree non ben definite.

A questo proposito, tra gli elementi spuri che Cattafi inserisce nei suoi bozzetti pubblicitari notiamo un quadretto da *Art Nouveau* (a riprova di come questo gusto sia parte integrante della sua formazione estetica):

> Al centro della scena, in alto, una cornice liberty dentro cui c'è scritto: 1900, pneumatici Pirelli. Sotto: due leggiadre fanciulle 1900 che giocano, gentili come farfalle, ai cerchietti. I cerchi sono due pneumatici Pirelli dell'epoca.
> "Fin da allora...".

Infine, l'immagine dell'araba fenice presente in varie raccolte[13] era già *in nuce* in una proposta pubblicitaria:

> Portacenere con cenere e un mozzicone fumante. Il fumo innalzandosi piglia la misteriosa parvenza dell'araba fenice. Un pacchetto di Camel semiaperto: ne esce a metà una sigaretta.
>
> Rinasce dalla cenere il desiderio d'una nuova Camel.

Se qui il motivo esotico della creatura che risorge dalle sue ceneri rappresenta l'infinità del desiderio che si autoalimenta, come auspicato dall'industria pubblicitaria, nei testi poetici si risemantizzerà, per alludere all'inseguimento di un qualche significato e avvicinarsi alle posizioni di Montale, che così definiva l'essenza sfuggente della poesia lirica in un suo saggio:

> Che cos'è una poesia lirica? Per conto mio non saprei definire quest'araba fenice, questo mostro, quest'oggetto determinatissimo, concreto, eppure impalpabile perché fatto di parole, questa strana convivenza della musica e della metafisica, del ragionamento e dello sragionamento, del sonno e della veglia.[14]

Cattafi rivela dunque una cultura aggiornata e interdisciplinare che si nutre di esempi artistico-letterari, ma anche di innovazioni tecnologiche e, insieme, di una certa comprensione delle dinamiche psicologiche che legano immagine, parola e fruitore.

Quanto scrive Sergio Bologna a proposito di ciò che era richiesto ai letterati della Olivetti negli anni Cinquanta trova conferma in una serie di

---

13 Si vedano i componimenti *Araba fenice* (*Le mosche del meriggio*), *Uovo* (*Chiromanzia d'inverno*), e *L'uovo* (*Ipotenusa*).

14 E. MONTALE, *Storia dell'araba fenice*, recensione a ENRICO MARIA FUSCO, *La lirica*, «Corriere della Sera», 29 marzo 1951, ora in ID., *Sulla poesia*, Milano, Mondadori, 1976, p. 171.

appunti cattafiani presi a penna sulle specifiche di alcuni prodotti che avrebbe dovuto poi trattare da *copywriter*:[15]

> All'Olivetti si era costretti ad imparare tanto sul sistema aziendale, l'organizzazione della produzione, i suoi livelli tecnologici, così da capire meglio le caratteristiche del prodotto che l'inventiva del *copywriter* doveva saper comunicare al mercato. Non bastava prendere atto delle caratteristiche funzionali della macchina, la pubblicità doveva esaltare sia le sue performances che l'estetica del design.[16]

Possiamo condividere l'idea che un esercizio di apprendimento come questo, esperito sul campo sia da Cattafi (nel breve periodo, in un altro contesto aziendale) che da altri letterati, abbia avuto un ruolo determinante nello sprovincializzare la cultura italiana e nell'affrancarla da un modello di intellettuale pasoliniano ancorato all'immagine di un Paese che, nonostante il processo di urbanizzazione, rimane ancora di fatto lontano da una dimensione industriale.

Ma, soprattutto, nell'economia dell'opera cattafiana, gli scritti pubblicitari hanno costituito (come gli articoli giornalistici e, negli anni Settanta, i diari) un vero e proprio laboratorio tematico e stilistico coi loro periodi paratattici, assiomatici ed il loro sviluppo epigrammatico che ricorrerà da *L'osso, l'anima* (pensiamo alla scheggia pungente di *Masque blanche*)[17] a *L'aria secca del fuoco*,[18] confermando il dubbio fortiniano che lo *slogan* sia una riattualizzazione dell'epigramma.[19]

## 2. Un immaginario *pop*

Il passaggio dal settore pubblicitario, tappa quasi forzata della carriera artistica negli anni del dopoguerra, è stato tipico di molti astrattisti americani ed europei (e senza andare troppo lontano, anche di letterati come

---

[15] Il materiale è catalogato presso Centro Apice, nel già menzionato fascicolo "Recensioni, citazioni e annunci pubblicitari" (unimi.it).

[16] Sergio Bologna, *I poeti e la pubblicità. Note su Fortini copywriter per la Olivetti*, in *Umanesimo e tecnologia*, cit., p. 196.

[17] «Peccato debba toglierla / dopo dieci minuti, / la maschera orlane / crema contro le rughe. / Dipinge l'esterno / così com'è l'interno / un sepolcro imbiancato».

[18] Michele Spatafora, *Poesia satirica e* nonsense *in* L'aria secca del fuoco *di Bartolo Cattafi*, «Ticontre. Teoria, Testo, Traduzione», n. 14, 2020, pp. 9-10 (recuperato da https://teseo.unitn.it/ticontre/article/view/1187). L'autore individua in *L'aria secca del fuoco* un taglio epigrammatico messo al servizio di un intento prettamente satirico.

[19] F. Fortini, *Del copywriting come genere letterario*, cit., p. 179.

Sereni), poi allontanatisi in nome della purezza dell'arte;[20] ciononostante, Cattafi rinnegherà questa esperienza in un'intervista: «Mi sono saltuariamente interessato di pubblicità e di giornalismo (i giorni più sciocchi della mia vita – sessanta in tutto – furono quelli passati nell'ufficio propaganda di una ditta milanese)».[21]

Questo disagio era prevedibile per una personalità come quella di Cattafi, refrattario ad obblighi che ne imbrigliassero la creatività, ma apparteneva anche ad altri intellettuali del tempo, consci di essere soltanto una piccola parte di un più vasto ingranaggio produttivo. [22]

I risvolti del breve apprendistato non saranno comunque pochi: la passione per i marchionimi disseminati all'altezza cronologica di *L'Aria secca del fuoco* («beretta, «breda», «fiat», «singer», «phonola», «camel», «coca-cola», «copertone pirelli», «gazose», «diesel», etc...)[23] ne rappresenta in qualche modo un residuato e, al contempo, una rielaborazione sollecitata, senza alcun dubbio, dall'attenzione della letteratura coeva ai meccanismi del sistema capitalistico.

Anche i diari attestano la stessa fascinazione per le marche, estendendola ad una più vasta gamma di cose:[24] dal cibo alle sigarette, agli orologi, alle saponette, alle matite, agli indumenti; ma basta andare un po' indietro nel tempo per ritrovarla, sulla scorta dell'antiamericanismo coltivato nel dopoguerra (immediatamente dopo la breve adesione al movimento dell'"Uomo qualunque"), nei riferimenti alla «penna Sheaffer», alla «macchina Smith-Corona, modello Skyriter» della nota autografa a *Partenza da Greenwich* o nel «pacchetto di 'Lucky Strike'», nelle «cartine Occhey», nella «Ration C» dell'articolo *La campana che suona dall'ovest*, risalente ai primi anni Cinquanta.

In questa sorta di archivio dell'effimero rappresentato dai marchionimi, ogni occorrenza racconta una storia che va oltre il singolo prodotto, diventando testimonianza di un'epoca, delle sue legittime aspirazioni, delle sue trasformazioni economiche e sociali. Dal periodo post-bellico

---

20 E. Grazioli, *Arte e pubblicità*, cit., p. 117.

21 E. F. Accrocca, *Ritratti su misura di scrittori italiani: notizie biografiche, confessioni, bibliografie di poeti, narratori e critici*, Venezia, Sodalizio del libro, 1960, p. 123.

22 «Il copywriter doveva sentirsi integrato in questo processo, doveva essere consapevole che il suo talento artistico e letterario era subordinato alla sapienza tecnica dell'ingegnere. Doveva sapere di quale catena era un anello. Quindi era meglio se fosse un impiegato, un dipendente con orario d'ufficio uguale a quello della segretaria. Come Giovanni Giudici.» (S. Bologna, *I poeti e la pubblicità*, cit., p. 196).

23 Per un elenco più ampio si veda M. Spatafora, *Poesia satirica e* nonsense, cit., p. 6.

24 Si legga a questo proposito D. Bertelli, *«Qualcosa di altrettanto preciso»: il diario nell'esperienza poetica di Bartolo Cattafi*, «Otto/Novecento», XXXVIII, n. 2, 2014, p. 121.

al *boom* economico, questi frammenti pubblicitari fotografano momenti di vita vissuta, cogliendo l'essenza di un mondo e di un'Italia in rapida trasformazione.

Alcuni di questi *brand* sono oggetto anche della *Pop Art*, come ad esempio la lattina di *Coca Cola* di Andy Warhol del 1962, o quella di Mario Schifano[25] di cui è ingrandito un dettaglio in *Propaganda*, nello stesso anno. Altrettanto *pop* sono le immagini delle bandiere cattafiane, comuni proprio all'opera di Schifano che negli stessi anni dava vita ai suoi pezzi più iconici, come *Festa cinese*.

Le labbra psichedeliche di Marylin Monroe serigrafate dallo stesso Warhol nel '67 fanno pensare alla tensione deformante e surreale della poesia *Bocca*, di *L'aria secca del fuoco*, in cui la parte anatomica conquista una sua autonomia, grazie all'estrapolazione dal contesto di un dettaglio e alla sua amplificazione:

> BOCCA
>
> Per avviarla ci volle
> un boccone e un dito di vino
> messa in moto la macchinetta
> inarrestabile fu nella guerra
> al commestibile
> staccata dal contesto
> anche il padrone avrebbe aggredito.

Negli anni Sessanta anche Roy Lichtenstein proponeva l'immagine delle labbra rosse, già rese famose nel 1936 da Dalí che aveva realizzato il *Divano-labbra di Mae West*,[26] una struttura in legno con imbottitura di feltro rosa scuro e rosa chiaro, partendo dalla fotografia della diva hollywoodiana Mae West.[27]

Ma soprattutto, alla mostra visitata da Cattafi a Milano nel 1972, "Metamorfosi dell'Oggetto", era esposta un'opera *pop* di Joe Tilson dal titolo *Transparency. I cinque sensi, il gusto* (1969) che presentava il fotogramma di una pellicola cinematografica con il primo piano di una bocca femminile durante la masticazione.[28]

---

[25] Mario Schifano, *Mario Schifano. Il nuovo immaginario1960-1990*, a cura di Luca Massimo Barbero, Milano, Skira, 2023, p. 42.

[26] Royal Pavillon Art Gallery & Museum, Brighton.

[27] Gilles Néret, *Salvador Dalí. 1904-1989. La conquista dell'irrazionale*, Köln, Taschen, 2022, p. 40.

[28] Jean Dypréau, *Dalla Pop-Art all'environnement*, in *Metamorfosi dell'Oggetto*, cit., pp. 126 e 180. Sull'opera di Tilson e i suoi addentellati con la letteratura si consulti Marco Corsi, *Dentro e dietro il paesaggio. Uno sguardo di rimando da Sereni a Zanzotto*, in *Verba Picta*, cit., pp. 206-208.

Siamo davvero di fronte ad un «Cattafi Pop», che nella poesia *Simmenthal* di *L'allodola ottobrina* «indugia sulla scatoletta di carne confezionata alla maniera in cui Warhol immortalava la zuppa Campbell»?[29]

Sicuramente sì, se pensiamo che l'icona *pop* svolge nell'arte visiva la funzione di richiamare l'occhio su un mito compreso all'istante, ma già consumato. Nell'opera cattafiana l'oggetto appena identificato dal marchionimo sarà ricompreso nel lessico dello scarto e del rifiuto come passato, spazzatura, mistura anonima, secondo un'operazione largamente praticata nella seconda stagione poetica.

Il prodotto di marca è colto – ed è – nel momento antecedente alla sua trasformazione nell'antimerce deplorata nella poesia *Liofilizzati* di *La discesa al trono* («Un mondo in rovina / fatto di sfarinati / di liofilizzati animali / vegetominerali /[...]/ galleggianti rifiuti»). Si tratta di due fasi ben distinte di un unico processo, due atteggiamenti contrapposti e innati nell'essere umano: il primo volto all'appropriazione, il secondo alla perdita e alla rimozione,[30] che coesistono nella poesia cattafiana.

In particolare, il poeta aveva avuto modo di confrontarsi con alcune opere originali della *Pop Art* americana sempre alla mostra "Metamorfosi dell'Oggetto", dove la scatoletta *Campbell*, trasposta da Cattafi nel più prosastico prodotto nostrano, risulta effigiata e replicata in *100 Campbell's Soup Cans* di Andy Warhol, fra le opere esposte.[31]

---

29 B. Cattafi, *Tutte le poesie*, cit., p. xxx.

30 Sull'argomento si veda Guido Viale, *Un mondo usa e getta. La civiltà dei rifiuti e i rifiuti della società*, Milano, Feltrinelli, 1994, p. 117.

31 J. Dypréau, *Dalla Pop-Art all'environnement*, cit., p. 181.

## Capitolo terzo

# IL FUTURISMO: DALLE «LINEE DI FORZA» ALL'*ASSEMBLAGE*

> Il gesto per noi non sarà più un momento fermato del dinamismo universale: sarà, decisamente, la sensazione dinamica eternata come tale.
>
> Umberto Boccioni

Altro 'debito' della poesia cattafiana è quello nei confronti del Futurismo, il movimento forse più abile nel decifrare il complesso intreccio tra codice verbale e codice visivo, evidente nelle costanti figurazioni geometriche, tra le quali si ritaglia ampio spazio la linea, in assonanza con le dichiarazioni futuriste:

> Le linee-forza devono avviluppare e trascinare lo spettatore [...] Tutti gli oggetti tendono verso l'infinito mediante le loro linee-forza per ricondurre l'opera d'arte alla vera pittura. Noi interpretiamo la natura dando sulla tela queste linee come i principi o i prolungamenti dei ritmi che gli oggetti imprimono alla nostra sensibilità.[1]

Con le «linee-forza», la realtà è letta come materializzazione di energie che si intersecano, attraversando simultaneamente l'universo, esattamente come le linee rette e poi curve – soprattutto da *L'allodola ottobrina* – che compaiono in testi quali *La retta*, in *Segni* («Quando la linea è retta / esce dal foglio / puntando verso due poli d'orizzonte / oltre i poli lanciata / andando all'infinito / pura rigida eterea»); *Forze* («Le linee che da qui scattano / da ogni posto / e serpeggiando scompaiono / forze del mondo oltre la curva / giunte al palo d'arrivo / (ciascuna ha il suo)» e *Linee di forza*, in *L'allodola ottobrina* («Camminano compatte contenute / su binari diritti / a volte sbandano / s'allentano sparpagliate tutt'intorno /[...]»), il cui titolo rimanda espressamente al lessico futurista.

---

1 *I Pittori Futuristi Italiani. Boccioni, Carrà, Russolo, Balla, Severini*, catalogo della mostra (Parigi, Galleria Bernheim-Jeune, 5-24 febbraio 1912), Paris, Imprimerie Bernheim-Jeune, 1912.

Cattafi non descrive gli oggetti in modo dettagliato, ma attraverso le forme, le direzioni, i vettori che li rappresentano, seguendo il principio che «ogni oggetto visuale è un fatto eminentemente dinamico».[2] Pensiamo alla scala a chiocciola, per riportare il noto esempio di Arnheim, che ognuno rappresenterebbe con la linea ellissoidale, senza che ve ne sia un motivo reale: le *Nuvole* di *L'allodola ottobrina* sono appunto «sinusoidi ascisse ellissi rette».

Nella biblioteca cattafiana è presente per l'appunto un testo di Rudolf Arnheim: *Il pensiero visivo: la percezione visiva come attività conoscitiva* (traduzione di Renato Pedio, Torino, Einaudi, 1974), nel quale le percezioni cattafiane trovarono forse un riscontro teorico. La comparsa di scenari futuristi popolati da macchine, ferraglie o genericamente congegni, dispositivi tecnologici e varie «forme legate alla nostra civiltà, fino al termine del design industriale»,[3] ha inizio in particolare con *Qualcosa di preciso*, composta tra il '57 e il '61, in concomitanza con l'integrazione del poeta, immaginata come definitiva, nella metropoli italiana per antonomasia: la Milano post-bellica, che offre a Cattafi la possibilità di misurare stabilmente i propri passi in geometrie spaziali diversamente connotate rispetto alle verdeggianti distese dell'isola natìa, e confrontarsi con un'umanità adorniana, irrigidita dall'imperante tecnicizzazione,[4] nonché incline a nuovi parametri esistenziali.

Naturalmente non è possibile rinvenire una cesura netta rispetto alla produzione precedente, perché già in *Nel centro della mano* faceva capolino uno dei congegni preferiti da Cattafi: il treno (*Il treno per Parigi*) che tanto aveva turbato le coscienze otto e primonovecentesche.

Una siffatta concentrazione lessicale riemergerà anche in vari testi delle raccolte più tarde, prestandosi a varie risemantizzazioni: pensiamo a *Più in alto* («Schivato il senso del secco e del tagliente / dei rumori stridenti / del pulviscolo dei trucioli metallici / c'è chi accartocciato / vede macchine passare in aria / sul pavimento [...]»), in *Marzo e le sue idi*, e a *La macchina*, in *L'allodola ottobrina*: «Montando i lucidi / pezzi del congegno / t'impasti d'olio le mani / ghiottamente pregusti / l'odore riscaldato dell'acciaio / la macchina in funzione / [...]».

Nel caso della macchina, poi, le reminiscenze futuriste entreranno plausibilmente in commistione con suggestioni contemporanee provenien-

---

[2] Rudolf Arnheim, *Arte e percezione visiva*, con prefazione di Gillo Dorfles, Milano, Feltrinelli, 2007, p. 335.

[3] Luigi Baldacci, *Cattafi e Caproni*, «Antologia Viesseux», n.s., V, 14, maggio-agosto 1999, p. 51.

[4] L'impatto del trasferimento a Milano sulla poesia cattafiana è trattato da D. Bertelli, *Sulla «vaga lingua strana» di Gianni Mascia*, «Italian Poetry Review», vol. XVIII, 2023, p. 85.

ti dalla lettura di Vittorio Sereni (che traduceva da Apollinaire una poesia sulla macchina) e dei *Minima Moralia* di Adorno (nell'edizione del 1954 posseduta dal poeta).[5]

La critica ha già rilevato la costante attrazione di Cattafi per la fabbrilità intrinseca al lavoro dell'artista,[6] che sarebbe andata quasi totalmente perduta negli anni Ottanta, quando alla superiorità del fare si sarebbe sostituita quella del risultato produttivo e del valore economico. Per Cattafi l'arte consiste in ciò che si può toccare, costruire e montare, anche se questo significa inevitabilmente confrontarsi con la fragilità e la deperibilità del mezzo (la materia) e con i limiti stessi dell'artefice.

A posarsi sulle cose è, perciò, uno sguardo 'tattile', guidato essenzialmente da un «impulso prensile, (dal)la necessità di palpare il reale»,[7] a cui si associa l'orrore espresso in *Le linee della mano* di *L'aria secca del fuoco* per ogni «mano levigata».

Pur avendo attraversato le tempeste di varie correnti artistiche, avanguardie comprese, che avevano rimescolato procedimenti, canoni di bellezza, tecniche e idee della forma, le 275 occorrenze del termine «mano», a cui si aggiunge «manina» (1) e «palmo» (20), ben testimoniano la fedeltà di Cattafi al senso primitivo dell'*ars*, intesa come il fare dell'operaio che costruisce i suoi strumenti nell'intimità della sua stanza, li affina, li contempla.

Un esempio di questo atteggiamento di Cattafi è individuato da Alessio Martini[8] nella poesia *Faber*, contenuta in *L'allodola ottobrina*:

Bei pezzi da te fatti
tra incudine e martello
rigirati al tornio
alettati fresati filettati...
Ben curati da te
attrito e usura
messo negli ingranaggi
il sasso di granito.

Affine a questa lirica è, nella stessa raccolta, *Assemblaggio*, un testo di impronta tecno-futurista che non nasconde la derivazione da una delle

5 A tal proposito si veda D. Bertelli, *Arma, automobile, umanoide, Cristo crocifisso*, cit., pp. 202-203.

6 Si legga sul tema Alessio Martini, *Suggestioni figurative nella poesia di Bartolo Cattafi*, in *Anniversario per Bartolo Cattafi*, Atti del Convegno di Studi (Firenze, 2 dicembre 2004), a cura di Adele Dei, Comune di Firenze, 2006, p. 59.

7 Riccardo Donati, *Nella palpebra interna. Percorsi novecenteschi tra poesia e arti della visione*, Firenze, Le Lettere, 2014, p. 83.

8 A. Martini, *Suggestioni figurative nella poesia di Bartolo Cattafi*, cit., p. 59.

procedure artistiche più tipiche delle avanguardie, riutilizzata nell'arte contemporanea a partire dagli anni Sessanta:[9]

> Un gelido assemblaggio
> acciai sparsi aggeggi
> scampoli scompagnati all'apparenza
> e dopo invece un insieme
> con moto sussultante
> di destini d'attriti nei vuoti cammini.

Il riferimento è all'*assemblage*, variamente utilizzato da cubisti, surrealisti e anche da futuristi come Boccioni, che nel 1912 aveva creato l'opera *Fusione di una testa e di una finestra* con materiali extra-artistici:[10] una delle diffuse operatività/procedure basate sull'automatismo, capaci di liberare l'artista da un rigido controllo razionale, permettendogli di esprimersi appieno.

A livello poetico il risultato di tali suggestioni, come emerge dal testo, è sempre quello dell'accumulazione nominale che abbiamo notato a proposito del Surrealismo. Cattafi conosceva bene questa tipologia di opere polimateriche perché, tra l'altro, oltre ad avere sicuramente a mente la produzione di Crippa, aveva avuto modo di vederle *de visu* nella già citata mostra "Metamorfosi dell'Oggetto" che dedicava un'intera sezione a "L'arte dell'*assemblage*" – titolo di uno dei capitoli del catalogo – con opere di Louise Nevelson, Zoltan Kemeny, Etienne Martin, Woody Van Amen, Vic Gentils, Paul Van Hoeydonck.[11]

## 1. Ispirazioni futuriste

L'incidenza del Futurismo sulle modalità di rappresentazione del reale va indagata cercando di rinvenirne le origini in quel periodo fondamentale per ogni poeta che è la giovinezza, durante il quale si formano i modelli e si tracciano le prime direttrici creative: la familiarità di Cattafi con l'arte futurista, secondo Giuseppe Miligi (il «cattolico amico fiducioso» di *18 de-*

---

9 «Nel 1961 il MOMA di New York inaugurò un'importante mostra intitolata "The Art of Assemblage" nella quale, oltre a esporre opere di maestri come Pablo Picasso e Kurt Schwitters, si evidenziava come negli Stati Uniti le pratiche artistiche più recenti segnassero una decisa apertura allo spazio tridimensionale» (Marina Pugliese, *Tecnica mista: materiali e procedimenti dell'arte del XX secolo*, Milano, Bruno Mondadori, 2006, p. 40).

10 Aldo Grassini – Andrea Sòcrati – Annalisa Trasatti, *L'arte contemporanea e la scoperta dei valori della tattilità*, Roma, Armando Editore, 2018, p. 48.

11 J. Dypréau, *Dalla Pop-Art all'environnement*, cit., pp. 106-113.

*diche*), sarebbe nata dalla frequentazione di Castroreale Terme, dovuta alla presenza dello zio Barresi che ne era il sindaco:

> Un'aria decadente da *belle époque* s'attardava ancora [...] in quello che era stato l'elegante ed esclusivo *Grand Hôtel* delle Terme, caro alla Palermo bene tra le due guerre, che conservava i lampadari *liberty*, i grandi sofà e le specchiere nella sala da biliardo e nei saloni di ricevimento a piano terra (nei ruggenti anni Venti i saloni avevano accolto mostre della Casa d'Arte Depero ed educatamente rumorose serate mondano-futuriste organizzate da Guglielmo Jannelli in onore dei suoi ospiti: nella vicina villa di Jannelli alta sul mare – pavimenti, vetrate, cuscini, mobili disegnati da Balla e Depero – passò infatti in quella stagione il meglio del futurismo italiano, da Marinetti a Nicastro, da Mazza a Vasari a Settimelli a Depero a Corona a Keller che un giorno piombò in idrovolante, ammarando a Marchesana.[12]

Il villino Mamertino di Jannelli, «esempio significativo di arredamento futurista, oltre che un punto di riferimento per lo studio dei rapporti tra i futuristi del continente e della Sicilia»,[13] rappresentò per gli intellettuali della zona un repertorio visuale cui attingere, grazie agli interventi non solo dei già citati Balla e Depero ma anche di Prampolini, Tullio d'Albisola, Corona, tutt'oggi conservati.

Oltre al villino, l'altro fulcro della vita barcellonese era il "Grand Hotel delle Terme" che aveva ospitato una mostra personale di arazzi e cuscini di Depero (organizzata da Jannelli) nell'estate del 1926 (cui ne seguì un'altra a Messina nel 1927).

Senza Guglielmo Jannelli, però, attivo in tutti i maggiori eventi del movimento, non sarebbe stata assicurata la frequente presenza di Marinetti in Sicilia, né il rilevante apporto creativo alla produzione nazionale da parte del movimento che passò, com'è noto, anche attraverso il teatro.[14]

Cattafi dunque porta con sé questo retroterra attraverso molteplici canali: l'apprendimento diretto delle forme e delle decorazioni futuriste; i contatti giovanili[15] con il futurista Nino Pino Balotta, protrattisi fino agli

---

12 Giuseppe Miligi, *Introduzione* a B. Cattafi, *Oltre l'omega*. Sei poesie con quattro *chartae* di Antonio Freiles, Milano, Scheiwiller, 1984, p. 8.

13 Anna Maria Ruta, *Il futurismo in Sicilia: per una storia dell'avanguardia letteraria*, Marina di Patti, Pungitopo, 1991, p. 117.

14 Sulla contestazione di Jannelli e di tutto il gruppo futurista siciliano nei confronti delle rappresentazioni classiche di Siracusa a favore dell'opera dei pupi si veda G. Miligi, *Post-fazione* a Luciano Caruso, *La balza futurista*, Livorno, Belforte Editore, 1987, p. 12.

15 Beniamino Joppolo, in una lettera del 16 settembre 1951, ricorda all'amico di vecchia data Nino Pino il «pomeriggio passato a Barcellona veramente bello, caldo, umano e affettuoso, anche perché reso commovente dalla presenza di giovani amici così puri e sbagliati, ma pure così sicuramente passibili di trasformazioni radicali e sicure (commoventi Bartolo Cattafi e Mimma Pirandello)», in N. Pino, *Poesie e teatro*, cit., p. 219.

anni Settanta; l'amicizia con Giuseppe Miligi, esperto di cronaca locale e attento studioso del Futurismo; la frequentazione degli eredi del barone Jannelli nella figura di Salvatore Stancanelli[16] detto 'Salvatorino', raccontata dai diari; l'amicizia con il pittore futurista Giulio D'Anna ancora operante negli anni Settanta a Messina.[17]

Numerosi, in altri termini, sono gli addentellati con una microstoria territoriale che celebra il passato futurista e post-futurista quale mezzo di convalidazione della propria identità culturale. A questo si aggiunge l'ammirazione per l'opera del poeta Giovanni Antonio Di Giacomo, detto Vann'Antò[18] (il «ragusano fante futurista» ricordato in *18 dediche*): uno dei principali fautori della rinascita culturale di Messina dopo i tragici eventi bellici, nonché direttore insieme a Luciano Nicastro della «Balza futurista», a cui collaborarono Marinetti, Carrà, Boccioni, Balla, Depero ed altri:[19] una rivista che seppe mirabilmente interpretare, mediante le sue tavole parolibere, lo scambio futurista tra parola e immagine.

### 1.1. *Caratteri del futurismo cattafiano*

Gli intellettuali messinesi avevano prodotto le «sperimentazioni più raffinate e pregnanti»[20] di tutto il Futurismo siciliano, raggiungendo alte vette nell'ambito del paroliberismo futurista, grazie in particolare alle tavole di Jannelli e alle tecniche espressive di Vann'Antò e Nicastro. Il futurismo messinese era stato, per la generazione precedente a quella cattafiana, ricco

---

[16] Salvatore Stancanelli è autore insieme a Giuseppe Miligi di *Una pagina sconosciuta del Futurismo: Guglielmo Iannelli*, «Prometeo», II, 1, 1982, pp. 58-65, nella quale si narra della prima serata futurista siciliana svoltasi a Palermo, cui si recò Jannelli. Lo stesso è ricordato anche in *Autocurriculum* di Emilio Isgrò come figura che schiuse all'artista un nuovo senso estetico, mettendolo in contatto con le opere futuriste presenti nella villa, dalle quali ricevette una forte impressione (Palermo, Sellerio, 2017, p. 31).

[17] Il primo contatto con Giulio D'Anna risale, secondo i diari, al 14 marzo del 1972, mentre il 7 dicembre dello stesso anno Cattafi lo incontra ad una mostra non specificata, sempre nella città dello Stretto.

[18] Cattafi racconta nei suoi diari del 1976 di leggere, non senza le difficoltà date dall'uso del dialetto, *Il fante alto da terra* di Vann'Antò, una raccolta di poesie in lingua sulla vita di trincea che, secondo Antonino Fragale, rappresenta l'opera «più conosciuta ed apprezzata del poeta ragusano» (*Postille sull'altro Vann'Antò*, «Lares», vol. 46, n. 3, luglio-settembre 1980, p. 295).

[19] La rivista, intitolata e realizzata presso una piccola tipografia di Ragusa da Vann'Antò, era stata da Jannelli «progettata, finanziata e animata, anche se supervisionata da Marinetti», rappresentando, «pur nella sua breve avventura (solo tre numeri dal 10 aprile al 12 maggio 1915), un significativo episodio di carattere nazionale, in cui confluirono con sorprendente efficacia tutti gli sforzi e l'accumulo di esperienze in precedenza maturate dalla giovane brigata messinese» (A.M. Ruta, *Il futurismo in Sicilia*, cit., pp. 97-98).

[20] *Ivi*, p. 61.

di spunti e di energia, tanto da far esclamare entusiasticamente a Marinetti che la città di Messina, rialzatasi dal terremoto del 1908, fosse l'essenza del Futurismo stesso.[21]

Fra i libri del fondo cattafiano che testimoniano un persistente interesse per il movimento, ricordiamo *Vann'Antò futurista* del 1975 e *Regina: con il manifesto tecnico dell'aeroplastica futurista* del 1971, entrambe edizioni scheiwilleriane.

La dimensione futurista siciliana, nutrita da singole personalità d'eccezione, si era tuttavia distinta immediatamente dalla *koinè* avanguardistica: l'innovazione, pur sentita come risolutiva rispetto alla stagnazione in una condizione prevalentemente agricola e arcaica (rispetto alla meccanizzazione e industrializzazione del resto dell'Europa), era sempre stata contaminata da un contraddittorio slancio verso il nuovo e dal recupero di ideali decisamente passatisti.[22]

È ciò che emerge dall'emblematica composizione parolibera di Vann'Antò *Automobile+AsinA*, apparsa sul terzo numero della *Balza* e tesa a capovolgere il culto futurista della macchina, verso il quale manifesta un certo scetticismo: in un'atmosfera di idillio agreste, non priva d'ironia, una vecchia asina soccorre, infatti, un'automobile finita tra i fiori di un prato.

Anche Jannelli nella sua *4° Edizione* giustappone la civiltà delle macchine tipografiche alla semplicità di una Sicilia orgogliosamente rivendicata finanche nelle espressioni più colorite del suo idioma locale.[23]

Inutile dire che in questo quadro rientra l'attenzione alle forme dialettali perseguita ad esempio dal futurista Nino Pino Balotta, autore di *Mminuzzàgghi*,[24] raccolta che nel '56 gli valse il premio Viareggio per la poesia dialettale, e di *Voga voga marinaru* (Vittorietti, Palermo, 1970).

Il gruppo siciliano, uno dei più consistenti del Futurismo italiano, ma afflitto da carenze strutturali e privo della giusta carica eversiva, non aveva compreso le potenzialità insite nella macchina, e si era rifiutato di staccarsi

---

21 «Messina simboleggia perfettamente il futurismo cioè la volontà indomabile dell'uomo che affronta e sfida tutte le forze coalizzate della natura senza rimpianti senza dubbi senza nostalgie, per conquistare il proprio avvenire»: queste parole di Filippo Tommaso Marinetti furono pubblicate su «L'Avvenire» nel settembre 1913; poi su «La Gazzetta di Messina», 21 febbraio 1931.

22 A.M. Ruta, *Il futurismo in Sicilia*, cit., p. 8.

23 G. Miligi, *Post-fazione* a L. Caruso, *La balza futurista*, cit., p. 10.

24 N. Pino, *Mminuzzàgghi. Poesie siciliane col testo italiano e un saggio introduttivo sul dialetto siciliano*, Roma, Associazione internazionale di poesia, 1956. Il testo ha una prefazione di Concetto Marchesi e contiene un saggio sull'«evoluzione del dialetto siciliano in relazione all'evoluzione della realtà sociale» (Antonio Catalfamo, *La poesia di Bartolo Cattafi. Testi e contesti*, Chieti, Solfanelli, 2020, p. 68).

dal mondo agreste, dandone in arte una rappresentazione che risultava sostanzialmente ancora realistica.[25]

Va rivista quindi l'idea che il movimento siciliano fosse *tout court* una duplicazione di quello marinettiano «fortemente legato all'esaltazione del dato tecnologico, al culto della macchina e ai concetti di velocità, simultaneità e sintesi spazio-temporale».[26] Al contrario, il volto del futurismo isolano – e in particolare messinese – si presenta *ab ovo* particolarmente contraddittorio, consentendo la coesistenza nella poesia di Cattafi di immaginario tecnologico e storico-folkloristico (dalla sezione *La campagna d'autunno* di *L'osso, l'anima* a *L'aria secca del fuoco* con il suo variopinto regionalismo).[27]

Le relazioni economico-commerciali registrate in molte poesie di *L'osso, l'anima*, ad esempio, affondano in un retroterra rurale e precapitalistico cristallizzato nei proverbi siciliani: immagine viva di un commercio minuto che si svolge nelle strade[28] e che ignora la riproducibilità tecnica dell'epoca industriale, come si deduce dalla natura dei beni menzionati – derivanti dall'agricoltura e dalla pesca – e dalla quasi totale assenza delle strutture mentali e materiali del capitalismo.[29]

La lingua cattafiana si apre a lemmi, non esclusi quelli dialettali (come *Buddàci*, titolo di una poesia di *L'aria secca del fuoco*), radicati nel substrato di provenienza del «*rentier* raffinato e generoso»[30] ancora idealmente legato al punto di vista della classe agraria, segnando un netto distacco dalla dimensione politica dei Novissimi, in particolare da Giovanni Raboni di *Le case della Vetra*.[31]

---

[25] A.M. Ruta, *Il futurismo in Sicilia*, cit., pp. 8 e 28.

[26] D. Bertelli, *Arma, automobile, umanoide, Cristo crocifisso*, cit., p. 212.

[27] A. Catalfamo, *La poesia di Bartolo Cattafi*, cit., p. 38.

[28] Per una ricognizione delle tradizioni popolari siciliane sedimentate nei proverbi si veda *Almanaccu sicilianu 2007 – Il commercio*, a cura di Lucio Falcone e Giuseppe Buzzanca, Marina di Patti, Pungitopo Editore, 2006.

[29] Si tratta di un territorio linguistico che si dirama semanticamente in più direzioni, attraversando il circuito dei rapporti sociali, la sfera privata degli affetti, i meccanismi della creazione artistica nei testi programmatici, le allucinate dinamiche memoriali e incontrando, infine, l'ordine di significati puramente astorici e sovratemporali delle ultime raccolte. *La discesa al trono* ripresenta il lessico dello scambio nell'occorrenza di alcuni termini chiave come «prodotto» (in co-occorrenza con gli aggettivi «lordo», «grezzo», «finito»), «costo», «calo», «mercanzia», «mercato», «commercio», «moneta», sempre più interiorizzati da *L'osso, l'anima* in poi.

[30] Raboni, *Introduzione* a B. Cattafi, *Poesie 1943-1979*, cit., p. xi.

[31] Nella raccolta raboniana (Milano, Mondadori, 1966) si riscontra un lessico specialistico molto più tecnico per via degli apporti provenienti dai sottocodici giuridico, fiscale, politico e sindacale («dissesto», «tassa», «plusvalore», «imposta», «banca», «risparmio», «padrone», «capitale», «borsa», «salario», «operaio»).

Anche le prose giornalistiche scritte tra il '50 e il '61 registrano il dato storico-etnografico, come si può vedere, ad esempio, in *Lo Stretto di Messina e le Eolie* che descrive gli Eoliani eredi della civiltà egeo-balcanica, e ne rievoca le attività produttive.[32]

## 2. Il 'magistero' formale di Nino Pino Balotta

Figura di rilievo per la formazione 'futurista' di Cattafi fu lo scienziato[33] e politico Nino Pino Balotta, che verso la fine degli anni Trenta compose le «aeropoesie» di *Sciami di sparse parole*, e che ebbe il merito di far conoscere il giovane Bartolo a Corrado Govoni, dal quale gli fu assegnato un premio che ne rappresentò l'esordio nel panorama letterario.[34]

Il «socialista eterodosso» Nino Pino, antifascista militante e libertario, mentore e testimone del precoce ingresso del poeta nel mondo della poesia,[35] nella biografia di Francis Gastambide *Nino Pino. L'Homme, l'Oeuvre et l'Universalité de l'Amour*, pubblicata a Parigi nel 1972, si presenta con questo autoritratto:

> Giovane, mi sono appassionato al Movimento Futurista, l'ho studiato, seguito, criticato, ho goduto della immeritata stima di Filippo Tommaso Marinetti. Nel Futurismo, ma soprattutto nella sperimentazione della vita, a me pare che siano da ricercare le radici della mia implicanza col realismo e neo-realismo. Ho considerato il Futurismo quale movimento evolutivo, svecchiatore di schemi e artifici, propulsore di energie ed armonie in ardimenti e prospettive innovatrici. Quando si è poi "istituzionalizzato" e si è anch'esso congelato in formule e schemi, quando è entrato in involuzione ed è divenuto "fascismo" e "marinettismo" l'ho criticato.[36]

In altre parole, Pino, interprete critico del fenomeno nella sua fase tarda degli anni Trenta, aveva ripensato con spirito anticonformista i capisaldi del

---

32 B. Cattafi, *Lo Stretto di Messina e le Eolie*, fotografie di Alfredo Camisa, didascalie di Alfredo Camisa e Lorenzo Camusso, cartografia di Vincenzo Pasquero, «Italia nostra», Automobile Club d'Italia, Roma, LEA, 1961, pp. v-ix, poi in Id., *Le isole lontane*, cit., p. 22.

33 Secondo Emilio Isgrò, Nino Pino Balotta «era anche e soprattutto uno scienziato di vaglia in rapporti con Einstein (aveva approntato la prima traduzione della relatività in lingua italiana) e teneva la cattedra all'Università di Camerino, dopo averla tenuta per tanti anni a Messina» (*Autocurriculum*, cit., pp. 26-27).

34 Si trattava del Concorso nazionale "Pagine Nuove", all'interno del quale Govoni svolgeva il ruolo di presidente di giuria.

35 Sulla testimonianza di Nino Pino intorno alle primissime prove poetiche di Cattafi si legga S. Palumbo, *La preistoria di Bartolo Cattafi*, cit., p. 102.

36 Citazione tratta da Nino Sottile Zumbo, *Testimonianze e chiose sul futurismo: Nino Pino Balotta e Umberto Boccioni*, «Forum Italicum», 2020, vol. 54, Issue 1, pp. 357-358 (https://doi.org/10.1177/0014585820910650).

Futurismo teorizzati nei manifesti, chiosandoli scrupolosamente in annotazioni private.

Punto di riferimento nella vita di Cattafi, quella con «l'onorevole Pino» (come viene simpaticamente soprannominato nei diari per il suo ruolo di parlamentare) fu un'amicizia duratura che non va assolutamente relegata al periodo della formazione poetica: i diari e le epistole testimoniano gli incontri saltuari, ma festosi tra i due a Milano durante tutti gli anni Settanta e un dialogo fecondo che passa anche attraverso lo scambio di opere, come testimoniano la lettera cattafiana che accompagna l'invio dell'appena edita *Nel centro della mano* a Pino (in Appendice I), e il dono da parte di quest'ultimo, in occasione della nascita di Elisabetta, della raccolta poetica *Voga voga marinaro* (diario del 16 agosto 1975).

Accogliamo dunque l'invito di Gino Trapani a rilevare ascendenze futuriste «nella particolare maniera cattafiana di creare immagini (germinate da concetti con fulminee folgorazioni)»[37] attraverso la mediazione di Pino, tenendo presente che la dimensione di continuità assunta da tale dialogo 'creativo' apre la strada alla considerazione di presenze lemmatiche piniane anche nelle opere più tarde di Cattafi, nonché di un influsso reciproco.

Se gli interni della villa di Jannelli dovettero lasciare visivamente più di una impronta sull'*imagery* cattafiana, nondimeno la poesia di Pino costituì, insieme e certo più di quella di Govoni (entrambi significativamente destinatari della dedica della prima sezione di *Nel Centro della mano*), un viatico per l'accostamento a moduli futuristi.

Pur non esercitando un vero e proprio paroliberismo, Pino adottò la grammatica senza fili in alcune foto-poesie di *Sciami di sparse parole*, e si attenne per il resto ad una metrica e a un lessico tradizionali. Fece proprie anche molte tematiche convenzionali del movimento, come la città, il treno, l'automobile, l'aviere, la pubblicità.[38]

Si veda a conferma questa raffigurazione del paesaggio urbano in *Città di sera*, componimento appartenente alla raccolta *Altalene*, segnalata al "Premio internazionale Siracusa 1950":[39]

> [...]
> elettrizzazione della vita
> Réclames avvisi richiami
> Acute molle di suggestione

---

[37] G. Trapani, *S'alzò in volo e cantò "invece"*, cit., p. 60.

[38] A.M. Ruta, *Il futurismo in Sicilia*, cit., p. 113.

[39] N. Pino, *Altalene*, Bergamo, Misura, 1951.

luminosità lancinanti
altoparlanti
(distillano dagli oceani dell'infinito armonie
e parole)
Alveari umani che inghiottono sputano
vomitano gente
(convulso boccheggiare di fauci di legno di ferro)
[...]
Tutte le note innumeri del coro della vita del vizio
Della gioia dell'egoismo del dolore.

Lo sperimentalismo verbale e il recupero visivo, tipicamente futuristi, non servono a convalidare un approccio tecnocratico al reale, ma a ricercare uno slancio vitalistico che si riscoprirà più agevolmente nelle forze primordiali dell'isola natìa:

Mare; lo scatto
Nelle tue fluide vene è d'un motore,
Palpito dell'eterna vita!

All'opposizione tra anelito alla natura e inquietudine del progresso non sarà del tutto estraneo neanche il Cattafi di *Qualcosa di preciso*, che così delinea il tema della città, prediletto a livello figurativo e verbale dal Boccioni di *Officine a Porta Romana* (1908) e di *La città che sale*, nonché da altri futuristi:

AL QUINTO PIANO

Era marmo per poveri
né costoso né candido
a lastre sovrapposte, rampe, gradini.
Poi la casa, celle
sospese ad un ultimo piano.
Nome, numero, strada, città,
l'ascensore portò giorno per giorno
notizie di nera consistenza,
carta-garza, rinforzo di catrame,
sigillate di rosso, ceralacca
sulle cose dell'anima, silenzio.
[...]
Intanto Sedici e Venti
- verdi tranvai -
stipavano a bordo il bene e il male
sferragliando al traghetto d'una parte
del mondo o dell'inferno.

Va messo in evidenza il rapido passaggio dalla descrittività dei luoghi al disappunto morale (declinato rispettivamente attraverso i termini «vizio» e «inferno») nei confronti di una città che, proprio per la sua onnicomprensività, si configura come *civitas infernalis*, formicaio disumano, reboriana «voragine».

Diametralmente opposto è l'arioso paesaggio del sud, ripensato nostalgicamente in un'altra poesia della raccolta:

SOPRATTUTTO

Pregustava la mente di svernare
nei nostri luoghi diletti.
Il dispaccio ci colse alla sprovvista:
le più care, le più ricche province
(abitanti fedeli, clima mite,
bella vista sul mare)
d'un sol colpo perdute,
divelto e deriso
il nostro nome.
[...]

Se questa può configurarsi come l'ennesima declinazione novecentesca della dialettica industrializzazione / ruralità, possiamo ritrovare nell'accumulazione tri-quadrinominale e nella dinamicità delle azioni, che non abdica mai ad una certa fluidità espositiva, un segno di riconoscimento del Futurismo siciliano e messinese: non, appunto, di un Futurismo *tout court*, ma di un certo futurismo, filtrato da specifiche resistenze ideologico-culturali.

### 2.1. *Echi piniani nel lessico cattafiano*

Appartiene al Nino Pino di *Sciami di sparse parole*[40] il composto «punto-attimo»[41] che ricorda il «punto-ombelico»[42] e il «punto-nave»[43] della poesia cattafiana:[44] esempi di sostantivi doppi di stampo futurista sono alquanto

---

[40] N. Pino, *Sciami di sparse parole*, Milano, Edizioni Quaderni di poesia, 1940.

[41] *Fiera di luglio*, in *Sciami di sparse parole*. La giustapposizione «punto-vertice» appartiene invece a *L'epopea di Gagarin*, Savona, Sabatelli, 1963, e risulta posteriore all'uso cattafiano attestato in *Le isole lontane*, così da ipotizzare un'influenza reciproca.

[42] *In un punto*, in *Marzo e le sue idi*.

[43] *Punto*, in *L'allodola ottobrina*.

[44] Per la condizione dell'uomo cattafiano costretto a relazionarsi «con la realtà del *punto*, che è un punto di luogo e di tempo», si legga G. Savoca, *Un «punto» per la geometria di Cattafi*, in *Viaggio verso qualcosa di preciso. Percorsi della poesia di Bartolo Cattafi*, Atti del Convegno di Studi (Messina, 25-26 novembre 2004), a cura di Dario Tomasello, Firenze, Olschki, 2006, p. 7.

diffusi nella poesia di Pino, se pensiamo a «letto-concerto», «mai-sempre», «lontano-vicino», «canto-brivido», ma anche «via-vai»[45] e «ferma-fuggi» che anticipano e l'«apri-e-chiudi a scatti» di *La discesa al trono* e l'«andata-e-ritorno» o «il pulce-ti-uccido» di *L'aria secca del fuoco*, forme 'sintetiche' usate anche in funzione narrativa; o ancora, al «grido-lamento» e ai «cantilamenti» di *Altalene* che sembrano rievocati nel «suono-richiamo» di *L'allodola ottobrina*.[46]

Ugualmente, l'uso metafisico del verbo «ammonticchiare» da parte dell'ateo Pino,[47] nel testo di *Sciami di sparse parole* intitolato *L'orologio sulla torre* («Le trae dal nulla / le ammonticchia nel nulla»), trova un corrispettivo – anche se in un *ensemble* semanticamente antitetico – nella dichiarazione fideistica cattafiana di *Chiromanzia d'inverno* («me ne sto tranquillo / tutto t'è stato ammonticchiato dentro», *In te*): il verbo, tra l'altro, indica una forma di accumulazione che – insieme alla catalogazione dei *realia* – potrebbe rientrare pienamente nella lezione govoniano-futurista.

Il «cuore d'acciaio / insensibile a tutto»[48] e i «brontolii di tramwais»[49] di Pino ricordano rispettivamente «l'anima aguzza, d'acciaio» della poesia *Da qui non puoi* di *L'Osso, l'anima* e i «lividi lampi dei tranvai» di *Festa*, contenuta in *Nel centro della mano*, raccolta temporalmente affine a quella del più anziano conterraneo.

Con l'immagine dell'acciaio risaliamo, stavolta, al cuore del Futurismo marinettiano e deperiano che auspicava l'ibridazione tra uomo e macchina, fino alla creazione dell'«automa vivente», da realizzarsi attraverso «la mutilazione, condizione che permette di rinnovare e reinventare il corpo umano grazie ad una materia più forte e potente: l'acciaio».[50]

---

45 Il sintagma compare sia in *Sciami di sparse parole* (*Sinfonia delle quattro stagioni*), che in *Altalene* (*Natale*).

46 Gli esempi di sostantivi doppi in Cattafi sono numerosissimi e, esclusi 4 casi di *L'osso, l'anima* («pistola-passe-partout», «pentimento-vergogna», «speranza-promessa», «carta-garza»), appartengono soprattutto alla seconda produzione: «ritagli-rifiuti», «aria-iride», «lettera-patente», «aria-festa-luce», «terra-mare», «navi-speranza», «scrofa-oliva», «cirro-uncino», «parola-chiave» (*L'aria secca del fuoco*); «fronte-frontiera», «albume-alone» (*La discesa al trono*); «cose-macerie», «piazza-mercato», «figlie-madri», «alberi-tipo», «cuore-bersaglio» (*L'allodola ottobrina*); «segni-bacile» (*Segni*); «faccia-pilota», «amiche-nemiche (*Chiromanzia d'inverno*); «province-palestra», «esempio-occhiali», «buca-e-taglia» (*Marzo e le sue idi*); «buste-paga», «cielo-finestra» (*Occhio e oggetto precisi*).

47 Per un approfondimento sulla concezione materialista di Nino Pino Balotta si legga A. Catalfamo, *Nino Pino: poesia e scienza. Riflessioni su un'interpretazione neopositivista della letteratura*, «Materialismo Storico», vol. XI, n. 2, 2021 (E-ISSN 2531-9582), pp. 358-380.

48 *L'orologio sulla torre*, in *Sciami di sparse parole*.

49 *Città di sera*, in *Altalene*.

50 Dora Marchese, *Il corpo, la donna, la guerra, la macchina: la rivoluzione fisiologica futurista e l'uomo moltiplicato*, «Critica letteraria», a. XLV, fasc. III, n. 172, 2016, p. 464.

Il verbo «tambureggiare» (2 occorrenze) associato alla rapidità del movimento in *Marzo e le sue idi* («tambureggiano e scattano», *Le tue dita*) compariva in *Sciami di sparse parole* (*Momenti in auto*) quale antecedente anche all'uso quasimodiano di *La terra impareggiabile*.[51]

Il titolo della raccolta piniana *Sciami di sparse parole* è plausibilmente rievocato nei cattafiani «sciami d'atomi spersi»[52] di *Convivio*, e ancor di più nello «sparso alfabeto» di *Uccelli* (entrambe poesie di *La discesa al trono*): sintagmi che coniugano il dinamismo futurista con l'attenzione all'infinitamente piccolo di ascendenza pascaliana appartenuta anche a Pino e coniugata, nel secondo esempio, a livello del segno verbale. Rimanendo su questo filo analogico, Pino immagina anche «sparse mandrie di molecole» in una poesia, *Furia di venti*, della stessa raccolta.

Le riprese lessicali si estendono ad altre immagini: il «capelvenere» di *Le fiale* (*hapax*, fino a quel momento, della grande poesia italiana del Novecento)[53] giunge a Cattafi («ciocca di capelvenere»)[54] probabilmente per mediazione di Pino («ciglia piumate / del capelvenere»);[55] il verso piniano «per spremere linfa e sangue dal mio cuore»[56] rimanda a «ti spremono l'aria dai polmoni» (*Parole*, in *Segni*); l'«albero ischeletrito» che «allarga le braccia spolpate»[57] ritorna sdoppiato nell'«albero a braccia aperte» di *In quella chiara*, in *La discesa al trono* e nell'agave «regina spolpata» di *Fibra*, in *L'aria secca del fuoco*.

Anche «la mano dell'informe», titolo di una poesia di *L'allodola ottobrina* sembra avere un precedente in «La mano dell'eterno» di Pino;[58] così come il quasimodiano «acquamorta» è recepito (nella forma giustapposta) sia dal poeta barcellonese,[59] lettore e corrispondente di Quasimodo, che da Cattafi, ammiratore controverso dello stesso.[60]

---

51 G. Savoca, *Vocabolario della poesia italiana del Novecento: le concordanze delle poesie di Govoni, Corazzini, Gozzano, Moretti, Palazzeschi, Sbarbaro, Rebora, Ungaretti, Campana, Cardarelli, Saba, Montale, Pavese, Quasimodo, Pasolini, Turoldo*, Bologna, Zanichelli, 1995, p. 1008.

52 L'immagine è replicata in *Atomi*, de *L'allodola ottobrina*, dove questi «si levano a sciami».

53 G. Savoca, *Vocabolario della poesia italiana del Novecento*, cit., p. 176.

54 *Se i nervi*, in *Marzo e le sue idi*.

55 *Lasciami solo!*, in *Altalene*.

56 *Il canto del pazzo*, in *Sciami di sparse parole*.

57 *Miniature*, in *Sciami di sparse parole*.

58 *Perenne*, in *Altalene*.

59 *Sommesso*, in *Altalene*: «Un'acqua morta / indugia / sopra vestigia immemori». Il lemma è fortemente ricorrente nelle poesie di Nino Pino e presenta in Cattafi ben 26 occorrenze.

60 «Persino il mio amico Cattafi, legatissimo a personaggi come Anceschi, Erba e Sereni, antiquasimodiani di ferro, stentava a riconoscere nel poeta di Modica un interlocutore di levatura e di peso. Tranne poi dirsi ammirato per poesie folgoranti come *Visibile, invisibile*. "Un capolavoro" diceva Bartolo. "Peccato non sia riuscito a scrivere un libro tutto intero". La vul-

Il termine «piroscafo», mancante nel resto della poesia italiana del Novecento, dà il titolo ad una poesia di *Sciami di sparse parole*, per ricomparire in *Un crepuscolo d'Irlanda* di *Le mosche del meriggio*. Sempre in *Piroscafo*, in linea con quel decorativismo *Liberty* che comprendeva la riproduzione di insetti quali «capolavori di ebanisteria e di oreficeria»,[61] si nota la presenza di un «grosso insetto nero» recepita dal Cattafi di *Le mosche del meriggio* («vi pascola la nera / la dura la vera cheratina / d'un insetto definitivo...», *Tiro a segno*), di *L'osso, l'anima* («L'insetto impazzì. visse», *Favola*), e infine di *L'Allodola ottobrina*, dove assume significati universali («siamo ora costretti al concreto / a una crosta di terra / a una sosta di insetto», *Costrizione*).

Qualche somiglianza c'è anche tra il sintagma «schiaffi di velocità» (*Treno*, in *Sciami*) e il cattafiano «uno schiaffo d'aria» (*Sgorbio*, in *Simùn*). Il dannunziano «carcame», infine, potrebbe essere giunto alle raccolte cattafiane degli anni Settanta[62] attraverso *Altalene*, silloge successiva a *Sciami*, ma non esente da strascichi futuristi.[63]

Dall'angolazione che più ci interessa, intersecando i territori lessicali dei due conterranei[64] si può riscontrare la comune presenza del «congegno» (che conta 19 occorrenze in Cattafi), del «motore» (2), della «macchina» (16), del «binario» (4), del «circuito» (1), dell'«elastico» (9), del «metallo» (13) e del «metallico» (6); del «rombo» (5) e del «rombare» (4, di cui 1 in forma sostantivata); dello «stantuffare» (1), dello «sciamare» (1), dello «scatto» (14) e dello «scattare» (71); del «lanciare» (72), del «correre» (29), della «ruota» (17) e del «ruotare» (14); del «turbine» (4), del «turbinare» (2); del «vorticare» (7) del «centrifugo» (1) e del «centripeto» (2): lemmi attinenti alle macroaree dello slancio vitale e della velocità, entrambe largamente diffuse nella produzione futurista italiana.

---

gata era che il meglio Quasimodo l'avesse dato come traduttore dei lirici greci. E con questo la discussione era chiusa» (*Autocurriculum*, cit., p. 42).

61 *Mostra del Liberty italiano*, (Palazzo della Permanente, Milano, dicembre 1972-febbraio 1973, Comune di Milano. Società delle Belle Arti ed Esposizione Permanente. Quadriennale Nazionale d'Arte di Roma), Milano, Arti grafiche Crespi & Occhipinti, 1972, p. 15.

62 Si leggano *Cardi*, in *L'aria secca del fuoco* e *Creazione* in *L'allodola ottobrina*.

63 «Da *Sciami di sparse parole* ad *Altalene* c'è una ricostruzione del linguaggio in forme meno provvisorie e più incisive per la funzione stessa affidata alla poesia. L'interesse stilistico si allarga ai recuperi dal D'Annunzio di *Alcyone* e dal Pascoli dei *Canti di Castelvecchio*, quasi come un antidoto alla precedente scelta futurista. Mi pare che si possa parlare, a buon diritto, della sistemazione di frammenti sperimentali entro l'area di una concretezza espressiva; una tale sistemazione avviene con il rappropriarsi, da parte di Pino, della tradizione che, mai del tutto consumatasi, è in posizione dialettica rispetto alla ricerca del nuovo» (VINCENZO SANTANGELO, *Nino Pino futurista*, Palermo, Vittorietti Editore, 1980, p. 30).

64 Per Pino sono state prese in considerazione esclusivamente le raccolte *Sciami di sparse parole* e *Altalene*; per Cattafi tutto il *corpus* in versi, da cui sono desunte le occorrenze di seguito enumerate.

Esiguo nelle opere cattafiane è il lessico futurista dell'aviazione: «aereo» (per i futuristi, com'è noto, chiara metafora della forza motrice che aveva permesso all'umanità di realizzare l'atavico desiderio di volare) conta solo 2 occorrenze nella forma sostantivale (7 in quella aggettivale), affiancato da «aereolito» (1).

Non molto più ampio è lo spettro della meccanicità che include, oltre «macchina», i termini «macchinario» (4), «macchinetta» (2), «macchinoso» (1). Immancabili «futuro» (10) e «futurista» (1), altro emblematico *hapax* che inerisce con precisione alla corrente artistica di cui stiamo trattando.[65]

Alcune immagini fortemente espressioniste sembrano penetrare nella poesia cattafiana direttamente dalle tavole parolibere di Govoni, come per esempio le «sirene decapitate» di *Il palombaro*, riflesse nelle «acciughe decapitate»[66] di *Occhio e oggetto precisi*.

Tutto cattafiano è invece il composto «stantuffopistone» di chiara marca futurista coniato per *Idea*, poesia di *Chiromanzia d'inverno*.

Azzardando una temporanea conclusione, si può affermare che il passaggio alla maturità poetica si sia realizzato attraverso il recupero di elementi futuristi che hanno permesso a Cattafi di deporre il repertorio orfico-ermetico, e di connettersi al rinnovamento scientifico-tecnologico cui era andata incontro la società: un salto nel reale quale inizio di un modo nuovo e personale di fare poesia.

Le coincidenze lemmatiche con la poesia di Nino Pino, lungi dal riportare l'opera cattafiana ad un contesto esclusivamente regionale, lo radicano ad una delle più grandi correnti artistiche del ventesimo secolo, il cui lascito più duraturo consistette non in un «ribellismo incendiario» che Cattafi raramente coltivò,[67] ma in quella ricerca di sintesi tra parola e immagine che prenderà inusitate forme nell'ultima produzione (i libri d'artista futu-

---

[65] Il lemma «futurista» è assente nei principali poeti italiani del Novecento che utilizzano piuttosto l'altro derivato «futurismo»: nella fattispecie (con 9 occorrenze) Palazzeschi, che aveva preso parte direttamente al movimento (G. Savoca, *Vocabolario della poesia italiana del Novecento*, cit., p. 407).

[66] *Un rumore*, in B. Cattafi, *Occhio e oggetto precisi. Poesie 1972-1973*, con prefazione di Silvio Ramat, Milano, Scheiwiller, 1999.

[67] Secondo Gino Trapani la lirica *Al cospetto* (*Occhio e oggetto precisi*) è un esempio di «irrisione verso ogni teoresi» che si esprime «con un atto di fanciullesca ribellione, dietro la quale, però, non c'è la tabula rasa delle avanguardie (che il poeta di Barcellona – pur essendo stato uno sperimentatore instancabile – non poteva soffrire)» (Gino Trapani, *S'alzò in volo e cantò "invece"*, in *Atti del Premio Nazionale di Poesia e Saggistica «Bartolo Cattafi»* (VII e VIII edizione), a cura di Gino Trapani, Barcellona P.G., 1996, Marina di Patti, Pungitopo, 2000, p. 60). A questo proposito ricordiamo che il lemma «incendiario», venato di inevitabili richiami palazzeschiani, è presente nella forma aggettivale e sostantivale, rispettivamente nelle poesie *Un gesto* di *Chiromanzia d'inverno* e *Falò* di *Lame*.

risti rimangono un modello per tutti coloro che si sono dedicati a questo genere), e nel rifiuto dell'ubiquità: tendenza, questa, innata nel poeta e realizzata attraverso i numerosi viaggi compiuti nel perimetro dello spazio e del cuore.

## Capitolo quarto

# INFLUSSI DELLO SPAZIALISMO SULLA POESIA CATTAFIANA

> L'arte deve considerare come sua materia da sfruttare questa nuova materia fluida aerea oscillante magica rapida eterna ma non immortale.
>
> Lucio Fontana

Le implicazioni teoriche dello Spazialismo prevedevano (*Secondo manifesto* della Triennale di Milano del 1950) il necessario superamento della pittura, della scultura e della poesia, affermando che «qualsiasi cosa coscientemente si faccia è un fare lo spazio».[1]

L'arte di Lucio Fontana aveva raggiunto l'apice nella straordinaria invenzione del gesto che oltrepassa il campo del quadro, inteso come *continuum* bidimensionale, per indagarne lo spazio che sta al di là (*Concetti spaziali*), e si era espressa dal 1948 nella serie di 'tagli' come aggressione ad uno spazio codificato in 'interno' ed 'esterno' a vantaggio di uno unitario, mentale, senza limitazioni fisiche.

Nonostante non fosse mai appartenuta al Cattafi pittore la pratica del taglio, e fossero assenti spaccature o incavi dalle sue tele, un *fil rouge* con l'esperienza di Fontana si può ritrovare nelle riflessioni poetiche attorno al concetto di spazio; ad esempio, in *Attrito*, poesia di *Segni*, si stabilisce un'equazione tra corpo / gesso e spazio / lavagna, tra supporto e scrittura:

Fra te e il tuo spazio
c'è attrito usura
che in diverso grado v'incide
rapporto gesso-lavagna
tenti impossibili parole
su chi detiene le ossa più dure.

---

[1] Giulio Carlo Argan, *L'arte moderna: 1770/1970*, Firenze, Sansoni, 1980, p. 725.

L'uomo di Cattafi vive infatti la lacerante dialettica dell'essere ad un tempo plasmato da imprevedibili fattori esterni, ma anche in grado di modificare l'esistente, imprimendovi dei segni indelebili, in una perenne tensione agonistica tra io e mondo, responsabilità e fatalità, prostrazione e affermazione. Come Fontana attraverso il taglio e il buco[2] arriva direttamente all'essenza del mondo, anch'egli attraverso un''espansione' corporea approda ad un rapporto fisico, concreto con la realtà.

La gestualità convulsa degli 'automi' cattafiani, che cercano di incidere lo spazio e il tempo come se fossero superfici, e di 'creare' lo spazio con il gesto, si nota in alcune composizioni di *Segni*, raccolta che affronta il tema dell'ambiguità e multiformità del segno: che sia orale, grafico, pittorico o biologico, esso si colloca a metà tra concezione mallarmeana di limitazione-aggressione alla pagina bianca e concezione pre-semantica di Georges Mathieu, per il quale ogni cosa esistente è segno.

Il lemma «gesto» presenta nella poesia cattafiana 40 occorrenze, ponendosi (come avviene con «segno» in relazione all'arte astratta) da *trait d'union* tra critica d'arte e lessico poetico. Vale la pena ricordare che esso era

> [...] già centro della riflessione del primo manifesto dello Spazialismo del 1947 (dove si parlava di *gesto, gesto artistico, gesto scientifico*), poi usato dai nucleari (che proprio "Il Gesto" avevano intitolato nel 1955 la loro rivista) e letteralmente dilagato nella critica dell'informale che lo trasforma in uno dei concetti cardine dell'operare dell'artista moderno declinandolo in una lunga serie di sintagmi [...][3]

Ritroviamo quindi un influsso dello Spazialismo sul lessico e sull'immaginario cattafiani (irrobustito dalle influenze dell'Informale) in versi di *L'osso, l'anima* («muovere acque, rompere molecole, / fendere l'aria furono gesti facili», *In altomare*), ma soprattutto delle raccolte successive come *L'aria secca del fuoco* («occhiuti intenti a controllare / i gesti della mia saggezza», *I gesti della mia saggezza*) e *L'Allodola ottobrina*, dove il gesto è protagonista di *Quell'aria*:

> Lentamente con gesti
> calcolati precisi
> con gesti oppure convulsi

---

[2] Il lemma «buco» si presenta con 16 occorrenze, insieme a «bucare» (9), «buca» (2), e «bucato» (1, in forma aggettivale), in microcontesti particolarmente espressionistici della poesia cattafiana, ad esprimere la volontà di oltrepassare in verticale e in profondità la materia chiusa e sconosciuta, la parte superficiale delle cose («Mi bucavo la pelle», «ti buca gli occhi», «buca e taglia», «a bucarci la torpida fronte», «bucare bruciare alleggerire», «che brucia e buca e in quel buco/scarica vita», etc...).

[3] Flavio Fergonzi, *Lessicalità visiva dell'Italiano. La critica dell'arte contemporanea 1945-1960*, Pisa, Scuola Normale Superiore, 1996, p. xxix.

a te stesso segreti involontari
monti in aria qualcosa che si regge
per mezzo d'incastri di bulloni
e il tutto è d'aria
pisoli d'estate alla sua ombra
d'inverno ti protegge
abilmente quell'aria ti protegge.

In questo ambito significativa è anche una poesia di *L'aria secca del fuoco*, dove l'atto apparentemente privo di significato del tagliare l'aria (ma il gesto sembra essere quello, scomposto, di un segno della croce) si carica di misteriosi o quantomeno critici risvolti:

GESTO
Non è vero che non successe nulla
quando tirasti fuori la mano dalla tasca
e a braccio teso tagliasti l'aria
da sinistra a destra
dall'alto verso il basso
successe che a braccio teso
tagliasti l'aria
e ciò ebbe il suo peso
l'aria non è più come prima
è tagliata.

Anche il lemma «tagliare» (38) in tutte le sue polivalenze si presenta nelle poesie successive alla lunga pausa (esclusi i due casi rappresentati da *Le mosche del meriggio* e da *L'osso, l'anima*), insieme a «taglio» (12), «tagliente» (1), «fendere» (1), «fendente» (1). E Walter Puccetti ha già messo in evidenza come nella poesia cattafiana «ogni dispersione, ogni evasione dal punto, dal centro di vita, [sia] sanzionata e punita col taglio».[4]

Tra le personalità più vicine allo Spazialismo ritroviamo Milena Milani e Beniamino Joppolo che firmarono con Lucio Fontana il *Primo manifesto dello Spazialismo* italiano del 1947:[5] i due artisti coesistono nella biblioteca

---

[4] Walter Puccetti, *Lettura de «L'osso, l'anima» di Bartolo Cattafi*, «Critica letteraria», XXIV, 91-92, 1996, p. 635.

[5] Si distingue uno Spazialismo storico che inizia con il *Manifesto Blanco*, redatto da Fontana con i suoi studenti a Buenos Aires nel 1946 e finito nel febbraio del 1952, da un secondo Spazialismo, «cioè la fase di estensione più nazionale e internazionale del movimento che continua a manifestarsi fino al 1958, data dell'ultimo manifesto del movimento che non porta già più la firma di Fontana» (Giovanni Joppolo, *Beniamino Joppolo: la figura e l'opera*, Marina di Patti, Pungitopo, 2004, pp. 44-46).

cattafiana con le poesie della prima (*Ignoti furono i cieli*, Venezia, Cavallino, 1944) e con cinque volumi del secondo, tra cui uno scritto del 1950 che racconta il passaggio di Joppolo dallo Spazialismo all'arte astratta (*L'arte da Poussin all'Abumanesimo*), inviato al poeta dallo stesso.

Joppolo, tra l'altro, firmò e contribuì all'elaborazione di tutti i manifesti tra il '47 e il '52 puntando, più che sulla tecnologia, sulla «velocità del gesto» e sulla sua «temporalità immediata».[6] Il suo contributo al movimento fu tale da far ritenere «con Enrico Crispolti e Annette Samec-Luciani che lo Spazialismo si divide in un'ala fontaniana e un'ala joppoliana».[7] In effetti Fontana risolve l'esigenza di rinnovamento sul piano materiale – nella ricerca di forme nuove con materiali nuovi – mentre Joppolo su uno spirituale, teorizzando un uomo nuovo (abumano, appunto).[8]

In altre parole, gli spazialisti Carozzi, Crippa (Roberto), De Luigi, Dova, Peverelli e Joppolo plasmano lo spazio sulla superficie del quadro con segni e movimenti, mentre Fontana, più pratico, va al di là di esso mediante l'esecuzione del taglio.[9]

Cattafi entrò in contatto con Milena Milani negli anni del dopoguerra a Milano,[10] e successivamente per la partecipazione ad una mostra sui doppi talenti da lei curata,[11] ma soprattutto aveva una splendida amicizia con Beniamino Joppolo: nella minuta di una lettera del 9 marzo 1950, riportata in Appendice I, ha per le sue teorie ed opere (anche pittoriche) parole di viva ammirazione. Il rapporto tra Cattafi e Joppolo va oltre la reciproca e personale scoperta, spostandosi sul piano della critica d'arte, intesa da quest'ultimo nell'accezione di «dialogo spontaneo ed intenso» e di «scam-

---

6 *Beniamino Joppolo tra segno e scrittura (1946-1954)*, catalogo della mostra (Museo civico di Gibellina, dicembre 1984-gennaio 1985), Palermo, Sellerio, 1984, p. 24.

7 G. Joppolo, *Beniamino Joppolo*, cit., p. 49.

8 La filosofia dell'Abumanesimo, formulata e divulgata in Francia con la collaborazione di Audiberti, teorizzava un uomo nuovo, nel quale il superamento del predominio umanistico della razionalità (che aveva dato gli amari frutti del secondo conflitto mondiale) avrebbe portato ad una conoscenza sconfinata del tutto. Oltre che in *L'arte da Poussin all'Abumanesimo* (Brescia, Edizioni della Bicocca, 1950), la teoria joppoliana si può leggere in *L'abumanesimo* (Brescia, Edizioni della Bicocca, 1951). Sul rapporto fra i due libri e la coeva produzione dell'autore si veda Domenica Perrone, *Introduzione* a Beniamino Joppolo, *Un cane ucciso*, Palermo, Epos Società Editrice, 1985, pp. 8-9.

9 G. Joppolo, *Beniamino Joppolo*, cit., p. 46.

10 «Ci si incontrava allora, qualche volta alle mostre, o a qualche conferenza. Cattafi, con i suoi occhi, con la sua maniera di parlare, con la sua riservatezza, ma anche con la sua generosità estrema, riusciva simpatico a tutti» (Milena Milani, *Testimonianza*, in *Atti del Premio Nazionale di Poesia e Saggistica «Bartolo Cattafi»*, I e II edizione – 1981-1982, cit., p. 84).

11 *Prima mostra nazionale scrittori che disegnano e dipingono: Gigi Bailo, Romano Battaglia, Carlo Bernari, Valentino Bompiani, Dino Buzzati*... (Albisola Mare, Museo della ceramica e Sala congressi, 1-31 agosto 1974), catalogo a cura di Milena Milani, Savona, Priamar, 1974. L'argomento sarà trattato nel capitolo sedicesimo.

bio continuo di idee»,[12] al di fuori da contesti istituzionali. Ed è lo stesso Joppolo a ravvisare uno dei principi dello Spazialismo nella poesia cattafiana degli esordi,[13] incoraggiando il poeta a pubblicare le proprie opere.

Tra le varie correnti artistiche passate in rassegna, lo Spazialismo è l'unica che tocca l'immaginario cattafiano non tanto per mezzo dell'osservazione diretta, quanto per la condivisione di idee estetiche veicolate principalmente da uno dei suoi esponenti. E non si può escludere che l'influsso di Joppolo – anche dello Joppolo pittore – possa avere agito *ab ovo* sulle modalità rappresentative della Sicilia nei versi composti tra il '45 e il '55 antologizzati in *Le mosche del meriggio*, ad esclusione di 19 liriche inizialmente presenti in *Nel centro della mano*.

Nell'immediato dopoguerra, infatti, Cattafi, come tanti altri suoi colleghi letterati, aveva avvertito il richiamo di una letteratura socialmente impegnata, tentando un'intonazione realistica. Ma non si può escludere che l'opera joppoliana abbia influito a lungo raggio anche sul precisarsi dell'inclinazione cattafiana verso le forme dell'arte astratta (che si sarebbe manifestata sul finire degli anni Sessanta), la più adatta, secondo Joppolo, a rappresentare l'essenza libera e mutevole del reale.

---

12 G. Joppolo, *Beniamino Joppolo*, cit., p. 54.

13 L'argomento sarà trattato più avanti nel capitolo *Frammenti poetici e artistici nei carteggi cattafiani*.

Capitolo quinto

# ARTISTI E MOVIMENTI DEGLI ANNI SESSANTA E SETTANTA

Ciò che io vedo non è la cosa in sé,
ma me stesso proiettato nella forma.
Claes Oldenburg

## 1. Testimonianze artistiche nella biblioteca cattafiana

Le edizioni d'arte e i cataloghi appartenuti a Cattafi estendono lo spettro dei suoi interessi pittorici alle avanguardie del secondo dopoguerra (fino ai primi anni Sessanta) che di quelle storiche furono una ripresa innovatrice, ma anche agli anni successivi. Cattafi guarda con attenzione a singole personalità emergenti ad ogni latitudine geografica, accomunate spesso dalla passione per l''oggetto libro', ma facenti parte di movimenti e sperimentazioni differenti, come i già citati Arturo Carmassi, pittore di cui rimangono ben tre libri nella biblioteca cattafiana, e Aligi Sassu per l'area milanese (sulla fase futurista di quest'ultimo, in particolare, possedeva una monografia a cura di Luciano De Maria). Entrambi i personaggi, come vedremo nella parte relativa ai diari, furono nell'*entourage* artistico del poeta.

Per quanto riguarda Torino, Cattafi dovette avere presenti i lavori geometrici dei pittori del MAC (Movimento per l'Arte Concreta) che rifondavano l'astrattismo andando alla ricerca di «forme pure, primordiali», per «creare un'arte concreta in cui i nuovi 'oggetti' pittorici non fossero astrazione di oggetti già noti».[1] In particolare egli possedeva un catalogo del più giovane del gruppo, Annibale Biglione, il quale rappresentò un anello di congiunzione tra il gruppo torinese e quello milanese del MAC, fondato a Milano nel 1948 da Atanasio Soldati, Bruno Munari, Gianni Monnet e

[1] Lara Vinca Masini, *L'arte del Novecento. Dall'Espressionismo al Multimediale*, vol. X, Firenze, Giunti, 1989, p. 367.

soprattutto Gillo Dorfles:[2] Cattafi, ad esempio, incontra quest'ultimo nel 1975 a Milano proprio in compagnia di Biglione (secondo i diari).

La collaborazione per il libro d'artista *Nel rettangolo dei teoremi* con Nino Ricci, pittore e incisore maceratese vicino al movimento *Il punto* (che diventerà internazionale nel 1961 e avrà come centro Milano, capitale dell'arte astratta), ci illumina anche su fenomeni che Cattafi dovette tenere d'occhio, come i movimenti milanesi degli anni Sessanta, nati sulla scia del Futurismo e poi dispiegatisi in modo autonomo; più in generale, tutta l'arte astratta è presente nelle sue varie stagioni, compresa quella relativa agli anni Trenta con lo scultore Fausto Melotti (che tra l'altro era anche poeta): fra i libri di Cattafi troviamo le sue poesie di *Il triste minotauro*, edizione del 1973 con otto litografie dell'artista.

Ai testi finora menzionati aggiungiamo una testimonianza del 1978 sul lavoro internazionale dell'artista e antropologa Franca Ghitti,[3] che si serviva di materiali poveri come legno usurato, ferro, metallo e chiodi per le sue *Mappe*, sculture e installazioni,[4] e che quindi si accostava all'area del 'poverismo'.

Di Ludovico Mosconi, vicino all'informale segnico, ma caratterizzato da «automatismi surrealistici» innestati sulla base di un «remoto cubismo analitico»,[5] Cattafi possedeva due volumi risalenti al '71 e al '72, stesso anno di composizione della *plaquette Il buio*, pubblicata nel '73 con la partecipazione dello stesso Mosconi: cinquanta copie infatti presentano una linoleografia dell'artista piacentino.

Similmente possiamo dire che di Pietro Consagra (esponente di quel fortunato gruppo di "artisti che scrivono" cui Scheiwiller tentò di dedicare una collana),[6] il poeta conoscesse tutta l'opera grafica.[7] I rapporti tra i due, non documentati dal diario, dovettero essere per lo meno di stima reciproca, visto che nel 1983 Pietro Consagra donerà al Comune di Messina un polittico dedicato a Bartolo per ricordare l'anniversario della sua

---

[2] G. Dorfles, *Ultime tendenze nell'arte d'oggi: dall'Informale al Postmoderno*, sesta edizione aggiornata e accresciuta, Milano, Feltrinelli, 1984, p. 214.

[3] Elda Fezzi, *Franca Ghitti*, con una poesia di Sandro Boccardi, Milano, All'Insegna del Pesce d'Oro, 1978.

[4] *Giovanni e Vanni Scheiwiller editori: catalogo storico 1925-1999*, a cura di Laura Novati, Milano, Unicopli, 2013, p. 380.

[5] Luigi Carluccio – Pieraldo Marasi, *Ludovico Mosconi*, Milano, Scheiwiller, 1971, p. 12.

[6] *Giovanni e Vanni Scheiwiller editori*, cit., p. 474.

[7] Tra i volumi di Cattafi catalogati al Centro Apice anche Pietro Consagra, *Pietro Consagra: opera grafica 1942-1977*, catalogo a cura di Giuseppe Appella, Milano, All'Insegna del Pesce d'Oro, 1977.

morte – con effigiata una poesia di *L'osso, l'anima* – a proposito del quale il critico d'arte Guido Ballo non esiterà a notare dei tratti consimili ai versi cattafiani.[8]

Il libro *La bella addormentata nel bosco. Favola cancellata da Emilio Isgrò* (Milano, Lucini, 1972) merita un rilievo a parte, esemplandosi sull'invenzione dominante della carriera artistica del suo autore Emilio Isgrò: l'atto della cancellazione, operazione concettuale che trasforma il libro in opera d'arte contemporanea senza distruggere del tutto la materia del supporto, ma lasciando intravedere i frammenti superstiti della preesistente grafia.[9]

Come lo stesso autore affermava, *La bella addormentata nel bosco* sarebbe stato «un libro d'artista destinato a far epoca per quelle cancellature nere esaltate da qualche goccia d'inchiostro blu che l'occhio sentiva ma non vedeva».[10]

La sicura conoscenza dell'opera del barcellonese Isgrò da parte di Cattafi, che era a lui legato da un'amicizia di lunga data,[11] ci invita, come vedremo a breve, a nuove aperture esegetiche sui cattafiani *Segni*.

Dunque, da questa privilegiata specola di osservazione che era l'editoria, in particolare quella d'artista, il poeta riuscì a seguire le contraddittorie esperienze artistiche italiane, saggiarne i punti di svolta, comprenderne le interconnessioni e le persistenze, ma anche porre le basi per sinergie con altri artisti nate talvolta autonomamente, come specifica Ada De Alessandri,[12] o sollecitate dagli editori attorno a quel «medium autosignificante»[13] che era diventato il libro nel periodo preso in esame.

---

8 *Almanacco del "Vann'Antò"* n. 2, Messina-Milano, All'Insegna del Pesce d'Oro, 1985, p. 78: «Consagra – lo conosco fin da ragazzo e ho potuto seguirlo in tutte le sue coerenti ricerche plastiche – non solo ha ridotto all'osso la scultura, in modo accanito, ma l'ha fatta diventare segno, scarnificandola in superficie».

9 Sull'operazione concettuale si veda Mirella Bentivoglio, *Introduzione* a *Il non libro. Bibliofollia ieri e oggi in Italia*, Biblioteca centrale della Regione Siciliana (Palermo, 24 gennaio-20 febbraio 1985), Roma, De Luca Editore, 1985, p. 15.

10 E. Isgrò, *Autocurriculum*, cit., p. 124.

11 «Di Cattafi rammento che lo incontrai per la prima volta davanti al Caffè Duilio (rinomato per il suo Spongato di Caffè) in una giornata ventosa di marzo. Portava il montgomery e un paio di scarponi da alpino, forse non adeguati alla primavera siciliana in arrivo. Fu lì che la mia vocazione di poeta e di artista toccò il suo punto di non ritorno» (*ivi*, p. 29).

12 Alcune informazioni sul rapporto tra Cattafi e gli artisti/editori che collaborarono ai suoi libri d'artista provengono dalla testimonianza diretta di Ada De Alessandri Cattafi, che ringrazio di cuore per la disponibilità e l'attenzione concessami.

13 Eugenio Miccini – Annalisa Rimmaudo, *Libri d'artista*, Mantova, Editoriale Sometti, 2000, p. 19.

## 2. Sperimentazioni concettuali e verbo-visive

Se pensiamo che a cominciare dagli anni Sessanta si avvicina al libro un numero elevato di artisti, e che esso diviene terreno operativo per concettuali come Emilio Isgrò e visuali come Lamberto Pignotti (e successivamente per pittori e scultori), appare chiaro che l'interesse cattafiano per il segno non va letto solo alla luce della linguistica strutturale – che pure molta parte ha avuto nella costruzione delle immagini di *Segni* tra il '72 e il '79 –, ma anche delle varie sperimentazioni che, per denunciare la sfiducia nei codici istituzionali, estromettevano il testo (Piero Manzoni), lo sottraevano (*Il libro dimenticato a memoria* del '69 di Vincenzo Agnetti), lo cancellavano (Emilio Isgrò), solo per fare alcuni esempi.

Il problema denunciato da alcune poesie di *Segni* era la fallacia, l'impossibilità della comunicazione: la parola viene detta infatti «anemofila / pronta ad ogni volo» (*L'albero può tornare*), perché come una spora trasportata dal vento potrebbe non giungere alla destinazione prefissata. Lo stesso vale per il rapporto tra emittente e messaggio: le parole sono una «nidiata / ora straniera» di parole (*Nidiata*) che una volta prodotte dall'autore non vengono più riconosciute e mutano forma, senso, destinazione («dove vanno le lettere / perché partono», *Dove vanno*), sono «sfida lanciata / nella terra di nessuno» (*Sfida*) e «che nessuno quindi raccoglie».[14]

Anche Marco Balzarro nel '61 incrostava le copertine dei suoi libri di materiali come «tappi, maniglie sbarrate, serrature scardinate, corde tagliate»[15] che rinviano sistematicamente alle problematiche della comunicazione. Bruno Munari nel 1966 nel suo *Libro illeggibile* riduceva il testo ad una linea sottile che, attraversando pagine semitrasparenti, metaforizzava il 'filo del discorso'. Dal canto suo, Agnetti nella *Macchina drogata* sostituiva i numeri della calcolatrice con le lettere e nell'*Autotelefonata* avvicinava due apparecchi (ricevitore e trasmettitore) per farli comunicare.

Prima di *Segni* (raccolta composta nel biennio 1972-73, ma revisionata fino a gennaio 1979) abbiamo quindi un decennio di forti manipolazioni sull'oggetto-libro che lo interrogano, ne mettono in crisi gli elementi costitutivi, lo smontano e ne analizzano la relazione tra testo e supporto, la pagina appunto.[16]

---

[14] Vincenzo Leotta, *L'inverno di Bartolo Cattafi*, Caltanissetta-Roma, Salvatore Sciascia Editore, 1999, cit., p. 54.

[15] M. Bentivoglio, *Introduzione*, cit., p. 16. Dalla stessa pagina è tratta la nota successiva.

[16] Il rapporto semiotico proprio del libro come 'segno' (in cui il significante è la materia/aspetto formale e il significato è dato dal testo), diversamente dalla parola, non si basa su un

Queste operazioni partecipavano della sfera linguistica, attenendo alla parola che veniva trattata come segno autonomo rispetto a qualsivoglia significato e, di solito, anche alla realtà tipografica del libro di volta in volta esibito. Tutto ciò suona incredibilmente familiare e concettualmente vicino alla raccolta *Segni*: anche il discorso di Cattafi, pur affrontando la questione della rappresentazione artistica in maniera esaustiva, non si cristallizza in un sistema teorico, sviluppandosi piuttosto in un processo dinamico di variazioni, aggiustamenti e ripensamenti continui.

Si tratta allora di due operatività contigue per le pluriangolazioni adottate in relazione al segno linguistico (gli artisti degli anni Sessanta, in particolare, dalla parte del significante); parallele (visto il perdurare di tali sperimentazioni negli anni Settanta); tangenti, soprattutto per l'approfondimento dell'aspetto comunicativo del segno linguistico: l'arte concettuale affronta il problema della fruizione del testo da parte dello spettatore, così come la poesia segnica di Cattafi si interroga sulla possibilità di ricezione del messaggio da parte del lettore.

Dal punto di vista immaginale le scritture di *Segni* sono di volta in volta «apatiche» (*I segni e il senso*), «fitte» (*Parole*), «perverse» (*Non c'è traccia*), «inutili» (*La memoria*), «di fuoco» e «informi» (*Scritte di fuoco*), «sovrapposte / incrociate discordi concordi» (*Nell'aria*): in una parola, 'deformate'.

In *Mai* leggiamo, ad esempio: «Scritture sbandate / malandati inchiostri / zampe di gallina inerpicatesi dovunque»; in *Gotico* parole desemantizzate e frammentate si trasformano in brandelli non più funzionali alla comunicazione («quegli angoli aculei cunei / uncini crudeli sulla pagina»), rendendo impossibile la lettura. In questo caso la pagina diviene un micro-scenario di rovine, rovina essa stessa (*topos* prettamente cattafiano):

> Filo su filo a fare i neri
> rigidi tratteggi
> bruscamente spezzati
> quegli angoli aculei cunei
> uncini crudeli sulla pagina
> (occhio e mano s'impigliano là sopra)
> sono figli però di certe guerre
> secchi slanci tensioni trascendenti
>
> ferraglia ricoperta d'idrossido di ferro.

---

preciso patto linguistico, motivo per il quale «il libro si contrappone alla parola e la sostituisce. Afferma il proprio messaggio autonomo. Si pone come contenuto di se stesso. Libro come messaggio del libro e non come veicolo di messaggi».

Anche gli artisti verbo-visivi dediti alla demolizione del contenuto, dopo una prima fase gutenberghiana,[17] esibiscono elementi linguistici destituiti di significato, spezzati, scomposti;[18] e ciò a differenza dei Novissimi, che, pur dimostrando un approccio sperimentale nei confronti degli aspetti più intimi della scrittura – dalla punteggiatura al lessico – continuavano a vedere l'impaginazione come un elemento puramente funzionale, privo di valore espressivo.[19]

Tuttavia, se i comuni procedimenti di messa a ferro e fuoco della scrittura possono avvicinarsi tra di loro, sono le conclusioni ad essere diverse: Cattafi nutre ancora fede in quel barlume di senso che la parola può contenere, se si fa *Relitto* («di chi non è più sughero né tavola / ma elemento leggero d'un altro paesaggio / parola illimitata / senza più segno e nesso / connotato catena tatuaggio»). Ancora: è il rapporto tra segno e referente ad interessare maggiormente il poeta rispetto ai suoi colleghi artisti.

Tra questi, ricordiamo il concettuale Emilio Isgrò, la cui *Enciclopedia cancellata* messa in mostra alla galleria "Schwarz" di Milano nel '70 era stata «un evento spaziale; il nero deborda(va) dai tomi nei supporti, nelle bacheche, nelle mensole, celebrando il mezzo lutto della parola e l'autonomia comunicativa del segno».[20]

Alla cancellatura come gesto dalle inevitabili risonanze artistico-performative Cattafi dedica un intero componimento in *Segni*, che non può non avere come retroterra la visione e la conoscenza delle opere dell'amico Isgrò:

CANCELLAZIONE

Dito scorrevole che passando cancelli
e lasci argentee scie
passa sul corpo delle nostre idee
e quaggiù qui vicino
sui loro segni
incerti deambulanti nella pagina
incespicanti zampe di gallina.

---

17 Mi riferisco alla nozione usata da Renato Barilli a proposito di inserti «composti cioè secondo i vari caratteri e corpi tradizionali (a scatola, in neretto, in corsivo, in garamond, in bodoniano e così via)» in *Informale oggetto comportamento. La ricerca artistica negli anni '70*, vol. II, Milano, Feltrinelli, 2006, p. 214.

18 Gli artisti cui si fa riferimento sono Ugo Carrera, Adriano Spatola, Emilio Villa, Arrigo Lora Totino, Patrizia Vicinelli, Bentivoglio-Alloatti e altri (M. Bentivoglio, *Introduzione*, cit., p. 16).

19 Si legga a tal proposito R. Barilli, *Informale oggetto comportamento*, cit., p. 213.

20 M. Bentivoglio, *Introduzione*, cit., p. 21.

Tra gli artisti verbo-visivi Cattafi conosceva senza dubbio l'opera di Lamberto Pignotti, già suo recensore che, particolarmente interessato alla poesia cattafiana, organizzava una «recensione parlata» di *L'osso, l'anima* al Gabinetto Viesseux di Firenze. Del loro cordiale rapporto – fatto di scambi letterari – rimane traccia in una corrispondenza epistolare risalente al 1965.[21]

Quanto detto non sminuisce in alcun modo la portata originalissima di *Segni* che, appuntandosi sui limiti del linguaggio umano rispetto a quello divino («le lettere giuste / d'un antico alfabeto» di *Guizzo*), affronta il problema dei *realia* e della loro rappresentazione in un continuo scambio tra dato empirico e immaginario, tra universo reale e fantastico, tra fenomeno naturale e segno grafico, come si può dedurre, tra l'altro, dalla poesia *Creazione*:

In quel muro in quel foglio
nell'area bianca che la tua mano cerca
il mignolo bagnato nell'inchiostro
sopra strisciato con fiducia
azzurro corso d'acqua rapinoso
vena arteria in cui scorre
a occhi chiusi il mondo.

Cattafi resta al di fuori delle sperimentazioni tipiche della poesia visiva, così come di quella concretista che pure viene tirata in causa nei diari attraverso l'osservazione diretta dell'opera di Carlo Belloli, antesignano della Neoavanguardia concreta europea e nordamericana già negli anni Quaranta con le due raccolte poetiche *Parole per la guerra* e *Testi-poemi murali.*[22]

Quella cattafiana è una poesia «lineare» che trova una chiave d'accesso ad una forma moderata di interazione tra parola e immagine attraverso il canale preferenziale del libro d'artista. Le intersezioni tra poesia ed esperienze artistiche non estranee allo statuto stesso della poesia, come appunto l'arte concettuale e la poesia visuale, più che una sollecitazione diretta, hanno piuttosto costituito l'alveo nel quale concepire l'avventuroso progetto del «segno-scrittura», così come Cattafi lo definiva: egli, infatti, eliminava rigorosamente le poesie che non rientrassero all'interno di questo ben delimitato nucleo concettuale, conscio del carattere *extravagante* di *Segni* rispetto al resto della sua produzione.

---

21 Le lettere intercorse tra Cattafi e il poeta visivo sono consultabili al Centro Apice (fascicolo "Pignotti Lamberto").

22 Maria Gloria Vinci, *Carlo Belloli in Brasile: un geniale precursore della poesia concreta*, «Mutatis Mutandis. Revista Latinoamericana de Traducción», vol. 9, n. 1, 2016, pp. 53-54.

## Capitolo sesto

# UNA QUESTIONE DI PAROLE E L'APPRODO ALLA RAPPRESENTAZIONE ASTRATTO-INFORMALE

> Sono contro ogni ricerca intellettuale preconcetta e morta. Il pittore lavora come il poeta: prima viene la parola, poi il pensiero.
>
> Joan Mirò

### 1. Dalla figuratività alla figuralità

Le accensioni visive di *Nel centro della mano* risultavano dall'appariscente combinazione dei toni caldi del rosso – declinati nelle forme aggettivali e verbali «rosso» (5), «arrossare» (1), «rosa» (6), «roseo» (4), e in quelle sostantivate dei referenziali «arancia» (6), «fiamma» (1), «fuoco» (16), «sangue» (20) –[1] con gli ambrati «ruggine» (3) «rugginoso» (2), ma anche «rum» (1); con i luminosi «giallo» (2), «biondo» (5), «dorato» (3), «oro» (1), «sole» (5), e coi più acidi «verde» (6), «menta» (1) «ulivo» (3).

Meno frequenti nella *plaquette* sono i toni freddi del dannunziano «bluastro» (1), del «celeste» (2), dell'«azzurro» (6) e quelli del *mèlas* («annerito» 1, «nero» 3), al netto delle tinte neutre e lattiginose lievemente più diffuse: «biancheggiare» (9), «chiaro» (3), «latte» (3), «calce» (1), «spuma» (1), e soprattutto dei frequenti intermedi: «grigio» (4), «nebbia» (5), «nebbioso» (2), «tortora» (2), «bruno» (1), «bruma» (3), «fumo» (5), «antracite» (1), «fuliggine» (1).

Questi ultimi cromonimi, per mezzo dei quali veniva espressa talvolta la qualità della materia («antracite») e della luce («nebbioso»), avevano la

---

1 Per Michel Pastoureau i due principali 'referenti' del rosso sono «il fuoco e il sangue, due elementi naturali che con questo colore formano un accostamento pressoché immediato, che si ritrova nella maggior parte delle società e in tutte le epoche storiche. Ancor oggi, quasi tutti i dizionari definiscono l'aggettivo rosso con una formula analoga al "colore del fuoco e del sangue"» (*Rosso. Storia di un colore*, prefazione di Riccardo Falcinelli, traduzione di Guido Calza, Milano, Adriano Salani Editore, 2021, p. 29).

funzione di creare un'uniformità di fondo capace di bilanciare le altre masse tonali, entrando in contrappunto con esse. La stessa composizione cromatica si sarebbe ripresentata molti anni dopo con esiti astratto-informali nella raccolta *Chiromanzia d'inverno*, condensata nell'essenziale nomenclatura di *Nel grigio*: «ma nel grigio quel giallo sfolgorante / o amaranto che sia o rosso-arancio».

A causa della «perdita progressiva»[2] cui va incontro il dettato poetico cattafiano nella seconda produzione, accanto alle mescolanze ottiche usate in funzione di specificazione tonale («giallorosso», ««rosaviola», «biondobruno», «rossovivo», «rossoaragosta»), e sinestetica («biancocalce», «dolcedorato», «rossocaldo», «verdemalva», «vitreoviscido», «liquidotrasparente»), sono soprattutto i colori puri, assoluti a creare combinazioni cromatiche.

Concordiamo con Falcinelli quando afferma che nelle arti figurative «le immagini contengono già, nella loro struttura, il presupposto di come saranno guardate».[3] Esse guidano lo spettatore a cogliere quanto viene suggerito non solo dal gusto dell'artista, ma da quello più ampio e stratificato di un ambiente sociale, di una congiuntura epocale, di una cultura.

In effetti, qualcosa era cambiato nello scenario artistico italiano e internazionale tra i versi degli esordi e *Marzo e le sue idi*: l'affermazione dell'Astrattismo, una delle più grandi rivoluzioni che l'arte occidentale abbia conosciuto nel XX secolo.

Già in *Le mosche del meriggio*, raccolta ancora perfettamente novecentista, si era assistito ad una «spoliazione cromatica della visione»,[4] decrescendo lievemente i colori accesi[5] a vantaggio dei pastello,[6] con il risultato di un ammorbidimento del contrasto cromatico e di un'effusione malinconica, evidente nel verso «La terra è un fiato di fumo azzurrino» (*Col sole disceso*, 1944).[7]

È solo dagli anni Sessanta, però, che avviene il noto «passaggio, non brusco ma netto, da una prevalente figuratività a una prevalente figuralità»[8] individuato da Raboni all'altezza di *L'osso, l'anima*. Si tratta di una rivoluzione che andrà di pari passo al più frequente uso di aggettivi sostantivati,

---

[2] Dante Maffia, *La perdita progressiva di Bartolo Cattafi*, in *Atti del Premio Nazionale di Poesia e Saggistica* «Bartolo Cattafi» (III e IV edizione), a cura di Gino Trapani, Marina di Patti, Pungitopo, 1988.

[3] Riccardo Falcinelli, *Figure. Come funzionano le immagini dal Rinascimento a Instagram*, Torino, Einaudi, 2020, p. 186.

[4] P. Maccari, *Spalle al muro*, cit., pp. 13 e 193.

[5] «rosso» (2); «fiamma» (3); «giallo» (1); «verde» (3); «biondo» (2).

[6] «azzurro» (4); «bianco» (4); «limpido» (2); «chiaro» (1); «fosforico» (2); «fosforo» (3).

[7] La poesia figura tra i testi 1943-1945 contenuti in B. Cattafi, *Tutte le poesie*, cit., p. 713.

[8] G. Raboni, *Introduzione* a B. Cattafi, *Poesie 1943-1979*, cit., p. vii.

utili a distinguere impressionisticamente il reale in «regioni» di colore o ridurlo a polveri e strisce di pittura: «Due macchie / due regioni / una d'un verdemalva / l'altra d'un rosaviola» (*Macchie*); «due macchie di un azzurro troppo grande» (*Occhi*); «macchie di verde scuro» (*In tane profonde*).

Anche i paesaggi vengono semplificati in fasci di luci colorate («verdeazzurro e rosso aragosta / nella luce dorata del mattino», *Posta e gioco*, in *Simùn*). In altre parole, Cattafi emula i primi pittori astratti, che si concentravano sui mezzi della pittura (le linee e i colori) considerati di per sé e non più come mezzi per designare gli oggetti.

Dunque, è possibile individuare nei primi anni Sessanta un discrimine oltre il quale si sviluppa l'influsso dell'espressionismo astratto sui versi e non solo: questa tendenza è rintracciabile anche nei diari (e nelle lettere),[9] disseminati di notazioni astratte e impressioniste sul mondo della natura che si configurano come una peculiarità della scrittura cattafiana.[10]

Come si può affermare – con i dovuti distinguo – per la rivoluzione concettuale avvenuta nel campo dell'arte alla metà degli anni Sessanta, questo nuovo approccio cattafiano mantiene un legame con la realtà osservabile, ma trasforma gli strumenti linguistici con cui la rappresenta, puntando alla decifrazione dei suoi nuclei più profondi di significato.

### 1.1. *La 'grammatica visuale' degli espressionisti astratti*

Non si può non fare riferimento, a questo punto, ai complessi studi di semiologia visiva che evidenziano come un segno astratto, ad esempio una macchia bianca, possa funzionare sia come esemplificazione di qualità (il campione di colore usato dal sarto), sia come espressione di emozioni o sentimenti (forza, pienezza, ricchezza), svincolandosi così dalla semplice rappresentazione di oggetti o eventi.[11]

Proprio il bianco, in *Occhio e oggetto precisi*, oltre a testimoniare il passaggio dall'iniziale varietà cromatica cui ha fatto riferimento il critico Dante Maffia[12] ad un generale azzeramento in quello che è stato definito un

---

9 «Abbiamo ammirato il bellissimo paesaggio autunnale (ogni gradazione del rosso, del giallo-oro e del marrone nelle superbe foreste) della Svizzera, della Germania, della Danimarca e della Svezia» (Malmö, 5 novembre 1965, lettera agli zii Enrico Barresi e Viola Ortoleva).

10 Alcuni esempi: «mare che fa macchia, blu reale» (23 ottobre 1973); «nubi di un blu scuro intensissimo» (29 novembre 1973); «C'è una stupenda aurora. Una striscia di tenue rosa e violetto» (3 maggio 1978); «scurissimo azzurroviola a nord e a ovest» (27 novembre 1971); «Vivissimi e sentiti il rosso e il salmone delle Bounganvilles» (9 ottobre 1973), etc.

11 GEORGES ROQUE, *Che cos'è l'arte astratta? Una storia dell'astrazione in pittura (1860-1960)*, traduzione di Lucia Schettino, Roma, Donzelli, 2004, pp. 200-201.

12 «[...] era partito tutto colori ed immagini, tutto sapienza e scenari e si è ritrovato im-

non-colore,[13] sembra pregno, per dirla con Wittgenstein, di «significazione logica»:

> COLORI
>
> Colori forti una volta
> sciocche facce
> indiani in guerra
> e ora niente colori
> il bianco e un cristallino un tremulo
> filo di bava nel sonno
> da un angolo di bocca
> strisciante sulla pelle
> affacciato sul vuoto.

In effetti, in *Segni* il bianco rinvia specificamente alla pagina vuota, inquadrata come *status* antecedente alla scrittura («In calce alla più bella / pagina / bianca vuota perfetta / mai vedrete la croce / la sapienza / la gloria immensa dell'analfabeta», *Mai*).

Nella seconda produzione non manca un caso di sovrapposizione monocroma ottenuta mediante l'iterazione del lemma «bianco» – trasposizione poetica del gesto della pennellata – fino a creare un vero e proprio *colorfield*. Mi riferisco alla poesia *Il bianco* contenuta in *Marzo e le sue idi*:

> Il bianco appeso
> da mani bianche
> a una bianca parete
> il bianco di bianco tappezzato
> e là le nostre ombre
> le due dimensioni
> in lungo e in largo
> fuori d'un mondo stolto di colori
> dei corposi errori.

La purezza percettiva provocata dall'*amplificatio* del colore sembra il corrispettivo dei monocromi eseguiti da Mario Schifano nei primi anni Sessanta:

---

merso in una nebbia senza odore e senza sapore» (D. Maffia, *La perdita progressiva di Bartolo Cattafi*, cit., pp. 15-16).

[13] «Il bianco, che spesso è considerato un non-colore (soprattutto grazie agli Impressionisti che non vedono "nessun bianco in natura") è quasi il simbolo di un mondo in cui tutti i colori, come princìpi e sostanze fisiche, sono scomparsi» (Wassily Kandinsky, *Lo spirituale nell'arte*, a cura di Elena Pontiggia, Milano, SE, 1989, p. 66).

I monocromi di Schifano non lasciano scampo: quando li guardi ci sei già "dentro". Per essere dentro il monocromo l'occhio nel suo scorrere sulla superficie non deve trovare altro che colore, non gli può e non gli deve sfuggire [...].[14]

Come nelle opere degli astrattisti, insomma, anche nella poesia le parole abbandonavano la mera funzione denotativo-referenziale per sviluppare il loro potenziale espressivo ed emozionale, tanto da poterci fare affermare che in Cattafi l'astratto (pittorico e poetico) sia da intendere alla francese come *non-objectif*, nel senso cioè di 'soggettivo', piuttosto che 'senza oggetto'.

La somma cromatica giallo-amaranto-rosso-arancio di *Nel grigio* avrebbe presumibilmente stimolato nel lettore sensazioni di piacere, andando verso quei toni che, secondo Delacroix, danno «un'idea di gioia, di ricchezza»;[15] in un altro testo, dedicato al medesimo colore, sarebbe stato un più intenso gradiente di grigio ad esplicitare il senso di stanchezza e di pacata rassegnazione che esita nei diari in un «tutto è grigio e calmo» (diario del 28 dicembre 1974):

GRIGIO
In quel tempo in quel grigio
apro la porta
ci entro benissimo
come goccia nel mare
la mia faccia è grigia
come i panni che coprono
il grigio del mio corpo
la mia anima s'affaccia
alle finestre degli occhi
con una parte di grigio
dato che il resto è ancora
carbone non consumato.

Secondo Kandinsky, infatti, il grigio manca di quella «vitalità embrionale» tipica del verde, perché «è formato da colori privi di energia (di dinamismo), ma capaci di una resistenza passiva, e di una passività immobile (come un muro gigantesco, senza fine, o un abisso infinito senza fondo)».[16] Questa caratteristica intrinseca lo rende il colore più adatto (in tutta la gamma lessicale che lo rappresenta) ad esprimere la condizione esistenziale di *L'allodola ottobrina* e *Chiromanzia d'inverno*.

---

[14] M. SCHIFANO, *Mario Schifano*, cit., p. 22.

[15] W. KANDINSKY, *Lo spirituale nell'arte*, cit., p. 47.

[16] *Ivi*, p. 62.

Se Claude Lévi-Strauss negava un qualche significato all'arte astratta, credendo che potesse solo collassare su se stessa, connessa com'era esclusivamente ad un significante dato dal colore e dalle linee, di parere opposto erano invece lo stesso Wassily Kandinsky, Nelson Goodman e René Ghil.[17]

Cattafi si colloca sulla linea degli ultimi tre per un utilizzo del colore fortemente emotivo, pittorico e plastico (indipendente, cioè, dal contenuto iconico, dall'oggetto riconoscibile, dal referente concreto).

## 1.2. *Il lessico dell'Astrattismo*

Dagli anni Sessanta Cattafi inizia, dunque, ad utilizzare il linguaggio degli artisti che già dal secondo dopoguerra desumevano lessicalmente la loro grammatica visuale (fondata sugli elementi tipici del futurismo, ma anche dell'astrattismo geometrico) dalla linguistica saussuriana, non a caso nata contemporaneamente all'arte astratta e ad essa associatasi simbioticamente.[18] Il poeta, ad esempio, indica i propri quadri mediante composti nominali cromatici («il quadro biancorossoblu», diario del 1° dicembre 1972), esattamente come Mark Rothko intitola i suoi pannelli *Orange Red Yellow* (1966), *Green and Tangerine on Red* (1956), *Orange and Red on Red* (1954), *Green and Maroon* (1953).[19]

Concordiamo quindi con Riccardo Donati sull'osservazione che non va sottovalutato l'influsso lessicale esercitato dalla critica d'arte sui letterati, non solo nel caso eclatante del rapporto maestro-allievo (Roberto Longhi guida di Pasolini, Testori e Bertolucci), ma anche di convergenze linguistiche dovute alla sensibilità estetica di un determinato periodo, come nel caso dell'opera di Scialoja e dei testi critici di Enrico Crispolti e Maurizio Calvesi.[20]

Cattafi, da pittore astratto, risente di una temperie generale, stando a contatto con critici d'arte e artisti del suo tempo, leggendo e collezionando i cataloghi delle loro mostre. È abbastanza plausibile che abbia registrato in modo più o meno conscio gli sviluppi del linguaggio tecnico e le categorie interpretative della critica d'arte: il lessico cattafiano si apre così ad un termine come «segno» (che gli astrattisti avevano preso in prestito dai linguisti), fino a sceglierlo come titolo per la raccolta pubblicata postuma nel 1986, *Segni*, appunto.

---

17 G. Roque, *Che cos'è l'arte astratta?*, cit., pp. 193 ss.

18 Sul rapporto circolare tra i futuristi di Mosca e il linguista Roman Jakobson, nonché sull'influsso reciproco tra arte astratta (con l'abbandono dell'oggetto in pittura) e linguistica (con l'abbandono del referente a favore del rapporto significante-significato) si legga *ivi*, p. 193.

19 Mark Rothko, *Vivere l'arte (scritti 1934-1969)*, a cura di Miguel López-Remiro, Edizione italiana a cura di Riccardo Venturi, Roma, Donzelli, 2021, p. 274.

20 R. Donati, *Nella palpebra interna*, cit., p. 12.

Il poeta recepisce il lemma, strettamente connesso all'arte astratta, dagli anni Settanta in poi (quando l'uso è ormai generalizzato), a partire da *La discesa al trono*: le sue occorrenze sono in totale ben 57, cui si aggiunge «segnale» (1), «segnato» (2), «segnare» (15), spesso allusivi ad una dimensione sovrastorica dei significati.[21]

Il «segno» è colto nella perenne ambiguità pittura-incisione-scrittura con uno sbilanciamento in favore del primo termine, essendo l'atto pittorico antecedente alla scrittura per quella vocazione 'pregrammaticale' all'immagine (risalente alla caverna-ventre materno) che viene fuori nella poesia di *Segni* intitolata *Pittura rupestre*.[22]

Nei diari, inoltre, compare più volte l'aggettivo «segnico» in relazione a tutto ciò che concerne la raccolta *Segni*: altro lemma che si colloca a metà tra critica d'arte e linguistica, materia che Cattafi stava approfondendo proprio in quegli anni, leggendo *Introduzione alla semiologia* di Georges Mounin (Roma, Ubaldini, 1972), come emerge da una pagina del marzo 1974.

Ulteriore indice della propensione della parola cattafiana per l'astrattismo è la presenza di alcuni motivi ornamentali che non ricordano alcuna forma di origine animale, vegetale o organica, come ad esempio l'«arabesco» cui è intitolato un testo («Come anice in acqua / un filo d'idea si svolge [...] fresco e frale arabesco», *Arabesco*), ma anche il «ghirigoro», il «fregio», il «geroglifico» (ennesimo lemma 'doppio' che rimane sospeso tra pratica scrittoria e pittorica).

Questi motivi nella storia dell'arte costituiscono un capitolo a parte, del tutto indipendente da quello delle rappresentazioni figurative, tanto da mettere in crisi la teoria dell'origine naturalista della decorazione.

I termini «astrazione» e «astratto», di cui abbiamo pochissimi esempi in Cattafi (rispettivamente 1 e 4 occorrenze), erano invece d'*atelier*, usati frequentemente negli anni Ottanta del XIX secolo soprattutto da Van Gogh e Gauguin, prima che gli astrattisti italiani li facessero propri, inserendoli nei loro scritti teorici. Cattafi li usa in relazione al loro significato originario, più che altro filosofico, in antitesi a «concreto» (6 in forma aggettivale, 1 sostantivale) e a «concretezza» (1).

---

21 Specifica Vincenzo Leotta che «il "segnato" è una realtà definita, una serialità di fatti accaduti, appartengano o no alla storia o alla preistoria; il "non segnato" è, invece, una progettualità, una pagina virtualmente aperta a ogni soluzione e quindi libera e pura da ogni contaminazione: ubbidisce, semmai, alle leggi della creatività dello spirito.» (*L'inverno di Bartolo Cattafi*, cit., p. 61).

22 «Non sono ancora nato / incubato in caverna dipingo / scene di caccia / di guerra soprattutto / segno fresco e preciso / che viene fuori guizzando da un sangue fresco / [...]». L'etimologia di «incubare» ('giacere sopra', 'covare') lascia supporre che la caverna sia intesa come luogo di maturazione identitaria.

Sono attestati anche i lemmi «macchia» (33), «macchiare» (3), «chiazza» (10) «chiazzare» (1) principalmente nei testi della seconda produzione; si legga, ad esempio, in *La discesa al trono*: «piaga macchia o pozza pastosa» (*Ritorno*); «sotto la lampada / vedervi diventare pozze chiare» (*Il prezzo*); o ancora in *Marzo e le sue idi*: «Sono macchie le mani» (*Mani*), «la mente una macchia informe» (*Buttato*), «una macchia, un inchiostro» (*Problema*).

Benché la paternità di questi termini sia ovviamente ascrivibile a storiche e ben note correnti artistiche (come quella dei macchiaioli e degli impressionisti), essi sono largamente usati nella contemporaneità da critici e da pittori astratti a designare la totale libertà espressiva, la fase embrionale dell'opera, il grado zero della creazione artistica.[23]

Ecco perché è possibile trovare i termini sopracitati (insieme a «mota», «guano», «melma», «fango») anche nei testi che più rispondono a valori informali. Particolarmente significativo è il componimento *Nei rivoli amari*, in *La discesa al trono*:

Quando piove e piove
sotto la persistenza della pioggia
scolori
come una macchia al muro
perdi vigore
e in opposte direzioni scappi
in tante parti diviso
sfumi t'allarghi scompari
nei rivoli amari
dei canali invisibili
nelle nullificanti tentazioni.

Qui l'anamorfosi cui il soggetto è sottoposto lo trasforma in una macchia di colore che viene sempre più sfumata dall'acqua fino ad evaporare, mentre nella stessa raccolta il testo *Ritorno* indica il processo inverso di solidificazione, l'essiccamento della macchia stessa:

Un me stesso da dimenticare
non più da rinverdire
rimestare
si rasciughi si sgretoli supino
piaga macchia o pozza pastosa
come polvere bianca
ilare vecchiaia del mondo
vi torni sulle mani.

---

[23] Charles Estienne, *Le tachisme*, «Combat», 1 marzo 1954, poi in Michel Ragon – Michel Seuphor, *L'art abstrait. III. 1939-1970 en Europe*, Paris, Maeght Editor, 1973, p. 256.

Non è difficile ricondurre questa e altre poesie (a prescindere dalle tematiche post-moderne di sdoppiamento e *defigurationes* dell'io di cui sono relatrici) alla pratica cattafiana della pittura ad olio e dell'acquerello, cui i verbi «scolorire», «sfumare» e «allargare» – nel primo caso – e «rinverdire, «rimestare» – nel secondo – afferiscono, emulando la gestualità del pennello sul foglio di carta.

Allo stesso immaginario possiamo ricondurre *Tela* (in *L'aria secca del fuoco*), componimento giocato sull'ambiguità semantica del termine, al contempo supporto per dipingere e tessuto – e dunque linguisticamente *textus* – del quale viene messo in luce il processo compositivo, il costituirsi come opera proprio attraverso il colore:

Un colore si stinge
se ne va
ne viene un altro
il vecchio si ritinge
ritorna
i corsi e i ricorsi
andirivieni
la spola del ripieno
dell'ordito
la tela che t'avvolge
poi piove
ti si stringe addosso.

La disposizione dei versi, di diversa e alterna lunghezza, in perfetta corrispondenza con il loro contenuto (il movimento del pennello che avanza e si ritrae o della navetta che si sposta in un telaio) fa di questo componimento una sorta di carme figurato.

## 2. Cattafi, Rilke e gli impressionisti

Anche l'esperienza impressionista, mediata forse dalla poesia di Rainer Maria Rilke che Cattafi ben conosceva[24] (ci riferiamo al Rilke impressionista e simbolista delle *Lettere a un giovane poeta* o delle *Poesie* tradotte da Pintor nella terza edizione Einaudi del'46, presenti nel fondo del poeta), può aver portato ad una rappresentazione della realtà per tocchi/blocchi di colore.

Il bianco di cui parla il testo *Ritorno* non è, infatti, assoluto perché poggia sull'opposizione nascosta di due tinte, cioè il verde (intrinseco a «rin-

---

24 Sulle letture rilkiane di Cattafi torno più avanti nel paragrafo *Da De Chirico a Alberto Savinio: il fascino della classicità*.

verdire» quale idea di rigenerazione e di freschezza anche in altri microcontesti cattafiani) ed un colore più chiaro paragonato alla polvere bianca; pensiamo per un attimo al «Blau» delle ortensie[25] di Rilke: una nozione astratta di blu che si manifesta esclusivamente nella relazione col verde e con altri colori, per suggerire infine, in una sorprendente consonanza con la poesia cattafiana, la continua metamorfosi e transitorietà dell'esistenza.

È difficile, tuttavia, stabilire se questa visione del colore sia stata maggiormente influenzata dalla conoscenza degli impressionisti o degli astrattisti, ma non crediamo di sbagliare ad affermare, con Paul Adam, che già l'impressionismo «è una scuola di astrazione»,[26] perché voleva restituire l'immediatezza dell'impressione visiva, prima della sua rielaborazione ad opera delle facoltà intellettive.

## 3. La tavolozza 'astratta' di Cattafi

Ad un'attenta indagine lemmatica sono l'«azzurro» e il «verde» i colori più frequenti della tavolozza astratta cattafiana, i quali si presentano, nel primo caso, con 29 occorrenze in forma sostantivata su un totale di 63 – cui vanno aggiunti l'aggettivo «azzurrino» (4) e la forma verbale «azzurrare» (1) – e nel secondo caso con 24 occorrenze su 78. Seguono «bianco» (22 su 126), cui si collegano «biancastro» e le sparute forme dannunziane «biancore» e «biancheggiare»; «nero» (17 su 95),[27] «rosso» (16 su 43), «grigio» (14 su 42), «giallo» (12 su 34), «celeste» (11 su 37), affiancato dal dannunziano «cilestrino» nella duplice forma di aggettivo e di sostantivo.

Se guardiamo alla loro provenienza, notiamo come i sostantivi coloristici siano per la maggioranza contemporanei o successivi alla svolta 'astrattista'

---

25 *Ortensia azzurra*: «Come su tavolozze ultimo verde / son queste foglie, secche, opache e ruvide / dietro le inflorescenze che un azzurro / non hanno in sé, ma da lontano specchiano. // Nebuloso lo specchiano e inesatto / come se già volessero riperderlo, / e come vecchia carta da lettera celeste / d'un tempo, hanno in sé il grigio, il viola e il giallo, // stinti, come un grembiule dell'infanzia, / smesso ormai, cui più nulla accade: senti / la brevità di una piccola vita. // Ma a un tratto in una delle inflorescenze / sembra il colore avvivarsi e si vede / un commovente azzurro rallegrarsi del verde», *Nuove Poesie* I, in Rainer Maria Rilke, *Poesie 1907-1926*, a cura di Andreina Lavagetto, Torino, Einaudi, 2000, pp. 69-70.

26 Paul Adam, *Peintres impressionistes*, «La Revue contemporaine littéraire, politique et philosophique», IV, 4 avril 1886, poi in *Les écrivains devant l'impressionnisme*, Textes réunis et présentés par Denys Riout, Paris, Macula, 1989, p. 383.

27 «Quanto al nero, è un colore che, assieme al bianco, fu preso in considerazione anche teoricamente soprattutto nel Novecento, da Monet, Picasso, Matisse. Per capire cosa tecnicamente sia la bellezza, è indispensabile, scriveva negli anni Trenta il giovane Nicolas De Staël, conoscere "le leggi dei colori": Perché Veronese, Velázquez, Franz Hals usavano più di 27 neri e altrettanti bianchi?» (Laura Barile, *Le cose dentro le cose ne* L'aria secca del fuoco, in *Viaggio verso qualcosa di preciso*, cit., p. 72).

avvenuta con *L'osso, l'anima*: delle 29 occorrenze dell'«azzurro», ad esempio, solo 4 sono riscontrabili in *Le mosche del meriggio*; di quelle del «verde» solo 1 è risalente ad un componimento del '43-'45 (*Feste calme*);[28] tutte le occorrenze del «bianco», del «nero», del «celeste» sono contemporanee e successive a *L'osso, l'anima*. Per quanto riguarda il «rosso» e il «grigio», solo 2 lemmi nel primo caso e 1 nel secondo sono ascrivibili alle *Mosche del meriggio*, mentre esclusivamente di *L'aria secca del fuoco* è il composto «grigioferro».

Al contrario, il più stilisticamente elevato «bigio», indicante il 'grigio cenere', è in uso sin dalle *Mosche* (nell'unica occorrenza sostantivata: «sconfinano nel bigio della nebbia», *Antracite*).

Ugualmente, il «giallo» come sostantivo fa la sua comparsa a partire dalla seconda produzione, andando progressivamente a sostituire gli aggettivi «biondo» e «dorato», caratterizzanti le prime prove con la loro aura numinosa e soteriologica.[29]

Si limita a sole tre presenze suddivise tra *L'osso, l'anima*, *L'aria secca del fuoco* e *Marzo e le sue idi* il referenziale «ruggine» che paventava (con le 7 occorrenze di *Nel centro della mano* e di *Le mosche del meriggio*)[30] gli esiti infausti di un giovanile vitalismo celebrato sulle corde dei sensi e avvertito come sacrilego.[31]

Per quanto riguarda gli aggettivi, ad uno sguardo d'insieme essi sembrano distribuirsi quasi equamente fra i due periodi (con un ovvio sbilanciamento a favore del secondo, più prolifico), divisi dallo spartiacque degli anni Sessanta.

Il «blu» è invece complessivamente il colore meno menzionato da Cattafi: il francesismo registra solo 3 occorrenze in forma sostantivata e 1 aggettivale, tutte in *L'aria secca del fuoco*, e comprende toni medi in funzione referenziale («dietro di loro il blu violetto / il mare all'imbrunire», *Errore*).

Sia il blu che il giallo, minoritari, sono allora davvero «energie paralizzate, che attendono di riattivarsi» e che vengono sapientemente dosate dal poeta, come nella già citata *Nel grigio*, in cui il tocco luminoso si propone appunto come uno scoppio, un lampo o come «il suono sempre più acuto di una tromba o quello sempre più assordante di una fanfara».[32]

---

[28] B. Cattafi, *Tutte le poesie*, cit., p. 712.

[29] Si legga Nadia Rosso, *Il «verde domani» nella memoria cattafiana*, in *Viaggio verso qualcosa di preciso*, cit., p. 60.

[30] Il derivato «rugginoso» presenta sparute occorrenze in *L'osso, l'anima* (1) e *L'aria secca del fuoco* (1).

[31] Per lo sviluppo del tema nella primissima produzione cattafiana si veda Giuseppe Fontanelli, *Tra festa e festa. Su alcuni segnali del primo Cattafi*, in *Viaggio verso qualcosa di preciso*, cit, pp. 37 ss.

[32] W. Kandinsky, *Lo spirituale nell'arte*, cit., p. 62.

Ben poco utilizzati in forma sostantivata nella seconda produzione sono sia il «rosa» (6)[33] che i complementari (tra di loro) «arancione (1), «arancio» (2) e «viola», colore che con sole 10 occorrenze (di cui 5 in forma sostantivata) contagia anche il dantescamente connotato «livido».[34]

L'uso del «marrone», cui va accostato l'aggettivo «cachi» (1), termine urdu che significa 'color terra' o 'color polvere'[35] e che rientra nelle sfumature del *viridis*, è trascurabile (6) e limitato esclusivamente alla forma nominale in *L'aria secca del fuoco* e *Segni*.

A dispetto della mediterraneità degli oli cattafiani, dai colori per lo più caldi e accesi, nella produzione poetica da *L'osso, l'anima* in poi, le varietà tonali più frequenti, non esclusi i composti univerbati (di solito in forma aggettivale), sono attinte ai toni freddi, progressivamente al servizio di quella pronuncia più consapevole e di quella superiore intensità emotiva delle ultime raccolte.[36]

Nello stesso *range* dell'arcilessema «verde» trovano collocazione, infatti, l'alterato «verdastro»[37] – quel colore «acquoso vischioso insaturo» che è definito «negativo»[38] – e i composti «verdazzurro»[39] «verdecupo»,[40] utili alla specificazione tonale, tralasciando gli essenzialmente metaforici «verdebile»[41] e «verdesperanza».[42]

Il verde e l'azzurro sono per lo più organizzati intorno a diversi contrasti di valore, di tinta, e opposti livelli di intensità, di calore, di quantità tipici della pittura. Questa caratteristica si deduce dall'accostamento triadico «bianca grigia verde» o dal chiasmo di sapore ermetico «aria / acqua azzurro luce» di *L'osso, l'anima*,[43] nonché dal binomio impressionistico «tene-

---

33 Presenti invece «roseo» (11) e «rosato» (1).

34 Per le presenze dantesche nella produzione cattafiana si leggano Massimo Gezzi, *La prigione e la dimora: il percorso poetico di Bartolo Cattafi*, «Atelier», VII, 26, giugno 2002, p. 45, e S. Freiles, La discesa al trono *come storia di una catabasi: il dantismo di Bartolo Cattafi*, «Critica letteraria», a. XXXVIII, III, n. 148, 2010, pp. 547-591; poi in Id., *La «parola illimitata»*, cit., pp. 48-59.

35 M. Pastoureau, *Verde. Storia di un colore*, prefazione di Riccardo Falcinelli, traduzione di Guido Calza, Milano, Adriano Salani Editore, 2022, p. 234.

36 *L'allodola ottobrina* e *Chiromanzia d'inverno* furono composte entrambe tra il 1976 e il 1979 (tranne alcune poesie di *Codadigallo* risalenti al biennio '72-'73), dato cronologico che richiede debbano essere esaminate congiuntamente.

37 *Fratelli*, in *L' allodola ottobrina*.

38 M. Pastoureau, *Verde*, cit., p. 119.

39 *Posta e gioco*, in *Simùn*.

40 *Pyracantha*, in *L'allodola ottobrina*.

41 *Per congedo*, in *L'osso, l'anima*.

42 *Salvia, ginepro, rosmarino*, in *L'aria secca del fuoco*.

43 I versi sono tratti rispettivamente dalle poesie *Alla fortuna* e *Un cubo di calce*.

bra e azzurro»[44] posto in rilievo quale titolo di sezione di *L'aria secca del fuoco*, raccolta che ci restituisce anche «un grigio e azzurro d'orizzonte» e «il giallo l'olivastro il bianco». Frequenti anche accostamenti non asindetici («come il giallo che al nero s'unisce», *Ex tenebris*, in *La discesa al trono*).

A volte non è necessario citare direttamente il colore per presentificarlo: nel verso «terre di siena, d'ocra, d'oltremare» di *Concime*, in *L'aria secca del fuoco*, il blu preferito da Yves Klein[45] viene fuori da un tranello semantico. Il verde è celebrato, inoltre, in una poesia di *L'Osso, l'anima* che si struttura in una progressiva esplorazione sinestetica delle sue qualità rigeneranti e refrigeranti, per chiudersi infine nell'esperienza estatica di un naufragio/ immersione totale nel cromatismo: «Occhio che sempre guarda / e invita / verde tenda d'estate / tela ventilata / che non sempre ricopre / verde mare smagliante / smeraldo che porti al dito / in cui anneghi» (*Smeraldo*).[46]

Il ruolo di assoluta preminenza del verde e dell'azzurro nella tavolozza cattafiana è riconoscibile anche nel componimento *ABC* risalente al biennio '72-'73, e dunque collocabile tematicamente tra *Arcipelaghi* di *L'osso, l'anima* e *Geografo* di *Chiromanzia*, altri due testi metapoetici che affrontano il tema del viaggio inteso come decodificazione e apprendimento di segni, in una personale pansemiosi:

> ABC
> […]
> Compitai l'alga il sasso la foglia
> lessi le righe dei rami e delle onde
> questa la parte d'aula e d'eliso
> di libro di specchio e di lavagna
> ch'ebbero l'azzurro
> il verde e gli altri
> colori che campivano il reame
> racchiusi in un fulgido contorno
> loro e la forte filigrana
> che ancora passa in mezzo ai miei valori.

---

44 «La tenebra e l'azzurro sono, nella tavolozza dei pittori, due colori assolutamente contigui: l'azzurro è il colore del cielo, e i cieli come si sa volgono al nero, anche nei dipinti degli antichi. Nella poesia eponima all'interno della sezione, *Tenebra e azzurro* sono i colori del mare nel sopraggiungere della notte, inquietante presagio dell'abisso pascaliano» (L. Barile, *Le cose dentro le cose*, cit., p. 72).

45 A tal proposito si legga Teodoro Gilabert, *Blu K. Storia di un artista e del suo colore*, Milano, Skira, 2014.

46 Ci informa Pastoureau che Jean Robertet «colloca il verde al centro della sua tavolozza e ne fa un colore più che di speranza, di gioia», paragonandolo in alcuni versi allo smeraldo, come «nel primo secolo dopo Cristo [lo] faceva già Plinio nella *Storia naturale*» (M. Pastoureau, *Verde*, cit., pp. 151-152).

L'importanza dei due colori finora trattati, comune a Zanzotto sin dagli esordi, si impone secondo Bertelli attraverso la mediazione di Vittorio Sereni: la prima parte di *Frontiera* è dominata, per l'appunto, dall'azzurro e dal verde.[47]

Ma non va dimenticato che proprio il verde è uno dei colori preferiti da Morandi (fonte di ispirazione per alcuni disegni cattafiani) sia nelle nature morte che nei paesaggi.[48] E Bacchelli coglieva un'affinità tra i quadri di Morandi e i paesaggi di Campana proprio per la presenza di «un verde denso, materico, che sembra faticare ad esistere, quasi sul punto di franare e scomparire nel nulla».[49]

In *L'osso, l'anima* si attesta anche il «fulvo», cioè il *tanné*, un rosso scuro che di norma è considerato un colore inquieto e instabile,[50] e che viene riequilibrato da Cattafi per mezzo di altre tinte, come nel caso di «Il nero il grigio il fulvo» (*Chimera*).

Tra i colori freddi si collocano anche l'«argento» (16), in composizione triadica con altri della stessa gamma («sul verde sull'azzurro sull'argento»),[51] e l'aggettivo «argenteostriato»,[52] neologismo cattafiano di vaga impronta *liberty*.

Riassumendo, da *L'osso, l'anima* in poi troviamo un progressivo rafforzamento dell'uso degli aggettivi coloristici (di pari passo ad una minore *varietas*), e una precisa selezione di toni, soprattutto freddi, declinati in sostantivi cromatici, alla luce dell'influsso dell'astrattismo. Spesso, i lemmi sono giustapposti in modo che ogni elemento possa risuonare di proprietà e suggestioni proprie: «verde bile bandiera smeraldo» (*Concime*, in *L'aria secca del fuoco*).

---

47 D. Bertelli, *ABC* in *Per Bartolo Cattafi,* cit., pp. 111-112. La notazione è tratta da Georgia Fioroni, *Commento*, a Vittorio Sereni, *Frontiera. Diario d'Algeria*, Parma, Fondazione Pietro Bembo-Guanda, 2013, p. xiv.

48 «Morandi usa soltanto colori armonici e complementari e predilige le tinte fredde, il verde (quante sono le sfumature del verde morandiano? È possibile contarle e, soprattutto, è possibile trovare a tutte un nome?) [...]» (Marilena Pasquali, *Giorgio Morandi: saggi e ricerche 1990-2007*, Firenze, Noèdizioni, 2007 p. 180).

49 Filippo Milani, *La pittura di Giorgio Morandi nella poesia contemporanea*, in *L'esercizio dello sguardo. Poesia e immagini*, Lecce, Università del Salento, 2023, pp. 34-35 (DOI: 10.1285/i2611903 xn6).

50 M. Pastoureau, *Verde*, cit., p. 153.

51 *Forche caudine*, in *La discesa al trono*.

52 *Fascino*, in *Marzo e le sue idi*.

## Capitolo settimo

# ESEMPI DI PITTORICITÀ DEL LINGUAGGIO CATTAFIANO

io l'araldo di spazi e di colori
non il guano del Cile.

Bartolo Cattafi[1]

### 1. Una parola che scolpisce: tra *ékphrasis* ed *evidentia*

Con *L'aria secca del fuoco* vediamo aprirsi una nuova stagione poetica, caratterizzata da una rappresentazione fortemente pittorica del reale, nella quale il tema classico della *evidentia*, la vividezza descrittiva che presentifica l'oggetto, si interseca con quello dell'*ékphrasis* già *in nuce* in *Qualcosa di preciso*.[2]

Per tornare a ciò che affermava Ghil, è come se Cattafi amplificasse i requisiti della parola poetica, depositaria da sempre di effervescenze foniche e musicali, ma anche pittoriche e plastiche, in modo da renderla vero e proprio «segno plastico», distante dal linguaggio delle masse, strumento di comunicazione quotidiana, diretta, concisa.[3]

In questo senso per Cattafi, come per Villa, Scialoja, Bigongiari, si potrebbe parlare di «sguardo-evento»,[4] che si situa cioè all'interno dello stesso processo creativo a rappresentarne lo sviluppo, più che preoccuparsi di interpretarlo: non a caso, grazie alla fusione di differenti codici semiotici, per la quale il piano verbale si interseca continuamente con quello visivo e cromatico, frequente nei talenti 'complessi', la poesia cattafiana si autorappresenta come «occhio» e «mano»,[5] strumenti comuni al poeta e al pittore,

---

[1] Bartolo Cattafi, *Concime*, in *L'aria secca del fuoco*.

[2] «Sul fondale un vermiglio / abat-jour di lampada al tramonto, / il mare era una tacita striscia di pittura» (*Metri*).

[3] G. Roque, *Che cos'è l'arte astratta?*, cit., p. 210.

[4] R. Donati, *Nella palpebra interna*, cit., pp. 18-92.

[5] È stata da più parti messa in evidenza un'affinità tra la centralità della mano in Cattafi

o «scalpello – per usare una immagine analogica – che taglia, rende nitido il reale nell'atto stesso in cui la poesia avviene».[6]

Al contrario, in *Segni*, l'errore della messa a fuoco (altro *topos* cattafiano) dovuto all'insipienza di occhio e mano può causare un'opacità interpretativa che è comunque funzionale alla polisemicità della parola poetica:

DOVE L'OCCHIO
Dove l'occhio riposa
e la mano s'attarda
nella smorta macchia
la parola nebbiosa
il traguardo.

Ricordiamo, inoltre, che il lemma «mano» ricorre nella storia dell'arte come sinonimo di 'maniera', di 'stile' e dunque nel sistema poetico cattafiano si presta ad estensioni semantiche più o meno ricercate.

Sono vari i contesti che vedono la realtà rapprendersi in forme tridimensionali, in volumetrìe da bassorilievo: per esempio il paesaggio terragno di *Confine* in *L'osso, l'anima* («Secco, duro gessoso / apparve il disegno del paese. [...] Secco duro gessoso / sovente è l'occhio, / le mani lo scalpello lo assecondano, / foggiano cose a nostra somiglianza»), o, in *Marzo e le sue idi*, quello marino di *Natura morta* («Ecco un mare con una faccia / che non cambia più / secco duro gessoso / con bianche sbavature / orti d'alghe di carta / pesci di terra / cotta e colorata / ficcati a testa in giù»), e di *Su un mare violetto*, dove le onde sono «ombrose porcellane in sé ravvolte».

Nei diari troviamo anche un «meraviglioso tramonto "alto" su banco nuvole d'ardesia» che rimane ambiguamente a cavallo tra cromatismo e mineralità, colore e oggetto, innescando, tra l'altro, un rimando alle immagini della poesia composta nello stesso giorno, *Ardesia*, appunto, contenuta in *L'aria secca del fuoco*:

Dal mare d'ardesia
dall'ardesia di tetti di lavagne
rotolano via nuvole
navi nomi di meteore colombi
rombi di gesso losanghe

---

(*artus* come primo strumento di *ars*) e le riflessioni di Henry Focillon, autore di un *Elogio della mano* (1936) che individua nella mano dell'artista la perfetta sintesi tra θεωρία e πρᾶξις (a tal proposito si leggano RAFFAELE MANICA, *I poeti di Cattafi*, in *Viaggio verso qualcosa di preciso*, cit., p. 97 e R. DONATI, *Nella palpebra interna*, cit., pp. 83-84).

[6] GUIDO BALLO, *Freiles e Cattafi oltre l'omega*, in *Almanacco del "Vann'Antò"* n. 2, cit., pp. 88-89.

segnate con mano ferma dall'estate
l'ardesia brilla nuda e cruda
nella sua brulla natura
e non un filo un nesso chiede
ma immagini purchessia
di qualsiasi statura
famelica mai sazia
di mammut muschio murena
d'alsazia di lorena.

Anche il paesaggio urbano può essere scomposto in forme cubofuturiste e rappresentato nella 'quarta dimensione', il tempo: «Alto moto ondoso in aumento / blocchi accavallati un mare / cemento caotico con facce / stravolte con angoli / spigoli sbilenchi / una novella urbe / una città che è campagna e mare / un'argilla del cuore / con pessimo calcare» (*Una città*, in *Marzo e le sue idi*).

Il vago lirismo del testo si coniuga con la trascurata asciuttezza del lessico metropolitano, dando vita a immagini dotate di concretezza scultoreo-architettonica, esattamente come nella contemporanea *Poesia degli anni Settanta* (1979) di Antonio Porta.

Questa antologia comprende infatti anche testi di Emilio Tadini, poeta, scrittore e pittore che rappresenta nelle sue opere città-parallelepipedo squadrate e spigolose, dall'atmosfera sironiana, visivamente molto simili a *Una città* di Cattafi.

Nell'opera cattafiana non mancano poi delle vere e proprie ecfrasi – descrizioni di opere d'arte – vissute come momento totalizzante, da intendere, secondo la direttrice wöffliniana dello sguardo-evento, nell'accezione etimologica di uscita dalla propria staticità (*ek-stasis* appunto) e immersione nell'evento artistico,[7] come dimostra la poesia *A Nino* (*La discesa al trono*), che descrive un dipinto osservato – come specifica Ada De Alessandri – presso l'abitazione del medico Nino Casdia, amico scomparso precocemente, al quale è dedicata *L'aria secca del fuoco*:

È un quadro di larga
greve fattura
contadini possenti
vaste mucche
vanno a passi pesanti sulla tela

---

[7] R. DONATI, *Nella palpebra interna*, cit., p. 23. Sulla definizione di «fruizione estatica» si rimanda ad ANTONIO SOMAINI, *Ejzenstejn. Il cinema, le arti, il montaggio*, Torino, Einaudi, 2011, p. 352.

chiazze di terra e luce
che un chiodo regge alla tua parete.
Ti vedo
sepolto in quella terra
fiorire una volta come mughetto
una volta come frumento
e sempre acerbo sfiorire
stelo che scansa zampe e piedi
che sfugge al peso dei frutti
a tutto quanto un tempo ti travolse.

Siamo di fronte a un caso di 'dinamizzazione' delle immagini in cui, secondo la celebre espressione di Lessing, il «coesistente» si trasforma in «consecutivo».[8]

La scena descrive contadini e animali in movimento e, nella seconda parte del testo, dopo il segno di interpunzione, si velocizza ulteriormente con l'introduzione della figura del dedicatario, trasfigurato nell'incessante rigoglio della natura provocato dall'avvicendarsi delle stagioni. La descrizione occhieggia a un vago impressionismo per la contrapposizione tra blocchi di colore («chiazze» appunto) attinti agli elementi naturali (bianco / «luce» e marrone / «terra»).

### 1.1. *Cattafi e Lorenzo Albino: un accostamento*

A proposito di rimandi tra arte e letteratura, proprio la poesia *A Nino* è stata vista dal critico d'arte messinese Lucio Barbera come correlativo «di una precisa realtà, quella meridionale, fissata in un attimo senza tempo (aperto o chiuso alla speranza, alla nostalgia, alla malinconia)».[9]

Egli nota in Cattafi una somiglianza con i quadri di Lorenzo Albino, un pittore calabrese che esponeva all'epoca alla Galleria "Il Fondaco" di Messina con una personale: «è Bartolo Cattafi che ha tradotto in versi la pittura di Albino o piuttosto è questi che ha tradotto in pennellate i versi di Cattafi?».[10]

Non sappiamo se il quadro visto a casa di Casdia fosse del maestro Albino, – riconosciuto a livello internazionale –,[11] ma sicuramente esso era

---

[8] Gotthold Ephraim Lessing, *Laokoon*, traduzione a cura di Michele Cometa, Palermo, Aesthetica, 2000, p. 74.

[9] Lucio Barbera, *Lorenzo Albino*, «Gazzetta del Sud», 4 aprile 1976.

[10] *Ibid.*

[11] Ugo Campisani, *Artisti calabresi Otto-Novecento: pittori, scultori, storia, opere*, Cosenza, Pellegrini Editore, 2005, p. 237. Il pittore negli anni Sessanta iniziò a vincere premi presso mo-

caratteristico di una modalità e di uno stile ben precisi e riconoscibili: si tratta di una scena di genere, con soggetti popolari, che aveva già incontrato il gusto di Cattafi in una breve fase della sua giovinezza (come emerge dall'ammirazione mostrata per le tematiche sociali e meridionaliste affrontate da Beniamino Joppolo).[12] Dichiara lo stesso Albino:

> Quei contadini sono il mio mondo e io voglio fissare sulla tela la loro fatica, la loro dignità, la loro umiltà. Quando il contadino va in chiesa si inginocchia, senza pudore. Ecco, la loro vita, i loro gesti, il loro essere sono naturali, come la loro ospitalità e la loro umanità.[13]

Dando un'occhiata alla produzione del pittore, in cui la critica individua un'impronta «neo-impressionista»[14] proprio per la presenza di macchie di colore non molto nitide che dividono i dipinti in sezioni, non si può effettivamente non notare la netta vicinanza tra l'*eikon phantastikon* cattafiano e l'olio su masonite intitolato *Verso i campi*, dove figure contadine in movimento, accompagnate da grandi animali, sono rese attraverso colori terrosi e naturali che sembrano vibrare a contatto con l'atmosfera.

Quella di Albino è una «tecnica assolutamente personale, che si traduce in una 'forma-luce' sorprendente, libera ed espressiva»,[15] utile a narrare la realtà calabrese dalla prospettiva interna di chi ne ha fatto parte in prima persona.

Concludendo, è possibile che Cattafi fosse entrato in contatto con le opere di Albino per la comune frequentazione della piazza artistica messinese, dove il pittore tropeano aveva già esposto nel 1972 (nello specifico alla Galleria d'arte "Linea tempo"),[16] e che se ne fosse ispirato.

---

stre collettive nazionali ed internazionali (tra cui a Parigi, Deauville e Nizza in Francia, Knokke in Belgio e a New York negli Stati Uniti), partecipando ad oltre cinquanta esposizioni personali e ad oltre settanta mostre collettive. Le sue opere sono conservate in gallerie d'arte, collezioni pubbliche e private, italiane ed estere. Per una ricognizione più ampia si consulti Pino Nano, *Lorenzo*, Cosenza, Editoriale Bios, 1988, pp. 155-161.

12 Si vedano i documenti epistolari in Appendice I.

13 Dichiarazione di Lorenzo Albino consultabile al *link*: Pro Loco Tropea - Speciale Albino Lorenzo (archive.org).

14 U. Campisani, *Artisti calabresi Otto-Novecento*, cit., p. 233. Della pittura di Lorenzo Albino si sono occupati Maurizio Calvesi, Dino Buzzati, Mario Perazzi, Guglielmo Petroni, Mario Portalupi, Luigi Servo, Franco Miele, Luigi Malafarina, Marziano Berardi, Luigi Maria Lombardi Satriani, Pino Nano, Fred Baumer ed altri ancora.

15 *Ivi*, p. 237.

16 Francesco Barritta, *I personaggi di Tropea e dintorni*, Lecce, Youcanprint, 2014, p. 91.

## 2. L'‘ossessione’ della cornice

Il testo *A Nino* dà lo spunto per introdurre un motivo che attraversa tutte le stagioni poetiche di Cattafi, e assume di volta in volta la forma pleonastica del «quadro in dorata cornice» (*Megalomania*, in *L'aria secca del fuoco*); quella liminare del «riquadro / della portafinestra» (*Crescita*, in *Marzo e le sue idi*); tecnologica del «quadrante del fotometro» (*Luce*, in *L'allodola ottobrina*); ed infine metafisica del «puro ovale dello zero» (*Nel cerchio*, in *Le mosche del meriggio*). L'immagine nella poesia cattafiana si propone alla percezione del lettore/spettatore come insieme unitario grazie al riquadro-cornice,[17] che svolge una funzione ordinatrice, contenendo l'impetuosità e la tragica mutevolezza delle forme in movimento.

Il punto di vista prescelto è di solito quello statico e frontale dell'arte pre-cubista, che emula la nostra angolazione visuale con una certa attenzione alla globalità degli elementi connotativi.

All'interno del «quadrangolo» albertiano, nel quale si colloca la visione e scivola, aiutato dalle fughe prospettiche della cornice, l'occhio dello spettatore, i valori spaziali si dispiegano in una successione graduale di primo piano, soggetto della scena e figure dello sfondo. Prendiamo *Viaggio*, in *Marzo e le sue idi*: «Passando in mezzo a tendaggi / d'azzurro e di grigio / semiaperti da un primo / piano ad un punto d'infinito / compi un viaggio / tra i freddi colori / ad ogni passo perdi / calore e vita».

Lo stesso procedimento si attua nella prosa *A Castroreale*, pubblicata nel 1960 sulla rivista *Quattroruote*: «Ci si alza così dalla valle ridente e selvatica del fiume Longano, mentre quinte e fondali di colli prestigiosamente si svolgono [...]».[18]

La cornice, che secondo le teorizzazioni estetiche novecentesche esclude e censura il mondo esterno, ponendo lo spettatore a quella distanza da cui può osservare l'opera d'arte correttamente,[19] è spesso nella poesia cattafiana sostituita (o suggerita) dal diaframma fisico della finestra, con ugua-

---

[17] Il termine «quadro» inteso nel suo significato metaforico (soprattutto in *L'osso, l'anima*) e concreto presenta 14 occorrenze, cui si aggiungono quelle di «quadretto» (1), «quadrante» (6), «quadrato» (5), «riquadro» (1), «cornice» (4).

[18] B. Cattafi, *A Castroreale*, in Id., *Le isole lontane*, cit., p. 83.

[19] Si vedano, su questo tema, Georg Simmel, *Ponte e porta: saggi di estetica*, a cura di Andrea Borsari e Cristina Bronzino, Bologna, Archetipolibri, 2011; Josè Ortega y Gasset, *Meditazioni sulla cornice*, in Maddalena Mazzocut-Mis, *I percorsi delle forme: i testi e le teorie*, Milano, Mondadori, 1997; Eugen Fink, *Presentificazione e immagine. Contributi per una fenomenologia dell'irrealtà* [1930], in Id., *Studi di fenomenologia. 1930-1939*, traduzione di Nicola Zippel, Roma, Lithos, 2010); Victor I. Stoichita, *L'invenzione del quadro. Arte artefici e artefici nella pittura europea*, Milano, il Saggiatore, 1998.

le effetto di distanziamento: «da un portello dall'alto / riquadro aperto in una porta / si vede un bel tempo...» (*Un bel tempo*); «la finestra aperta / sul grande temporale» (*La tua mensa*), rispettivamente in *Marzo e le sue idi* e in *L'aria secca del fuoco*.

A tal proposito vedremo che la fruizione, da parte di Cattafi, di opere d'arte contemporanee (come quelle di Graziana Pentich che trattano la stessa tematica profondamente poetica e metafisica, visionate nel 1972) può avere in qualche modo contribuito a sollecitare in questa direzione la sua attenzione.

### 3. Dal pittorico al reale e dal reale al pittorico

Trasposizione poetica di un'immagine artistica è il testo *Pesce e putto*, in *L'allodola ottobrina*, che si ispira all'intarsio murale del «putto musico» della casa di Mollerino citato in due pagine dei diari, il 25 e 30 aprile 1977:

> Occhio mano scalpello
> arnesi modesti in questi luoghi
> ove forse s'accenna
> alla parte più bassa del tirreno
> e un putto musico siede sul dorso
> d'un grosso pesce
> squame irte
> come irta criniera
> pesce e putto di pietra
> musica di pietra
> un bollore di schiume un moto della mente
> qui venne vivo a rapprendersi
> lastra silicea salmastra primavera.

Trattandosi di una scultura, l'effetto che Cattafi vuole creare è quello orrorifico di vita fermata, bloccata nella pietra: un'immobilità che si riscontra in vari microcontesti cattafiani, talvolta quale rimedio alla perdita dell'io, altre volte, secondo Marco Marchi, quale strumento di mimesi col mondo circostante «da tempo carico di occhi invincibili e perennemente scrutanti, offensivo, muto e meduseo».[20]

In *Pesce e putto*[21] la pietrificazione si estende, infatti, a quanto circonda l'opera, compresa la musica e l'aria e, possiamo immaginare, anche il

---

20 Marco Marchi, *Cattafi e gli oracoli della poesia (con un testo scenico)*, in *Anniversario per Bartolo Cattafi*, cit., p. 31.

21 La poesia è eccezionalmente citata nei diari (di contro alla tendenza già avviata a non

riguardante. Il rapporto tra questi e l'opera sembra quindi essere, essenzialmente, di vigile compresenza e condizionamento reciproco, secondo quella intuizione, di ispirazione heisenberghiana, che fu sostenuta da autori come Sereni e Bigongiari, entrambi appassionati di arte.[22]

Il linguaggio viene usato nella funzione ecfrastica, tornata in auge nella poesia italiana soprattutto con gli sperimentalismi del Gruppo 63 e del Mulino di Bazzano,[23] anche in un testo di *L'aria secca del fuoco* che descrive un luogo artisticamente rilevante come la villa romana di San Biagio, della cui visita Cattafi riferisce con entusiasmo nel diario del 27 maggio 1973:

> MOSAICO DELLA VILLA ROMANA A SAN BIAGIO
>
> A tre chilometri l'acqua marina
> ad altrettanta distanza certe terme
> d'acqua rugginosa
> non cerca l'una non vuole l'altra il pesceverme
> giunto in questa stanza strisciando al buio dei millenni
> sul tappeto di tessere
> pesce spada musivo
> nudo allo scoperto in secco
> ora davvero fiocinato - forma
> d'abisso nella luce piena.

Anche in questo caso si può dire che venga messo in atto un processo di dinamizzazione: il mosaico a tasselli bianchi e neri, collocato come pavimento del *frigidarium* nella villa romana di Terme Vigliatore, rappresenta una scena di pesca con due uomini in barca circondati da varia fauna ittica. Cattafi anima la scena, straniandola al contempo con una focalizzazione sull'animale marino.

Il testo, dall'evidente carattere metapoetico, è un'ode all'immagine, in particolare quella esperita attraverso i sensi in un dato *hic et nunc* che, grazie alla creazione artistica (anzi ri-creazione), permane nel tempo, offrendosi alla vista degli spettatori: forma che ungarettianamente viene condotta all'esistenza («nella luce piena») e fissata («ora davvero fiocinato»). A questo proposito va notata l'emblematicità del termine «musivo», perché ricon-

---

indicare più i titoli delle poesie), in quanto Cattafi tiene ad annotare il riscontro positivo che ne dà Marco Forti (7 maggio 1977).

[22] Sulle teorizzazioni dei due poeti intorno al legame tra opera e spettatore, si legga R. Donati, *Nella palpebra interna*, cit., p. 24.

[23] Sull'argomento si veda Chiara Portesine, *Lo statuto dell'ecfrasi nella poesia della Neoavanguardia (1956-1979)*, Doctoral thesis, Scuola Normale Superiore, 2022, p. 11 (consultabile su https://hdl.handle.net/11384/125223).

ducibile da un lato alla tessera del mosaico, dall'altro etimologicamente all'attività artistica *tout court* (in greco *mousèios*: 'proprio delle muse').

Altra rarissima citazione figurativa è nel testo *Luce* di *Marzo e le sue idi*, in cui il movimento risulta opposto (cioè dal reale al pittorico), e viene richiamato il linguaggio visivo di Van Gogh (pensiamo al *Seminatore al tramonto* del 1888 con un enorme disco giallo cromo all'orizzonte, circondato da anelli luminosi), per descrivere il fenomeno del diffondersi della luce:

> Come avanza la luce
> a onde
> a segmenti
> a spezzoni
> fluttuazioni
> a shrapnel
> a trance rotolanti
> a gorghi alla van gogh
> a trucioli che si srotolano
> a sberle in faccia
> a ditate negli occhi
> colpi bassi
> tutto colpito
> ci vuole stomaco
> fegato per la luce.

La drammaticità del contrasto chiaroscurale fa della scena rappresentata un esempio di «rembrandtismo dilagante e materico», nel quale l'elemento luminoso non ha alcuna valenza chiarificatrice o conoscitiva, ma «interviene solo come forza bruta, violentemente incendiaria (quell'"orrore della luce" che ritroviamo in un verso di *Premesse*)».[24]

Ed in effetti a una violenta colluttazione è ricondotta la contrapposizione corpo luminoso / corpo fisico, supportata a livello fonico-ritmico dall'iterazione anaforica della preposizione «a» e dalla segmentazione del testo in versicoli di diversa lunghezza.

Vengono messi in evidenza due aspetti: la preponderanza tematica data da Cattafi ai fenomeni meteorologici, la cui osservazione in campagna è amplificata (con la relativa trasposizione in poesia: il «pulviscolo d'acqua»[25] può diventare, ad esempio, il «pulviscolo della cosa»),[26] e l'attenzione a un problema prettamente pittorico che ha interessato un infinito numero di

---

24 R. Donati, *Nella palpebra interna*, cit., p. 81. *Premesse* è un testo di *L'allodola ottobrina*.

25 Diario del 24 maggio 1978.

26 Si legga *Pulviscolo della cosa*, in *Marzo e le sue idi*.

artisti: come rappresentare i riflessi della luce naturale su un oggetto o una natura morta.

La citazione di uno dei pittori che più incuriosirono Cattafi[27] è il residuato della tendenza, dimostratasi assolutamente temporanea, ad indicare ai lettori i propri modelli e riferimenti (come avviene col nome di Giorgio Morandi per la pittura, o con quello di Alfonso Gatto per la poesia, entrambi successivamente eliminati nel passaggio dalle prime stesure ai testi a stampa).[28]

L'incontro con l'oggetto/opera d'arte è comunque un'esperienza perturbante: sono vari i *loci* dei diari in cui Cattafi si ferma a descrivere con stupore architetture e complessi monumentali (come ad esempio in occasione del viaggio a Parigi, città che non gli aveva suscitato particolare entusiasmo di primo acchito),[29] affidando alla sviluppatissima percezione cromatica – da pittore, appunto – il perno del suo giudizio critico: «la vista della cattedrale è sconvolgente... facciamo un giro della chiesa (che dire? È una meraviglia, e quelle vetrate con predominio assoluto del violetto, dell'azzurro e del rosso)».[30]

A proposito di questo tipo di esperienze Edith Stein usa il sintagma tedesco *überwältigender Ausdruck*, che è qualcosa di più dell'italiano «sconvolgimento», implicando piuttosto «l'idea di una forza irresistibile, il fatto cioè di essere presi e assorbiti nella contemplazione delle figure»,[31] per instaurare poi un legame unico e irripetibile con l'opera d'arte, che trascende il valore oggettivo della stessa.

Un'esperienza simile si ripropone nel racconto del viaggio ad Instanbul del 1971 che contiene dei frammenti ecfrastici relativi alla Moschea azzurra visitata il 13 giugno di quell'anno, non celata fonte di ispirazione per la

---

27 Il nome di Van Gogh è presente anche nel diario del 14 giugno del 1977, nel quale si fa riferimento ad un *reportage* televisivo sulla vita di Van Gogh seguito da Cattafi con interesse.

28 A Morandi è dedicato un paragrafo all'interno del presente lavoro; per quanto riguarda invece Gatto, Cattafi gli dedicò un componimento risalente al 22 aprile 1971: «Su quel mare di paradiso / d'inferno / che Gatto ha nell'anima / e nel suo specchio – gli occhi – navigò un avo d'Alfonso / un Ulisse armatore dello Stretto / poi sbarcato a Salerno» (S. PRANDI, *Da un intervallo del buio*, cit., p. 131). Prandi nota, inoltre, in alcune composizioni dello stesso anno «un gusto quasi infantile per la seriazione fonetica, che ricorda non a caso, il Gatto de *Il vaporetto* (1963), ma con una riduzione ancor più drastica del dettato» (*ivi*, p. 111).

29 «Parigi mi ha deluso, irritato, disgustato. È una splendida città decaduta, popolata da una insopportabile accozzaglia di sciagurati internazionali e di miseri e gretti francesi. Soltanto un po' di luce rimane della vecchia gloria; ed è una luce triste, come quella dei cimiteri» (dalla lettera a Sergio Ferrero del 27 settembre 1954, in *Per Bartolo Cattafi*, cit., p. 39).

30 Diario del 26 marzo 1978.

31 CHRISTOF BETSCHART, *Vissuto estetico e religioso nella scoperta della personalità secondo Edith Stein*, «Teresianum», vol. 67, n. 2, 2016, pp. 514-515.

poesia composta due giorni dopo e intitolata *Le moschee di Instanbul.*[32] Ma vedremo che anche i monumenti di luoghi familiari come Santa Lucia del Mela in Sicilia saranno rappresentati nelle prose attraverso lunghe e dettagliate ecfrasi.

Altro discorso vale per l'utilizzo del repertorio iconografico dell'arte religiosa. In Cattafi compare la figura di «sebastiano» / «San Bastiano» rispettivamente in due testi di *La discesa al trono* e di *L'aria secca del fuoco*: *Dafni, Cloe* e *Toponomastica*. Nel primo caso si tratta appena di una citazione, nel secondo, la figura del santo patrono di Barcellona Pozzo di Gotto nella provincia di Messina (città che gli dedica una piazza e la Basilica minore, detta anche Duomo di San Sebastiano), pur inserita in un contesto straniante come quello della satira politica, si presenta nella posa iconografica più diffusa, quella del San Sebastiano di Andrea Mantegna (Louvre, 1481), per intenderci:

TOPONOMASTICA

Il sindaco ed il clero
come se San Bastiano
con le braccia legate
dietro la schiena
valesse zero
lo buttarono fuori dalla piazza
al suo posto misero Delano.
Quel porco paralitico
che andava a rotelle
che covava le bombe atomiche.

Anche qui, come nel caso di *Pesce e putto*, Cattafi ha in mente certamente un'immagine ben precisa: la statua lignea settecentesca del Santo, visibile appunto nel Duomo di Barcellona e che rispecchia grosso modo i caratteri iconografici di cui sopra. Questa tipologia di immagini è dunque il prodotto di un'*ékphrasis* mimetica,[33] che prende spunto cioè da un manufatto, un'opera d'arte realmente esistente o ricostruita nella memoria a partire da un dato reale, la più frequente nella produzione del nostro poeta.

---

[32] Sulle poesie composte i giorni successivi al viaggio si consulti S. Prandi, *Da un intervallo del buio*, cit., p. 105.

[33] Sulla differenza tra *ékphrasis* mimetica e *ékphrasis* nozionale operata da John Hollander si veda M. Cometa, *Letteratura e arti figurative, un catalogo*, cit., p. 20.

## Capitolo ottavo

# PERCEZIONI DI STRINGENTE ATTUALITÀ NELLA SECONDA PRODUZIONE CATTAFIANA

> Solo quando la forma ti sarà completamente chiara, ti si renderà chiaro lo spirito.
>
> Robert Schumann

Gli anni Settanta hanno segnato più che altro un percorso in esaurimento: quello del progressivo svincolarsi dell'arte dalle esigenze esistenziali dell'astrattismo, per concentrarsi dicotomicamente sull'extraoggettualità da una parte (installazioni e *performances* al di fuori da luoghi deputati) e sull'attenzione all'oggetto dall'altra, evidente conseguenza di un duchampismo che persisterà fino alla fine del decennio.

Molte poesie cattafiane della seconda produzione sembrano riflettere visioni di forme dinamiche, oggetti in movimento, curve ellissoidali, strutture frattaliche, attenzione ai materiali poveri, riflessioni identitarie che rientrano a pieno titolo nelle teorizzazioni e pratiche artistiche di quella fase temporale che più sembra avere influito sulla stesura di *L'aria secca del fuoco*, composta nella sua prima parte nel 1971-1972; di *La discesa al trono*, *Marzo e le sue idi* e *Segni* risalenti al biennio 1972-1973.

## 1. Il rifiuto e la rovina

Se prendiamo i testi dei primi anni Settanta, possiamo notare che essi non si sottraggono alla definizione montaliana di una poesia ormai inclusiva (mai, tuttavia, per l'aspetto individualistico che ne rappresenta per il poeta ligure il grave limite),[1] inglobando lemmi appartenenti ai «settori del

---

[1] E. Montale, *Poesia inclusiva*, «Corriere della Sera», 21 giugno 1964, poi in Id., *Sulla poesia*, a cura di Giorgio Zampa, Milano, Mondadori, 1976, pp. 146-148.

lessico gastronomico, disfemismi e colloquialismi, forme espressionistiche e marchionimi».[2]

Abbiamo già osservato che il lessico del 'rifiuto' inteso come *Abfall* (letteralmente 'ciò che cade fuori') entrasse nella produzione cattafiana insieme al suo opposto, ossia quello della merce; anzi, che questa rappresentasse nelle poesie di *L'osso, l'anima* un residuato nostalgico del mondo precapitalistico – ulteriore elemento di discrimine nei confronti degli autori della Linea lombarda – mentre, dopo la lunga pausa, si rafforzasse l'immaginario legato allo scarto, al detrito (per mediazione dei poeti liguri, *in primis* Montale), senza la patina di simbolismo decadente e religiosità estetizzante che contraddistingueva le prime prove.

Tramite l'immagine del rifiuto organico e inorganico[3] si esercitava in qualche modo il *pòlemos* nei confronti della società che era del coevo Montale di *Satura*, sebbene Cattafi avesse forse tentato di «espunger(ne) le affinità più evidenti».[4] Non a caso, il lemma «cascame» (2), termine del linguaggio industriale e tessile, è prettamente montaliano di *Altri versi*[5] e di *Satura I*.[6]

Cattafi se ne serve per un testo chiave di *L'allodola* come *Creazione* che, ribaltando l'assunto lucreziano «de nihilo nihil» (*De rerum natura* I, 149, 205; II, 287), si serve di un accumulo oggettuale, composto essenzialmente da scarti e rifiuti, per descrivere l'uomo, improbabile *assemblage*, accozzaglia di materia antitetica alla assoluta indipendenza e perfezione divina:

> Ex nihilo Dio
> da ritagli rottami
> carcami cascami io.

Le «acquemorte», le «sporche schiume», le «torve misture» di *Acquemorte* e *Tubi* in *La discesa al trono*; le «schiume tumultuanti [...] entro i vasi / della rete fognante» di *La nostra natura*, in *Chiromanzia d'inverno* sono an-

---

[2] M. Spatafora, *Poesia satirica e* nonsense, cit., p. 3.

[3] Da una ricognizione lemmatica effettuata sull'intera produzione cattafiana si ricava la presenza di molti vocaboli base di questa sfera semantica, improntati cioè ad una certa astrattezza e genericità: «rifiuto» (7), «ciarpame» (4), «ritaglio-rifiuto» (1), «maceria» (5), «carcame» (2), «pattume» (3), «frantume» (7), «frantumare» (2), «immondezza» (2), «immondizia» (2), «immondo» (5), «rottame» (2), «rotto» (10), «cartastraccia» (5), «straccio» (5), «melma» (4), «untume» (2), «untuoso» (3), «untuosa» (1), «unto» (1), «muffa» (6), «muffito» (1), «muffire» (1), «scarto» (3), «cenere» (28), «relitto» (11), «rovina» (10), «fango» (16), «scampolo» (2).

[4] S. Prandi, *Da un intervallo del buio*, cit., p. 123.

[5] Si leggano *Ho tanta fede in te* («quell'immenso cascame in cui viviamo») e *Monologo* («e noi a rimorchio, cascami / che si buttano via / o cade ciascuno da sé»).

[6] Si veda *Gerarchie* («il totale è il cascame del totalizzante»).

ch'esse immagini all'insegna della pervasività di un elemento equoreo avvertito come *foetidus humor* che, come nel Montale di *Ossi* e di *Mediterraneo*, connette la costellazione tematico-lessicale marina e «quella dello 'scarto' (*sugheri, alghe asterie, macerie, ciottolo, rottame*)».[7]

A ben vedere, all'interno di una poesia che sapeva elevare l'ordinario – i prodotti commerciali, le marche, le insegne dei locali – a simboli del vivere contemporaneo, lo scarto si configura essenzialmente quale 'antimerce'.

È stato questo uno dei modi più personali con cui la scottante questione dell'impegno politico e sociale dell'arte, catalizzata in America da *Artforum* nel 1970 e dilagante in Europa fino ai poeti visivi Pignotti e Miccini, si è fatta strada nella produzione cattafiana quasi impermeabile ad essa, se escludiamo la didascalicità di *L'aria secca del fuoco* e altri pochi esempi di testi palesemente ideologizzati (l'«immaginaria fioritura neorealistica» che notava Raboni).

Cattafi non è il solo ad avere compiuto questa operazione: già negli anni Sessanta la produzione saggistica e poetica della Neoavanguardia aveva spesso usato materiale linguistico di recupero (parliamo di Nanni Balestrini, Elio Pagliarani, Edoardo Sanguineti, Adriano Spatola e Cesare Vivaldi) nella propria fucina alchemica, denunciandone la totale fatiscenza.[8]

Per i Novissimi il recupero della realtà non si realizzava attraverso una ricomposizione analogica per mezzo della poesia, bensì attraverso l'accettazione della sua irrimediabile frammentarietà e del suo deterioramento (da cui neanche il mito era escluso), rendendosi «passibile di fruizione soltanto se vissuta autenticamente come residuo».[9]

### 1.1. *Il poverismo come tendenza generalizzata*

Tuttavia, il tema della deiezione non accomuna Cattafi soltanto ai noti poeti Risi, Zanzotto, Montale, ma anche alle esperienze artistiche degli anni Sessanta e Settanta, ponendosi esattamente al crocevia tra i due campi espressivi. Il soggetto «sperimenta se stesso come deiezione»[10] anche nell'arte povera, in quella informale e nella Body Art, sulla scìa di una svolta culturale di cui gli *Ossi di seppia* erano stati i primi testimoni.

---

7 Niccolò Scaffai, *Montale e il libro di poesia*, Lucca, Pacini Fazzi, 2002, p. 52.

8 Sulla tematica si legga C. Portesine, *Una «esibizione di spazzature, di relitti, di detriti». La tradizione come "scarto" nell'ideologia e nella prassi della Neoavanguardia*, «L'ospite ingrato» 14, II, 2023 (DOI: 10.36253/oi-15574).

9 Edoardo Sanguineti, *Come agisce Balestrini*, in Id., *Ideologia e linguaggio*, Milano, Feltrinelli, 1965, pp. 61 ss.

10 Pietro Cataldi – Floriana d'Amely, *Introduzione* a E. Montale, *Ossi di seppia*, Milano, Oscar Mondadori, 2003, p. cxix.

Alla persistenza del Dada duchampiano nell'arte si deve infatti il senso del detrito, del raccogliticcio lasciato nella sua desolante povertà, da cui deriva il polimaterismo di Robert Rauschenberg:[11] mi riferisco ai detriti neodada dei *leavings*, sperimentazioni già presenti nella corrente *New Dada* degli anni Sessanta, e nella *Minimal Art* che vedeva Barry Flanagan usare le tele di juta ripiene di sabbia lasciate cadere a terra.[12]

Gli scultori di questa corrente, oltre a servirsi di materiali di tipo industriale (lastre di legno, metallo, formica, fiberglass, plexiglas, vetro e anche mattoni, travi, tubi fluorescenti al neon), costituivano grandi volumi geometrici riconoscibili in unità elementari primarie, monolitiche, con forme cubiche, rettangolari,[13] simili a quelle cattafiane delle ultime raccolte: «tu sei il cubo, la sfera il centro» (*Chiromanzia d'inverno*), «coni cubi piramidi prismi» (*L'allodola ottobrina*); cosa, tra l'altro, che può attenuare l'ipotesi, da più d'uno avanzata, di un geometrismo tutto quasimodiano o futurista.

Sempre in quegli anni, l'artista tedesco Joseph Beuys e il critico italiano Germano Celant postulavano (rispettivamente nel 1965-1967 e nel 1967, anno di una fondamentale mostra a Genova alla Galleria "La Bertesca") un nuovo umanesimo, puntando su materiali naturali e grezzi, procedimenti elementari, simbologie archetipiche, e soprattutto su un linguaggio spoglio da sovrastrutture che contrapponesse l'effimero al consumo.

Si tratta, a ben vedere, di una più vasta e diffusa attenzione alla materia, altresì definibile come «poverismo» che nelle teorizzazioni di quegli anni (culminanti nel testo *Arte povera* di Celant del 1969) si coniugava con lo studio della dimensione organica condiviso anche dal Cattafi di *L'anima dorme* (*L'allodola ottobrina*):

L'anima dorme
gli organi interni sono
in buona salute
le cellule bruciano
con ardore sommesso
invisibile è il quieto
ronfante inferno
il soave flagello
d'anima milza
cuore budella.

---

11 L'artista, «considerato il fondamentale anello di passaggio tra l'Espressionismo Astratto e la Pop Art», univa infatti «la pratica dell'assemblaggio e la gestualità pittorica» (M. Pugliese, *Tecnica mista*, cit., p. 40).

12 C. Strano, *Gli anni Settanta. Gli orientamenti dell'arte occidentale tra società, pensiero, tecnologia*, Milano, Skira, 2005, p. 25.

13 Francesco Poli, *Minimalismo, Arte Povera, Arte concettuale*, Bari, Laterza, 1995, p. 8.

L'esistenza stessa dell'individuo si identifica adesso con l'insieme dei processi molecolari e cellulari, e viene indagata nei suoi aspetti naturali, genetici, basilari, in quanto collocati agli antipodi rispetto all'artificialità dei prodotti industriali, come aveva affermato negli anni '60 Hans Hartung, uno dei precursori dell'Informale segnico:

> La nostra esperienza si è costituita con tutto quello che abbiamo vissuto. Ho freddo, ho caldo, soffro tutti i movimenti interiori del mio corpo, ecco quello che mi dà accesso alla conoscenza del mondo. Quando bambini, entriamo nel mondo, gridiamo perché vivere è terribile in realtà. Così noi conosciamo il mondo. Quello che proviamo è molto più forte dei rossi degli azzurri che vediamo attorno a noi.[14]

Si può notare la straordinaria sovrapposizione tra una dichiarazione di questo genere e la seconda parte di *Trecentossessanta*, in *L'osso, l'anima*:

> [...]
> Tocca, mangia, bevi,
> osserva, annusa, giudica
> quel poco pulviscolo
> che l'ago di luce ti concede.

La coincidenza «tra il tipografico e il fisiologico, tra carta e carne», è constatata dal poeta stesso «il 12 marzo 1972, quando a distanza di un anno esatto dal ritorno alla scrittura, nel momento in cui egli inizia a comporre le poesie segniche, riporta sui diari: "Scrivo membra e parole"».[15]

Questa regressione allo stato prelogico e preiconografico, seppure con inevitabili compromissioni culturali,[16] accomuna gli artisti dell'«informale», termine che copre tutta una serie di manifestazioni, da quelle europee relative al «segno / gesto» alla macchia, alla materia, al recupero dell'elementare, *brut*, a quelle americane dell'Action Painting e dell'astrazione lirica.

### 2. Il «cangiante cammino fantasioso»: l'informale nella poesia cattafiana

La qualità informale della poesia cattafiana era già evidente nei testi degli anni '57-'61 riuniti in *Qualcosa di preciso*, in cui il linguaggio di Cattafi si spostava

---

14 L. Vinca Masini, *L'arte del Novecento*, vol. IV, cit., p. 656.

15 D. Bertelli, *«Qualcosa di altrettanto preciso»*, cit., p. 118.

16 C. Strano, *Gli anni Settanta*, cit., pp. 29 ss.

[...] da un'area che genericamente si sarebbe potuta definire come postermetica, a un linguaggio che più volentieri fa riferimento alle nuove avanguardie informali, a un senso diverso del mondo in ciò che esso può avere di primordiale, di organico e indifferenziato, ancora antecedente in qualche modo a un rapporto comunicativo fra soggetto e oggetto [...].[17]

Le riflessioni di Marco Forti, uno dei primi ad accostare Cattafi a Burri e a Sutherland, condensano molti aspetti di quell'Informale che, oltre ad essere un termine controverso (perché valido per tutte le tendenze dell'astrazione non geometrica, come quelle impressioniste, espressioniste, etc..), già nel 1963 in Italia era stato ripensato dalla poesia contemporanea e considerato superato (il riferimento è agli storici numeri del «Verri» *L'informale* nel 1961 e *Dopo l'informale* del 1963; ma anche all'antologia *I Novissimi* del 1961 e alla costituzione a Palermo del *Gruppo 63*).[18]

Puntualizziamo inoltre che nella poesia cattafiana l'imitazione di flussi dinamici, di espansioni citoplasmatiche, di masse pulsanti, estroflessioni biomorfiche tipica dell'Informale non è disgiunta dal particolare cromatismo ascrivibile all'influsso dell'espressionismo astratto: le due tendenze si manifestano sotto il segno dell'alternanza, anche nella medesima raccolta.

Sarà però a partire dalla seconda produzione (in particolare da *La discesa al trono*) che si presenterà una più marcata propensione all'immagine informale: la parola cattafiana, dopo essere sprofondata nel silenzio, si confronterà con la dimensione tangibile e concreta delle cose, confermando la funzione assolutamente propedeutica delle tecniche pittoriche, in particolare di quella ad olio, ai fini del ritorno alla poesia.

In altre parole, il primo pittore informale cui Cattafi si ispira è, semplicemente, egli stesso che riscopriva alla fine degli anni Sessanta la pittura: «materia», lemma emblematico di un rinnovato approccio gnoseologico alle cose, è quasi assente nella prima produzione, se escludiamo 5 occorrenze in *L'osso, l'anima*, mentre si attesta con ben altre 24 nelle raccolte successive, fermo restando che *L'aria secca del fuoco*, col suo approccio immediato e documentaristico al dato visivo è da accostare piuttosto alle fotografie scattate sullo Stretto di Messina in quel torno di anni per l'evidente condivisione delle stesse tematiche.[19]

---

17 Marco Forti, *Per Bartolo Cattafi*, in *Le proposte della poesia*, Milano, Mursia, 1963, p. 242. Per l'autore quelli di Cattafi sono graffiti a metà tra il naturale e l'artificiale, esattamente simili alle «forme di un pittore a lui sicuramente noto come Sutherland, o come nelle maculate erosioni e abrasioni di un Burri» (*Cattafi ultimo*, in *Atti del Convegno di Studi su Bartolo Cattafi*, cit., p. 46).

18 Teresa Spignoli, *L'informale e le poetiche degli anni Sessanta. Tre casi esemplari: Ungaretti, Luzi, Bigongiari*, in *Verba picta*, cit., pp. 101 ss.

19 P. Maccari, *Le impronte delle idee e delle rose*, con testi, «Poesia» XXII, 235, febbraio 2009, pp. 58-59.

Possiamo invece considerare strettamente informali tutte le poesie in cui la materia è analizzata nella sua *facies* più primitiva e inquietante, prima ancora che assuma contorni definiti, come nell'opera di Antoni Tàpies, dove rifiuta rigorosamente ogni connotazione e perfino ogni allusione formale.

Un esempio è *Materie*, in *La discesa al trono*, testo che avvalora senza dubbio la vicinanza ipotizzata da Baldacci alle «combustioni» di Alberto Burri:[20]

> Quelle materie
> poltigliose nere allucinanti
> che impasti e nelle tenebre disperdi
> ritornano in massa
> assieme agglutinate
> come un paesaggio si modellano
> sono esse il paese
> il verde non è verde
> su cui siedi indifeso.

Che la percezione di una materia dilagante, sovrastante, esorbitante sia un *fil rouge* che accomuna poeti ed artisti informali, emerge poi da alcune riflessioni ungarettiane:

> Leopardi parlava, pensando all'originaria ispirazione della poesia, di spavento della bellezza. Oggi le cose sono cambiate, e noi potremmo parlare di spavento della materia, della materia che soffoca la bellezza [...] non più dunque sentimento della decadenza è il nostro, ma sentimento della soverchiante materia», [...].[21]

Testori, invece, giungeva a proposito di Fautrier a conclusioni ancora più radicali, affermando che la sua fosse una pittura che non imita, «bensì coincide fino a farsi cieca, con la materia del creato».[22]

Anche nei testi cattafiani, come abbiamo notato, la materia entra in un rapporto di continuità/identità con il soggetto: in *Modello* (*L'allodola ottobrina*) da frammento da plasmare diviene frammento di vita, pulsante e sensibile, per cui l'opera non è più un supporto, ma la trasposizione fisica del gesto dell'artista, del suo slancio vitale:

> Materia martellata
> con dolore scandita
> vuoti e pieni posata

---

20 «La sua poesia ha qualcosa delle combustioni di Burri e delle blasfeme solitudini di Bacon. Figurativo e insieme informale, ha un'evidenza che investe l'occhio più che il dominio della parola scritta» (L. BALDACCI, *La discesa al trono*, «Il giornale nuovo», 25 marzo 1975).

21 GIUSEPPE UNGARETTI, *Difficoltà della poesia* (1952-1963), in ID., *Vita d'un uomo. Saggi e interventi*, a cura di Mario Diacono e Luciano Rebay, Milano, Mondadori, 1974, pp. 808-809.

22 GIOVANNI TESTORI, *La passione secondo Jean Fautrier*, in ID., *La cenere e il volto. Scritti sulla pittura del Novecento*, Firenze, Le Lettere, 2001, p. 67.

non so dove
tra il lusco e il brusco
vista di sfuggita
insopportabile vista
che corrisponde alla vita.

Questa forma non ancora premeditata si presenta di volta in volta come ritorno all'origine, analessi allo stato di nebulosa, galassia in formazione in cui ogni atomo è ancora solo una promessa, un nucleo di infinite possibilità:

A MEMENTO
Un grumo un nodo un filamento
un nonnulla pesante di materia
liberato nello spazio
a memento di quando
– torreggiante materia –
avevamo a bizzeffe
grumi nodi
dispiegati ravvolti filamenti.

Il testo, tratto da *Segni*, amplifica un concetto molto importante per certe teorizzazioni sull'astrattismo cui hanno dato voce anche poeti-critici d'arte: quello del «filamento». Bigongiari, che iniziò ad interessarsi di arte informale negli ultimi anni Cinquanta, instaura, sulla base del loro comune carattere esplorativo, un parallelismo tra frammento poetico e filamento informale, entrambi volti alla scoperta di un senso ultimo che ne giustifichi l'esistenza. [23]

Ebbene, il filamento non ha, a differenza della linea retta, una direzione e può tornare indietro, per riavvolgersi fino al punto di partenza: quelli di Pollock, figura fondamentale dell'arte postbellica, sono «segni disseminati fuori da qualsiasi idea di percorso e tutti pronti a rientrare dentro se stessi».[24]

Inoltre, la conoscenza diretta da parte di Cattafi di maestri italiani dell'Informale (mi riferisco ad esempio ad Achille Pace, di cui riparleremo a proposito dei contatti artistici a Milano) ci fa cogliere meglio le possibili influenze sulla sua poesia, connettendola ad un'area viciniore: Pace, infatti, fa largo uso del filo in sostituzione del tratto grafico (per Argan, infatti, nella sua opera «la profondità è superficie, la superficie tela, il filo linea e segno»).[25]

---

[23] PIERO BIGONGIARI, *La pittura oggettiva di Jackson Pollock o l'informale astratto-concreto*, «Palatina», 6, 1958, ora in ID., *Dal Barocco all'Informale. Il caso e il caos II*, Bologna, Cappelli, 1980, p. 251.

[24] *Jackson Pollock a Venezia*, catalogo della mostra tenuta a Venezia (23 marzo-30 giugno 2002), Milano, Skira, 2002, p. 54.

[25] ACHILLE PACE, *Il labirinto in-visibile*, con testi critici di Giulio Carlo Argan, Antonio Calderara, Luigi Lambertini, Ennio De Gregorio, Carmine Benincasa, Robertomaria Siena, Roma, Magma, 1975, p. 6.

Oltre al filamento, anche l'ungarettiana presenza del «grumo»[26] nel sistema semico cattafiano offre addentellati con altri percorsi operativi, alcuni dei quali già ampiamente battuti (Wols con i «suoi grumi, le sue spirali, il suo tratto filiforme, i suoi graffiti da leggere al microscopio per snidare al loro interno la cellula impazzita»),[27] altri meno (Franco Francese nei suoi laceranti 'paesaggi' degli anni Sessanta, autore con Sereni di due libri d'artista presenti nella biblioteca cattafiana).[28]

Ancora, nella poesia *Rifugio* riemerge la simbologia cromatica che fa del grigio il colore che più definisce la materia (anche sulla scorta dell'associazione sintagmatica, propria del dire comune: 'materia grigia'), nei confronti della quale si assiste ad un'auto-auscultazione:

> Questa grigia materia
> chiusa inutile inerte
> su cui scivola l'occhio
> che il dito non sfiora
> rifugio recesso polveroso
> è il mio mondo
>                         per lei
> invecchio incallito infecondo
> ne intendo a notte il canto sommesso
> di giorno il dolente ruggito.

Il testo declina un aspetto fondante dell'informale: «la forma informale è prima di tutto organica. È una forma che cerca di capire il segreto, il primordio della vita, ciò che della vita è l'insorgere irriflesso e irreprimibile».[29] Ma soprattutto stabilisce una dialettica tra la materia e l'artista che aspira a diventare il veicolo attraverso cui essa può manifestarsi nella sfera della coscienza.

---

26 Il lemma proviene da *L'allegria* («Sono un poeta / un grido unanime / sono un grumo di sogni», *Italia*), raccolta che fissa l'inscindibile nucleo costitutivo dell'uomo e del poeta. Frequentato da Cattafi sin da *Le mosche del meriggio*, assume una sfumatura intimistica in *L'osso, l'anima* («un grumo rovente di pensieri», *Di ritorno*), in *L'aria secca del fuoco*, dove indica le persistenze della memoria («anche l'ultimo *grumo* vinaccioso di memoria», *Pace*; «cocci scaglie grumi di memoria», *Messina, 27.864*), ed in *Segni* dove co-occorre con «filamento» nella già citata *A memento*.

27 L. Baldacci, *Premessa* a Cattafi, *Ultime*, Palermo, Novecento, 2000, p. 11.

28 Secondo i diari, inoltre, il poeta conosceva di persona Franco Francese, che reincontra il 1° dicembre 1976 nella Galleria dei Bibliofili a Milano, in occasione della presentazione di un libro scheiwilleriano: «riconoscimento dopo tanti anni col simpatico Francese». È plausibile, dunque, che Cattafi abbia risentito della pittura di Francese, considerato «uno degli artisti maggiormente implicati alla storia del movimento informale in Italia» (Marcello Ciccuto, *Sereni, «Corrente» e il pensiero materiato in immagini*, Pisa-Roma, Fabrizio Serra Editore, 2009, p. 32).

29 Francesco Arcangeli, *Dal romanticismo all'informale*, Bologna, Alfa, 1976, pp. 14-15.

Le tangenze di Cattafi con le avanguardie informali europee degli anni '50 e '60, come abbiamo avuto modo di osservare, non porteranno mai all'esibizione del prelinguistico libero da vincoli semantici, o all'autonomia totale del significante dal controllo autoriale come in Bigongiari,[30] nè all'informale come strumento sfigurante di Zanzotto[31] (al quale il Sanguineti di quegli anni contrapponeva «una sia pur stravolta figuratività umana»),[32] ma si tradurranno più che altro nell'interrogarsi sul significato da attribuire ai propri segni.

## 2.1. *Burri e Cattafi: un dialogo tra poeti*

All'area operativa finora trattata va ricondotta l'azione di Alberto Burri, nome al quale è stato accostato Cattafi per i primi piani sulla materia abrasa o liquefatta di alcuni testi, nonostante egli fosse, con Antoni Tàpies, in quell'«area dell'Informale che si situa al polo opposto dell'azione»,[33] discostandosene per assenza di vitalismo.

A fronte di una supposta somiglianza di temperamento, forse accentuata a seguito degli accostamenti proposti dai recensori,[34] occorre tenere presente che l'immersione / incursione nella materia di Cattafi nasce piuttosto da una tensione verso e dentro l'essere.[35]

Tra i componimenti in questione, in particolare *Muffe e cretti* di *L'allodola ottobrina* contiene la terza citazione figurativa della poesia cattafiana, costituendo un omaggio all'artista umbro delle *Muffe* realizzate negli anni '50-'60 e dei *Cretti*, dalla prima metà degli anni '70:

> Muffe e cretti dei muri
> presenze trasudate
> da grandi lontananze

---

30 Federico Mazzocchi, *Piero Bigongiari: ut poesis pictura, ut pictura poesis*, in *Verba picta*, cit., pp. 143-144.

31 Gian-Maria Annovi, *Passaggio per l'informità. Zanzotto e la defigurazione*, in *Andrea Zanzotto: un poeta nel tempo*. Atti della giornata di studi di Bologna (23 novembre 2006), a cura di Francesco Carbognin, Bologna, Aspasia, 2008, pp. 61-71 (ora in Id., *Altri corpi. Poesia e corporalità negli anni Sessanta*, Bologna, Gedit, 2008, pp. 74-81).

32 Andrea Cortellessa, *Le buone macchie di melma. Sanguineti dall'Informale alla Nuova Figurazione e oltre*, in *Per Edoardo Sanguineti: lavori in corso*, Atti del Convegno di Genova (12-14 maggio 2011), Firenze, Cesati, 2012, p. 341.

33 Giuseppe Gatt, *Antoni Tàpies*, con prefazione di Giulio Carlo Argan, Bologna, Cappelli Editore, 1967.

34 P. Maccari, *Spalle al muro*, cit., p. 192.

35 Francesco Arcangeli nel suo saggio *Un naturalismo moderno*, definisce «informale», al di là delle varie etichette, il «fenomeno amplissimo e diramato, ma univoco nel richiamarsi a un'intensa volontà di vita» («Il Verri», n. 3, 1961, pp. 131-132).

serpentine scritture
nebulose e saette
dei cieli futuri.

Non possiamo dire con esattezza se Cattafi avesse visto di persona i già celebri lavori di Burri (e viceversa), ma sappiamo che uno dei libri più datati posseduti dal poeta presentava una congrua trattazione dei cretti e un primo piano suggestivo su un dettaglio di *Nero sacco* del '56.[36]

Inoltre, Burri esercitò un particolare fascino sui poeti del suo tempo: pensiamo al *Poemetto per Alberto Burri* del 'novissimo' Cesare Vivaldi: si tratta di una poesia dal titolo *Il cortile del tempo*, di sei stanze, pubblicata per la prima volta su *Il Verri*, n. 2 aprile 1961.

L'operazione compiuta da Vivaldi è però ben diversa da quella cattafiana: Vivaldi proietta sulle superfici erose di Burri, secondo Chiara Portesine, i propri fantasmi privati, con le relative spie lessicali (alcune delle quali, come il salnitro sui muri, già utilizzate in una poesia dedicata a Del Pezzo), senza che sia possibile riconoscere una dipendenza diretta ed esclusiva dall'immaginario burriano.[37]

L'utilizzo di Burri come «generica incorniciatura» renderebbe questa poesia poco rilevante ai fini di una disamina sull'utilizzo dell'ecfrasi nella letteratura novecentesca, configurandosi più come montaggio combinatorio di sequenze sintagmatiche. Più cogenti, se andiamo indietro di qualche anno, appaiono le modalità in cui si manifesta la 'presenza' dell'Informale nella *Palus* sanguinetiana, i cui paesaggi lunari sono accostati da Erminio Risso alle opere di Burri non solo per la tipologia delle immagini, ma per motivi strettamente tecnici: «l'asintassia, i salti di significato e persino di lingua (dall'italiano al latino al tedesco al francese al greco)» producono un effetto ottico di «veri e propri dislivelli»,[38] simile a quello percepibile di fronte alle tele e alle plastiche combuste di Burri.

In *Laborintus*, insomma, l'intera struttura linguistica concorre a produrre sulla carta qualcosa di molto simile a dei crateri, a differenza del testo cattafiano che, affidandosi all'efficacia di una sintassi nominale atta a fotografare istantaneamente lo stato della materia, si tiene distante da

---

36 Il libro è Renzo Modesti, *Pittura italiana contemporanea. Dal Futurismo alla metafisica, il Novecento, il Surrealismo, l'Astrattismo, Corrente, dal Cubismo alla nuova figurazione*, Milano, Antonio Vallardi, 1964, p. 179.

37 C. Portesine, *Lo statuto dell'ecfrasi*, cit., p. 124. Dallo stesso luogo è tratta la citazione successiva.

38 Erminio Risso, *Laborintus di Edoardo Sanguineti*, San Cesario di Lecce, Manni, 2020, p. 16.

sperimentazioni linguistiche e non si serve dell'Informale per «stabilire e patire»[39] una diffusa «crisi di linguaggio».[40]

Alcuni tratti familiari alla poesia cattafiana, rispetto alla ricezione del senso dell'informe, sono rintracciabili in Zanzotto che, incerto se appartenere ad un Informale «così presto fuggito»,[41] in *IX Ecloghe* definisce il soggetto «gibboso», con un preciso rimando ai *Gobbi*, e lo colloca al limite della figurabilità («vorticoso / di filamenti»), avvicinandolo alle superfici dei dipinti informali di Burri, Tàpies, Fautrier.[42]

Tra i vari tentativi di approssimazione delle poetiche dell''informe' all'arte informale – e soltanto di conseguenza in via specifica a Burri – tanto più preziosa risulta allora *Muffe e cretti* che, sebbene più tarda e cronologicamente distante dalla tensione sperimentale degli anni Sessanta, vuole essere esplicito richiamo a (e quindi appropriazione di) un ben preciso modello.

Parimenti consona all'immagine del 'cretto' può considerarsi *Squarci*, sempre in *L'allodola ottobrina*:

> L'involucro immondo degli umori
> rasciugatisi
> muco sperma sudore
> ora si screpola ad ogni movimento
> cade a squame
> mostra squarci sereni
> lame d'azzurro
> un fresco tegumento.

Introdotto nel panorama artistico romano proprio da due poeti, Libero De Libero e Leonardo Sinisgalli,[43] Burri ebbe come grande estimatore Ungaretti, che su di lui si pronuncia in questi termini:

---

39 «Una crisi del linguaggio, quale io intendevo stabilire e patire nei miei versi, trovava conforto e analogia in affini esperimenti pittorici e (musicali), assai più che in esperimenti di ordine letterario» (Edoardo Sanguineti, *Poesia informale?*, «Il Verri», V, 3 giugno, 1961, p. 192. Il saggio fu riedito in appendice a *K. e altre cose*, Milano, All'Insegna del Pesce d'Oro, 1962 e successivamente nel volume *Gruppo 63. Critica e teoria* a cura di Renato Barilli e Angelo Guglielmi, Milano, Feltrinelli, 1976).

40 «E quanto alla crisi di linguaggio stabilita e patita, mi aiuta proprio quella battuta di Zanzotto, per cui si giudicava degno di punizione il mio *Laborintus*, qualora non fosse "sincera trascrizione di un esaurimento nervoso". Posso rispondere che effettivamente il *Laborintus* si salvava nell'angolo indicato, ma con una piccola correzione: e cioè che il cosiddetto "esaurimento nervoso" era poi un oggettivo "esaurimento" storico» (*ibid.*).

41 Ferdinando Camon, *Il mestiere del poeta*, Milano, Garzanti, 1982, p. 180.

42 Sul rapporto tra Zanzotto e l'informale si veda G. Annovi, *Passaggio per l'informità*, cit., p. 69.

43 De Libero e Sinisgalli presentarono la prima personale di Burri alla Galleria "La Mar-

[...] il medico, poi pittore reduce dalla prigionia dei campi di concentramento nazisti, che, con quell'orrore negli occhi, vuota nelle sue opere il bubbone infernale, ne mostra in mezzo ai lutti l'ingiusto cratere di sangue e di fuoco voluto dall'inferno, e mostra come la fiamma della libertà domi alla fine anche il più atroce sadismo.[44]

Alla luce dei progressivi legami che tra informale e poesia si vennero a instaurare nel tempo, sulla base della sovrapposizione tra spazio fisico e spazio poetico / pittorico, Burri dovette apparire anche a Cattafi, come già a Ungaretti, «profondamente umano».[45]

Il suo Burri è infatti segnato da un'intima e personale inquietudine, diversamente da quello di Sanguineti, «antimimetico e soprattutto anticatartico» e da come sarà quello di Valentino Zeichen.[46]

L''omaggio' di Cattafi nei confronti di Burri si inscrive certamente in un'attenzione più ampia (ma non generalizzata) da parte del mondo della poesia nei confronti di un grande maestro, che aveva dimostrato interesse verso le potenzialità della parola (al di là delle esplicite dichiarazioni che andavano in direzione opposta), prima collaborando a un'edizione d'arte con Ungaretti,[47] e poi intessendo un lungo sodalizio artistico con il poeta (e biblista) Emilio Villa, con il quale nel 1973 produrrà *17 Variazioni su temi proposti per una pura ideologia fonetica* (1962),[48] e *Saffo*, realizzando rispettivamente 3 opere originali per il primo libro e 10 tavole in tecnica mista (con successive litografie) per il secondo.[49]

---

gherita" di Roma nel 1947 (TONINO SICOLI, *Burri e la poesia*, in *Alberto Burri e i poeti*, cit., p. 14). Su Burri nel contesto romano si legga anche CHIARA SARTEANESI, *Prima o poi*, in *Alberto Burri e i poeti. Materia e suono della parola*, catalogo della mostra (Rende, MAON, Museo d'Arte dell'Otto e Novecento, 11 novembre 2015-28 febbraio 2016), a cura di Bruno Corà e Tonino Sicoli, Città di Castello, Fondazione Palazzo Albizzini, Collezione Burri, 2015 p. 80.

44 GIUSEPPE UNGARETTI, *L'allegria è il mio elemento*. Trecento lettere con Leone Piccioni, a cura di Silvia Zoppi Garampi, con una testimonianza di Leone Piccioni, Milano, Mondadori, 2013, p. 207.

45 G. UNGARETTI, *Vita d'un uomo. Saggi e interventi*, Milano, Mondadori, 1974, p. 1022.

46 R. DONATI, *Nella palpebra interna*, cit., pp. 150-151.

47 L'edizione di poesie *Dialoghi* di G. UNGARETTI e di BRUNA BIANCO (Torino, Fògola, 1968) esce in «120 copie numerate di cui le prime 59 contengono la grafica di Burri con la dedica al poeta, tutte fuori commercio» (C. SARTEANESI, *Prima o poi*, cit., p. 83). Sulla prima di copertina della copia destinata a Burri, Ungaretti scrive una dedica al pittore: «Amo Burri, perché non è solo il pittore maggiore d'oggi, ma è anche la principale causa di invidia per me: è d'oggi il primo poeta» (*ibid.*).

48 La prima edizione era del 1955, ma venne riproposta nel 1962 con la presenza di opere grafiche in sostituzione delle opere uniche previste dal progetto originale, poiché venivano di norma estrapolate ed alienate dai libri (*ivi*, 82).

49 L'intera tiratura venne conclusa nel 1982 e pubblicata dalle Edizioni 2RC di Roma (T. SICOLI, *Burri e la poesia*, cit., p. 15).

## Capitolo nono

# DALL'INFORMALE AL POSTMODERNO: I FRATTALI TRA MATEMATICA E ARTE

> Ci sono diversi modi di onorare la bellezza. Laddove un artista traccerebbe uno scritto, scriverebbe una poesia o comporrebbe una melodia, lo scienziato immagina una teoria scientifica.
>
> David Ruelle

L'approdo alla dimensione frattalica (da *fractus*: 'spezzato') si può considerare *in primis* il naturale esito della «cieca, spericolata assenza di margini» delle immagini cattafiane, in perenne tensione con «l'estremo nitore, l'appropriatezza, il perpetuo "a fuoco" della pronuncia e delle figure»[1] che ha notato Giovanni Raboni.

Infatti, al latino *fractus* è da ricondurre il termine scientifico *frammento*, che ricorda un oggetto irregolare. Dunque, per sillogismo, frattale deve essere inteso anche nella sua accezione di 'irregolare'.[2]

Sia che si tratti di aggregati poltigliosi o di quelle forme del sasso nate da «una massa / omogenea e compatta / variamente tagliata e ritagliata» (*Una massa*, in *L'allodola ottobrina*), paragonabili a «mostri geometrici o chimere»[3] così presenti nella poesia cattafiana, queste frammentazioni figurative riflettono *de plano* la contemporaneità: da metà degli anni '70, grazie all'introduzione del computer si è cominciato a misurare le forme frastagliate, passando dai numeri interi a quelli frazionari. Questo ha portato a una nuova interpretazione del caos, non più come opposto dell'ordine, ma come manifestazione di un ordine più complesso e non riducibile a semplificazioni.[4]

---

1 G. Raboni, *Introduzione* a B. Cattafi, *Poesie scelte (1946-1973)*, cit., p. 20.

2 Sergio Peppino Ratti, *Introduzione ai frattali in Fisica*, Milano, Springer-Verlag, 2011, p. 2.

3 Franco Pappalardo La Rosa, *Lo specchio oscuro. Piccolo-Cattafi-Ripellino*, Torino, Tirrenia Stampatori, 1996, p. 93.

4 Si veda sull'argomento C. Strano, *Il segno della devianza. Teoria ed esempi del linguaggio trasgressivo. Dalla Grecia alla Modernità e alla Nuova Classicità*, Milano, Mursia, 2005, p. 37.

Le ricerche della Fisica avevano messo in evidenza, proprio negli anni della seconda produzione cattafiana, i limiti del linguaggio della geometria euclidea che faceva appello a forme triangolari, quadrate, circolari:

> Nel suo fondamentale lavoro, *Les objets fractals. Forme, hasard et dimension* (1975), Mandelbrot descrive cos'è un frattale ed evidenzia l'inadeguatezza della geometria euclidea nella descrizione della natura con le seguenti parole: «Perché la geometria viene spesso descritta come fredda e arida? Una ragione è l'incapacità di descrivere la forma di una nuvola o di una montagna, di una linea costiera o di un albero. Le nuvole non sono sfere, le montagne non sono coni, le linee costiere non sono cerchi, il sughero non è liscio e i fulmini non si muovono lungo linee rette».[5]

È possibile riscontrare nell'opera di Cattafi alcune immagini che possono essere lette in tal senso, e che rappresentano delle anomalie capaci di metaforizzare l'imprevedibile, la sorpresa, l'azzardo, il *coup de dès*, ma anche l'ultima resistenza al montaliano varco che salva da una regolarità avvertita come trappola:[6]

LÀ IN MEZZO

Immensa levigata superficie
e là in mezzo sorge un punto fermo
deforme imperfezione
gravida d'incognite
groppo terrestre garbuglio
lentisco tamerice
che ci risucchia in un giorno di luglio.

(in *Marzo e le sue idi*)

Altre volte il «garbuglio» è riconducibile all'immagine-modello del labirinto bachelardiano, esattamente come la selva o la foresta: «la giungla la rete il labirinto» della poesia *La linea il filo*, in *L'allodola ottobrina*, rappresentano un ostacolo alla tanto auspicata chiarezza, nonché l'esempio di una proliferazione caotica di immagini e di oggetti che distolgono da un risolutivo approdo esistenziale.

Sia *Marzo e le sue idi* che *L'allodola ottobrina* tematizzano e portano alle estreme conseguenze l'eterno conflitto tra aspirazione alla forma e seduzione del caos che Gezzi ricollega alla dialettica nietzschiana tra apollineo e dionisiaco.[7]

---

[5] LUCIANO BOI, *Immaginare mondi possibili: incontri tra scienza e letteratura*, «Medea», IV, 1, 2018, p. 25 (http://dx.doi.org/10.13125/medea-3487).

[6] «il filo da disbrogliare che finalmente ci metta / nel mezzo di una verità» (*I limoni*, in *Ossi di seppia*).

[7] M. GEZZI, *La prigione e la dimora*, cit., p. 50.

Su questo versante contempliamo, accanto a «garbuglio» (2), lemmi sinonimici come «groviglio» (4), «nodo» (13), «viluppo» (2), «groppo» (2), «imbroglio» (1) «intreccio» (2) «matassa» (6).

Per l'autore della teoria dei frattali, inoltre, la visione dipende essenzialmente dal grado di risoluzione:

> Con un grado di risoluzione di 10 metri, si ha un punto, quindi una figura zero-dimensionale; con un grado di risoluzione di 10 cm, si ha una palla tridimensionale; con un grado di risoluzione di 10 mm, si ha un insieme di fili, dunque una figura unidimensionale; al grado di risoluzione di 0,1 mm, ogni filo diventa una specie di colonna, e il tutto torna tridimensionale; con un grado di risoluzione di 0,01 mm, ogni colonna si risolve in fibre filiformi e il tutto ridiventa unidimensionale.[8]

Anche nel dettato poetico cattafiano non è raro trovare dei primi piani sul «filo»,[9] il quale richiama l'idea del movimento lineare, indicando secondo Leotta la possibilità di percorrere tutte le direzioni dell'orizzontalità e della verticalità: dalla catabasi tematizzata in *La discesa al trono* allo slancio ascensionale.[10]

Il lemma «filo», al centro di una costellazione semantica che comprende termini per lo più desunti dall'industria tessile («filaccia», «filato», «filamento», «filante», «filare», «filiforme»), ma anche il più artistico «filigrana» attinente all'oreficeria, conta ben 102 occorrenze, superando quelle montaliane, le più alte della nostra poesia novecentesca: in Montale riscontriamo infatti 40 presenze, di contro alle 11 di Gozzano, alle 10 di Palazzeschi e alle 9 di Ungaretti.[11]

Anche per Nino Sottile Zumbo le strategie di 'ingrandimento' del dettaglio danno nell'opera di Cattafi esiti molto vicini a figurazioni imprecise, fratte: come nella fisica quantistica di Heisenberg, infatti, le pietre e i metalli, apparentemente statici alla percezione ordinaria, visti a distanza ravvicinata vibrano, si agitano, sono pure potenzialità in movimento.[12]

Dunque, l'occhio cattafiano è in grado di cogliere la forma infinitamente grande insieme a quella infinitamente piccola, tracciandone dei

---

[8] Benoît Mandelbrot, *Gli oggetti frattali. Forma, caso e dimensione*, a cura di Roberto Pignoni, Torino, Einaudi, 1987, p. 15.

[9] L'idea del 'filo di parole' si ritrova soprattutto in *Segni*: «aprendo e chiudendo / ad un filo stringendo / il tagliente discorso» (*Ad un filo*), «coloniali parole / gregarie filiformi» (*Nidiata*), «Filo di spada per i tuoi pensieri» (*In fronte*). Se in *L'osso, l'anima* il «filo ritorto» sta ad indicare il legame che unisce vivi e morti (*Inquilini*), in *L'allodola ottobrina* e in *Chiromanzia d'inverno* il lemma oscilla tra la sfera semantica geometrica e quella figurativa.

[10] V. Leotta, *L'inverno di Bartolo Cattafi*, cit., pp. 22-23.

[11] G. Savoca, *Vocabolario della poesia italiana del Novecento*, cit., pp. 371-372.

[12] N. Sottile Zumbo, *Dagli acquerelli alla coscienza*, «Centonove», 2 febbraio 2007.

rapporti di somiglianza, anche se nell'impossibile tentativo di definire l'oggetto indefinito la scienza e la poesia adottano strumenti diversi: la prima si affida al calcolo probabilistico, la seconda all'approssimazione della metafora.

Nella percezione e definizione delle forme visive irregolari da parte della letteratura del Novecento è del tutto ipotizzabile che abbia svolto un ruolo importante l'attività grafica, pittorica tipica dei doppi talenti. D'altronde in questo campo l'arte aveva preceduto la scienza: Pollock dipingeva frattali 25 anni prima che se ne documentasse l'esistenza in natura.[13]

Secondo Giuseppe Appella, la pratica del disegno ha infatti permesso a Sinisgalli di «comprendere certi meccanismi strutturali del segno, di sottolineare l'alto valore dello scarabocchio, di verificare le intuizioni immediate, di afferrare il balenìo continuo tra invisibile e visibile e il senso di infinito e di illimitato che caratterizza l'opera d'arte».[14]

Per il poeta-ingegnere la nuvola appartiene intuitivamente proprio al mondo del disegno: forma «inafferrabile», «indescrivibile», «*analogon* del significante linguistico, espressione di un universo pre-pittorico».[15]

Nell'opera cattafiana, il lemma «nuvola» conta 34 occorrenze e rappresenta, come «groviglio» («il groviglio dei segni», *Chiocciola*, in *Segni*) e il sinonimo «nube» (20), il presupposto di ogni scelta linguistica. Leggiamo *Inchiostro*, poesia di *Segni*:

> Mobile mutevole sfaldabile
> come un giorno di marzo
> come nube di seppia
> che tutto e niente contiene
> su di sé s'avvolge nelle sue fantasie
> prima d'essere un filo
> staccato sulla pagina
> filo di cose smorte
> rivelate.

Pensiamo anche al componimento *Scrittura, lettura* di *L'aria secca del fuoco*, da considerarsi già 'segnico': qui l'atto dello scrivere è demandato (nella tipica fusione tra natura e cultura, paesaggio fisico e paesaggio grafi-

---

13 Sull'argomento si veda Nicoletta Sala – Gabriele Cappellato, *Architetture della complessità. La geometria frattale tra arte, architettura e territorio*, presentazione di Carlo Bertelli, Milano, Franco Angeli, 2004, p. 130.

14 Giuseppe Appella, *Le "muse irrequiete" di Leonardo Sinisgalli 1908-1981*, Roma, De Luca Editori d'Arte, 1988, p. 19.

15 Antonio Di Silvestro, *Leonardo Sinisgalli tra scrittura e trascrizione*, Firenze, Olschki, 2005, p. 229.

co «che ha ossessionato la poesia moderna da Poe a Mallarmé»)[16] a creature sottomarine che tracciano nell'acqua segni – tra cui la seppia che si inoltra «in una nuvola d'inchiostro» – in un metamorfismo di immagini che invade sul finale anche la sfera del soggetto.

In conclusione, la forma frattalica, che nasca da un primissimo piano di un particolare materico o dall'indeterminatezza oggettuale, è usata da Cattafi, esattamente come quella informale (con cui talvolta coincide), per rappresentare le fasi processuali della creazione poetica e pittorica; essa può essere suggerita anche dall'iterazione di temi che si ripetono uguali e sempre diversi in una generalizzazione semantica del concetto deleuziano di «ripetizione differente». Basta guardare ai titoli delle poesie cattafiane per vedere come spesso essi si presentino come variazioni sullo stesso tema (ad esempio *Lettera*, *Lettera dal Nord*, *Lettera dall'entroterra*, *Lettere*), questione che aveva collateralmente toccato Raboni quando denunciava «l'ingiusto, frettoloso sospetto che le poesie di Cattafi siano "troppe" e "troppo uguali" (sarebbe come dire che sono "troppi" e "troppo eguali" i quadrati di Rothko o i sacchi e le plastiche di Burri)».[17]

E, per fare un altro esempio fra i tanti possibili, la pratica della serialità è appartenuta anche a Morandi che ne fece uno strumento fondamentale per indagare le sottili variazioni della percezione visiva e spaziale nelle sue nature morte.[18]

Insomma: è un modo di procedere, non solo di sentire, che avvicina Cattafi ai maestri dell'arte contemporanea.

Ugualmente frattaliche potremmo considerare, inoltre, tutte le poesie che utilizzano a livello strutturale uno schema ricorrente, per una tendenza 'compulsiva' che si manifesta in ben precise scelte stilistiche: ad esempio, l'utilizzo di una frase nominale con accumulazione caotica, seguita da una o più proposizioni consecutive implicite (nel caso dei testi-*réclame* analizzati a proposito del rapporto tra inserti pubblicitari e produzione poetica).

---

[16] Marisa Bulgheroni, *La poesia come graffio*, introduzione a Bartolo Cattafi, *Segni*, Milano, Scheiwiller, 1986, p. 77.

[17] G. Raboni, *Introduzione* a B. Cattafi, *Poesie scelte (1946-1973)*, cit., p. 16.

[18] Su questo argomento si veda Franco Guzzetti, *Un pittore dei pittori. Morandi e gli artisti americani negli anni Sessanta (e oltre)*, in *Giorgio Morandi. Il tempo sospeso*, catalogo della mostra (Roma, 30 aprile-16 luglio 2022), a cura di Marilena Pasquali e Mattia De Luca, Milano, Skira, 2023, p. 36.

## Capitolo decimo

# L' OGGETTIVISMO CATTAFIANO: UN DATO PERSISTENTE

Nell'arte, nuovi modi di vedere significano
nuovi modi di sentire: non puoi separare
le due cose, proprio come non puoi separare
il tempo dallo spazio.

David Hockney

Una conseguenza del duchampismo negli anni Settanta è individuabile nella particolare attenzione all'oggetto, che continuava ad essere protagonista del *ready made*[1] prima che ricomparisse l'iconismo, cioè il figurativo degli anni Ottanta. Possiamo ipotizzare che tale tendenza confluisse nel solco del già forte oggettivismo cattafiano,[2] che in *L'osso, l'anima* consisteva nello scavare l'oggetto «in direzione di una fisica profonda», ma scevra «di ogni insorgenza metafisica»; nello stabilirne piuttosto «la struttura concreta, appunto "qualcosa di preciso"».[3]

Il confronto tra l'io dell'uomo e il tu dell'oggetto non era però nuovo nel mondo dell'arte: la necessità di una sua nuova definizione pittorica era nata con gli impressionisti che, mediante la trascrizione diretta del dato ottico, si erano arrestati alla superficie delle cose, inconsapevoli di quale articolata vita gli oggetti conducessero dietro le apparenze. Con gli artisti successivi, ad esempio James Ensor, gli oggetti sembrano nascondere qualcosa, sottraendosi colpevoli agli sguardi e ritraendosi nella loro immobilità.[4]

---

1 Il gesto di Marcel Duchamp «consisteva nel raccogliere un oggetto qualunque – nel suo caso uno scolabottiglie –, nell'elevarlo a opera d'arte mediante una firma e una data e nell'esporlo a una mostra d'arte.» (Werner Haftmann, *L'oggetto e la sua metamorfosi. Note sull'evoluzione della concezione contemporanea dell'oggetto* in *Metamorfosi dell'Oggetto*, cit., p. 25).

2 Al di là degli innumerevoli lemmi referenziali, ricordiamo che il sostantivo femminile «cosa» (sospeso tra astratto e concreto, ma pur sempre sostitutivo del latino «res») conta ben 101 occorrenze e «oggetto» 38.

3 Silvio Ramat, *Bartolo Cattafi*, in *Novecento*, vol. IX, Milano, Marzorati, 1979, p. 9055.

4 Si veda sull'argomento W. Haftmann, *L'oggetto e la sua metamorfosi*, cit., pp. 14 e 17.

Se guardiamo agli ultimi versi di *Come vanno le cose* (in *L'osso, l'anima*) ritroviamo la stessa situazione:

> Ti faccio l'esempio dei consunti
> oggetti: i caldi i cogniti
> compagni delle nostre stanze
> con qualcuno congiurano a mio danno,
> mutano volto,
> stranieri appena giunti a questa soglia,
> allusivi e furbi,
> ammiccanti con strane
> luci negli occhi,
> missive minacciose nelle mani.
> [...]

Qui, come in molte altre poesie, gli oggetti si muovono, si spostano, assumono un'autonomia, un'intenzione, perdono – in poche parole – il presupposto dell'immobilità che nell'arte li riduceva a elementi poco interessanti o marginali.

Nello stesso *L'osso, l'anima* il testo *La sede adatta* pone l'accento sull'altra componente della realtà: quell''io' a cui contrapporre il 'tu' dell'oggetto e da cui la rappresentazione degli oggetti dipende:

> L'anima dilata
> deforma questi oggetti della terra,
> carica le cose d'assoluto,
> altera colori, sconvolge
> volumi, valori, affida
> nobili poteri a corpi vili.
> [...]

Se in *L'osso, l'anima* la considerazione dell'oggetto non poteva prescindere dal Surrealismo, che proprio da queste premesse ha sviluppato molte delle sue tecniche provocatorie, a partire dalle raccolte degli anni Settanta l'oggettivismo si fa soprattutto scavo nel metafisico, finendo per accrescere il valore gnoseologico della parola poetica: Cattafi ha dato voce all'assenza che abita il mondo e le cose, senza però abdicare mai ad una indagine nell'intima struttura del reale.

Al vaglio di una più accurata ispezione, le cose di *Marzo e le sue idi* si rivelano intrinsecamente diverse da come sembrano all'esterno: «Ecco è una cosa / a cui ci si aggrappa / l'involucro si svolge della cosa / ecco la nuova pappa / rosea morbida dolce / all'interno esplorabile col dito / [...]» (*Rosea morbida dolce*); anche gli «oggetti gessosi» di *Nidi* nascondono «cave forme», «nidi della tenebra», in cui introdursi come un «occhiuto navigato pipistrello».

Pensiamo alla sezione *Oggetti di natura,*[5] e agli svariati dettagli materici del coccio, della mattonella, della scatola, dell'aereolito, della *Kaaba*, oggetti che il poeta fissava come dati di partenza per traslarli, subito dopo, in un contesto irrelato e metafisico.

Si avverte nell'immaginario cattafiano la forte presenza di un modello come De Chirico, nella cui opera anche «le cose più comuni, – carciofi, aringhe affumicate, attrezzi e strumenti musicali – acquistano i contorni di personaggi drammatici [...] a confronto con la non-esistenza dello spazio incommensurabile».[6]

Una declinazione ancora diversa dell'oggettivismo è nella *plaquette Occhio e oggetto precisi*, pur comprendente dei componimenti contemporanei a *Marzo* e a *La discesa*: per Ramat, che aveva individuato agli albori questa tendenza nella poesia cattafiana, la raccolta porta il lettore all'interno di un'oggettività minimale rappresentata senza eccessivo dispendio di parole, tale da non comportare alcuno sprofondamento metafisico.[7]

Le poesie di questo periodo, figlie della crisi generale conseguente allo sgretolamento dei grandi sistemi di pensiero e dei valori tradizionali dell'Occidente, si aprono a un Postmoderno anticipato da quel «processo di 'asparizione'»[8] (attuato in *L'osso, l'anima*, come nelle opere di Caproni e Sereni), per cui il soggetto poetante era incapace di percepire l'essenza oggettiva delle cose.

Il passaggio è epocale: rispetto agli anni Cinquanta e Sessanta, la dimensione ordinaria di cui fanno parte gli oggetti assume una certa rilevanza, perché rimane adesso l'unico, limitato campo su cui si può espletare una, seppur parziale, verifica cognitiva. Nello stesso modo, gli oggetti di uso comune assumevano nel *New Dada* statuto di opera d'arte soltanto per cosciente statuizione dell'artista, che cerca in essi disperatamente la propria identità.[9]

Tuttavia, non era solo il New Dada a stratificare il mondo in «un oceano sempre più ingorgato da oggetti consumati»[10] o, per usare le parole di

---

5 La sezione prende il titolo dall'eponima poesia. La raccolta *Simùn* comprende un'altra poesia intitolata *Oggetti*.

6 W. Haftmann, *L'oggetto e la sua metamorfosi*, cit., p. 24.

7 Silvio Ramat, *Prefazione* a B. Cattafi, *Occhio e oggetto precisi*, cit., p. 9.

8 Giuliano Ladolfi, *Bartolo Cattafi: la certificazione dell'assenza*, «Atelier», VII, 26, giugno 2002, pp. 16 ss.

9 Il processo è illustrato in Lea Vergine, *Parole sull'arte*, Milano, il Saggiatore, 2008, p. 127: «Si sconfessa la propria aggressività e la si rimprovera sull'*oggetto di affezione*. È un *reprivatizzarsi* dell'arte che vorrebbe esorcizzare il proprio incubo, ma che si dimostra pericolosamente ambiguo: è come se ci si chiedesse di nuovo: "a che serve l'arte?", e si deducesse che serve "a trovare se stessi"».

10 Antonio Del Guercio, *Storia dell'arte moderna e contemporanea. Tempi, luoghi, linguaggi*, Roma, Newton & Compton Editori, 2003, p. 174.

Cattafi, in una «fitta spianata / d'oggetti familiari» (*Troppo chiari*, in *Marzo e le sue idi*), ma una vasta area di ricerca che, prendendo le mosse dalle esperienze americane, si sarebbe concretizzata già negli ultimi anni Sessanta in una serie di mostre tenute a Milano da nuove gallerie sugli interventi concettuali e poveristi di Gastone Novelli, Tancredi, Enrico Castellani, Piero Dorazio, Giulio Paolini e, nel 1970, Michelangelo Pistoletto.[11]

## 1. Cattafi e Pistoletto: un accostamento inedito

L'artista biellese presenta non pochi elementi in comune con Cattafi per quanto attiene alla riflessione concettuale sul tema dello specchio,[12] dell'identità, sul simbolismo precristiano della croce, ma soprattutto sulla definizione oggettuale: pensiamo alla mostra *Oggetti in meno* del 1966 caratterizzata dalla presentazione di oggetti tutti diversi tra loro.[13]

A proposito del legame di appartenenza tra soggetto e oggetto messo in evidenza da Lea Vergine, Pistoletto motiverà il titolo della mostra col fatto che si tratta di «oggetti in meno, nel senso che portano con sé un'esperienza percettiva definitivamente esternata».[14]

Inoltre, il *Quadro specchiante* (fulcro dell'opera di Pistoletto, tanto da potere distinguere un prima e un dopo rispetto ad esso) funge da collettore di istanze identitarie, esattamente come il tema dello specchio si fa nell'opera cattafiana polo aggregante di tutt'una serie di motivi: dalla disperata ricerca dell'identità al rapporto con l'altro (anche l'Altro per antonomasia); da una forma di 'pirandellismo'[15] alla rappresentazione, tipica di Borges, della realtà segmentata in un prisma di rifrangenze («rivedi incantato / il rasoio che splende una volta / più volte al giorno / sulla mensola intatta / la tua faccia turbata allo specchio», *Allo sbaraglio*, in *La discesa al trono*).

Non a caso nella raccolta appena citata prevale l'azione del vedere da parte di un'umanità con «la faccia a metà cancellata / raschiata da un corpo abrasivo» (*Nel tempo*);[16] scissa, frammentata, defigurata, anatomizzata

---

[11] F. Poli, *Minimalismo, Arte Povera, Arte concettuale*, cit., p. 65.

[12] Michelangelo Pistoletto, *La formula della creazione*, Biella, Cittadellarte Edizioni, 2022, pp. 89-109.

[13] F. Poli, *Minimalismo, Arte Povera, Arte concettuale*, cit., p. 78.

[14] Tommaso Trini, *Elementi di strategia creativa*, «DATA # 22», estate 1976, p. 86.

[15] La prossimità concettuale tra i due autori è chiaramente individuata da Renato Barilli, secondo il quale «le superfici specchianti di Pistoletto congelano invariabilmente una spoglia fotografica, immota, statica ma proprio per questo portata a dialettizzare con il flusso delle altre immagini continuamente trascorrenti. Se si vuole è il nocciolo del dilemma pirandelliano Vita-Forme» (R. Barilli, *Informale oggetto comportamento*, vol. II, cit., p. 190).

[16] L'immagine è vicina a quella montaliana di *Satura II*: «ha raschiato a dovere la carta a vetro / e su noi ogni linea si assottiglia» (*Gli uomini che si voltano*).

da «la mano che ti rompe per il lungo / acciuga in due filetti» (*Con l'uno e il due*).

In altre parole, il grande tema novecentesco del doppio,[17] con le sue propaggini, viene declinato alla luce distopica delle sperimentazioni artistiche della seconda metà del Novecento. Non ultimo, il quadro specchiante risolve anche un problema affrontato dal Cattafi pittore e poeta: il rapporto tra lo spazio e l'oggetto.

Anche quel «riferimento artistico-spirituale ineludibile, sia per la tendenza astratta che per la tendenza figurativa»[18] che è il simbolo della croce (presente nelle opere di Pistoletto, ma anche di Dalì, Bacon, Warhol, Nitsch, Baselitz, Fabre, Malevich) compare in vari microcontesti cattafiani di *Le mosche del Meriggio*, *L'aria secca del fuoco*, *Segni*, *La discesa al trono*, insieme alla forma verbale «incrociare» (*Marzo e le sue idi* e *L'allodola ottobrina*):

IN CROCE
Due legni messi in croce
due gessi
due inchiostri
insieme in un segno
la tua voce
che con sé stessa s'incrocia
trasversale
stridendo
piangendo.

(in *La discesa al trono*)

La presenza in Cattafi, seppure non enfatizzata, di questo simbolo così tanto frequentato dall'arte contemporanea non nasconde, forse, anche delle ragioni per così dire etnoantropologiche, risultando diffusa nel dialetto locale della provincia siciliana d'origine «l'accezione verbale *signarisi*, parasintetico che mima perfettamente l'azione del "segnarsi", ovvero farsi il "segno della croce"»,[19] ad attestare l'appropriazione a livello individuale di un così importante segno universale.

---

[17] A tal proposito si approfondisca il rapporto tra Cattafi e Caproni in P. Maccari, *Spalle al muro*, cit., pp. 112-114; L. Baldacci, *Cattafi e Caproni*, cit., pp. 49-54; S. Freiles, *La «parola illimitata»*, cit., pp. 79-80.

[18] M. Pistoletto, *La formula della creazione*, cit., p. 47.

[19] D. Conticello, *L'oltraggio d'una minima stella rugginosa*, cit., p. 79.

## Capitolo undicesimo

# CONTINUITÀ CON LA TRADIZIONE FIGURATIVA

Il meno che si possa chiedere a una scultura è che stia ferma.

Salvador Dalì

### 1. Cattafi e Bacon

Abbiamo visto come l'Informale vada interpretato più che come adesione totalizzante ad una tendenza, come elemento costitutivo del mondo immaginativo di Cattafi, e al contempo insopprimibile impulso capace di controbilanciare le direttrici razionali e ordinatrici che sovraintendono al processo creativo (il «dialogo stringente con la forma» indicato da Martini).[1]

Se dagli anni Settanta la «figuratività vera e propria perde colpi, sostituita da una visione della realtà come macchia o blocco impenetrabile che lascia trasparire solo un garbuglio di rapporti e geometrie, strutture e traiettorie»,[2] la robusta qualità gestaltica della poesia cattafiana continua ad esprimersi nella propensione per gli elementi figurativi. Quella di Cattafi è una forma di eclettismo che può essere individuata nella stessa raccolta e finanche nella stessa poesia, per l'uguale cittadinanza data all'astratto e al figurativo, due linguaggi tenuti distinti negli anni Quaranta e Cinquanta, in quanto afferenti a diversi ordini mentali, e che adesso egli, come già Fontana, intreccia, anticipando di qualche anno alcune soluzioni post-moderne (la Transavanguardia, ad esempio).[3]

Ed è a questo punto del nostro percorso che va rilevato il contatto tra l'opera di Cattafi e quella del grande pittore dublinese Francis Bacon: la

---

1 A. Martini, *Suggestioni figurative nella poesia di Bartolo Cattafi*, cit., pp. 57-58.

2 M. Marchi, *Poeti della Quarta Generazione: Spaziani, Orelli, Giudici, e Cattafi*, in *Alcuni poeti*, Firenze, Vallecchi, 1981, pp. 132-134.

3 Sull'eclettismo negli artisti contemporanei si legga Achille Bonito Oliva, *Il genio differente nell'arte contemporanea. Teoria del genio antipatico (con naufragio): Picasso, Fontana, Manzoni, Warhol, Beuys, Cucchi*, presentazione di Pierre Restany, Fondazione Milano, 1989.

sua deformazione della figura umana, indice di un'angoscia psichica e fisica che lo avvicina al contesto culturale dell'esistenzialismo, è presente nel carattere espressionistico dei personaggi deformati, sottoposti ad incessante anamorfosi di *La discesa al trono*.

Inoltre, alcuni testi cattafiani indulgono sulla materia putrescente, sulla dilatazione surreale del particolare relativo alla carne sanguinolenta, ai visceri animali e umani (forte la loro presenza soprattutto in *L'allodola ottobrina*). In *La discesa al trono* prevale l'immagine del pezzo di «carne umana / docile dolciastra / facilmente assimilabile [...]» (*Spaccio*), o di masse biancastre e rosa chiaro, tipici colori che lumeggiano la tavolozza fondamentalmente scura di Bacon quando finge di ricomporre la figura umana, sperando di salvarla dalla distruzione operata dall'informale.

Pensiamo per un momento alla poesia eponima di *Segni*: «Taglia loro la gola / col segno d'un coltello / appèndili in fila a testa in giù / larghi medi sottili / che sgoccioli ben bene / l'inchiostro dei segni / a piè di pagina/ nei segni-bacile».

Più che al *dripping* di Pollock (ma è comunque innegabile una circolarità virtuosa di significanti trasversali ai vari ambiti espressivi), il segno posto all'ingiù rimanda al pezzo di carne viva («fantasmi di selvaggina / appesi al soffitto per i piedi», *A Giovanni e Vanni S., editori*),[4] ad un'operazione di macelleria tipicamente baconiana.

Nonostante la deleuziana *viande* (la carne, elemento cruciale di molte opere baconiane) non sia nominata nel testo cattafiano, è evidente il rimando alla concezione della superficie pittorica come corporeità, tipica dell'arte informale, e della pluralità di ricerche conviventi nel panorama del secondo dopoguerra, tra cui appunto quella di Bacon. Questi, in una nota dichiarazione, si stupisce di non vedere se stesso al posto dell'animale macellato:[5] un'idea che non sarà estranea ad altri poeti, come ad esempio Magrelli, accomunato dallo stesso «sentimento mostruoso della *viande*, della carne macellata che si contrappone alla *chair*».[6]

In certe poesie invece l'uomo è palesemente ridotto a materia rossastra e sanguinolenta, fatta di pezzi «sbiaditi sconciati sbrindellati» (anche questi lemmi inerenti alla macelleria), come in *Porpora cinabro cocciniglia* (in *L'allodola ottobrina*), dove il sangue vivo è dato dall'accostamento di tre colori differenti che ne aumentano l'impressione visiva e l'orrore:

---

4 In *18 dediche*.

5 Citato in Gilles Deleuze, *Francis Bacon: logica della sensazione*, Macerata, Quodlibet, 1995, p. 67.

6 R. Donati, *Nella palpebra interna*, cit., pp. 214-215.

Sbiaditi sconciati sbrindellati
sognanti su pozze
di porpora cinabro cocciniglia...
C'è chi si piglia l'anima
chi vi strappa a morsi
la parte più rossa della vita.

*L'allodola ottobrina* è costellata da immagini di tortura fisica, ora ad opera di un «tritacarne» che fa a pezzi il corpo roseo e inerme di un ipotetico bambino, rendendolo «poltiglia sanguinolenta su una piatta superficie» (*Mio figlio*), ora di una metaforica tagliola («Come sanguina e vive / l'oscura parte ignorata / rimasta nella morsa», *Distacco*).

In *Un insieme di cose* il corpo umano appare sezionato, scavato fin dentro le viscere da mani estranee che simulano un'operazione chirurgica rudimentale o un atto rituale da aruspici:

I pollici affondati nello spacco
bucate le varie resistenze
giungono alla parte
interna della pelle
fino in fondo al sacco
le altre dita all'esterno
(uno strato di pelle
dai pollici dunque le divide)
mani atteggiate a *c*
ora ruotano spingendo verso l'alto
un insieme di cose
che alla luce svapora
abbagliato avvilito
ossi polpe omento interiora
e chi guarda sorride
fruga tagliente con lo sguardo.

D'altronde l'idea (che è, ad esempio, di Hans Hartung) che tutto ciò che siamo e che abbiamo è essenzialmente il corpo è esplicitata a chiare lettere in un'altra poesia dell'*Allodola*:

ALL'APPARENZA

All'apparenza
ho ciò che guardo e tocco
e questo schiocco di frusta sulla testa
che dice di guardare
toccare le apparenze.

Le affinità tra Bacon e Cattafi non si esauriscono qui: anche «quelle gabbie di parallele che racchiudono il grumo oscuro delle sue figure sole»,[7] nelle quali si consuma il dramma dell'umanità, sono in qualche modo paragonabili alle quattro pareti della stanza-prigione di *Non si evade* («Non si evade da questa stanza / da quanto qui dentro non accade»), o di *In un angolo* («Accasciato in un angolo di stanza/ penso a vacanze / negli altri tre angoli /mai a un trono nel mezzo della stanza»), entrambi componimenti di *L'allodola ottobrina*.

Uguale discorso vale per le straziate, mostruose forme organiche di Graham Vivian Sutherland, che esprimono l'orrore e la tragedia della guerra, respingendo, come irrealizzabile, ogni profilo di speranza. Il realismo stravolto delle sue figure e l'attenzione per le irregolarità delle superfici avvicina lo sguardo di Sutherland a quello cattafiano, attirato in *L'allodola ottobrina* dalle «strane increspature» (*Il piano*) che percorrono i piani lisci, come la superficie dell'acqua, o che infrangono la rigidità delle linee geometriche.

Da segnalare è anche la compenetrazione tra i piani vegetale, animale e minerale: le piante, spesso presenti nelle tele di Sutherland, mostrano aculei, foglie taglienti, grovigli di radici, oppure si tramutano, come per un sinistro sortilegio, in insetti spinosi e strani uccelli esotici (e viceversa).[8] Come non pensare a certe creature metamorfiche di Cattafi? Prendiamo ad esempio *Strelitzia*, in *Marzo e le sue idi*, che mette in scena un'inquietante e aggressiva pianta-uccello: «Becco crudele / testa cieca di gelido uccello / tinnante metallo / sventagliata cresta / lamine di croco e di violetto [...] petalo per petalo / seccamente rimbecchi / il fioco marciume della rosa».

## 2. La pittura metafisica di De Chirico e le statue di Cattafi. Segnali dell'invisibile

Cattafi conosceva bene tutte le esperienze europee che avrebbero portato al non-figurativo (tra le quali appunto la «linea-forza» futurista o il segno strutturale di Picasso), e infine all'esperienza segnica di Fontana; in linea con la dicotomia espressa nelle dichiarazioni rilasciate a Piero Chiara,[9] accanto al non-figurativo, alla macchia, allo scarabocchio, alla nebulosa,

---

[7] L. Baldacci, *Cattafi e Caproni*, cit., p. 51.

[8] Sull'argomento si veda Mario De Micheli, *L'arte sotto le dittature*, Milano, Feltrinelli, 2000, p. 220.

[9] A questo proposito si legga il paragrafo dedicato alle *Dichiarazioni di poetica*.

egli continuava a coltivare un certo figurativismo, producendo «convivenze da pittura metafisica»[10] nella raccolta *Marzo e le sue idi*, la più vicina gestalticamente all'opera di Giorgio De Chirico.

La pittura metafisica, affermatasi nel 1918, si differenziava dalle avanguardie storiche per la prevalente figuratività esente da qualsiasi innovazione linguistica o volontà trasgressiva, e lo stesso De Chirico «si porrà, inoltre, in un isolamento fuori del tempo e della storia», trasformando l'uomo «in un manichino tragico immerso nel silenzio di architetture arcaiche e deserte».[11]

Come i surrealisti figurativi (che ispirano e coi quali si relazionano), i pittori metafisici utilizzano tecniche e procedimenti mimetici e referenziali, ma che, privati della loro principale finalità, finiscono per risultare strani, incongruenti, illogici. De Chirico affermava:

> Io entro in una stanza, vedo un uomo seduto sopra una sedia, dal soffitto vedo pendere una gabbia con dentro un canarino, sul muro scorgo dei quadri, in una biblioteca dei libri: tutto ciò non mi colpisce poiché la collana dei ricordi che si allacciano l'un l'altro mi spiega ciò che vedo: ma ammettiamo per un momento che, per cause inspiegabili e indipendenti dalla mia volontà si spezzi il filo di tale collana, chissà come vedrei l'uomo seduto, la gabbia, i quadri, la biblioteca.[12]

Queste strutture formali sono familiari alla poesia di Cattafi, se pensiamo alle presenze pietrificate di *Marzo e le sue idi* e all'ordinata scena di *Un levriero* in *La discesa al trono*:

Come in un arazzo
una scena di giardino
un levriero seduto accanto
a una vasca d'acqua gelata
sullo sfondo le nuvole di marzo
passavano raffiche di frecce
stridevano incruente
nell'aria di cristallo
c'era qualcosa o qualcuno
seduto in un angolo
con le mani incrociate
in posizione di stallo.

---

10 Enrico Ghidetti, Giorgio Luti, *Dizionario critico della letteratura italiana del Novecento*, Roma, Editori Riuniti, 1977, p. 170.

11 L. Vinca Masini, *L'arte del Novecento*, vol. III, cit., p. 538.

12 Patrick Waldberg – Michel Sanouillet – Robert Lebel, *Metafisica, dada e surrealismo*, in *L'Arte moderna*, vol. VII, Milano, Fabbri, 1967, pp. 25-26.

La prospettiva che ospita gli oggetti, la disposizione in cui sono collocati, le interrelazioni spaziali non sono assolutamente chiarificatrici, ma al contrario incrementano l'ambiguità e l'incomprensibilità di quanto rappresentato. Il rapporto straniante tra gli oggetti e con gli oggetti è anche di Magritte che, non a caso, si ispirò proprio al pre-surrealista De Chirico, capace come un poeta-veggente di rivelare l'essenza delle cose nei suoi momenti di chiaroveggenza.

Lo stesso procedimento surrealista dell'amplificazione del dettaglio, già visto nella poesia *Bocca*, innesca in *Devitalizza* (*Marzo e le sue idi*) uno sguardo volto a captare riflessi, trasparenze, inconsistenze, seguendo una linea che nel mondo dell'arte aveva segnato l'inizio della Modernità: «lo Zwischenraum e la Zwischenzeit, lo spazio di mezzo, il fra-tempo, diventano il territorio su cui si avventura l'artista»:[13]

Devitalizza il calamo e la mano
staccali dalla vita
sia il campo diviso
scriveranno alle ombre
a chi scrivevano prima
quando ripudiavano la vita
urtante ingombra
d'uomini d'alberi
di cavalli di frisia.

L'invisibile rientra così, accanto ai ripetuti tentativi di delineare con termini appropriati l'oggetto, fra le tematiche che dantescamente la nave della poesia cattafiana si accinge ad attraversare nei testi programmatici di *Marzo e le sue idi*: «Trono altare leggìo / per fingere e leggere la vita / noi venuti dal nulla / su questi arnesi celebrando il nulla / torniamo in alto mare» (*Arnesi*);[14] «Vasche celesti vivai / d'ipotesi immerse / iperuranie / sotto gli occhi ridenti di nettuno / pugno d'acqua fresca / sfavillante niente / stupendo nessuno» (*Vasche*).

Nella carrellata di statue presenti nella produzione cattafiana,[15] si può cogliere facilmente un punto di contatto tra ispirazione letteraria e figurativa (soprattutto dechirichiana).

La familiarità di Cattafi con le statue era emersa sin dalla descrizione delle sculture della cattedrale di Santa Lucia del Mela, che furono per lui un

---

[13] Franco Rella, *Sguardi sull'arte del moderno*, Palermo, Edizioni di passaggio, 2013, p. 72.

[14] Il trono, l'altare e il leggìo sono «i simboli e gli strumenti, mi pare, del rito cattolico della Messa», adesso destituiti della loro funzione di punti di osservazione privilegiati sulle cose (M. Gezzi, *Bartolo Cattafi, un faro nella notte*, in *Anniversario per Bartolo Cattafi*, cit., p. 94).

[15] Si leggano *Un sasso*, *Quartieri*, *Dall'anice*, *Vasche*, *Ecco il tuo volto* (in *Marzo e le sue idi*) e *Statua*, *Chi ti ferma le mani* (in *L'allodola ottobrina*).

elemento di fascinazione e prodromo di tutte le presenze perturbanti che troviamo in *Marzo e le sue idi* e nelle raccolte degli anni Settanta.

Pensiamo all'«Ecce Homo d'alabastro» del Settecento, che il poeta doveva aver presente componendo la poesia *Il riquadro* («quando egli verrà [...] alzerà tende / mani imperiose d'alabastro»), e alla scultura di Santa Lucia del Gagini, riverberata nella «Santa bionda» di *Hilde* in *Nel centro della mano*:

> Le chiome in due bande di gelido oro incorporeo, il viso quasi infantile atteggiato ad una candida, sovrumana risolutezza. Gli occhi appena toccati da un delizioso strabismo, labbruzzi un po' contratti. Tutta la figura armoniosamente carica d'un fato celeste, ineluttabile: pronta a macinare qualsiasi evento di questa terra.[16]

Già da allora i segni di una descrizione che virava in senso metafisico si avvertivano nel «piccolo popolo di statue» della cattedrale di Castroreale (tra cui si attestava un San Pietro assimilato a «un nodoso dio dell'Olimpo»), e soprattutto nelle «statuine colorite e stranite, forse superstiti adoratori d'un vecchio presepe disperso nel tempo»[17] della Chiesa della Candelora.

La vicinanza alle statue di De Chirico, che con la loro «classicità malinconica» contrastavano «quella eroica dei regimi totalitari»,[18] si fa però evidente nelle opere della seconda produzione, in assonanza con l'influsso di Montale.

Se le «statue sorridenti» di *Argento* in *Marzo e le sue idi*, o la statua «sfiorata non scalfita» di *Chi ti ferma le mani* in *L'allodola ottobrina*, sono segnali di un'immobilità/stabilità considerata salvifica, in molti altri *loci*, l'emblema montaliano della statua da baluardo allo sprofondamento nel «male di vivere» diventa un doppio negativo dell'uomo, una presenza mutilata e inquietante che attraversa luoghi desolati per officiare un rito di solitudine.[19]

*Analogon* della statua è l'alfiere bloccato in una posa araldica, che compare per la prima volta nei testi del '72-'73 di *Simùn*, e quindi nello stesso torno di anni che vede la composizione di *Marzo e le sue idi*.

Questo aspetto ci riporta immediatamente ai principali esponenti della pittura metafisica quali De Chirico, Morandi, Carrà, Sironi, Campigli, De Pisis, a proposito dei quali Renzo Modesti ha scritto:

---

[16] B. Cattafi, *Santa Lucia del Mela*, in Id., *Le isole lontane*, cit., p. 88.

[17] B. Cattafi, *A Castroreale*, *ivi*, pp. 84-85.

[18] Mario Pezzella, *La memoria del possibile*, Milano, Jaca Book, 2009, p. 129.

[19] Si vedano le seguenti poesie di *Marzo e le sue idi*: *Statue* («di muschio sudate e di salnitro / nasi mozzi / teste tagliate / immote vestali di chi vola e si specchia / nel cartiglio vuoto»); *Ombre statue presenze* («ombre statue presenze / madri e figlie / sorelle taciturne / con voi impastato della stessa ganga»); *Di colpo* («come una statua/ nell'immensa pianura / ultima torre della scacchiera / accerchiata dai corvi in volo / da nuvole e da venti / di colpo cedi / nelle fibre profonde / chini la testa / t'incammini / i piedi nella nera / putredine del mondo»).

Ogni opera d'arte profonda contiene due solitudini: una che si potrebbe chiamare solitudine plastica e che è quella beatitudine contemplativa che ci dà la geniale costruzione e combinazione delle forme; la seconda solitudine sarebbe quella dei segni; solitudine eminentemente metafisica e per la quale è esclusa a priori ogni possibilità logica di educazione visiva o psichica.[20]

De Chirico esprime entrambe le «due solitudini», sfruttando un immaginario legato principalmente alle statue classiche dall'espressione sfuggente, alle ombre che si allungano sulle piazze deserte, a treni di passaggio. E nelle varie piazze d'Italia, per un'ascendenza dannunziana comune tanto a Dino Campana quanto a De Chirico (*La torre rosa* del 1913),[21] incombe sulla scena, come un'apparizione sovrannaturale, il monumento equestre,[22] presente in versione desublimata anche nel testo cattafiano *In un punto* («in un punto-ombelico / in buco sul prato / di forza centripeta / mentre lì accanto / ignara e immota / neanche sfiorata / c'è la statua di un ciuco»).

L'opera dechirichiana era stata in prima istanza assimilata da Cattafi probabilmente grazie al volume *Giorgio De Chirico* a cura di Isabella Far, del 1968: nel dipinto *La torre rosa*,[23] presente tra le immagini della monografia,[24] compare una statua equina che produce una lunga ombra ed è dislocata rispetto al centro, esattamente come nella poesia.

Notiamo infine che anche in altri componimenti cattafiani (ad esempio *Nella macchia mediterranea*, in *L'aria secca del fuoco*), l'ambientazione della piazza è sempre connessa ad emergenze metafisiche non prive di connotati magnogrecizzanti.

### 2.1. *Da De Chirico a Alberto Savinio: il fascino della classicità*

Leggiamo adesso *Il resto manca*, ultima poesia di *L'aria secca del fuoco*:

Mancavano pagine
il marmo dell'epigrafe
era scheggiato
due sole parole
cetera desunt
il resto mancante
mancanti la testa e i piedi

---

20 R. Modesti, *Introduzione* a *La pittura metafisica*, Casatenovo Brianza, Vister, 1961, p. 4.

21 Maurizio Calvesi, Gioia Mori, *De Chirico*, «Art dossier», Firenze, Giunti, 1988, p. 5.

22 Sul punto si rimanda a L. Vinca Masini, *L'arte del Novecento*, vol. VIII, cit., p. 170.

23 *La torre rosa*, 1913, Venezia, Collezione Peggy Guggenheim.

24 Isabella Far, *Giorgio De Chirico*, Milano, Fratelli Fabbri, 1968, p. 42. Il testo è inserito in Appendice II, tra quelli dell'archivio privato della famiglia.

e tutto il resto mancante
che testa e piedi divide
cetera desunt... cetera desunt...
parole sul frontone d'un tempio vuoto
vorticanti col vento come per dirci
solo noi ci siamo
tutto il resto manca
era questo che non sapevate.

Si tratta di un testo già accostato alla pittura di De Chirico per l'atmosfera palesemente sospesa, classicheggiante e per gli inserti archeologici,[25] nei quali la mancanza delle parole (rafforzata da ben due ellissi) assume il valore di una consapevole scelta di poetica: i versi iniziali collocano nel passato una non ben precisata opera a cui mancano delle pagine (il che fa presupporre si tratti di un libro, come la locuzione filologica *cetera desunt* lascia sospettare), ma il marmo dell'epigrafe scheggiato riporta piuttosto all'idea di un oggetto materiale con sopra un'iscrizione, corroborata dal «frontone d'un tempio vuoto».

E la stessa direttrice è tracciata dall'immagine della statua mutilata. Dalle *res* ai *verba*, si delinea uno scenario desolante, non redimibile neppure attraverso il consueto rimedio della scrittura, inteso quale atto di autocertificazione.

A partire proprio dall'assenza, Cattafi recupera però un nuovo e non meno solido sapere («era questo quello che non sapevate»), utile ad un più essenziale ordine di significati, sul quale fondare una nuova percezione dell'esistere.

*Il resto manca*, in altre parole, mette in scena il frammento, che è una porzione con carattere di assolutezza, diverso dalla rovina perché «non rinvia ad altro che a se stesso [...] come è l'apparizione dell'universale nel particolare».[26]

L'opera cattafiana non si limita quindi a parafrasare questa o quella corrente pittorica, ma ne interpreta le componenti in una rappresentazione che schizza verso il postmoderno. Nello sguardo sul frammento (così come sul filamento, suo corrispettivo nell'arte informale) c'è già il senso

[25] L'immagine del frontone è anche nel *reportage La montagna leggera*, che ci offre delle indicazioni in merito all'atmosfera che Cattafi intendeva creare attraverso l'immaginario classico: «Un che di antico, di cariato, di perduto è scritto, come su di un frontone, in questa montagna; segni non più intellegibili, geroglifici troppo remoti da noi, capaci comunque di comunicarci il senso d'un'oscura tragedia, d'un allarme ancora presente» (*La montagna leggera*, cit., p. 71). Il brano è considerato da Maccari un «incunabolo» de *Il resto manca* (*Spalle al muro*, cit., p. 162).

[26] Franco Speroni, *La rovina in scena. Per un'estetica della comunicazione*, Roma, Meltemi, 2002, pp. 52 ss.

della contemporaneità: non la mancanza della totalità, ma la totalità che si riduce a singole esperienze. E tutto ciò sullo sfondo di una figuratività, quella dechirichiana, che su presupposti prettamente romantici voleva riscoprire l'Ellade, attualizzandola.

Agamben dice bene, allora, che la contemporaneità si esprime «rispetto al presente, in una connessione e una sfasatura», cioè «percependo nel più moderno e recente gli indici e le segnature dell'arcaico» e «nell'immemoriale e nel preistorico» il senso del moderno.[27]

A questo fine concorre, secondo quanto afferma Laura Barile, il particolare colore del «marmo» che informa di sé con ben 32 occorrenze (le più alte per singola raccolta) l'intero dettato di *L'aria secca del fuoco*, quale componente insostituibile della qualità pittorica della luce greca esaltata da Nicolas De Staël.[28] Ricordiamo, a questo punto, la presenza nell'archivio privato del poeta del volume di GUIDO A. MANSUELLI, *Forma e colore. I marmi del Partenone*, Firenze, Sadea Sansoni, 1965, che può avere ispirato il poeta nelle scelte cromatiche e lessicali delle poesie di stampo grecizzante.

A rinforzo del filone sulla pittura metafisica, va segnalato che del fratello di Giorgio De Chirico, Andrea, conosciuto con lo pseudonimo di Alberto Savinio, rimangono nel fondo bibliografico cattafiano ben cinque libri in veste di prosatore, tra i quali vale la pena ricordare *Nell'antro di Orfeo*, testo bilingue del 1961[29] illustrato da Jean Cocteau, e incentrato sul personaggio onirico che è protagonista di alcune poesie di *La discesa al trono* (*Liofilizzati* e *Ingresso*), quale figura dell'uomo contemporaneo cui perfino la poesia è stata alienata. Anche in questo caso, alla figuratività 'metafisica' della rovina Cattafi affida il compito di esprimere la sua delusione nei confronti dell'arte.

Se gli anni Settanta segnano un periodo di «nuova popolarità per l'artista», la cui conseguenza «fu proprio quella di far nascere un interrogativo: fu o non fu surrealista?»,[30] si può pensare che Cattafi abbia potuto rileggere e ripensare la figura di Orfeo anche alla luce delle suggestioni provenienti dall'inconsueto libretto che riprendeva le sperimentazioni verbo-visive apollineriane,[31] oltre che quelle letterarie:

---

27 GIORGIO AGAMBEN, *Che cos'è il contemporaneo?*, Roma, Edizioni Nottetempo, 2008, p. 24.

28 L. BARILE, *Le cose dentro le cose*, cit., p. 72.

29 Pubblicato in un numero di mille esemplari per i tipi di Scheiwiller, comprendeva un racconto di Savinio e tre scritti e tre disegni di Cocteau, autori rispettivamente dell'*Orfeo vedovo* e dell'*Orphée*.

30 GIULIANO BRIGANTI, *Sulla fortuna di Alberto Savinio*, in *Savinio. Gli anni di Parigi. Dipinti 1927-1932*, Milano, Electa, 1990, p. 17.

31 Guillaume Apollinaire, nota Bertelli, è l'unico poeta cui Cattafi fa riferimento nella nota

*L'Orphèè* di Jean Cocteau (1925) non può non essere citato tra i segni della vitalità di questo mito negli "anni magici" non foss'altro perché Rilke, avendo da poco terminato la raccolta dei suoi 55 *Sonetten an Orpheus* (1922), ormai prossimo a morire cominciò a tradurlo.[32]

Quantunque l'interesse per la figura di Orfeo dovette essere in lui sollecitato nel corso degli anni da più di un'opera, Cattafi possedeva anche una copia dei *Sonetti a Orfeo* di Rilke nella sua biblioteca, e il libretto di Savinio costituì senza dubbio un prezioso esempio di opera 'mista' che non avrebbe tardato a dare i suoi frutti.

Alcune immagini ed atmosfere sono poi particolarmente care a Cattafi: quella dell'antro come luogo metaforico della creazione artistica, che egli traspone nell'ambientazione della caverna di *L'aria secca del fuoco*, l'elemento grafico del pesce che condivide con Cocteau e con De Chirico,[33] o il particolare riguardo verso l'onirismo orfico che si esprime nel 'saccheggiare' il mito in funzione della contemporaneità, lezione questa tipicamente saviniana, come notato da Franco Rella in *Sguardi sull'arte del moderno*.[34]

Sta di fatto che, dopo il biennio compositivo '72-'73, per la pubblicazione di *Ostuni* arriverà la collaborazione con Ruggero Savinio, figlio di Alberto, pittore onirico e visionario più vicino alle esperienze visive dello zio che del padre, pur avendole rielaborate entrambe in modo proprio.

scritta per *Poesia italiana contemporanea* di Giacinto Spagnoletti (D. Bertelli, *Arma, automobile, umanoide, Cristo crocifisso*, cit., p. 203). Inoltre i diari vedono il poeta interessato alla lettura di un articolo sulla sua opera (15 gennaio 1974).

32 *Visioni e archetipi: il mito nell'arte sperimentale e di avanguardia nel primo Novecento*, a cura di Francesco Bartoli, Corrado Donati, Maria Rossana Dalmonte, Trento, Università degli Studi di Trento, Dipartimento di Scienze Filologiche e Storiche, 1996, p. 205.

33 Il disegno di Cocteau sulla copertina di *Nell'antro di Orfeo* presenta la simbologia iniziatica del pesce che De Chirico utilizza nel suo ritratto di Apollinaire. Sui molteplici rimandi tra le opere, si veda Caterina Barone, *Orfeo e le metamorfosi del Novecento*, in *Il gran poema delle passioni e delle meraviglie. Ovidio e il repertorio letterario e figurativo tra antico e riscoperta dell'antico*, Atti del Convegno di Studi (15-17 settembre 2011), Padova, Padova University Press, 2012, p. 499.

34 «Savinio, apparentemente divagatorio e distratto, in realtà è fisso su un compito che lo impegna totalmente e senza margini, che gli impedisce di dedicarsi ad altro. È un compito che, attraverso la pittura, la poesia, e soprattutto la riflessione, deve delineare un pensiero all'altezza dell'uomo della contemporaneità, che sappia guardare al passato con gli occhi del presente, al presente con gli occhi del passato e del futuro.» (F. Rella, *Sguardi sull'arte del moderno*, cit., p. 139).

## Capitolo dodicesimo

# IL VOCABOLARIO TECNICO-ARTISTICO DI CATTAFI

I am not a painter, I am a poet.
Why? I think I would rather be
a painter, but I am not.
Frank O'Hara

L'utilizzo di espressioni e termini specialistici derivanti dall'universo delle arti visive è parte integrante della poesia cattafiana, anzi rappresenta una chiave per comprenderne i molteplici e spesso sottesi ordini di significato.

I lemmi in questione, non numerosissimi ma alquanto vari, sono organizzati attorno a quattro principali aree lessicali, quali la scrittura-incisione, la pittura, la scultura e l'architettura, ma afferiscono fondamentalmente a due grandi macroaree: quella della bidimensionalità e l'altra della tridimensionalità, che si intersecano senza confini netti.[1]

Siamo, con Cattafi, di fronte ad un autore che dimostra di avere abdicato ad una concezione ottico-percettiva della pittura, a vantaggio della centralità del gesto creativo: lo dimostrano molti elementi, come la gestualità nella pratica pittorica, l'ammirazione verso certo teatro contemporaneo,[2] i processi di dinamizzazione e movimentazione di immagini statiche, l'eredità spazialista della sua poesia.

Come altri autori del secondo Novecento che sono attratti non dalle forme pure della pittura, ma da quelle *in fieri*, interrogandosi su quali fattori psichici e fisici ne determinino il risultato finale, cioè l'opera compiuta, anche per Cattafi «la mano viene prima dell'occhio, il tangibile prima del visibile»:[3] la dimensione prettamente materica e tridimensionale in cui si

---

1 Per la rilevazione del lessico cattafiano sono state preziose le concordanze delle opere del poeta, approntate insieme alla dott.ssa Nadia Rosso presso l'Università degli Studi di Catania nell'ambito del Dottorato di Ricerca in Italianistica *Lessicografia e Semantica del Linguaggio Letterario Europeo* (XX Ciclo), e rientranti in un più vasto archivio informatico della poesia italiana contemporanea, ideato e diretto dal professore Giuseppe Savoca.

2 A tal proposito si veda il paragrafo *Ancora su Cattafi lettore (e spettatore)*.

3 R. Donati, *Nella palpebra interna*, cit., p. 22.

muove la sua parola, soprattutto da *La discesa al trono* in poi, non si esaurisce nel dato sensoriale, ma punta a rappresentare ciò che per antonomasia non può essere detto, per rifarci alla provocazione di Frank O 'Hara espressa in *Why I am not a painter*.[4]

Dunque, possiamo notare come, pur mantenendo un alto grado di precisione tecnica (pensiamo ad un lemma come «bulino», o all'esattezza delle polveri colorate e dei materiali usati in pittura), il lessico artistico cattafiano si sottragga a una funzione puramente esornativa, inerendo invece ai processi della creazione poetica, fondanti la realtà stessa.

Nel tessuto linguistico cattafiano, caratterizzato da una complessa stratificazione semantica, convergeranno anche lemmi desunti dall'arte performativa, dal linguaggio cinematografico (più sporadici e generici), nonché dal vocabolario tecnico del *design* industriale.

Alquanto articolata, infine, si può considerare l'area semantica legata alle tecniche calcografiche e, per contiguità, al contesto editoriale: area rivelatrice di una ben precisa tassonomia di interessi che rivela l'importanza attribuita da Cattafi al libro.

## 1. Il «libro», la «carta», la «china», l'«inchiostro» nel sistema semantico cattafiano

Da una ricognizione lessicale sull'*opera omnia* emerge che Cattafi non si è concentrato sulla totalità «libro», che rimane un fantasma mentale con appena 7 occorrenze, oltre ai corollari «copertina» (1) e «segnalibro» (1), bensì sui suoi componenti linguistici come la «scrittura» (13), il «brano» (1), la «parola» (60), quest'ultima rappresentata anche dai suoi elementi costitutivi: il «bisillabo» (1), la «sillaba» (2), la «lettera» (18), riuniti idealmente nell'«alfabeto» (5) e nell'«abbecedario» (1).[5] Tuttavia, al libro inteso come prodotto editoriale fa riferimento il lemma «tascabile» («ti diede un tascabile esemplare», *Chiromanzia*),[6] che rimanda, fuor di metafora, ai piccoli formati di Scheiwiller (anticipatore, se non inventore, di questo genere).[7]

---

[4] Frank O'Hara, *The collected poems of Frank O 'Hara*, Berkeley and Los Angeles, University of California Press, 1995, p. 261.

[5] Il lemma compare anche nella dichiarazione di poetica rilasciata a Enzo Fabiani, *In Sicilia a caccia di sirene*, cit.: «Non sono tornato in Sicilia: sono tornato in una certa zona della Sicilia. Quella che mi ha visto nascere e crescere, quella che è stata la mia prima palestra, spicchio di mondo, abbecedario. E mi pare che, in età matura, in questo angolo di Sicilia, posso vivere e lavorare serenamente».

[6] In *L'aria secca del fuoco*.

[7] Giuliana Zagra, *Piccolo formato e libro d'artista*, in *Venezia per Giovanni e Vanni Scheiwiller:*

L'occorrenza del termine «carta» è sensibile nella produzione cattafiana (48 occorrenze), di contro all'uso riscontrato nella maggior parte dei poeti italiani del Novecento,[8] e denota una vera 'ossessione' per il principale supporto della scrittura e del segno pittorico (che possiamo ricondurre alle sperimentazioni concettuali sul libro degli anni Sessanta e Settanta).

Essa riguarda quasi esclusivamente (eccetto 2 lemmi di *Le mosche del Meriggio*) la seconda produzione: distinguiamo una gamma tipologica che spazia dalla carta pura e semplice («dietro un foglio di carta», *Dietro, dentro*, in *L'osso, l'anima*) alla più umile «cartapaglia» (1), sottoprodotto e sostituto della carta; al «cartone» (1), per giungere alla «cartapesta», (4) che afferisce alla capacità creativa/demiurgica dell'artista (*Ali, quinte, fondali*, in *Marzo e le sue idi*), fino alla più prosaica «carta-garza» (1), «cartina» (1), «carta a doppio filo» (materiale umile per decorazioni da cucito), «carta da parato» (essa stessa elemento decorativo); alla riproduzione a stampa della «cartolina» (2), del «cartello» (1) e del «cartiglio» (2) quale 'raffigurazione dipinta o scolpita' (più o meno stilizzata) di un rotolo contenente un'iscrizione a puro scopo ornamentale.

La carta è individuata anche nelle sue accezioni secondarie: da gioco (anche se in senso figurato: «giocai le carte migliori», «*In questo stesso ring*»),[9] da cucina, da imballaggio («l'acquisto del cartoccio di tritolo»; «il giallo cartoccio»),[10] da giornale («la carta pepe e sale», *Cenere* in *L'aria secca del fuoco*), senza escludere un'immersione nella materia costitutiva della stessa nel caso della «cellulosa» (2).

Le accumulazioni sostantivali si susseguono trascinando con sé nuovi sviluppi semantici: «di gommaplastica di cartastraccia di cartapesta» (*Pinne*, in *L'allodola ottobrina*). Il campo lessicale connesso alla carta spazia dall'ambito più basso e quotidiano («rotoli / igienici di carta biblica», *Relitto* in *L'aria secca del fuoco*) fino a quello letterario-artistico: pensiamo alla poesia di *Segni* intitolata *Un tutt'uno*, dove la «carta velina» è immaginata non in rapporto all'uso più comune attestato dal vocabolario, ma a quello specificamente artistico di supporto/protezione di opere fragili su materiale cartaceo, quali appunto disegni, litografie, stampe in genere:

---

*libro d'artista e poesia del Novecento*, Atti del Convegno di Studi "Le Venezie" di Vanni Scheiwiller, a cura di Pietro Gibellini e Alessandro Scarsella, Ravenna, Longo Editore, 2004, p. 93.

8 Il lemma fa registrare le seguenti frequenze assolute per autore: Govoni 3, Corazzini 3, Gozzano 10, Moretti 5, Palazzeschi 3, Campana 1, Ungaretti 1, Saba 3, Montale 22, Pavese 1, Quasimodo 2, Pasolini 4 (G. Savoca, *Vocabolario della poesia italiana del Novecento*, cit., p. 183).

9 Poesia contemporanea a *L'osso, l'anima*, in B. Cattafi, *Tutte le poesie*, cit., p. 704.

10 Rispettivamente in *Il clima caldosecco*, poesia contemporanea a *L'osso, l'anima* (*ivi*, p. 696), e in *Il finanziere disse* (*L'aria secca del fuoco*).

La carta
velina accoglie
e nell'accoglimento s'ispessisce
è subito un tutt'uno irrigidito
con la colata dei segni neri...
Potesse in sé discernere
la bruta commistione
la fecondante forza dei pensieri.

A «carta» si affiancano per contiguità «foglio» (15), presente per lo più in *Segni*; «pagina» (35, di cui 10 in *L'aria secca del fuoco*); «pergamena» (3); «lavagna» (9); «tela» (9); «tabella» (2) e «tabula» (7), nella sua accezione di supporto alla scrittura e alla pittura (la *tabula cerata* e la *tabula picta* dei latini), ed estensivamente in quella filosofica di «tabula rasa».

Con la presenza del lemma «inchiostro» (37) e, in particolare, del lemma «china» (2 occorrenze, di cui 1 nell'accezione che ci interessa) siamo già nella terra di mezzo tra segno verbale e segno pittorico in cui si muove la poesia cattafiana degli anni Settanta.

### 1.1. *Le polivalenze dell'«incisione» e dell'«incidere»*

Le conoscenze tecniche di Cattafi relative alla calcografia emergono dall'uso dei termini «incisione» e «incisore», ma soprattutto dalle voci verbali «scalfire», «graffiare», «incidere», «intagliare», «imprimere», «bulinare»,[11] in riferimento allo strumento del bulino usato per l'incisione su metallo, in particolare sul rame.

Ad esempio, nella poesia *È lei* («nunzia foglia farfalla / con l'ala appuntita / che stride e scrive sulla lastra / parole impalpabili / perdute sull'altro lato della vita»), in *Segni*, il dialogo tra attività artistica e materia è allegorizzato nella pratica dell'incisione, in cui la materia attaccata dall'artista è presente «sotto la carta, al di sotto della pasta di cellulosa».[12]

Allo stesso repertorio tecnico va ascritto anche il termine «punta», quando connesso alla pratica artistica dell'acquaforte («punta di chiodo e di bulino», *Immagini e storie*, in *L'aria secca del fuoco*). Nella poesia appena citata l'emergenza stessa della realtà si rappresenta come una violenta incisione sulla retina del soggetto:

Graffia incidi bulina
regala immetti

---

[11] Il verbo viene usato da Bigongiari nel testo metapoetico *La palpebra lo sperone*, in *Moses. Frammenti del poema 1971-1977*, Milano, Mondadori, 1979, p. 107.

[12] Gaston Bachelard, *Materia e mano*, in Id., *Il diritto di sognare*, Roma, Dedalo, 1991, p. 58.

immagini e storie
nell'occhio cieco sbiancato
con occhio cieco con cieca
punta di chiodo e di bulino.

Il verbo «graffiare», inoltre, potrebbe anche inerire all'usanza da parte degli incisori di segnare il supporto metallico (la «lastra» appunto, altro termine attinente in parte all'ambito artistico), in modo da renderlo inutilizzabile per nuove riproduzioni, eliminando così la matrice stessa (azione propriamente detta "biffare").

L'atto dell'incisione reca con sé, secondo Donati, la ferinità di un'umanità preistorica che tenta disperatamente di lasciare un segno capace di strapparla all'anonimato; atto da considerarsi quasi procreativo, come si può dedurre da *Là dentro* («un artiglio anche gracile / la scoccante scintilla / che brucia e buca e in quel buco / scarica vita»).

A partire da *L'allodola ottobrina* (cui si riferiscono i versi precedenti), passando per il già citato *Pittura rupestre* (che correla il dipingere al sangue), sino a *Freccia* di *L'osso l'anima* (dove l'azione è mediata da un osso di animale), il segno/incisione cattafiano è caratterizzato dalla ferocia sanguinaria tipica delle narrazioni archetipiche.[13]

Non dimentichiamo inoltre che la parete della caverna si presta anche ad essere uno schermo pre-cinematografico su cui proiettare immagini, che si tratti dell'ombra di un corpo o della primitiva impronta della mano: Cattafi vi individua, da *homo pictor*, il prodromo dei vari dispositivi di mediazione visiva che nella nostra civiltà si sono via via succeduti (con sempre maggiore efficacia mimetica), permettendo, di fatto, il prolungamento dell'esistenza fisica nel tempo.

Si tratta di isomorfismi su cui Cattafi ha costruito il suo immaginario poetico sino alle ultime raccolte: «muro» (83), ma anche *murus* (1), «specchio» (29), «parete» (27), «velo» (17), «tenda» (13), «pannello» (1).

Parola che contiene in sé l'azione dell'incidere, e che sta al centro di una poesia fondamentale per la *weltanschauung* cattafiana quale *Il resto manca*, è «epigrafe». In questo caso il reperto archeologico, che raccoglie i frammenti di una iscrizione in latino, metaforizza la permanenza del segno nel tempo, nonostante «un'assenza, un vuoto, un am-manco che non sta nelle casse ma nel cuore della poesia».[14]

All'ambito dell'incisione andrebbe ricondotto anche il lemma «cincischiare», connesso principalmente all'atto fasico, ma in realtà sinonimo

[13] Su questo punto si veda R. Donati, *Nella palpebra interna*, cit., pp. 84-85.

[14] L. Barile, *Le cose dentro le cose*, cit., pp. 74-75.

di 'incidere': il verbo indica per l'esattezza l'incidere applicato al discorso: lo sminuzzare, il tagliare in più parti una parola. Cattafi condivide con la Neoavanguardia la coscienza generazionale del fallimento della comunicazione, essendo ormai la parola come la scheggia di un mosaico frantumato, che non può più catturare la complessità del mondo.

Si instaura così una triangolazione tra le polivalenze dell'incidere, quelle del rifiuto-maceria e, infine, quelle della parola: se nella Neoavanguardia si allude spesso ad una comunicazione fatta di interruzioni e di spezzoni di senso, anche in *Segni* il discorso deve auspicabilmente «restringersi / a una sola parola» (*L'albero può tornare*), o a una particella (*In fondo*) che, per la mobilità che è la «prima proprietà dei segni»,[15] mantiene quella capacità di combinazione sintagmatica che le permette di aggregarsi ad altre in un *clinàmen* linguistico («Particole si levano in volo / da corpi distesi in erosione / e vanno a fare i nuovi nomi / in un mondo avvenire / trasmigrante pus / vittorioso vaiolo», *Particole*).

Produttrice di senso anche se ridotta a «relitto» (*Relitto* e *Che relitto*, in *Segni*), la parola si afferma dunque nella duplicità etimologica di cosa che viene abbandonata, e che al contempo rimane quale eredità spirituale del poeta.

Anche il sostantivo «precisione» (1) e soprattutto l'aggettivo «preciso» (25), interno ai titoli cattafiani *Qualcosa di preciso* e *Occhio e oggetto precisi*, andrebbero riportati per Ladolfi al «senso etimologico di *praecidere*, troncare nella parte anteriore o superiore»,[16] operazione compiuta dallo sguardo del poeta per investigare l'oggetto dall'interno.

In conclusione, l'incidere è gesto/azione che riguarda indifferentemente l'esistere, la scrittura, l'arte e ad esso il poeta affida la volontà di lasciare un segno duraturo, ineliminabile.

### 1.2. *Parole e tecniche calcografiche*

Oltre ad «inchiostro», patisce una certa ambiguità semantica anche una serie di lemmi riferibili dicotomicamente al materiale scrittorio e al mondo delle tecniche calcografiche, come «grafite», «pressa», «tampone», «rullo» (quest'ultimo accompagnato dall'aggettivo «trasportatore»). Pensiamo ad una coppia di poesie di *Segni* da cui emerge la condanna dell'era della riproducibilità serializzata, messa in antitesi all'originalità e autenticità della creazione umana (visione adorniana già adombrata in *Qualcosa di preciso*):

---

[15] V. Leotta, *L'inverno di Bartolo Cattafi*, cit., p. 52.

[16] G. Ladolfi, *Bartolo Cattafi: la certificazione dell'assenza*, cit., p. 13.

I NASTRI
Scorrono lievi i nastri
trasportatori
(all'origine c'era
l'abbecedario)
con ogni ben di Dio
ma poi ti viene l'amaro in bocca
il culo greve
lettore sedentario.

In *Un nastro*, poi, leggibile alla luce delle conoscenze tecniche di Cattafi (da non definirsi propriamente competenze, in quanto i suoi disegni a china venivano affidati agli stampatori per essere trasformati in acqueforti) è proprio il procedimento tipolitografico ad attrarre l'attenzione del poeta:

Uscito snodandosi
da qualche cavità
un nastro a spirale
d'inchiostro
nulla di nuovo dice
nulla ripete
giace inutile e smorto
tu lo colmi di spicchi
di polpe del tuo mondo
e lui stride e schiuma
quel contatto quel peso non sopporta.

In linea con uno dei primi titoli provvisori della raccolta *Segni*, e cioè *Con l'inchiostro e i caratteri*,[17] la poesia cattafiana si apre al lessico della riproduzione tipografica, anche nella versione miniaturizzata del supporto meccanico entrato dagli anni Cinquanta nelle case di tutti: la macchina da scrivere.

Sono soprattutto immagini come questa a patire l'ambiguità semantica data dal trovarsi a metà strada tra l'uso comune e quello artistico fatto dai «poeti sperimentali che ne sfruttano le possibilità grafiche con risultati difficilmente ripetibili mediante la composizione tipografica»[18] (pensiamo al *Poème mécanique* di Garnier).

---

17 V. Leotta, *Nota ai testi*, in B. Cattafi, *Poesie 1943-1979*, cit., p. 338. Il titolo precedentemente immaginato da Cattafi per la raccolta era *Caratteri e cifre* (*ibid.*).

18 Adriano Spatola, *La forma della scrittura*, in *La forma della scrittura*, catalogo della mostra (Bologna, Galleria d'Arte Moderna, febbraio 1977), Comune di Bologna, 1977, s.p.

L'oggetto in questione, infatti, è anche un'opera d'arte osservata da Cattafi alla mostra "Metamorfosi dell'Oggetto", e realizzata dall'artista di *Fluxus* Robert Filliou, dal titolo *Typewriter* (macchina da scrivere con mattoni su tavola di legno, 1971),[19] che ispirò la composizione (compiuta il 27 gennaio 1972, giorno immediatamente successivo alla mostra) della poesia *Macchina per scrivere*:

> Colpo su colpo per suo conto espresse
> con o senza il colore d'un nastro innecessario
> quanto di meglio aveva in corpo
> ticchettii
> meccanici fruscii
> attriti d'ingranaggi
> lettere d'alfabeto
> così come venivano
> invidiabili e sagge
> assurde disumane fantasie.
>
> (in *Segni*)

L'originalità della poesia cattafiana si rivela allora soprattutto nell'innata tendenza a costruire forme e figure, interpretando così in modo personalissimo l'esigenza di interdisciplinarità tra le arti testimoniata negli anni '60 dalla poesia visiva.

Tuttavia, tutto ciò che in epoca moderna è artificiale o riproducibile è nell'opera di Cattafi attraversato da forti criticità, come il «manifesto», il «giornale»[20] o il «tatuaggio» che, in particolare, rende il corpo umano, sull'onda di quel «fascino dell'arcaico» che «è certamente un desiderio rivolto all'indietro»,[21] una sorta di schermo *ante litteram*, un proto-schermo.

*Manifesti*, in *Segni*, si fa portavoce, invece, della sfiducia nei confronti della parola che non aderisce, secondo i principi della linguistica saussuriana, al suo referente («cadono con lo stesso / sconforto delle foglie»), a differenza del segno grafico che indica con certezza la cosa, l'oggetto esistente:

> Si perdono parole
> agli angoli delle strade
> nel giro delle piazze

---

[19] J. Dypréau, *Dalla Pop-Art all'environnement*, cit., pp. 171-172.

[20] «Qualcuno volle stampare / un giornale locale. / L'inchiostro era debole / la carta pepe e sale. / Era già cenere / prima di bruciare.» (*Cenere*, in *L'aria secca del fuoco*).

[21] M. Cometa, *Profondità della superficie. Una paleontologia dello schermo*, «Between», vol. VIII, n. 16, novembre 2018, p. 2.

cadono con lo stesso
sconforto delle foglie
scarto di sillabe che col vento parte
manifesti esposti
ai mali dell'affissione
mentre lo sguardo assorto delle statue
legge il vuoto
il colore non scritto della carta.

In questo caso la parola è quella di un prodotto calcografico legato al mondo del consumo e della pubblicità, manufatto seriale cui sarebbe preferibile il bianco della carta-nulla metafisico, che solo i simboli montaliani (e dechirichiani) per eccellenza, quali sono le statue, possono leggere. Vista la profondità della pronuncia cattafiana, il termine «manifesto» va inteso anfibologicamente anche come programma culturale o politico (a tal proposito, va segnalato che nell'archivio privato della famiglia rimane una pubblicazione riassuntiva dei manifesti più importanti della storia).[22]

Più in generale si può circoscrivere un'area semantica costituita da «stampa» (3), «impronta» (7) – anche «digitale» –, «stampare» (9), «stampigliare» (2), «stampato» (1), «stampatrice» (1), «stampo» (4), ma anche «sigillare» (3), «sigillo» (2) e il latinismo *sigillum* (1) attorno alla messa in opera di un atto che, al pari della scrittura, risveglia le capacità poietiche dello sguardo per mezzo di un «attrito» (14) che può avvenire nello spazio o sulle superfici piane:

LOCUS SIGILLI

La cera l'inerte ceralacca
macchia colata dal fuoco
d'un inferno amorfo
ora fecondata dal sigillo
s'indurisce
inviolabile roccia
rocca del tuo potere
nel bene e nel male
custode della tua orma solenne
e intima
privata
incisa come l'impronta digitale
lasciata dal guanto.

(in *L'aria secca del fuoco*)

---

22 MAX GALLO, *I manifesti nella storia e nel costume*, Milano, Arnoldo Mondadori Editore, 1972.

La pressione del sigillo è apportatrice di valori positivi all'interno delle coppie oppositive magma-morte e segno-vita. L'«orma» diventa così un tratto distintivo e genealogico che rivela l'identità più profonda dell'individuo, una vera e propria scrittura corporea, cui rimanda l'immagine dell'«impronta digitale».

Se ci spostiamo dal perimetro minimo del foglio dove apporre la «sigla» (1) a quello più esteso del testo metapoetico *Fantasia*, l'incontro-scontro tra le superfici piane avviene «in tutta la sfera del possibile», cioè «nel cuore della materia: nell'origine, in quanto luogo dell'indifferenziato, della molteplicità insignificante dove ogni significato si annulla»,[23] producendo l'emersione di una forma-significato.

Infine, anche la «moneta» (10), il «cammeo» (1), la «medaglia» (6), come ogni manufatto su cui sono impressi dei segni o delle figure, calamitano l'attenzione del poeta («Questi profili / teste da moneta e da medaglia», *Profili*, in *L'aria secca del fuoco*).

## 2. Le forme lessicali della bidimensionalità: valori ottici e strumenti della pittura

Anche alcune varianti cromatiche tradiscono in Cattafi una sicura conoscenza del mestiere pittorico, col riferimento alle sostanze materiche del colore: nell'area semantica del «pigmento», inteso come elemento vitale di tutte le tecniche di pittura, in particolar modo dell'acquerello, rientra una serie di lemmi quali «cinabro», «alizarina», «cocciniglia», «porpora», il derivato «porporino» e una ben appropriata nomenclatura che vanta «azzurro di francia», «blunotte», «blu reale», «indaco», «verde mare», «smeraldo», «carta da zucchero», «oro araldico», «avorio», «cielo di prussia», «terra di siena», il già citato «cilestrino», «pervinca», «ceruleo», «ocra», «amaranto», «color seppia».

Lemma di base è «colore», che presenta ben 90 occorrenze, accanto ai sinonimi «tinta» (3), «pigmento» (2) e ai derivati «colorare» (1), «colorire» (2), «colorato» (10), «colorito» (sost. 4, agg. 3), «decolorare» (1), «decolorazione» (1).

È attestato anche l'aggettivo «screziato» (2); «ciano» e «glauco», frequenti nella poesia primonovecentesca, sono invece i grandi assenti nel vocabolario coloristico cattafiano, che è prettamente contemporaneo e volto a creare effetti espressionistici e immediati.

---

23 F. Pappalardo La Rosa, *Lo specchio oscuro*, cit., p. 84.

Più strettamente tecnici sono i termini «ceralacca» (3) e «gommalacca» (1), relativi a sostanze resinose e a materiali usati in pittura.

Variegate si presentano le forme verbali attinenti all'area pittorica, benché debolmente presenti: «dipingere» (11), «disegnare» (3), «ritrarre» (1),[24] «figurare» (1), «tracciare» (5), «ritracciare» (1), «verniciare» (1), «sfumare» (1), «scolorare» (1), «scolorire» (5), «smaltare» (1), «stemperare» (3); sinonimiche sono le forme nominali «immagine» (36), «figura» (10), «figurazione» (1), accanto alle più specifiche «sagoma» (5) e «contorno» (6), che riguardano la definizione delle forme, e alle più dotte «icona» (2), «idolo» (8), «simulacro» (2).

Da «arte» (8): «artefice» (1), «artificio» (1), «artigiano» (1), «artigiana» (1) e il neologismo «artigianocontadino» (*Tramonti*, in *L'aria secca del fuoco*). Alcuni lemmi si riferiscono alla rappresentazione spaziale, come «prospettiva» (2), «scorcio» (2), «sfondo» (5).

Organizzati attorno alla famiglia semantica delle tecniche figurative, ricorrono i sostantivi «dipinto» (1), «pittura» (4), «pennellata» (1), «acquerello» (2), «disegno» (19), «intonaco» e «sinopia» (gli ultimi due, entrambi con 1 occorrenza, afferenti alla tecnica dell'affresco); attorno a quella dei generi pittorici «natura morta», «veduta». Si aggiunga il lemma «tocco» (2) che, nel contesto di *Un cubo di calce*, in *L'osso, l'anima* («una semplice scena con tocchi di colore»), rinvia al gesto pittorico, considerato da Lacan un atto fondante l'esperienza estetica.[25] Il tocco non è altro che un prolungamento della mano nel pennello, che instaura una relazione immediata con la superficie sfiorata (evidente traslazione del corpo), elettrizzandola. Anche questo lemma è sintomatico, insomma, di una contingenza, da intendersi alla latina, sentita quale unica possibile dimensione del vivere.

Ad 1 occorrenza si riduce l'unico lemma inerente in via specifica agli strumenti materiali del dipingere: «tavolozza» (anche se usato nel contesto sinestetico e didascalico della poesia *Le alici*, in *L'aria secca del fuoco*).[26]

I termini oscillano tra uso comune e uso pittorico in ottemperanza a quella che Merleau-Ponty ritiene essere la caratteristica dei doppi talenti: un «uso inconscio» del linguaggio, cioè, anteriore ad ogni «idealizzazione retrospettiva»,[27] in virtù del quale «scolorire i miei mezzi espressivi» indica l'«assumere uno squallido colore» (*Per sopravvivere*, in *L'allodola ottobrina*).

---

[24] Il verbo conta 6 occorrenze, di cui solo 1 nell'accezione che ci interessa: «ritratta a tutto tondo» (*S'uniscono i pezzi*, in *Marzo e le sue idi*).

[25] Sul gesto del pittore come «atto sospeso» si veda Rudolf Bernet, *Il fenomeno dello sguardo in Merleau-Ponty e Lacan*, «Aut Aut», n. 324, novembre-dicembre 2004, pp. 75-89.

[26] «[...] E poi quando il rosso ti stanca / passa a masticare il nero / il giallo l'olivastro il bianco / se il di per sé per intero t'annoia / o t'allappa la bocca / dosa mescola spiaccica / illuditi col sistema tavolozza / tanto tutto è per sempre / l'alice uomo / la stessa pappa».

[27] Maurice Merleau-Ponty, *Segni*, Milano, il Saggiatore, 1967, p. 13.

Il termine «sinopia», ad esempio, indica il disegno preparatorio di un affresco, al quale Cattafi ricondurrà la rappresentazione della realtà verso la fine del suo percorso esistenziale:

MONDO

Copie snervate di copie
stinte sinopie dei muri
stanco mondo protrattosi
di figura in figura
mendicando una bava
di terra di siena
di cielo di prussia
il fantasma di turno
che più gli conviene.

In questa poesia di *Chiromanzia d'inverno*, datata 1977, le immagini tornano alla loro condizione originaria, ridiventano ombre scolorite sui muri («stinte sinopie»), figure indistinte, mere parvenze cui contrapporre la violenza e il tripudio dei colori della gioventù e della maturità. Non si tratta soltanto di una tirata retorica: sull'immagine pesa *ab origine* una ben più ardua condanna.

Cattafi si allinea idealmente alle riflessioni del *Cratilo* platonico intorno alla relazione analogica che intercorre tra i diversi codici espressivi nella loro funzione di mimesi della realtà, denunciando l'incolmabile distanza ontologica dell'immagine dall'essenza delle cose e dunque la sfiducia nell'arte.[28] Alla veicolazione di questi concetti sono preposti i lemmi «imitare» (1), «copia» (4) e «copiare» (1), «foto» (2) e «fotografare» (1), che ineriscono appunto alla riproduzione di un'immagine o di un oggetto.

Tra i termini afferenti alla bidimensionalità, l'*hapax* «silhouettes» è particolarmente significativo, rappresentando *ab ovo* una tipologia di ritratto ottico meccanico prefotografico, definito «l'arte nera della silhouette», il cui nome deriva da Étienne de Silhouette (Limoges, 1709-Bry-sur-Marne, 1767): in sintesi, le figure rappresentano il contorno degli oggetti come se fossero ombre nette senza alcun dettaglio interno.[29]

---

28 «anche il nome, credo, è una imitazione, come il disegno [...] Non ti accorgi quanto son lontane le immagini dall'aver quello stesso che hanno le cose di cui sono immagini?», PLATONE, *Cratilo*, in *Opere complete*, vol. II, Bari, Laterza, 1991, p. 61.

29 Sullo specifico argomento si legga GABRIELE CHIESA, GIANPAOLO GOSIO, *Dagherrotipia, ambrotipia, ferrotipia. Positivi unici e processi antichi nel ritratto fotografico*, Lecce, Youcanprint, 2012, p. 18.

Stessa emblematicità riveste il termine «sagoma», che Cattafi sceglie come titolo di due sezioni di *L'osso, l'anima*. Dalla raccolta in questione leggiamo il componimento *Un dubbio*:

> Creandosi fratture
> pause, vuoti, interstizi
> tra un'ora e l'altra
> e dentro una stessa ora
> risalgono immagini dal fondo
> silhouettes che la triste mano
> accarezza vellica dispone
> sulla dura parete dirimpetto.
> Ma un dubbio s'allaccia.
> Chi sono dunque gli ospiti?
> Essi che vengono a ripetere
> le parole perdute
> o noi entrati
> nell'altra scatola,
> dentro l'altro orizzonte.

Nella poesia, la pre-condizione percettiva dello spazio vuoto fa scattare una riflessione di natura platonica sulle immagini, coinvolgendo delle figure che sembrano proiettate su una superficie, in una sorta di 'scatola delle ombre' o di 'lanterna magica', secondo il principio del cinematografo.[30]

L'attenzione è subito dirottata su un piano metafisico, come si deduce dall'interrogativo sull'esistenza di ulteriori dimensioni temporali e sulla nostra possibilità di percepirle.

Il termine «rovina» (10), poi, si fa catalizzatore di una serie di significati: collocato all'interno di *La discesa al trono*, inerisce da un lato ad una categoria morale, dall'altro, riecheggiando la «ruina» di *Inf.* V, 34 e XXIII, 137 (e dunque un preciso *locus horridus*), si costituisce di per sé come scenario di distruzione e dunque come opera d'arte.

La rovina in arte è infatti un genere di composizione pittorica sviluppatosi nel secolo XVIII (ma già rintracciabile nelle incisioni cinquecentesche) che ritrae rovine a scopo di studio archeologico e architettonico.

Nonostante la documentata presenza dell'oggetto nello studio pittorico[31] del poeta e nella memoria storica del territorio natìo (che aveva ospi-

---

[30] Ancora una volta, l'attenzione è posta sulle attitudini performative dello schermo, innescate dalla sola presenza del corpo umano «che basta interporre tra una fonte luminosa e un muro perché produca immagini, come accade nel mito dell'origine della pittura raccontato da Plinio il Vecchio [...].» (MAURO CARBONE, *Filosofia-schermi. Dal cinema alla rivoluzione digitale*, Milano, Raffaello Cortina, 2016, pp. 100-101).

[31] Come testimoniato dal materiale fotografico che correda l'articolo di GIUSEPPE MAZ-

tato una mostra deperiana a tema negli anni Trenta), il lemma «arazzo» (3) registra una frequenza quasi insignificante nel *corpus* cattafiano.

Lo troviamo all'interno del componimento *Richmond* del 1954 (*Le mosche del meriggio*), nella funzione di supporto materiale o figurato in cui sono inscritte figure («Poi ritorni sul muro / patria passeggera, / l'ora, il luogo, la luce / attraverso la foresta, / immobile figura nell'arazzo / composto dalla mente [...]»), così come in *Un levriero* di *La discesa al trono*. In *Occhio e oggetto precisi* il termine dismette i contorni della cornice montaliana degli *Ossi*[32] per assumere sfumature esotizzanti di stampo primonovecentesco («arazzi d'arabia»).

## 2.1. *Non solo pittura: il cinema, il teatro e il lessico del* design industriale

Possiamo constatare la debole frequenza nella produzione cattafiana di specifici lemmi inerenti alla settima arte («cinema» 1, «attore» 1, «bobina» 1, «montare» 6, «scena» 26, «campo» 12, «cortometraggio» 2, «pellicola» 1), nonostante l'influsso di certa romanzistica e cinematografia *noir* siano chiaramente rintracciabili nella poesia di Cattafi, estendendosi anche ai romanzi di Ian Fleming e i film tratti da essi.[33] Da questo punto di vista gli spunti di indagine presenti nei diari sono numerosissimi e ancora inesplorati.

Per quanto riguarda il lessico dell'arte performativa, i lemmi «scena», «messinscena», «spettacolo» sono trasversali all'ambito teatrale e cinematografico, mentre più specifici del primo sono senza dubbio «teatro», «teatrale», «sipario», «palco», «proscenio», «quinte», «sfondo», «fondale».

L'uso di tali lemmi rivela il tentativo da parte del poeta di cogliere il carattere fittizio e soggettivamente condizionato del reale che si intreccia con un vago pirandellismo, per il punto di vista (e la postazione) da estraniato dalla vita che è possibile cogliere in alcuni testi come *Al ristorante* o *In una terra di pioggia*; alcuni dei lemmi in questione, tuttavia, sono indifferentemente usati anche per la costruzione prospettica delle immagini: in particolare «sfondo» e «fondale» servono a focalizzare l'attenzione su paesaggio, figure, oggetti che stanno al di là del riquadro/cornice da cui si osserva.[34]

---

zone, *Cattafi: come nacque un poeta*, «Giornale di Sicilia», 17 marzo 1989, in cui il poeta appare ritratto frontalmente, seduto al suo scrittoio accanto al caminetto, con alle spalle un lungo arazzo appeso alla parete.

[32] «Avrò di contro un paese d'intatte nevi / ma lievi come viste in un arazzo» (*Quasi una fantasia*).

[33] Sul punto si veda B. Cattafi, *Tutte le poesie*, cit., p. xxiii.

[34] Secondo l'idea albertiana del quadro come piano di intersezione della piramide visiva che ha il suo vertice nell'occhio dell'osservatore, attraverso la quale vedere come se «fusse di vetro tralucente» (Leon Battista Alberti, *De pictura*, I, par. 12, in Rocco Sinisgalli, *Il nuovo* De pictura *di Leon Battista Alberti*, Roma, Kappa, 2006, p. 127).

*Questi miti* presenta, ad esempio, il degradare della visibilità con la distanza: «Una ragazza sul greto, / oleandri macigni fioriti / chiazze d'acqua cariche di vita / un turbine invisibile di polline / e poi non farli tornare / appiattiti incolori sullo sfondo [...]» (in *La discesa al trono*).

Infine, trattiamo dei lemmi che attengono più al disegno industriale, detto *design*,[35] che alla pittura *stricto sensu*: si tratta *in primis* di «forma» e «funzione», presenti nella poesia cattafiana, così come nel linguaggio tecnico italiano degli anni Cinquanta e Sessanta (per l'introduzione di valori estetici e culturali in una concezione fino ad allora puramente economica di produzione).[36]

L'indice di frequenza del termine «forma» (44) nell'opera di Cattafi merita attenzione: lo ritroviamo in alcuni microcontesti di *L'allodola*, anche in endiadi con «funzione» (8): «colorito nuove / forme e funzioni/ [...] forme funzioni», *Atomi*; «forme sperate modelli progettati», *La mano dell'informe*; o in *L'Aria secca del fuoco*: «i nomi i colori le funzioni» (*Robinson*).

In *Marzo e le sue idi* si attesta qualche esempio significativo dell'uso dei lemmi «progettare» (1) e «progetto» (4): «Da qui lancio flessibili progetti / arcuati aguzzi» (*Progetti*); «ti consentono verdi ipotesi / progetti a vasto raggio / esecuzioni» (*Se non si sperde*).

Ci riferiamo a due elementi fondamentali per ogni *designer*, ovvero il progetto e il modello tridimensionale come inveramento e prima verifica del progetto stesso («I modelli di studio sono in plastilina, in pongo, talvolta in polistirolo, in gesso. Ogni designer se li crea da sé e funzionano da guida "mentale", "di comprensione del progetto"»).[37]

Si ricordi a questo proposito la poesia *Idea* di *Marzo e le sue idi*, che ospita i lemmi «idea» e «modello», mettendoli in correlazione:

Lei non clastica
forte in ogni fibra
lei energica idea di questo mondo
ruvida e vera
nòcciolo rilucente

---

35 Per una storia del termine, si legga Gabriella Cartago, *Design, Disegno*, «Studi di Lessicografia italiana», a cura della Accademia della Crusca, III, 1981, pp. 167-189. Per la distinzione tra *design* e *design* industriale si rimanda a Maria Cristina Tonelli, *Industrial design: latitudine e longitudine. Una prima lezione*, Firenze, Firenze University Press, 2008, pp. 5-11. Sulla vicinanza di certo lessico cattafiano al *design* industriale si veda il già citato saggio di Baldacci del 1999 intitolato *Cattafi e Caproni*.

36 Anna Siekiera, *«Stile industria», il design e la scrittura tecnica italiana negli anni Cinquanta del Novecento*, in *«Acciò che il nostro dire sia ben chiaro». Scritti per Nicoletta Maraschio*, Firenze, Accademia della Crusca, 2016, p. 1015.

37 M.C. Tonelli, *Industrial design: latitudine e longitudine*, cit., p. 36.

ripulito da frange
rigirata alla luce come un modello.

Evidente è l'ibridazione tra il linguaggio del e sul *design* e quello della pubblicità nell'opera cattafiana, grazie senza dubbio all'apprendistato da *copywriter* svolto dal poeta, ma anche a una più generale e documentata trasmigrazione lessicale di termini già attestati, ma poco frequenti, dalla tecnica al commercio e al lessico di settori diversi.[38]

I lemmi che rientrano in questa casistica, oltre ad essere variamente presi in prestito dalla fisica, dalla meccanica, dalla matematica (pensiamo alla descrizione dei dispositivi medici relativi all'ultima produzione, il *Mevatron 6* di *Chiromanzia d'inverno*, ad esempio), sono tratti dalla filosofia con le sue astrazioni teoriche: «idea» (28), «schema» (3),[39] «logico» (1), «premessa» (3), «fenomeno» (1), «linea» (lemma geometrico-futurista riferibile anche alla forma dell'opera / oggetto di *design*), come accade negli scritti tecnici in relazione alla fase di ideazione di un prodotto. La sintesi di astrattismo e di tecnicismo era già intrinseca al lessico del *design* italiano degli anni Cinquanta.

Accenniamo, infine, all'uso di aggettivi come «efficiente» (1),[40] «espressivo» (1), «essenziale» (2), «logico» (1), «perfetto» (16),[41] «aereo» (7),[42] «girevole» (1), «ruotante» (3), «compatto» (16); alla denominazione specifica di materiali quali «acciaio» (16), «plastica» (3), «linoleum» (1), «resina» (5) ed altri; nonché ai lemmi relativi a specifiche parti / aspetti di un oggetto o del suo processo produttivo («involucro» 3, «ingombro» 1, «assemblaggio» 3, etc...).

Eloquente sotto questo versante è l'*incipit* di *Apertura d'ali* in *L'osso, l'anima*: «E l'apertura d'ali? / Essa varia; ve n'è / di micron, di centimetri, di metri. / Dipende dal modello, dalla materia, dalla / forza motrice [...]».

## 3. Le forme lessicali della tridimensionalità: tra avanguardie e sperimentazioni

Le poesie cattafiane confermano la particolare capacità di alcuni doppi talenti di passare dalla pura bidimensionalità della tela al campo tridimen-

---

[38] Per un approfondimento si rimanda a A. Siekiera, «*Stile industria*», cit., p. 1016.

[39] «Schemi e disegni / rotolanti ipotesi» (*Il fosso*, in *Marzo e le sue idi*).

[40] «Rigore vero / efficiente affilato» (*Rigore*, in *L'osso, l'anima*).

[41] «Nitidi precisi perfetti» (*Squadriglia*, in *L'aria secca del fuoco*).

[42] Il lemma, che abbiamo inserito nel lessico futurista di Cattafi, può essere condiviso anche con l'ambito tecnico-pubblicitario.

sionale della scultura, del collage, dell'architettura,[43] al giorno d'oggi di gran lunga facilitata dall'accesso ai *media* digitali. Mi riferisco, ad esempio, alla poesia *Scalata* di *Segni* che presenta una certa concentrazione di vocaboli attinenti alla tridimensionalità: «Partire dalla base / rastremare materie colonne in salita / posare trabeazioni / scrivere in cielo ciò / che alla pietra succede / sfioccata estesa ventosa la mia fede».

In questa che è stata definita un'«esplicita dichiarazione di fede»[44] la parola, paragonata alla materia, deve essere modellata, guidata a compiere un percorso verso l'alto: l'attività artistica tradisce, quindi, la sua vocazione a dialogare con la materia arrivando «alla radice del potere umano della creazione, alla radice di un potere etimologicamente poetico/poietico».[45]

Analogamente, *Trappola*, componimento di *L'aria secca del fuoco* a metà tra il segnico e il materico (il modellamento come oggetto del fare), allude al rischio, per l'autore, di rimanere invischiato nella 'materia' linguistico-letteraria trattata (la «pania» di *Nel rettangolo*, crocevia delle aree semantico-lessicali del testo e del tessuto),[46] con la quale è entrato in una relazione prevalentemente aptica, cioè tattile:

> Scrivi riscrivi lascia
> lievitare e riprendi
> con le mani la pasta
> delle tue parole
> colorata e tiepida poltiglia
> che tra le dita ti sfugge a serpentelli
> che riprendi e ristringi
> e che daccapo sfugge
> finché di colpo compatta si raduna
> si rapprende su foglio e mani
> rigida si chiude
> come una morsa per mandarti al cuore
> direttamente dai polsi
> il suo vero succo senso sapore.

È, tuttavia, la chiusa di *Robinson*, in *L'aria secca del fuoco*, che può essere considerata archetipica di questo particolare sentire, poiché vi si racconta

---

43 Per degli esempi si veda M. Cometa, *Al di là dei limiti della scrittura*, cit., p. 76.

44 V. Leotta, *L'inverno di Bartolo Cattafi*, cit., p. 67.

45 G. Bachelard, *Causeries (1952-1954)*, cit., p. 75.

46 In *Segni*. Il termine «pania», che indica la sostanza vischiosa utilizzata per catturare gli uccelli e metaforicamente, dunque, tutti gli allettamenti della finzione letteraria, nasconde l'etimologia di *panus*, ovvero «gomitolo di filo», «fuso involuto di filo».

il tentativo di istituire il proprio mondo e se stessi attraverso la simulazione di un atto scultoreo-creativo che avviene, tanto per cambiare, all'interno dello scenario di una cavità o caverna determinata adesso come «miniera»:

> [...]
> La fatica fu quella d'inventare
> i nomi i colori le funzioni
> e le tre dimensioni da tagliare
> nell'amorfa miniera misteriosa.
> Fu pesante finanche posare
> le mani stanche inesistenti
> sui fianchi d'aria.

Per quanto riguarda il francesismo «collage» (*hapax* della poesia cattafiana), va rilevato che esso riveste notevole importanza nel nostro percorso, perché termine di matrice dadaista usato nell'arte degli anni Sessanta e Settanta, soprattutto dai poeti visivi, i quali vi ricorrono frequentemente per appropriarsi di svariati materiali, visivi o testuali, accomunati dall'essere disponibili prima e indipendentemente dal processo creativo del poeta, che li ricombina per elaborare la propria opera. In *Segni*, la poesia intitolata appunto *Collage* segnala il tentativo di tenere insieme le componenti dell'essere umano, considerato puro «conglomerato di segni»,[47] ormai disfunzionali e incompatibili l'uno con l'altro: «compongo e incollo / con un filo di saliva / me stesso il piedistallo la mia riva».

Vincenzo Leotta ha notato che il tentativo messo in atto fallisce perché i frammenti dell'esistenza, cui il poeta si riferisce, non sono tenuti insieme dalla colla «che garantirebbe una presa duratura e tenace, un'esistenza stabile e sempre equilibrata, bensì con un "filo di saliva", che azzera le probabilità di successo».[48]

Ancora una volta, come spesso accade in Cattafi, il lessico artistico è piegato in direzione esistenziale.

La stessa *imagery* legata a questa tecnica si ripresenta in *Cenere d'un giorno* (*La discesa al trono*), dove le figure stagliate sullo sfondo sono scure a causa di una luce retrostante, quella di un faro/proiettore (che richiama modalità di visione cinematografiche):

> Cenere d'un giorno
> pennellate cadute
> foglie scure

---

[47] S. Prandi, *Da un intervallo del buio*, cit., p. 167.

[48] V. Leotta, *L'inverno di Bartolo Cattafi*, cit., p. 59.

ombre sull'ombra
su uomini e cose
figure incollate sullo sfondo
come chi scompare
nel raggio d'un faro
risucchiato nel fondo.

A causa dell'ombra (il sintagma «ombre sull'ombra» allude al problema pittorico della rappresentazione dell'ombra, che poi è un problema secondario della proiezione prospettica trattato anche da Leonardo da Vinci),[49] gli uomini e le cose assumono la dimensione appiattita, bidimensionale del ritaglio di carta da incollare su un supporto, come in un *collage*.

Estensioni semantiche del *collage* si ritrovano in alcuni microcontesti attraversati dalle forme verbali «ritagliare» («ritagliato e incollato» *Sfida*; «variamente tagliata e ritagliata», *Una massa*),[50] o da «ritaglio», lemma che si coniuga anche alla semantica dello 'scarto' («ritagli rottami», *Creazione*; «ritagli-rifiuti», *Quattr'ossa*).[51]

Abbiamo già individuato nel vocabolario tecnico-artistico cattafiano il lemma «assemblaggio» quale derivato dal francese *assemblage*, coniato nel 1953 da Jean Dubuffet per indicare le sue opere polimateriche, distinguendole dai collage cubisti, futuristi e dadaisti realizzati nel secondo decennio del Novecento.[52]

Altro lemma attinente all'ambito delle attività manuali (o che, per lo meno, le presupponga) è «mosaico». Questa forma d'arte, secondo la testimonianza diaristica,[53] dovette affascinare in modo particolare il poeta, tanto da dedicarvi il testo *Villa romana a San Biagio*, che presenta i lemmi «musivo» e «tessera» («tappeto di tessere»). A riprova della capacità del poeta di leggere il reale alla luce del fare artistico, ricordiamo che *L'osso, l'anima* presenta l'immagine del «mobile mosaico del mare» (*Approdo*).

---

49 Victor I. Stoichita, *Breve storia dell'ombra. Dalle origini della pittura alla Pop Art*, Milano, il Saggiatore, 2008, p. 138. A proposito della concezione leonardesca dell'ombra si veda L. Vergine, *Parole sull'arte*, cit., p. 192.

50 Rispettivamente in *Marzo e le sue idi* e in *L'allodola ottobrina*.

51 Rispettivamente in *L'allodola ottobrina* e in *L'aria secca del fuoco*.

52 M. Pugliese, *Tecnica mista*, cit., p. 77. Secondo l'autrice «la differenza tra le due tecniche risiede nell'utilizzo e nell'applicazione dei materiali: nel *collage* sono incollati a un supporto bidimensionale; nell'assemblaggio sono vincolati tra loro in vario modo, tramite colla, chiodi, bulloni ecc...» (*ibid.*). *Bullone* è, sintomaticamente, il titolo di una poesia di *L'allodola ottobrina* che si riferisce alla pratica dell'assemblaggio.

53 «ore 10.30 circa arrivo ad Aquileia: visita alla basilica, pavimenti di mosaici, affreschi, si vedono alla base del campanile i resti di villa romana e altri mosaici, museo romano incredibile mostra di monili di utensili e di vetri e di gemme» (13 aprile 1974).

Nell'area della manualità artistica può rientrare anche «*puzzle*» (3) che, come afferma Georges Perec, potrebbe a primo impatto sembrare «un'arte breve, di poco spessore, tutta contenuta in uno scarno insegnamento della Gestalttheorie»,[54] per poi rivelarsi il contrario.

In realtà, ancora di più che per il *collage* e il mosaico, la tecnica del *puzzle* presuppone una doppia manualità: quella del giocatore e quella di chi ha predisposto a monte il gioco, chiaramente un ruolo autoriale («ogni gesto che compie l'attore del puzzle, il suo autore lo ha compiuto prima di lui»).[55]

Tra le suggestioni che la metafora del *puzzle* offre, calzante è nel sistema poetico cattafiano quella linguistica suggerita, appunto, da Perec, il quale riporta il lemma al suo significato primario: «puzzle», infatti, traduzione inglese di «enigma», rappresenta il *pattern* di parole che catalizza attorno ad un senso ben definito la plurivocità semantica di ogni lemma prescelto dall'asse paradigmatico:

> «PUZZLE»
>
> Venti cinquanta cento
> mosche ronzanti in aria
> s'accostano si scostano da un centro
> immaginario
> pezzi d'un *puzzle* sempre in movimento
> se s'unissero invece l'una all'altra
> saldate nel senso d'un disegno
> di colpo zittitosi il ronzìo
> anche codesta cosa
> avremmo caduta in terra
> chiara piatta concreta
> l'aerea segreta fantasia.

Come vediamo, il senso del *puzzle* non è dato solo dall'accostamento sintagmatico fra i singoli «pezzi» (lemma presente in Cattafi con ben 44 occorrenze, tra singolare e plurale), né va incontro al gusto per il frammento che – contrariamente alla tessera del *puzzle* – va inteso come totalità,[56] ma è piuttosto sinonimo di «enigma» («enigmi pezzi d'enigmi / brani di saf-

---

[54] Georges Perec, *La vita istruzioni per l'uso*, Milano, Rizzoli, 1989, p. 7 (ed. orig. *La vie mode d'emploi*, Paris, Hachette, 1978).

[55] *Ivi*, p. 9.

[56] Ricordiamo a tal proposito che Luzi considera necessario «non considerare più il particolare come particolare, ma come assoluto significante, significativo, un assoluto che ha significato. E questo è appunto il paradosso del frammento.» (Mario Luzi, *Colloquio: un dialogo con Mario Specchio*, Milano, Garzanti, 1999, p. 183).

fo o simonide»),[57] di «rompicapo» («i puzzle i rompicapi»)[58] e di «disegno» nell'accezione di 'struttura', 'progetto', 'insieme'.

Proprio il lemma «disegno» è stato citato a supporto della vocazione di Cattafi alla pittura informale-surreale[59] ma, per la particolare ambiguità semantica sottesa alla nomenclatura tecnico-artistica, è riferibile più al fare poetico che al segno grafico, come suggerito da altri testi,[60] e da una nota dichiarazione poetica («le linee di un disegno naturale a cui bisogna con coraggio arrendersi»);[61] e, in ultima analisi, alla necessità sempre più forte, nell'avvicinarsi della fine, di trovare un senso a ciò che la logica non accetta: pensiamo all'icastico comando di *Vengono le targhe* in *Chiromanzia*: «cùcitelo sul petto / ciò che non corrisponde».

Per quanto attiene all'area della scultura, si registra – a parte «marmo» (18), connesso al diffuso correlativo montaliano della statua – una bassissima frequenza di lessemi relativi ai materiali duri come «alabastro» (2), «bronzo» (4) e a prodotti fittili come «ceramica» (3), «coccio» (7), da intendersi anche nell'accezione di 'terracotta ordinaria, di poco pregio, terraglia' («Un coccio di terra / cotta smaltata e colorata», *Un coccio*);[62] «gesso» (7); «porcellana» (1); «terra cotta» (2). Tra i materiali modellabili rinveniamo «cera» (10) e «argilla» (1).

Esigui sono anche i lessemi relativi alle tecniche scultoree che Cattafi, interessato prevalentemente alla pittura e alla grafica, dissemina, come «rilievo» («vorrei riposare in un basso / in un alto rilievo», *È questo*)[63] o «tutto tondo».[64] Ricordiamo altresì i verbi «modellare» (3), «tornire» (1), «smussare» (1), «levigare» (2); gli aggettivi «decorato» (1), «smussato» (1), «levigato» (10) «tornito» (2) e il sostantivo «tornio» (1).

Quest'area lessicale è in parte messa al servizio di un motivo ricorrente nella poesia cattafiana, cioè l'utopia dell'assimilazione al materiale inerte quale possibilità di salvezza; della pietrificazione quale rimedio alla contaminazione di un reale destabilizzante e caotico.

---

57 *Enigmi*, in *L'allodola ottobrina*.

58 *Vengono le targhe*, in *Chiromanzia d'inverno*.

59 A. Martini, *Suggestioni figurative nella poesia di Bartolo Cattafi*, cit., p. 60.

60 Si veda *S'uniscono i pezzi* in *Marzo e le sue idi* («Sul verde d'un prato / s'uniscono i pezzi staccati / d'un disegno / semplice e complesso / nella sua evidenza / come un'onda o una rosa / ritratta a tutto tondo / e là dentro t'immergi / e dolcemente nuoti / sempre più t'allontani / dalla calda terra / dalla riva del mondo»).

61 G. Spagnoletti, *Bartolo Cattafi*, cit., pp. 891-892.

62 In *Marzo e le sue idi*.

63 In *La discesa al trono*.

64 Il riferimento è ancora a *S'uniscono i pezzi*.

Tale mutazione parte proprio dall'occhio, che diventa «una quieta mandorla di marmo» (*È questo*, in *La discesa al trono*), in quanto inteso come «organo centrale di ogni dinamismo, di ogni conoscenza, di ogni creazione»[65] all'interno di un sistema che assegna un valore positivo all'immobilità e all'inerzia e uno negativo al movimento.

Numerosi sono i rimandi a ben determinate strutture architettoniche come «terme», «stadio», «teatro», «chiostro», «duomo», «cattedrale», e ai loro elementi («navata», «pilastro», «croce», «guglia», «sarcofago», «pianeta», «ipogeo»,[66] «paravento»), che non escludono un certo gusto per il Vicino e Medio Oriente, meta anche del viaggio del 1971 raccontato dai diari: «moschea», «sfinge», «piramide», «obelisco».

Il repertorio di immagini desunto dalla classicità greco-latina spazia da elementi strutturali ad altri decorativi: «tempio», «partenone», «fregio», «frontone», «trabeazione», «colonna», «acanto», «stele», «labirinto».

La poesia *Eredi della Grecia*, in *L'osso, l'anima*, cita i tre più importanti ordini architettonici pre-vitruviani: «Non conoscono gli ordini / dorico ionico corinzio, / l'acanto innestato da Callimaco».

Sono attestate anche forme della concavità come il lemma «volta» («con fioche luci sulla volta a botte», *Entro un'unica notte*; «avranno la volta muffita e gocciante», *Preghiera per il Signore*),[67] «nicchia» («né la statua che colmi questa nicchia», *Prince's Street*),[68] ed infine «loculo» («difficile è per la mente / stare nel suo loculo», *Pochi gesti*).[69] Accanto ad esse si riscontrano anche forme della convessità come, ad esempio, «cupola» («fondere il piombo / tornirlo un poco in una dolce / convessità di cupola», *Far fagotto*; «Una cupola d'oro barbaresca», *La strada della Sicilia*).[70]

---

65 M. Marchi, *Cattafi e gli oracoli della poesia*, cit., p. 31.

66 «sale ipogee» (*Amante dell'ombra*, in *L'aria secca del fuoco*).

67 Rispettivamente in *La discesa al trono* e in *Nel centro della mano*.

68 In *Partenza da Greenwich*, poi in *Le mosche del meriggio*.

69 In *La discesa al trono*.

70 Rispettivamente in *Occhio e oggetto precisi* e tra le poesie '43-'49, in B. Cattafi, *Tutte le poesie*, cit., pp. 688-689.

## Capitolo tredicesimo

# LA PRODUZIONE ARTISTICA CATTAFIANA

> Esiste un'affinità segreta tra certe immagini, ed essa vale anche per gli oggetti che tali immagini rappresentano.
>
> René Magritte

### 1. Gli oli

Quando sul finire degli anni Sessanta Cattafi comincia a dipingere, non produce arte 'contemporanea', ma si attarda su moduli risalenti agli anni Cinquanta, recuperando da Jackson Pollock l'impulso cinetico del gesto e la velocità da pittura d'azione, tipici di quasi tutta l'area gestuale della pittura informale: la consistenza pastosa delle tele e il vitalismo dei colori mediterranei fanno della sua pittura un esempio di informale materico di contro alla tesi dello «stralunato cubismo»,[1] riproposta nel corso degli anni forse più per la profondità spaziale di molti oli, che per una vera scomposizione e ridistribuzione dell'oggetto.

Egli innescava una vera e propria lotta con la materia per definirla, ma le lasciava dei margini di libertà, le permetteva di rapprendersi per ottenere, come emerge dalla diacronia delle colature, sovrapposizioni e progressivi svelamenti di grandi macchie, «regioni» di colore.

I colori venivano spalmati con la spatola creando delle pennellate corpose e dense: siamo, sia chiaro, ben lontani dalla tecnica del *dripping* che, pur alla base dell'astrattismo, rimane «una maniera di ottenere un risultato immediato che non frapponesse tra il quadro e il creatore il mezzo spesso inerte del pennello»,[2] consentendo un contatto diretto con l'opera, la quale

---

1 P. Maccari, *Spalle al muro*, cit., p. 174.

2 G. Dorfles, *Ultime tendenze nell'arte d'oggi: dall'Informale al Postmoderno*, sesta edizione aggiornata e accresciuta, Milano, Feltrinelli, 1984, pp. 59-61.

paradossalmente si manifesta già *perfecta*, proprio mentre sta prendendo forma.

Piuttosto, come ben coglie Maccari, il materismo è la componente di questi oli che più li accorda a quella «disposizione informale della forma»,[3] individuata in molte poesie di *La discesa al trono* o dell'*Allodola*: gli oli restituiscono l'idea di una materialità tattile, da stato primigenio della creazione, che a volte si addensa in stratificazioni di sostanza pittorica, ora scivola via fluida, più distesa, alla ricerca di modulazioni cromatiche.

### 1.1. *Dichiarazioni di poetica*

In un piccolo numero di oli il colore si incanala in strutture ondulate, in fasce allungate che convergono e vanno assottigliandosi come elementi naturali, foglie, canne, rami, alghe, in cui si avverte un'eco della pittura joppoliana degli anni Cinquanta, caratterizzata da «fluidità astratta, ma con una forte concentrazione su simboli primari»,[4] e costruita su «reticoli filiformi»[5] che si diramano in diverse direzioni, incrociandosi, intersecandosi, collidendo.

Sebastiano Grasso non ha difficoltà, infatti, a rinvenire nei dipinti del poeta aspetti che gli suggerivano «fondali marini, fiori acquatici, antri, mulinelli di pesci in fuga».[6] Ma era stato lo stesso poeta a sollevare la questione:

> Non so cosa dipingo. Forse sono un astratto figurativo o un figurativo astratto. Chissà. Il perché e il percome di tutto ciò lo ignoro. Io e il quadro diventiamo qualcosa durante e alla fine del lavoro. Prima è tutto buio.[7]

L'affermazione ci riporta alla polemica tra astratti e figurativi – camuffamento di quella più drammatica tra disimpegnati e realisti – che aveva imperversato in Italia nel dopoguerra, quando il poeta era entrato in contatto con l'*establishment* artistico di Milano, ma che già sul finire degli anni Quaranta era puramente formale, in quanto l'adesione a specifiche correnti artistiche aveva perduto la sua connotazione ideologica per divenire un'opzione puramente estetica, mentre l'impegno politico e sociale restava confinato alla sfera individuale dell'artista.[8]

---

[3] P. MACCARI, *Le impronte delle idee e delle rose*, cit., p. 59.

[4] *Beniamino Joppolo tra segno e scrittura*, cit., p. 26.

[5] G. JOPPOLO, *Beniamino Joppolo*, cit., p. 97.

[6] S. GRASSO, *Astrazioni di Cattafi*, cit.

[7] Tratto da E. FABIANI, *In Sicilia a caccia di sirene*, cit.

[8] A tal proposito si legga CARLA BALOSSINO, *L'amante gelosa: l'arte dal Postimpressionismo alla Transavanguardia*, Lecce, Youcanprint, 2021, p. 156.

Cattafi utilizza i termini slegandoli da qualsiasi contenuto ideologico, anzi rimescolandoli ossimoricamente. Stessa terminologia – e sintesi finale tra gli opposti – è impiegata in una lettera a Piero Chiara, dove c'è spazio anche per il gioco surrealista di immagini che accosta il colore al cibo, non alieno, tra l'altro, a certe trovate di Dalì[9] che aveva trasformato l'oggetto d'arte in materia commestibile:

> Novità: dipingo. Ma non ne so nulla. Dipingo e basta. Faccio tutto con le spatole: spalmo il *fois gras*, la crema pasticcera e i colori; mi raschio il fango dalle scarpe. Oramai sono decine i quadri e lavoro al buio, fisiologicamente. Se devo poi dirti una mia impressione, l'astratto che faccio mi sa sempre di figurativo.[10]

Ricordiamo a questo punto i versi di *Ingordigia*, in *L'aria secca del fuoco*, dove l'appropriazione della realtà passa attraverso un atto fagico che coinvolge i colori del mare messinese, in virtù di quell'atteggiamento definito «bulimico» da Ada De Alessandri nel dialogo-intervista con Davide Brullo: «Facevamo la spola senza fretta / dal blunotte al cobalto al verde al viola / incrostati di sale e di madrepore / uscivamo poi col muso ingordo / imbrattato dei quattro colori dello Stretto».[11]

Come in tutte le dichiarazioni di poetica cattafiane, è facile ritrovare immagini comuni ai versi: il «buio», ad esempio, visto non come luogo di morte, ma di segreta rinascita biologicamente intesa («fetido / buio biologico»),[12] zona indistinta da cui scaturiscono i segni e, quindi, fucina di creatività («buio materno»).[13]

Inoltre, l'indistinzione tra astratto e figurativo ci riporta all'analisi di Kandinsky secondo cui non c'è alcuna reale differenza tra le due forme, perché entrambe capaci di «mette(re) a nudo nel modo più sicuro il suono interiore del quadro».[14]

---

[9] Sulla rivista *Il minotauro* Dalì pubblicò il celebre testo *De la beauté terrifiante et comestible de l'architecture Modern Style* ("Sulla bellezza terrificante e commestibile dell'Architettura modernista") che si concludeva con la dichiarazione «La bellezza sarà commestibile o non sarà affatto», in G. Néret, *Dalí*, cit., p. 40.

[10] La lettera non è datata, ma secondo Prandi risale certamente al 1967 (*Da un intervallo del buio*, cit., p. 129).

[11] Davide Brullo, *Bartolo Cattafi, l'imperdonabile della poesia italiana: dialogo con Ada De Alessandri Cattafi*, «Pangea. Rivista avventuriera di cultura & idee», 5 settembre 2018, consultabile al *link*: Bartolo Cattafi, l'imperdonabile della poesia italiana: dialogo con Ada De Alessandri Cattafi - Pangea.

[12] *Dietro, dentro*, in *L'osso, l'anima*.

[13] Il sintagma è di *Mandali un giorno*, in *Marzo e le sue idi*, ma anche di *È tenebra*, in *Segni*.

[14] W. Kandinsky, *Tutti gli scritti. Punto e linea nel piano, Articoli teorici, I corsi inediti al Bauhaus*, vol. 1, Milano, Feltrinelli, 1989, p. 123.

Cattafi condivide con grandi intellettuali del Novecento la stessa visione fenomenologica dell'arte, attingendo alla comune matrice filosofica e culturale europea, in una consonanza di pensiero che trascende i confini tra pratica artistica e riflessione teorica.

Straordinariamente vicine sono le riflessioni di Cattafi, nella loro linearità, a quanto affermato da Heidegger sulla genesi dell'opera d'arte: «L'artista è l'origine dell'opera. L'opera è l'origine dell'artista. Nessuno dei due è senza l'altro», uniti da «ciò da cui sia l'artista sia l'opera d'arte traggono il loro nome: l'arte».[15]

In quest'ottica, il processo creativo non può essere esteriorizzato, perché obbedisce a impulsi del tutto naturali ed estemporanei, configurandosi sin dal suo sorgere come kandinskiana necessità interiore:

> Da bambino facevo gli acquerelli: poi intervenne la coscienza, il pudore e restai bloccato. Per anni covai la libidine delle forme, dei colori e dei miei sogni, ma sterilmente. Poi nell'autunno del '67, per disperazione strizzai i tubetti ad olio, irrorai di acqua ragia l'impasto e a testa bassa mi misi a lavorare di spatola.[16]

## 1.2. *Cattafi tra i doppi talenti*

Le affermazioni di Cattafi sulla sua vocazione pittorica ineriscono anche ad un altro aspetto del doppio talento, quello dell'«irriducibile alterità»[17] comune anche a Beniamino Joppolo: «Posso assicurare chiunque di avere dipinto sempre, dentro, e di essere passato troppo tardi semplicemente, all'atto del dipingere materialmente».[18]

L'innesto della pittura nella produzione cattafiana è stato probabilmente preparato dall'iniziale frequentazione della poesia simbolista,[19] la quale è stata senza dubbio cruciale nello sviluppo del rapporto tra le due discipline artistiche, portando ad «una sorta di "pittorializzazione del linguaggio"», grazie all'uso baudelairiano della sinestesia quale «figura principe della conoscenza artistica della natura».[20]

---

15 Martin Heidegger, *L'origine dell'opera d'arte* (1950), in Id., *Sentieri interrotti*, presentazione e traduzione di Pietro Chiodi, Firenze, La Nuova Italia, 1968, p. 4.

16 Le parole cattafiane sono desunte da E. Fabiani, *In Sicilia a caccia di sirene*, cit.

17 A tal proposito si veda M. Cometa, *Al di là dei limiti della scrittura*, cit., p. 54.

18 R. Modesti, *Tre mostre estive*, «Notizie d'arte», ottobre 1974.

19 Sull'interesse cattafiano per i poeti simbolisti francesi degli anni 1946-47, e la partecipazione alla rivista «Graal» di ispirazione simbolico-massonica si veda B. Cattafi, *Tutte le poesie*, cit., p. xxxix.

20 Fabio Scotto, *Introduzione* a *Poeti pittori e pittori poeti. Poesia e arte tra Otto e Novecento*, a cura di Fabio Scotto e Marco Sirtori, Milano, Cisalpino, 2014, p. viii.

La ricostruzione personale di un linguaggio ancora poco usurato per il poeta avviene, dopo anni di attesa, in un momento in cui la poesia è muta. In questo caso è molto eloquente la testimonianza della moglie:

> Dal gennaio 1963 al febbraio 1971 Cattafi non scrive neanche un verso. Eppure non è, questo, un periodo infruttuoso nella vita e di riflesso nella sua poesia. Forse, come non mai, vita e attività poetica si saldano insieme e si illuminano a vicenda [...] Le sue spinte interiori, per il momento, trovano sfogo nella pittura: disegni, acquerelli, oli testimoniano a parte ogni considerazione artistica, la materia incandescente che gli arde dentro, confermando al tempo stesso la coerenza e compattezza del suo mondo fantastico.[21]

Siamo di fronte, almeno in questo momento creativo, allo specifico caso di vocazioni letterarie che si convertono radicalmente alla pittura quale scelta temporanea o definitiva, come dimostrano gli esempi emblematici di Klossowski e Ionesco;[22] o, viceversa, come Mark Rothko che, per redigere *La realtà dell'artista*, non dipinse per un anno.[23] Per il nostro poeta si tratta di uno «sfogo compensatorio» dovuto ad un sovraccarico di «energie accumulatesi e sprigionatesi, questa volta nella direzione della forma e dei colori», secondo la testimonianza di Carmelo Aliberti.[24]

Apparentemente, sembra di essere vicini alla concezione consolatoria di Sinisgalli:

> [...] il disegno è stato un'espressione naturale, quando io e la poesia abbiamo litigato in modo più violento del solito. Forse è anche una questione di gelosia: la poesia pretende l'amore assoluto, è soffocante. Il disegno no, è confortante, amico, ti aiuta quando ne hai bisogno e non ti chiede nulla in cambio[25]

Ma neanche su questo versante Cattafi è ascrivibile a lungo in una categoria precisa, perché anche con la ripresa della versificazione egli continuerà ad esercitarsi su più *media* contemporaneamente: iniziata di preciso tra il 1967 e il 1968, mentre il poeta era ospite degli zii Barresi in attesa che la casa colonica venisse restaurata,[26] l'attività pittorica comincia ad essere

---

21 Ada De Alessandri, *La spiritualità di Bartolo Cattafi*, con quattro poesie autografe e un'iconografia, Milano, E.S.U.R.-Scheiwiller, 1989, cit., p. 50.

22 M. Cometa, *Al di là dei limiti della scrittura*, cit., p. 53.

23 Riccardo Venturi, *Premessa* a Mark Rothko, *Vivere l'arte (scritti 1934-1969)*, a cura di Miguel López-Remiro, Edizione italiana a cura di Riccardo Venturi, Roma, Donzelli, 2021, p. xv.

24 Carmelo Aliberti, *Incontro con il poeta Bartolo Cattafi*, in *Autori di Barcellona e provincia*, Foggia, Bastogi, 2002, p. 91.

25 Giuseppe Tortora, *Le Vespe d'oro: saggi e testimonianze su Leonardo Sinisgalli*, Cava dei Tirreni, Avagliano, 1995, p. 15.

26 D. Bertelli, *«Qualcosa di altrettanto preciso»*, cit., p. 123.

registrata nei diari dal 1972, affiancata alle sperimentazioni nel campo della fotografia, dei disegni e degli acquerelli (oltre che alla pratica poetica che registrerà proprio tra il '71 e il '73 un picco): «Mi viene una smania di dipingere dopo tanti anni, e scappo dagli zii a prendermi le tele rimaste laggiù. Ore 15.30 mi cambio i pantaloni e attacco nello studio. Faccio cinque quadri.» (6 novembre 1972).

Nei pochi anni, quasi un settennio, cui fu circoscritta, la pittura ebbe ritmi altalenanti come la poesia, prevedendo anch'essa delle pause: «non ho nessuna voglia di dipingere» si legge l'8 novembre 1972, a due giorni dalla dichiarazione precedente, e a conferma del totale abbandono al richiamo creativo quale *modus operandi* cattafiano. Inoltre, mentre i frequenti roghi di materiale cartaceo autografo[27] citati nei diari assumono il «senso di una nuova nascita, di un ripartire da zero»[28] – non sempre coincidente con la fine di un periodo compositivo –, l'*emendatio* e, talvolta, la distruzione delle tele sono finalizzate ad un equilibrio tutto interno, ad una calcolata economia creativa.

Il 30 novembre 1972 Cattafi scrive: «Vado a dipingere annullo un quadro fatto (rompo la tela) ne aggiusto altri due, ne faccio uno nuovo»: il verbo «rompere» ricorda alcuni versi di *Simùn* risalenti agli stessi anni («e rompile per sempre / non mettere in ordine le righe», *Alfiere*), e depositari di una volontà di autodeterminazione che, se non controllata, può divenire furia distruttiva.

Questo processo è riflesso in una poesia di *Segni*, accompagnata da un latente senso di colpa che, tuttavia, non viene mai palesato nei diari, esattamente come accade, in linea di massima, coi roghi poetici:[29]

> UN QUALCOSA
> Un qualcosa d'ignota provenienza
> colpo vibrante di potere

---

[27] Leggiamo nella pagina relativa al 12 marzo 1971: «brucio nel camino un sacco di vecchi e vecchissimi appunti di poesie, minute, copie dattilo e manoscritte, elenchi di titoli di poesie, vecchi quaderni e quadernetti e qualche inedito da distruggere».

[28] L. Baldacci, *La discesa al trono*, cit.

[29] Nei riguardi dei testi dati alle fiamme nel '71 la critica non nota «nessun cenno di rimpianto o di giustificazione a se stesso» (D. Bertelli, *«Qualcosa di altrettanto preciso»*, cit., p. 123). *Par contre*, nel diario del 1977 troviamo più di un'eccezione alla regola: «ore 15.45. ritorno su a lavorare (in mattinata mi son accorto con angoscia che ho bruciato una poesia che non dovevo bruciare e ora continuo la ricostruzione iniziata in mattinata)» (14 maggio 1977); «vado a lavorare, a rivedere questa volta, dopo aver ricostruito e trascritto la seconda poesia bruciata, le poesie segniche» (15 maggio 1977); atteggiamento da interpretarsi, forse, come i primi segni della «conquistata maturità esistenziale» di cui parla Maccari a proposito delle poesie di *L'allodola ottobrina*, composte in questi anni (P. Maccari, *Spalle al muro*, cit., p. 189).

secco come colpo di staffile
una striscia che passa imperversa
su impensabili oggetti
rompendoli in due
e poi sbaglia slancio
piegata con tristezza
s'abbatte su se stessa.

Il «qualcosa» a cui indeterminatamente Cattafi si riferisce è di «ignota provenienza», come ignoti sono considerati i modi e i tempi dell'arte nella già citata intervista rilasciata a Enzo Fabiani, in quanto attinenti ad un'area del fare avvertita come intima, privata, inviolabile. Su questo punto si espone il pittore Gian Luigi Giovanola, dandoci al contempo un attendibile parere sulle opere cattafiane:

> L'acuta sensibilità e l'intensa ricca affettività, sempre controllate e contenute, lo hanno portato ad esprimersi anche attraverso la pittura, con tanto impegno e tanto lavoro, ma quasi pudicamente, al punto che neanche gli amici sapevano molto di questa attività. Eppure le sue incisioni e le sue tele non sono seconde a quelle di artisti affermati.[30]

Il poeta non ambì infatti ad esporre pubblicamente i suoi lavori, se escludiamo un *vernissage* di cui ci parla Ada De Alessandri e che avrebbe avuto un valore, per così dire, di congedo dall'attività pittorica; le altre esperienze, di cui riferiremo più avanti, rivestono più che altro un certo carattere di estemporaneità e furono forse più fortemente volute da personaggi del mondo dell'editoria e dell'arte vicini al poeta che da lui stesso:

> Esauritosi l'estro pittorico – testimonia Ada De Alessandri – Bartolo fece incorniciare gli oli e, caricatili sull'auto, li portammo insieme a Milano per un mini *vernissage* con cena presso il ristorante "Il girarrosto" di corso Venezia. Gi invitati erano Vittorio e Maria Luisa Sereni, Marco e Paola Forti, Giovanni e Bianca Raboni, Luciano e Mimìa Erba, Vanni Scheiwiller e Gillo Dorfles. Prima di congedarli offrì a ciascuno un quadro in omaggio.[31]

La presenza, insieme ai consueti amici, di un critico di prim'ordine, e punta di diamante della sperimentazione artistica a Milano, come Dorfles (che il poeta, racconta Ada, frequentava) rappresenta un'ovvia attestazione di stima da parte di chi aveva un ruolo consolidato nello scenario artisti-

---

[30] Gian Luigi Giovanola, *Incomparabile poeta gentiluomo*, «L'Osservatore Romano», 3 ottobre 2007, p. 3.

[31] Testimonianza tratta da B. Cattafi, *Tutte le poesie*, cit., p. lxiii.

co italiano; ma, nonostante ciò, le dichiarazioni di Cattafi in merito alle proprie opere pittoriche sono spesso sbrigative, concise, finanche spiritose: «Oh bella, mi si domanda perché dipingo. Dipingo perché mi viene voglia di dipingere. Il signor de la Palice prima di morire era ancora in vita».[32]

Questo atteggiamento non è diverso da quello di altri doppi talenti che dissimulano la loro appartenenza al campo dell'arte, come ad esempio Dino Buzzati:

> Il fatto è questo: io mi trovo vittima di un crudele equivoco: sono un pittore il quale, per *hobby*, durante un periodo purtroppo alquanto prolungato, ha fatto anche lo scrittore e il giornalista. Il mondo invece crede che sia viceversa e le mie pitture quindi, non le può prendere sul serio. La pittura per me non è un *hobby* ma un mestiere, *hobby* per me è scrivere.[33]

O come Giovanni Comisso, autore di *Mio sodalizio con De Pisis* (Milano, Garzanti, 1954):

> Avevo nella mia stanza sotterranea l'ultimo cavalletto di De Pisis, una scatola di colori e alcuni pennelli lasciati da un mio amico e una tavoletta di compensato qualsiasi [...] non potevo neanche uscire a camminare perché pioveva forte, presi i pennelli e cominciai a stendere i colori come mi avveniva di sceglierli a fiuto. [34]

A tal proposito Renzo Modesti ha notato una linea comune a molti autori:

> Le testimonianze potrebbero allungarsi: Petroni, Repaci, Sinisgalli, Flora Volpini, Zavattini etc... Tutti hanno dunque la loro buona giustificazione in cui la modestia, l'umiltà o la burbanza [...] non riescono tuttavia a nascondere un pudore, un disagio riconducibili ad una sorta di senso di colpa.[35]

La colpa dello sconfinamento in un territorio *autre*, delegittimato da un'epoca, come la nostra, che non produce più figure artistiche polivalenti (nonostante la diffusa retorica sull'abbattimento delle frontiere disciplinari), sembra costituire uno dei punti di maggiore 'opacità' dei doppi talenti.

Ma in Cattafi ritroviamo anche un altro *leit-motiv* dei doppi e plurimi talenti: in un'intervista, alla domanda se la poesia fosse «arretrata come mez-

---

[32] «Da una conversazione telefonica tra Bartolo Cattafi (Terme Vigliatore, Messina) e Vanni Scheiwiller (Milano) 7 luglio 1974», in *Prima mostra nazionale scrittori che disegnano e dipingono*, cit., p. 24.

[33] DINO BUZZATI, *Un equivoco*, in ID., *Dino Buzzati, pittore*, Milano, Alfieri, 1967, p. 7.

[34] Testimonianza di GIOVANNI COMISSO, in *Prima mostra nazionale scrittori che disegnano e dipingono*, cit., p. 32.

[35] R. MODESTI, *Tre mostre estive*, cit., p. 17.

zo d'espressione rispetto alla pittura», egli rispondeva: «No, assolutamente no. L'inchiostro non è indispensabile per scrivere poesie: il Ducotone, i colori Schmincke, e tante altre sostanze, organiche e inorganiche, possono servire all'uso»,[36] esplicitando così quell'identità tra pittura e scrittura che costituirà un presupposto per l'accostamento ad un altro pittore-poeta siciliano, il più affermato Quasimodo:

> D'altronde la tavolozza, per Cattafi, non è altro che un'altra maniera di *scrivere* [...] Il paragone con Salvatore Quasimodo è inevitabile. Anche lui informale. Anche lui autore di una serie di dipinti, riprodotti postumi in una cartella d'arte, curata dal figlio Alessandro. E nessuno dei due ha mai messo piede in un'Accademia. Discorso analogo per Beniamino Joppolo, Cesare Zavattini ed Eugenio Montale.[37]

Attualmente, gli oli cattafiani sono visibili, insieme alla maggior parte delle altre opere grafiche, sul sito internet ufficiale (https://bartolocattafi.it) gestito dalla famiglia del poeta, e soprattutto nel catalogo *Cattafi artista (oli, acquerelli, disegni, foto)*, a cura di Nino Sottile Zumbo, Castel di Tusa, Edizioni Fiumara d'Arte, 2006, e contenente 19 oli (1967-'71), 10 acquerelli (1973), 5 acqueforti e varie fotografie delle isole Shetland ('67) e di una battuta di pesca avvenuta nell'estate del 1972 nello Stretto di Messina.

Una serie inedita di disegni (due dei quali a matita e tempera) è inserita, inoltre, in calce a questo studio[38] per gentile concessione di Ada De Alessandri.

## 2. I disegni e gli acquerelli

Diversamente dagli oli, per gli acquerelli e i disegni potrebbe valere la definizione di lavori cubo-futuristi, vista la determinazione dei segni a ripetere e organizzare rette e curve ruotanti nello spazio (fig. 1, Tavole), traslate in «Quelle figure piane / che la mente mette / nel centro della stanza / linee chiuse con altre combacianti» di *Cerniere*, in *Marzo e le sue idi*.

In alcuni disegni metafisici si accampa il motivo della scacchiera:[39] una sorta di griglia, di struttura la cui matrice è prettamente cubista, e che Cattafi aveva avuto probabilmente modo di attingere – o di rinfrescarsi – *de*

36 E. Isgrò, *Per fare poesia, dice Bartolo Cattafi, può servire anche l'inchiostro*, con inediti (*A Edi, a Tea, Z., Anabasi, Pippermint, Cartolina a Nicole*), «Gazzetta del Sud», 28 aprile 1964.

37 S. Grasso, *Astrazioni di Cattafi*, cit.

38 Si vedano le Tavole, figg. 1-8, 13, 14.

39 Il disegno è stato riprodotto sulla copertina degli Atti della I e II edizione (1981-1982) del già citato Premio Nazionale di Poesia e Saggistica «Bartolo Cattafi».

*visu* dai dipinti del futurista Giulio D'Anna creati nel 1972, ad esempio l'opera *Occhi* (ed altre dello stesso periodo).[40]

La stessa immagine cara a Borges compare *in absentia* nel testo *Alfiere* di *Simùn*, poi in *Finzione* di *L'allodola ottobrina*, e in *Chiromanzia d'inverno*, dove diventa oggetto di una poesia:

> SCACCHIERE
>
> Si scontrano ancora le scacchiere
> e sono fiere d'avere scordato
> come son fatti gli scacchi
> di scambiare i bianchi coi grigi e coi neri
> d'avere perso per sempre i passi
> di re regine cavalieri.
>
> Cimbro, 16 febbraio 1979

In sintesi, il motivo grafico della scacchiera viene rielaborato in forma poetica a rappresentare, come altre figure geometriche cattafiane, un tentativo di arginare il *desorden* dell'esistente.

A proposito del fatto che la poesia rappresenti inevitabilmente il punto di convergenza di tutti i codici linguistici, Pasolini scriveva a Renato Guttuso: «Beato te, che quando prendi la matita o il pennello in mano, scrivi sempre in versi! Chi dipinge è un poeta che non è mai costretto dalle circostanze a scrivere in prosa!».[41]

Possiamo legittimamente traslare questa particolare capacità allo stesso Cattafi, che non fa altro che convertire il visivo in parola poetica e la parola poetica in segni e immagini.

### 2.1. *I disegni metafisici: Cattafi e Morandi*

Un gruppo di nature morte avvicina Cattafi alla concezione spaziale e oggettuale di Giorgio Morandi, uno dei più grandi pittori e disegnatori italiani: tre oggetti – al massimo quattro – l'uno accanto all'altro, caratterizzati da una certa sottigliezza del tratto, morandiano appunto, e inseriti nella squadratura prospettica appena accennata della stanza,[42] tipico sfondo dei disegni e degli acquerelli di Morandi.[43]

---

[40] Virginia Buda, *Un pittore limpido e festoso. Giulio D'Anna a Messina tra Futurismo e Astrattismo*, Messina, Società messinese di storia patria, 2006, p. 71.

[41] La citazione pasoliniana è tratta da R. Donati, *Nella palpebra interna*, cit., p. 131.

[42] Le acqueforti in questione sono consultabili nella sezione "Opere grafiche" del sito ufficiale del poeta.

[43] Al 1952 risale il libro ungarettiano *Un grido e paesaggi*, con uno studio di Piero Bigon-

Le acqueforti cattafiane dell'edizione *Quattro poesie e quattro acqueforti*, difatti, ritraggono frontalmente e con linea continua alcune forme simili alle bottiglie dell'artista bolognese, accanto ad altri meno precisati «recipienti» (per usare un lemma che con 5 occorrenze attraversa la seconda produzione, comparendo in poesie fortemente emblematiche).

Notoriamente, Morandi aveva instaurato per tutta la sua vita un dialogo intimo e costante con le bottiglie, che, nella loro diversa forma e fattura, erano diventate il cuore della sua ricerca artistica. Questo dialogo, allusivo e poetico, aveva trasformato gli oggetti quotidiani in presenze cariche di significato, rivelando gli influssi della pittura metafisica sul percorso artistico morandiano. [44]

Il fatto che spesso i contorni degli oggetti rappresentati nascano gli uni dagli altri permette ad entrambi gli artisti di affrontare il problema spaziale dei volumi, del contrasto tra pieni e vuoti (fig. 2, Tavole), che da questione pittorica diventa puramente metafisica. Leggiamo, ad esempio, *In una smorta stagione*, di *Chiromanzia d'inverno*:

In una smorta stagione cosparsa
di minimi frammenti polverosi
percuoto sonori recipienti
sbatacchio un grumo nel guscio vuoto
sono vuote le cose
ed è già tanto se l'idea di massiccio
macigno mastodonte
incombe ancora nel chiuso della mente.

Anche nell'agenda del 27 dicembre 1974 viene specificata, in un'annotazione pittorico-descrittiva, la differenza di saturazione ad opera della luce che ha luogo nello spazio proprio del segno, cioè il foglio di carta: «Alle 15.10 mi metto a scrivere il diario fuori, sui pieni-e-vuoti della pagina creati dal sole e dalle foglie di rosa rampicante di luce e d'ombra».

Dunque, sia nei disegni che nella scrittura cattafiana si allude al rapporto tra spazio e corpo, luce e ombra, oggetto di quella "Teoria delle ombre" che sarà citata nei diari: un insieme di leggi proiettive e geometriche utili a rendere graficamente la tridimensionalità degli oggetti.

Come in Morandi, però, il dato formale è solo l'inizio di una delicata ricerca sul rapporto tra gli oggetti e lo spazio vuoto, ma anche sulla collo-

---

giari e cinque disegni di Giorgio Morandi, edito a Milano da Schwarz e che Cattafi possedeva (ora nel fondo bibliografico).

[44] Sul rapporto tra Morandi e la pittura metafisica si legga R. Modesti, *La pittura metafisica*, cit., p. 20.

cazione degli oggetti rispetto a noi e sulla loro intima natura (reale, immaginaria, astratta, onirica?).

Tra le poesie che affrontano il problema della veridicità, della effettiva consistenza delle cose, ricordiamo *Ali quinte fondali*, in *Marzo e le sue idi*:

La concretezza è tale
degli oggetti di cui ho colme le tasche
possente e lucente
che potrei farne ali
di cartapesta quinte fondali.

D'altronde, l'intera architettura poetica di Cattafi si erge sull'evidenza di un'assenza cui egli cerca eroicamente di dare sostanza, e sull'intangibilità di un vuoto esistenziale che si tenta di oggettivare attraverso i segni grafici.

Si legga anche *A mio padre* (*18 dediche*) dove il poeta «part(e) dalle zone oscure della foto / occhi baffi capelli color seppia», per tentare di ricostruire l'immagine del padre, andando cioè dall'invisibile al visibile. Lo spazio buio, come quello vuoto, è oggetto di una riflessione di ordine filosofico-esistenziale, configurandosi come quell'heideggeriano *Lichtung* in cui la dimensione più vera può disvelarsi e manifestarsi all'uomo. Morandi fa la stessa cosa da pittore, spingendo lo sguardo oltre le possibilità della visione, consapevole di «un visibile molto più ricco del veduto».[45]

Altri disegni inediti di Cattafi presentano forme oggettuali piuttosto stravaganti (fig. 3, Tavole), ma sempre distanziate le une dalle altre da quel vuoto che per Morandi è un intervallo ritmico, quasi musicale, che assume nei suoi dipinti una funzione compositiva, configurandosi non come assenza, ma come spazio generativo di immaginazione.

Queste affinità non sono probabilmente casuali: apprendiamo da Scheiwiller che il gruppo di amici milanesi comune a Cattafi aveva dei contatti diretti con Morandi,[46] e ne frequentava lo studio, cosa che può giustificare il ricorso ad un'immagine esplicitamente morandiana nella stesura originaria di *Oggetti di natura*[47] del 29 settembre del 1972: «cose colme di

---

[45] M. Pasquali, *Giorgio Morandi. Il molteplice nell'ordine*, in *Giorgio Morandi. Il tempo sospeso*, cit., p. 24.

[46] «Fine anni '50, primi anni '60 si girava con Luciano Erba, Piero Draghi, il pittore Gian Luigi Giovanola: veniva anche Antonio Uccello da Cantù per parlarci solo di cose siciliane. Una corsa, tutti a Grizzana a salutare Giorgio Morandi oppure a Padova da Daniella Selvatico Estense e dopo a Venezia dal caro Diego Valeri...» (Vanni Scheiwiller, *Nella Milano del Giamaica con Bartolo Cattafi, poeta*, «Il Sole 24 ore», 9 aprile 1989).

[47] *Oggetti di natura* è inserito nel quaderno autografo $Q72_3$ che comprende testi datati tra il 27 agosto e il 2 ottobre (V. Leotta, *Nota ai testi*, cit., p. 322). Il testo è accolto, poi, con varie modifiche, tra cui l'espunzione dei versi che contengono il riferimento a Morandi, in *Marzo e le sue idi*.

un vuoto asseverante / bottiglie di morandi su scaffale / intera cordigliera delle ande».[48]

Si tratta della seconda citazione figurativa della poesia di Cattafi (rigorosamente in minuscolo) indice dell'impressione che alcune opere d'arte, viste probabilmente di persona, avevano lasciato sul suo immaginario.

Il «vuoto asseverante», rafforzato in «vuoto se stesso asseverante» nel testo a stampa, è connesso alle raffigurazioni morandiane che vengono interpretate lungo la direttrice semantica finora tracciata. Ci sembra allora di potere concordare con Sereni quando afferma che i testi pittorici o poetici che ci hanno impressionato entrano «nella nostra cerchia esistenziale, né più né meno che come persone, interlocutori, viandanti, guide, portatori d'acqua».[49] Ed in effetti anche Sereni sentì il fascino della pittura morandiana, a riprova della partecipazione dei poeti della generazione cattafiana allo stesso clima artistico.[50]

Contiguo dal punto di vista immaginale ma più generico, è un testo 'gemello' di *Marzo e le sue idi*, nel quale la dialettica presenza-assenza è di nuovo affidata allo studio oggettuale: «Posati su scaffali / a perdita d'occhio / oggetti opachi / colmi dei nostri mali / lì davanti le prefiche piangono / e piangono davvero / con occhi perduti e ritrovati» (*A perdita d'occhio*).

Escludendo, come sempre, delle corrispondenze biunivoche, si potrebbe anche ipotizzare che l'immagine degli scaffali sia venuta fuori da una commistione: Cattafi aveva visitato nel gennaio dello stesso anno la mostra "Metamorfosi dell'Oggetto", che non solo esponeva una *Natura morta* morandiana del 1918, ma anche un lavoro di Marcel Broodthaerts: *L'armadio del carbone* (1966),[51] costituito appunto da un armadietto con le ante spalancate su due scaffali reggenti ciascuno un'ordinata serie di bottiglie di terracotta di colori diversi.

In ogni caso, qualsiasi possibile analogia tra Morandi e Cattafi, per la proprietà transitiva, ci riporta a quella tra il pittore bolognese e Montale, che per alcune voci critiche si fonderebbe su «una metafisica dell'oggetto quotidiano»,[52] reso destinatario di un investimento affettivo, grazie alla memoria che consente all'uomo di non smarrire, finanche nelle epoche più buie, l'essenza della propria umanità.

---

[48] V. Leotta, *Nota ai testi*, cit., p. 336.

[49] V. Sereni, *Da natura a emozione da emozione a natura*, in Id., *Poesie e prose*, a cura di Giulia Raboni, Milano, Mondadori, 2013, pp. 1200-1201.

[50] Con Morandi avevano già 'dialogato' Riccardo Bacchelli, Ardengo Soffici, Vincenzo Cardarelli, che gli chiese di illustrare con 22 acqueforti il volume di liriche *Il sole a picco* (1929), e Dino Campana (F. Milani, *La pittura di Giorgio Morandi*, cit., pp. 30 ss.).

[51] J. Dypréau, *Dalla Pop-Art all'environnement*, cit., pp. 151 e 161.

[52] F. Milani, *La pittura di Giorgio Morandi*, cit., p. 42.

Riteniamo che in qualche modo queste considerazioni possano valere anche per Cattafi, che allo scandaglio degli oggetti (anche quelli della nota poetica dello scarto, correlativa di un'esistenza ridotta all'osso) dirige i suoi versi e in parte la sua produzione grafica: non è inusuale, infatti, la presenza di rottami, molle, lische, oggetti in disuso anche nei disegni.

### 2.2. *I disegni naturalistici*

È possibile distinguere i disegni cattafiani in due gruppi: quelli metafisici, e quelli di ispirazione naturalistica, nei quali il tratto diventa fitto, meticoloso, talvolta decorativo, e compaiono tratteggi di varia intensità a riempire le parti concave degli oggetti.

Incontriamo in questo secondo gruppo le isotopie più frequenti della produzione poetica, quali la chiocciola, la conchiglia, la foglia, in un dialogo aperto tra opere figurative e poetiche. L'emblema della chiocciola, che si presenta raddoppiato in un disegno, è di particolare interesse perché sembra tratto direttamente da certe figurazioni di Alberto Savinio degli anni Trenta e Quaranta, e coniuga la tematica dello scorrere circolare del tempo al motivo figurativo dell'elica, la già menzionata linea ellissoidale.

Per quanto riguarda la prima tematica, la raccolta *Segni* ospita un testo come *Chiocciola*, in cui alle polivalenze geometriche, matematiche, artistiche della spirale viene affidata l'idea del tempo che involve nel suo costante cambiamento ogni cosa.

La descrizione della spirale in *Segni che v'incontrate* («Segni che v'incontrate / integrate e chiudete in corto / lungo circuito / volute stampate sulle chiocciole»), all'interno di *Marzo e le sue idi*, rappresenta un piccolo caso di dinamizzazione delle immagini che pare un segnale di enigmaticità dell'esistenza, come rivela la paranomasia che si instaura tra «segni» e «sogni» qualche verso dopo.

Cattafi, insomma, studia la natura e la descrive come si trattasse di un'opera d'arte: possiamo ormai considerare le descrizioni attinenti ai *naturalia* come una forma di *ékphrasis*, dovuta all'«indebolimento tutto novecentesco» della distinzione tra artificiale, prodotto di una qualche attività, e naturale «che ha sistematicamente messo in crisi il paradigma secolare dell'imitazione e della verosimiglianza»,[53] soprattutto nell'arte contemporanea.

Per quanto riguarda la foglia, va rilevato che nel macrotesto di *Marzo e le sue idi* essa è assimilata alla carta e al palmo della mano per l'antinomia

---

[53] M. Cometa, *Parole che dipingono: letteratura e cultura visuale tra Settecento e Novecento*, Roma, Meltemi, 2004, p. 14.

individuata quale caratteristica dei segni cattafiani:[54] è una superficie che presenta delle linee (*Una foglia d'acero* «a metà strada tra pelle dura / ed esile carta / portatrice di segni a palmo pieno / di parole di vene portentose»), non dissimili da quelle della mano lette dalle chiromanti, ma evoca anche la sottigliezza del foglio di carta destinato a raccogliere i segni della scrittura.

Nel testo *Foglie* netta è l'identificazione tra foglia e parola, connotate entrambe dalla volatilità: «pagine di pimenti / di pigmenti dall'albero spiccate / entità rapinose / prima che altrove insediate nella mente».

Almeno sei schizzi inediti presentano dei soggetti zoomorfi come i pesci, inseriti in piccole composizioni accanto ai simboli marini della conchiglia o della stella (fig. 4, Tavole): chiara è l'affinità tematica con *Lo Stretto di Messina e le Eolie*, prosa introduttiva al libro fotografico dell'Automobile Club d'Italia, e ancor di più con le foto ittiche scattate nel 1972 da Cattafi e inserite nel volume *Le isole lontane*. Ma un altro sotterraneo stimolo visivo poteva essere dato dal simbolo distintivo della casa editrice *All'Insegna del Pesce d'Oro*, con cui Scheiwiller si firmava[55] (e firmava, dunque, la propria corrispondenza epistolare). Una poesia di *18 dediche* vi fa riferimento: «mani di vene azzurre / versò pesci d'oro / e altre vive forme favolose / nelle mani d'un figlio / che ora tutto avvia nel futuro [...]» (*A Giovanni e Vanni S., editori*).

Con i disegni, risalenti per la maggior parte al 1971, siamo in una fase biografica di orgogliosa rivendicazione del legame viscerale con la terra d'origine, solo apparentemente attenuatosi col trasferimento a Milano, e che si manifesta nel senso dell'eccesso di *L'aria secca del fuoco*: nella sezione *Lo stretto* è proposta una «festosa rassegna ittica (*Buddàci, Pesce spada, Stoccafisso, L'aguglia*...)»,[56] di pari passo all'esaltazione delle colorite tradizioni folkloristiche e gastronomiche del territorio, esplicitata nella sezione *La testa del maiale*.

La testimonianza di Domenico Porzio ci dice qualcosa in merito alla partecipazione viscerale e istintiva di Cattafi al mondo equoreo dello Stretto,[57] già oggetto della scrittura di Consolo:

---

[54] Per le caratteristiche dei segni cattafiani si legga V. LEOTTA, *L'inverno di Bartolo Cattafi*, cit., p. 51.

[55] «Il marchio All'Insegna del Pesce d'Oro appare per la prima volta nel 1936, disegnato da Roberto Aloi, ma sarà destinato a mutare d'aspetto a seconda dell'estro degli amici artisti, da Bruno Munari a Luigi Zuccheri. Il pesciolino uno o multiplo divenne in seguito spesso sigla e firma di Vanni» (*Giovanni e Vanni Scheiwiller editori*, cit., p. 54).

[56] R.M. MONASTRA, *Il poeta e i vaticini, a proposito di una lirica di Bartolo Cattafi*, in ID., *L'isola e l'immaginario: Sicilie e siciliani del Novecento*, Soveria Mannelli, Rubbettino Editore, 1998, p. 218.

[57] Il lemma «pesce» conta in tutta la produzione ben 61 occorrenze, di cui 31 in *L'aria secca del fuoco*, insieme al diminutivo «pesciolino» (1), i composti «pesceverme» (1) e «pescecane» (1),

Bartolo Cattafi se ne stava in barca con la naturale indifferenza dell'ideatore, dello architetto di questa piscina che altri chiamano lo Stretto di Messina. I pescatori lanzarono cinque tonni e due spada di bel portamento, lui Cattafi lì che li fotografava, li guardava soddisfatto come a significare: hai visto, eh, vedi che ti faccio, che ti invento? [...] Come se quelle creature che vedevo rantolare fossero sue, immagini viventi.[58]

In almeno due disegni si presenta anche l'immagine della lisca, inserita in uno scenario assimilabile a quello della 'rovina', ma abbassato di livello, reso quotidiano, prosastico, desublimato: da una parte ennesimo recupero del tema dello 'scarto' con le sue polivalenze negative, dall'altra testimonianza di quell''ossessione' per il cibo registrata nei diari, e che arriva a configurarsi in *La discesa al trono* quale forma intima di conoscenza.

L'enorme granchio nell'atto di afferrare una preda ittica (fig. 5, Tavole) anticipa un'immagine messa a punto qualche anno dopo in *L'allodola ottobrina*: «Dilagano dilavano schiumando / e l'intelletto lucido si muove / tra nuove gelate acquisizioni / nordico granchio a chele aperte aspetta / l'ondata più perfetta del futuro» (*Granchio*).

La figura del granchio, tra l'altro, ha il suo corrispettivo astrologico nella «bestia celeste» che dà imperscrutabili avvertimenti al poeta in *La mia bestia* di *L'aria secca del fuoco*. Le rappresentazioni del granchio/cancro, sia grafiche che verbali, sono quindi strettamente connesse al vibrante tema della profezia, uno dei principali in Cattafi.

L'immagine della stella marina è trasversale ad almeno tre codici espressivi: di colore rossastro e violaceo, viene adombrata in uno degli oli che occhieggiano al figurativo con le loro accennate architetture tubolari o tentacolari;[59] si ritrova altresì nell'«asteria» di *Promesse*, in *Segni* e, per l'appunto, nelle prove grafiche.

Altri schizzi riprenderanno il tema odeporico della giovinezza mediante l'immagine di una barca a vela, contornata da uno stilizzato paesaggio marino, ricorrente anche sotto forma di *marginalia* nei diari. In questo contesto, gli animaletti marini simili a dei ricci, che compaiono sulla chiglia, sembrano quelli descritti in *L'aria secca del fuoco*:

> ECHINODERMI
>
> Suddito onorario di Nettuno
> vorrei essere come voi
> quando andate in secco

---

i derivati «peschereccio» (2), «pescheria» (1), «pescato» (1), «pescare» (2).

[58] Domenico Porzio, *Il coraggio d'essere poeta*, «Gazzetta del Sud», 10 giugno 1977.

[59] Gli oli sono visibili nella sezione "Opere grafiche" del sito ufficiale del poeta.

in pensione su spiagge
su scaffali bacheche tavoli pareti
asteroidi espansi
acquosi da vivi
rigidi ruvidi ristretti
sempre più forti e salmastri nella morte
votati all'eternità
chiusi custodi calcarei
dell'anima del mare.

Se l'elemento vegetale permette una compenetrazione panica nella natura, di ispirazione quasimodiana,[60] anche l'elemento equoreo rappresenta una fonte di rigenerazione e pienezza, ora vagheggiata, ora messa in scena nella già citata *Ingordigia*, dove il soggetto, nuovo Tritone ovidiano,[61] riemerge dal mare ricoperto di madrepore e divinizzato.

Alcuni disegni, infine, indugiano su creature marine non ben identificate che hanno un corrispettivo in quelle ancestrali di *Marzo e le sue idi*,[62] nel «pesceverme» di *L'aria secca del fuoco*,[63] nell'«alga strisciante / muschio fungo lichene» di *Segni*[64] e in *Paguro*[65] di *L'allodola ottobrina*, dove l'abisso rappresenta una sorta di «sprofondamento nel buio gnoseologico e subcoscienziale».[66]

Le corrispondenze si infittiscono se guardiamo ai racconti e agli scritti giornalistici raccolti in *Le isole lontane*, a proposito dei quali Maccari ha individuato un repertorio di immagini simili alla poesia, che colpisce profondamente perché supera la distinzione tra i generi.[67] Constatando, dunque,

---

60 In *Ragioni* (*L'allodola ottobrina*), attraverso la mediazione del Quasimodo di *Acquamorta* («Così, come su acqua allarga / il ricordo i suoi anelli, mio cuore;»), la trasformazione in albero consente di attingere alle radici dell'Essere e accettare il comune destino di morte. Altre forme di assimilazione dendromorfica sono in *Ripudio* (*Marzo e le sue idi*), dove l'immersione nella sostanza arborea, carica della duplicità manichea di valenze positive e negative, permette al poeta di rigenerarsi e sconfiggere i «nemici» interiori; in *Oleandro*, nella stessa raccolta, in cui l'immersione nella fibra arborea è momentaneamente interdetta quale pericolosa catabasi. Per un'analisi più approfondita delle poesie si rimanda a S. Freiles, *La natura nella poesia di Bartolo Cattafi: tra mediterraneità e onirismo visionario*, «Gazzetta del Sud», 20 luglio, 2007.

61 Publio Ovidio Nasone, *Metamorfosi*, I, vv. 330-335 (introduzione a cura di Gianpiero Rosati, traduzione di Giovanna Faranda Villa, Milano, BUR, 2024, p. 69).

62 *In tane profonde*: «dietro la diga / i mostri dormono in tane profonde»; *Biologia*: «Posato in un angolo come l'alga il sasso / globo morbido / madreperlaceo».

63 *Mosaico della villa romana a S. Biagio*.

64 *Come spora*.

65 L'immagine del paguro è montaliana del *Diario del '72* (*Il paguro*).

66 F. Pappalardo La Rosa, *Lo specchio oscuro*, cit., p. 79.

67 P. Maccari, *Introduzione* a B. Cattafi, *Le isole lontane*, cit., pp. 8-9.

una più larga consonanza iconografica e tematica tra i mezzi espressivi utilizzati, riportiamo a titolo esemplificativo uno stralcio tratto da *Pantelleria*, risalente al 1955:

> Lo stesso paesaggio, gli stessi personaggi sono sott'acqua, sul fondo marino. Vi si aggirano pesci pigri e opulenti, cernie, sarachi, spigole, dentici che si eccitano allo scoccare di certe date, all'arrivo dei pesci di passo. Allora, nelle acque chiare e profonde è un turbinio di squame, un festoso incedere di carovane, che poi si sparpagliano a brucare i ricchi e liquidi pascoli volteggianti tra le radici di Pantelleria.[68]

Le prove grafiche a china comprendono anche delle nature morte *stricto sensu*: per esempio, la ricca composizione di ortaggi (fig. 6, Tavole) resa con minuziosità di dettagli e particolare attenzione al chiaroscuro, questione per la quale Cattafi dimostra una certa sensibilità.

In conclusione, sono i disegni più degli oli, che pure rientrano nel periodo successivo al rientro in Sicilia nel 1967, a riflettere l'adesione alla natura siciliana. Se le pitture ad olio la trasfondono nel cromatismo mediterraneo dei blu, dei verdi, dei gialli, dei rossi, il senso della varietà delle specie animali e vegetali è tutto nei disegni. Si tratta di quella «Einfühlung», parola traducibile con «empatia», che corrisponde alla volontà di fondersi con l'oggetto, immedesimarsi in esso, e la cui espressione artistica è l'imitazione delle forme organiche della natura.[69]

Abbiamo inoltre potuto constatare che i disegni del '71 costituiscono il nucleo germinativo non solo della testualità di *L'aria secca del fuoco*, *Marzo e le sue idi* e *La discesa al trono*,[70] ma anche di opere più tarde come *L'allodola ottobrina*, composta tra il '76 e il '79. Questo dato non è indifferente: Cattafi da pittore 'vede' le immagini, le riporta in forma grafica e poi le traduce in poesia.

Altre volte, secondo un processo inverso, vengono trasferite sul piano grafico immagini utilizzate nelle accattivanti prose degli anni Cinquanta, in cui il dato documentaristico si alterna e spesso si confonde con quello mitologico.

È forse il caso di affermare, com'è stato per Sinisgalli, che per Cattafi il disegno non riveste un ruolo collaterale rispetto ai versi, ma è utile

---

[68] B. CATTAFI, *Pantelleria*, in ID., *Le isole lontane*, cit., pp. 58-59. Ancora, nell''avvertenza' di Cattafi introduttiva ai testi si legge: «Sono isole vere e proprie; i geografi se ne sono ricordati. E non sono isole abitate soltanto da echinodermi, alghe, gabbiani. Vi sono anche uomini» (*ivi*, p. 31).

[69] Sul punto si veda WILHELM WORRINGER, *Astrazione e empatia*, introduzione di Jolanda Nigro Covre, traduzione di Elena De Angeli, Torino, Einaudi, 1975, p. 27.

[70] Il periodo di composizione di *L'aria secca del fuoco* è il 1971-1972; delle raccolte *Marzo e le sue idi* e *La discesa al trono* il biennio 1972-1973.

a «esercitare la memoria, ad affilare la sottile lama dell'ironia, a meditare sull'essenza dello Zero, a rivoltare i simulacri, a sottolineare la visività della sua poesia».[71]

## 2.3. *L'attività grafica nella testimonianza diaristica*

A differenza dell'opera astratta, la permeabilità del disegno ai *topoi* della poesia lo rende il mezzo idealmente più vicino alla scrittura cattafiana, anche per l'utilizzo del medesimo inchiostro:[72] si tratta, quindi, di due mondi diversi che collimano e che trovano il loro punto di contatto nei *marginalia* rinvenuti all'interno dei diari.

I soggetti delle prove grafiche, comunque, non vengono mai esplicitati nelle agende, a parte l'eccezione del 5 aprile 1971 («Disegno-Pellicano e Pesce», figure 7-8), a differenza di quanto accade coi titoli delle poesie. Anche questi, tuttavia, per ragioni che non conosciamo, ma che probabilmente attengono alla dimensione segreta del comporre di cui si è parlato, a partire dal 1977 non saranno più menzionati[73] e si farà riferimento in modo generico a momenti della giornata dedicati alla composizione poetica.

Ricorre invece più volte l'annotazione del materiale da disegno da procurarsi, soprattutto nelle prime pagine del 1971: ad esempio, l'inchiostro di china stilografico (cui Cattafi dedica una poesia in *L'aria secca del fuoco*),[74] la carta da disegno Raffaello e varie penne tra cui l'insostituibile Sheaffer, nominata più volte nei diari e per la quale dimostra una particolare attenzione.

La preparazione all'attività grafica si rivela alquanto lunga, circa due mesi, e prevede anche la sistemazione e messa in sicurezza dello «studio pittorico» (16-20 gennaio 1971).

I primi disegni a china di cui abbiamo contezza (ma l'interesse per questa forma espressiva va retrodatato)[75] sono ascrivibili al 2 marzo 1971,

---

71 G. Appella, *Dire e disegnare è più necessario che vivere*, «L'Osservatore Romano», 26 marzo 1981.

72 D. Bertelli, *«Qualcosa di altrettanto preciso»*, cit., p. 123.

73 Vincenzo Leotta nota, infatti, una certa difficoltà di datazione dei singoli componimenti a causa delle reticenze dei diari (V. Leotta, *Nota ai testi*, cit., p. 340).

74 Si legga *Stilografica*: «La lustrai e la colmai / di sciabordante inchiostro blu reale / il più prossimo al colore del mare / perché mi sbavasse almeno un'ombra / di conchiglia di squama di salmastro / qualche parola marina da dare / in pasto all'acquatica bestiola / mia convivente / connivente in simbiosi / così gracile e secca / nel clima d'entroterra / che se stessa darebbe / e tutto l'entroterra / per un'ora d'estate / a passeggio sul lungomare».

75 Sappiamo, da una lettera di Luciano Erba del 19 dicembre 1952, che a Cattafi veniva riconosciuta «una certa inclinazione al disegno»: l'amico lo ringrazia infatti «"per le illustrazioni nordafricane" della sua navigazione. Egli aveva quindi l'abitudine di corredare buona parte dei suoi viaggi di schizzi e bozzetti. Non sappiamo cosa disegnasse, ma è certo che Cattafi nutriva

in occasione dell'edizione d'arte *Lame*, nella quale hanno un ruolo che sarà illustrato più avanti. Il 1° aprile Cattafi appunta sul diario, come promemoria, i suggerimenti offertigli dall'amico architetto Filippo Calcagno, che lo aveva aiutato a ristrutturare la casa colonica, sottolineando alcune parole:

> Filippo mi dice che nel disegno le linee più apprezzabili sono quelle che sgorgano pure e fresche, non quelle ingrossate, riprese, insistite. Dice lui che non soltanto è valida la linea unica, spontanea ed elegante che chiude e modula lo spazio, ma anche varie linee, purché pulite e suggestive, non pasticciate. Mi dice anche di diffidare del nero e di rispettare la teoria delle ombre. Di diffidare del formato standard dell'album che potrebbe condizionare la mia fantasia. Mi dice di disegnare al centro del foglio, lasciando margine. Ha eliminato un disegno perché c'era troppo grigio e nero. Mi dice di adoperare la carta ruvida, e anche la cartapaglia e la penna Saetta che crea effetti gustosi.

Queste indicazioni, scrupolosamente seguite dal poeta, saranno dirimenti anche per la scelta dei disegni da inviare a Sommaruga mediante il fidato Sereni. Si riproducono nel campo artistico le medesime dinamiche di confronto e lavoro di squadra messe in atto in campo letterario.

La finalità principale in questo momento per Cattafi è preparare il materiale poetico e grafico per due progetti editoriali[76] consecutivi dell'editore veronese, cui sono sottoposti ben 16 disegni perché ne venga individuato uno.[77] La libertà creativa è frenata quindi dall'insicurezza che si unisce al rispetto di tempi e di scadenze precisi: quasi da subito, infatti, alcuni disegni verranno coinvolti nei roghi cui Cattafi era incline.

In particolare, nella prima metà di marzo 1971, l'attività artistica e il lavoro sui testi avvengono sempre dinanzi al camino acceso, finché, in concomitanza alla *deadline* per la consegna editoriale, il 31 marzo «Cattafi indica di aver disegnato col camino spento: è questo uno dei pochi casi in cui [...] egli riporta considerazioni e giudizi estetici sul suo lavoro, scelta di "5 disegni + 1 da mandare a Vittorio" compresa».[78]

Sappiamo da una lettera del 10 gennaio del 1974[79] a Sommaruga che il poeta chiese indietro le sue prove grafiche dopo la riproduzione delle inci-

---

un interesse per la rappresentazione di oggetti e figure che risale indietro nel tempo» (B. Cattafi, *Tutte le poesie*, cit., p. LXII).

[76] Si tratterà della pubblicazione di *Lame* (1973) e di *Quattro poesie e quattro acqueforti* (1974).

[77] Lettera di Sereni del 2 settembre 1971, consultabile presso Centro Apice, fascicolo "Sereni Vittorio" (unimi.it).

[78] D. Bertelli, *«Qualcosa di altrettanto preciso»*, cit., pp. 123 ss.

[79] La lettera è catalogata presso il Centro Apice, fascicolo "Sommaruga Renzo" (unimi.it).

sioni per *Lame*, contravvenendo alla consuetudine dell'editore di eliminare le opere preesistenti al fine di rendere le stampe delle sue edizioni d'arte (che costituiscono una «vera antologia» della letteratura moderna)[80] pezzi assolutamente originali e unici.

Da questo momento in poi la spinta verso il disegno sarà totalmente interna, a completamento di una disposizione meditativa scandita dai ritmi rallentati e placidi delle giornate passate a Mollerino, tra i pranzi sotto il pergolato, le cene con gli amici, la cura delle piante e le passeggiate sulla vicina spiaggia di Marchesana in compagnia di Ada e del cane Arì.

### 3. Gli acquerelli

«Stemperato il dominio del gesto», afferma Nino Sottile Zumbo, «la pittura degli acquerelli ascende a più trasparenti calligrafie».[81] Lo studioso si riferisce al fatto che quando nel 1973 Cattafi sperimenta l'uso degli acquerelli,[82] egli aveva già ripreso a scrivere e incanalare le sue energie in forme trasognate, aleatorie, sottili, sfruttando la consistenza fluida dei pigmenti, da cui deriva, come si sa, la trasparenza dei colori e degli effetti luminosi tipica di questa tecnica pittorica.[83]

Affiancando agli olii gli acquerelli, il poeta, come i grandi esponenti dell'arte moderna (Picasso, Mirò, Braque, Cézanne, Nolde, Dufy), si aggira in quella terra di mezzo tra le nuove possibilità espressive e il rispetto della figurazione tradizionale che è stata tipica del Novecento. Non deve dunque stupire la frequentazione di questo mezzo espressivo da parte di Cattafi, sia per la facilità di esecuzione (rispetto ad un lavoro ad olio su tela) in una fase prolifica (in cui occorre dividere le energie tra più *media*), sia perché l'acquerello ben si presta a ponte di collegamento con l'arte astratta (pensiamo, ad esempio, che il primo quadro astratto fu dipinto ad acquerello da Kandinsky).[84]

---

[80] Sandro Zanotto, *Il caso Sommaruga*, «La Provincia», 3 settembre 1978.

[81] N. Sottile Zumbo, *Introduzione* a *Cattafi artista (oli, acquerelli, disegni, foto)*, cit., s.p.

[82] Scrive nel 14 febbraio del 1973 a lettere grandi: «Per la prima volta faccio 4 acquerelli a matita»; l'ispirazione, come per il resto della produzione pittorica, sarà ondivaga e ricca di alti e bassi: «Raptus e piglio barattolini, li riempio d'acqua e colori, faccio 4 buoni acquerelli» (4 aprile 1973); «ore 17 faccio due acquerelli che non straccio, che rimangono» (9 maggio 1973); «Tento due acquerelli senza riuscirci, li straccio» (11 maggio 1973), etc.

[83] Gaetano Previati, *La tecnica della pittura*, prefazione di Enrico Baj, Milano, SugarCo Edizioni, 1990, p. 123.

[84] A tal proposito si legga Romero Gaspar – David Sanmiguel, *Acquerello*, traduzione di Silvia Aliotta, Roma, L'Airone Editrice, 2004, p. 13.

I colori usati sono i tre fondamentali di Brewster,[85] dai quali possono essere ottenuti tutti gli altri: il rosso, il giallo e l'azzurro, cui si aggiungono il nero e il bianco. Unico è il soggetto (i cui contorni sono disegnati prima col *lapis*), grandeggiante al centro del foglio e catalizzante lo sfumato, di solito monocromatico o bicromatico: conchiglie, forme marine, bandiere. Secondo alcune voci critiche, infine, le impressioni oggettuali rilevate nei «deliziosi acquerelli», *in primis* quella della pentola probabilmente,[86] «devono molto alla formazione pubblicitaria».[87]

Al 1977 risale il testo *Acquerelli*, inserito in *Chiromanzia d'inverno*: a scommessa della labilità del confine tra ciò che è reale e ciò che può essere rappresentato, il pittoresco, inteso come *tékhne*, è simulato in un gioco ambiguo tra presenza corporea dell'oggetto e riproduzione ipotipotica dello stesso, con un *aprosdoketon* finale: il tenue paesaggio dai colori pastello, tipici dell'acquerello, non era su foglio di carta ma su di un piatto e il contesto si trasforma rapidamente da naturalistico a gastronomico:

> Da queste parti chi se l'aspetta il mare
> album d'alghe acquerelli fantasie
> stinte d'acqua salmastra
> gamberetti
> con una vampa debole di rosa
> con grappoli d'uova azzurre impigliate tra le zampe...
>
> Schiaccio e faccio fondere su mie
> fette di pane
> conchiglie alpestri di burro.

In alcuni acquerelli inseriti nel catalogo *Cattafi artista* notiamo anche una ricerca più geometrica, che coniuga uno stile razionale e costruttivista alla spontaneità e fluidità tipiche del gesto informale-astratto: in questi casi sul foglio si accampano delle masse colorate tenuamente diffuse, di forma cilindrica o rettangolare, spesso raddoppiate specularmente, cosa che le ha fatte accostare alle macchie di Rorschach.[88]

Nonostante la presenza di griglie (elemento comune alle esperienze artistiche dal Cubismo al Minimalismo) in cui si inscrive il colore, di fra-

---

85 G. Previati, *La tecnica della pittura*, cit., p. 157.

86 L'opera è visibile nella sezione "Opere grafiche" del sito ufficiale del poeta.

87 Ralph Jentsch, *I libri d'artista italiani del Novecento*, a cura di Emanuele Bardazzi, Mirella Bentivoglio, Luciano Caruso, Lucia Chimirri, Gabriella Di Cagno, Vincenzo Filacavai, Stefania Gori, Lucia Tonini, Torino, Umberto Allemandi & C., 1993, p. 95.

88 B. Cattafi, *Tutte le poesie*, cit., p. lxii.

gili architetture che lo contengono e lo circondano (senza soffocarlo, ma lasciandogli ampi spazi di espansione), raramente viene meno il dato figurativo e sul foglio sembrano aprirsi meravigliose ali azzurre di farfalla e schiudersi gusci marini circonfusi di un'atmosfera equorea e mossa. Come nota Maccari, negli acquerelli e nelle acqueforti di Cattafi trova spazio anche la presenza del garbuglio segnico, che specialmente negli anni Settanta caratterizza la sua produzione poetica.[89]

## 4. I *MARGINALIA* DEI DIARI CATTAFIANI

Parlare di arti esclusivamente visive è impegnativo in quanto, come affermato da William J.T. Mitchell, non esiste nessun'arte davvero pura, ma ognuna, anche la scrittura di per sé presa, è un *mixed medium*.[90]

Cattafi lo dimostra inserendo nei diari piccoli disegni, immagini, segni collaterali che concorrono ad aggiungere valore alla parola e la cui eventuale scoperta nei manoscritti autografi sarebbe interessante. Si tratta di una forma di fusione tra verbale e visuale che Cattafi esercita *in primis* nell'ambito della scrittura privata e, contemporaneamente, nelle forme esteriori e codificate del libro d'artista, il cui primo esemplare, costituito da *Lame*, è stato pubblicato nel 1973.

Prima di analizzare i *marginalia* cattafiani e la loro funzione in rapporto al testo, ricordiamo che il poeta annotava gli eventi più disparati, dividendoli in rubriche tematiche attraverso un codice cromatico ben preciso: in rosso il consumo di sigarette e le cure mediche; in verde i cenni meteorologici e botanici.[91]

Talvolta i riferimenti sono inseriti nel corpo del testo e quindi cerchiati; altre volte, a caratteri più grandi, sovrascritti liberamente o incorniciati in piccole figure geometriche. La configurazione della pagina varia graficamente a seconda del luogo in cui il poeta si trova: preceduta da simmetriche annotazioni barimetriche se il poeta soggiorna a Mollerino; sovrastata dall'indicazione a stampatello, a mo' di titolo, del luogo che fa da scenario alle vicende diaristiche, nel caso delle pagine milanesi o delle trasferte in altri luoghi.

---

89 P. Maccari, *Le impronte delle idee e delle rose*, cit., p. 59.

90 William J. T. Mitchell, *Image Science. Iconology, Visual Culture, and Media Aesthetics*, Chicago-London, The University of Chicago Press, 2015 (*Scienza delle immagini. Iconologia, cultura visuale ed estetica dei media*, traduzione di Federica Cavaletti, Milano, Johan & Levi, 2018, p. 132).

91 D. Bertelli, «*Qualcosa di altrettanto preciso*», cit., p. 122. Da questa pagina è tratta la citazione successiva.

Nei primi anni dei diari, frecce «molto simili a curve isometriche e a isobare presenti sulle carte delle previsioni metereologiche» mettono in relazione i dati della scrittura con gli orari prestampati dell'agenda, demarcando vari piani esistenziali.

Uno dei *marginalia* più eloquenti è parte integrante della dedica alla moglie Ada del 2 gennaio del 1973: «Alla cara Ada, come inaugurazione di questa agenda, auguro un felice Nuovo anno con tutto l'amore di cui è capace il sottoscritto (il quale è capace di cose immense tipo [...]). Bartolo». La frase, scritta tra parentesi, viene completata da una freccia rivolta al disegno di una nave che solca i mari emettendo fumo, mentre dalle onde emerge la testa di un pesce (fig. 10, Tavole). Il riferimento è alle esperienze da viaggiatore, alle distanze percorse in termini di attese, progetti, conoscenze, desideri.

Si tratta di una traslazione, in cui appunto il segno grafico prende il posto della parola, continuandone la funzione. A tal proposito, Ada De Alessandri specifica in un'intervista che l'uso di disegni a completamento della parola era un'abitudine per il marito:

> C'è un regalo di Bartolo che le è più caro di altri? «Sì, tutte le dediche che mi scriveva sui suoi libri. Cui aggiungeva disegni allusivi e divertenti. Come quello dei bulloni e delle viti sconnesse e scardinate nella *plaquette* "Qualcosa di preciso"».[92]

Altri *marginalia* attengono verosimilmente a direttive dei medici: sulla pagina del 22 gennaio del 1978, ad esempio, compare in alto la scritta «A partire da oggi» seguita dal disegno, tracciato con un pennarello blu, di un fiasco sopra il quale è apposta una grande «x» rossa (replicato con funzione di promemoria il 27 marzo successivo accanto alla frase «sette giorni che non bevo vino»). Qui il segno grafico è esplicativo, cioè concorre a restituire un significato che avrebbe dovuto essere affidato esclusivamente alla parola.

Tra i più frequenti segni cattafiani troviamo la lettera 's' a segnalare il vento di scirocco; le croci in concomitanza con i lutti o cure mediche, a volte affiancate da cuori stilizzati indicanti le visite cardiologiche. Il 30 marzo del 1975 la «rivutura» del tempo, cioè il ribaltamento delle condizioni atmosferiche (per usare una tipica espressione dialettale dei diari) è descritta attraverso il duplice canale delle parole e delle immagini (con tanto di fumetto delle nuvole accompagnate dalla pioggia).

In questi casi, il rapporto tra i segni appartenenti alle due sfere espressive consiste in una sorta di 'negoziazione'. Dal 28 ottobre 1974, per molte

---

92 A. De Alessandri, *Mio marito, che fascino*, «Centonove», 2 febbraio 2007, p. 37.

pagine consecutive, appare invece una sintesi di segno grafico e verbale nel termine «sole», la cui vocale «o» è circondata da una raggiera (operazione che ricorre qualche mese dopo anche nella vocale finale del sintagma «Estate di San Martino»).

Il caso rientra tra gli iconismi, quelle forme di espressione miste in cui i due significanti – l'elemento figurativo e quello testuale – sono a tal punto inscindibili che la presenza di uno è condizione necessaria per l'esistenza dell'altro.[93]

Nella pagina datata 31 agosto 1973 (fig. 9a, Tavole), Cattafi riassume gli eventi del mese appena trascorso, corredandoli di alcuni simboli: una ruota per gli arrivi e le partenze degli amici; una barca fra le onde con l'annotazione riassuntiva del mese appena trascorso: «Bagni bellissimi e barchiate per tutto il mese»; l'usuale croce medica accanto alla scansione delle cure prescrittegli. Lo stesso era stato fatto per il mese precedente, il 31 luglio del 1973 (fig. 9b, Tavole).

In altre pagine, sopra la scrittura si stagliano più grandi il disegno di un libro e quello di una busta per lettera, con accanto il dettaglio a grandezza naturale di una punta di penna stilografica (siamo nel 1973, l'anno più creativo per quanto attiene ai *marginalia*).

Anche il simbolo della moneta, che accompagna la narrazione di transazioni economiche, è spesso ingrandito e sovrascritto. In questi casi il rapporto tra i segni di diversa natura si conclude con un 'conflitto': la parte grafica reclama una sua centralità, un suo spazio, rendendo difficile la decifrazione delle lettere sottostanti, ma è comunque scrupolosamente attinente al contenuto della pagina.

Si tratta di spunti che non potevano mancare in un doppio talento come quello cattafiano che, però, mantiene separata la pratica della versificazione da quella del disegno e della pittura (ad esclusione del libro d'artista che è un prodotto misto, ma non appannaggio esclusivo dei doppi talenti), non giungendo alle notevoli commistioni di Henri Michaux che sappiamo, da una lettera a Sereni del '55,[94] essere stato uno degli autori prediletti della gioventù del poeta, insieme a René Char e Blaise Cendrars.

---

93 M. Cometa, *Letteratura e arti figurative, un catalogo*, cit., p. 23.

94 *Per Bartolo Cattafi*, cit., p. 61.

Capitolo quattordicesimo

# IL LIBRO D'ARTISTA DAL PUNTO DI VISTA DI UN POETA

> Il Libro è, anch'esso, uno straordinario ambasciatore, che consente di far giungere fin nei luoghi più lontani il riverbero delle opere del pensiero e delle creazioni dell'arte.
>
> Jean Ebersolt

La stretta relazione tra parola e immagine nella poesia cattafiana può essere inquadrata nel corto circuito tra diverse discipline e campi del sapere tipico degli anni a cavallo tra i Sessanta e i Settanta, periodo in cui le gallerie e gli artisti svolgevano un ruolo fondamentale anche nella realizzazione dei progetti editoriali.

Nel 1971 a Trento venne organizzata una Rassegna dell'Esoeditoria italiana a cui parteciparono «oltre alle più interessanti realtà editoriali indipendenti, ben cinque case editrici fondate da poeti visivi e provenienti da altrettante parti del paese»,[1] declinando un movimento che spaziava tra Firenze, Napoli, Torino e Genova, mentre Milano si affermava sempre più nell'editoria letteraria.

In particolare, l'esperienza di Cattafi si apriva al connubio tra editoria e arte d'avanguardia grazie alla collaborazione con l'amico Vanni Scheiwiller, editore con cui condivideva l'essere un *outsider*, il rimanere al di fuori delle logiche economiche,[2] e che concepiva il libro «come prodotto grafico

---

[1] Melania Gazzotti, *Tra i margini. Editoria e poesia visiva negli anni Sessanta e Settanta*, in *Controcorrente. Riviste e libri d'artista delle case editrici della Poesia visiva*, Torino, Allemandi, 2011, p. 9. «Gli artisti scelgono il più delle volte di realizzare le pubblicazioni artigianalmente nelle proprie abitazioni o studi, stampando con il ciclostile o con piccole macchine offset e assemblando le pagine prodotte o ricevute con rilegature molto semplici, come punti metallici» (*ivi*, p. 13).

[2] «Caro Cattafi, abbiamo cominciato insieme nel '51, tu come poeta nelle benemerite Edizioni della Meridiana (di Eugenio Luraghi, Angelo Guazzoni, Vittorio Sereni) con *Nel centro*

e quindi come luogo d'incontro interdisciplinare tra testo e immagine, tra lo scrittore e l'artista (che a volte sono la stessa persona)».[3]

Numerose, infatti, nel catalogo Scheiwiller sono le edizioni d'arte, tanto da disegnare «un'"altra storia" del Novecento letterario italiano»: ben 800 libri d'artista su 3000 pubblicazioni.[4]

Per quanto attiene alla produzione cattafiana, la definizione di libro d'artista per alcune brevi raccolte[5] dei primi anni Settanta va esaminata alla luce della complessa casistica che la riguarda: [6] il libro d'artista è inteso, infatti, primariamente come pezzo unico firmato, prodotto originale – simile in tutto o in parte ad un libro – di cui l'artista segue gli aspetti salienti (dall'ideazione alla stampa, alla diffusione e commercializzazione), ma anche, ed è solo una delle sue contrastanti interpretazioni, come libro illustrato a tiratura limitata (e numerata) atto a contenere – anzi conservare – opere originali o nate espressamente per quella edizione.[7]

Nel primo caso, l'attenzione è focalizzata sulla forma-libro, in virtù di quella «precessione dei simulacri» di cui parlava Jean Baudrillard (e che nel Novecento non risparmia neanche il libro); nel secondo caso, che stiamo analizzando, sul contenuto.

Emblematica risulta, infatti, nel fondo cattafiano l'incidenza di libri rientranti in questa tipologia e pubblicati nella finestra temporale compresa tra il 1970 e il 1975 da Edizioni Trentadue, casa editrice specializzata in questo particolare settore, cui Cattafi avrebbe affidato il progetto esecutivo di *Ostuni*: RAFFAELE CARRIERI, *Una ballata* con cinque acqueforti di ARTURO CARMASSI (1971); ANGELO FIOCCHI, *Il dio minore: versi*, con due tavole di ENNIO

---

*della mano* e io come editore in 32°, liceale diciassettenne che giocava a fare l'editore: abbiamo giocato, fin d'allora, tu e io, sulla nostra pelle, non su quella degli altri. Poeta tu non "impegnato", non "impegnato" come editore io (un lusso che non mi sono mai potuto permettere), perché l'impegno per noi è sempre stato in ciò che facciamo e in ciò che vogliamo, non nelle etichette di comodo. [...] ti ringrazio di scrivere poesie per cui vale ancora la pena, la spesa e la vita di fare l'editore. Ti ringrazio di avere scritto per te e per me», dal dattiloscritto *Lettera di un editore* (23 marzo, 1975), poi in «Gazzetta del Sud» (25 marzo 1975).

[3] ALESSANDRO SCARSELLA, *Il Novecento di Giovanni e Vanni Scheiwiller*, in *Venezia per Giovanni e Vanni Scheiwiller*, cit., p. 13.

[4] *Ivi*, p. 10.

[5] Le *plaquettes* e i libri d'artista cattafiani sono stati presi in considerazione nella loro configurazione originaria, prima della ridistribuzione dei componimenti (nella più parte dei casi) in raccolte maggiori, per la composizione delle quali si legga D. BERTELLI, *Notizie sui testi*, in B. CATTAFI, *Tutte le poesie*, cit., pp. 739 ss.

[6] Si vedano LILIANA DE MATTEIS, *Libri d'artista in Italia 1960-1998*, Torino, Regione Piemonte, 1998; GIORGIO MAFFEI, *Munari: i libri*, Milano, Sylvestre Bonnard, 2002; CLIVE PHILLPOT – CORNELIA LAUF, *Artist/Author. Contemporary artists' book*, New York, Art Publisher and The American Federation of Arts, 1998.

[7] *Giovanni e Vanni Scheiwiller editori*, cit., p. 473.

Morlotti (1970); Arturo Carmassi, ventisette disegni a cura di Leonardo Sciascia del 1972; *Ventuno poesie e nove disegni* di Francesco Loi con una acquaforte di Eugenio Toniolo (1973); Vittorio Sereni, *Sei poesie e sei disegni* di Franco Francese (1972).

Fra le edizioni di "All'Insegna del Pesce d'Oro" della biblioteca cattafiana, risultano più numerosi, rispetto ai libri d'artista, i cataloghi stampati in occasione di mostre, come quello comprendente le incisioni dal '57 al '77 della già citata Franca Ghitti con una poesia di Sandro Boccardi (1978), e dunque tangente all'accezione 'mista' del libro cui si faceva prima riferimento.

Si registrano anche, tra le presenze meno recenti,[8] libri per lo più illustrati come *Il legno verde* di Enzo Fabiani con i disegni di Remo Brindisi del 1954; *La città* di Sandro Boccardi con due disegni di Aligi Sassu del 1965; *6 quadri, 3 disegni, 1 serigrafia. Lavori in corso* di Annalisa Cima (a cura di Alberto Sartoris, Milano, All'Insegna del Pesce d'Oro, 1968), catalogo che comprendeva i disegni della poetessa cara a Montale;[9] un'edizione numerata di cinquecento esemplari di *Il vecchio Freud* di Bontempi, con dieci disegni di Alessandro Nastasio, e quella delle *Poesie piccole* di Diego Valeri, con dodici incisioni di Alberto Salietti (entrambe del 1969), a conferma di come l'interesse del poeta per il libro d'artista avesse radici antecedenti all'arco temporale che ne registrava l'*exploit*.

Vista la natura multiforme del prodotto, sarà presa in considerazione la tassonomia di Attilio Mauro Caproni:[10] le sei categorie individuate dallo studioso consentono di spaziare dai libri di grafica alle lettere e alle cartoline; dalle litografie sciolte in cartella alle riviste; dalle prime edizioni ai cataloghi d'arte, fino alle tangenze – dovute all'uso di materiali insoliti – con i libri per l'infanzia o libri gioco che, tuttavia, si contraddistinguono per finalità commerciali, riscontrando maggior successo di pubblico.

---

[8] Discorso a parte meritano, anche per gli influssi sulla poesia cattafiana, alcuni classici illustrati del fondo Cattafi, da considerarsi dei *beaux livres* solo apparentemente vicini all'*artbook*, come *Il fiore delle Georgiche*, con quattro disegni di Domenico Cantatore (Milano, Gentile, 1944); l'edizione delle poesie di Pablo Neruda illustrate da Guttuso nel 1952; il *Discorso sulla poesia di Valery* illustrato da Picasso nel 1944; *Una stagione all'inferno* di Rimbaud, con disegni di Vannuccini, incisore che illustra nel 1946 anche Paul Verlaine (tre disegni e un ritratto); *20 poesie brevi* di Emily Dickinson, illustrate da Orfeo Tamburi nel 1961; Paul Eluard, *Poesia ininterrotta*, illustrata da Bruno Cassinari nel 1948 ed altri.

[9] Cattafi l'aveva conosciuta perché amica della traduttrice Ruth Feldman, secondo quanto riportato dal diario del 1974. Annalisa Cima faceva parte del gruppo di intellettuali frequentato a Milano, anche se la sua presenza è raramente menzionata (29 ottobre del 1974 e il 15 gennaio del 1977). Possiamo pensare che, anche in questo caso, il libro fosse il risultato di un dono, o di uno scambio di doni, come molti degli altri presenti nel fondo cattafiano.

[10] A. Scarsella, *Il Novecento di Giovanni e Vanni Scheiwiller*, cit., p. 14.

A queste tipologie va aggiunta la fortunata accezione – presso le avanguardie storiche del Novecento – del 'libro-scultura' (o 'libro-oggetto'), che quasi nessun rapporto ha con la parola, e che risulta essere stato principalmente prodotto da artisti:[11] dalla grande risonanza soprattutto all'estero, esso consiste in un manufatto non riproducibile serialmente.[12]

Mi riferisco ai libri elettrici del Futurismo, a quelli del Dadaismo e del Surrealismo che si possono considerare solo parzialmente prodromi del *livre d'art* della seconda metà del Novecento, carico di ben altri presupposti ideologici.

Tralasciando il lungo *excursus* storico che lo vede protagonista, il libro negli anni Sessanta e Settanta è diventato un vero «luogo di ricerca» (per citare il titolo della XXXVI Biennale di Venezia del 1972, curata da Renato Barilli e Daniela Palazzoli), frequentato *in primis* da poeti e poi da artisti, capace di costituire uno spazio di emancipazione collettiva, invitando ciascuno a prendere parte ad una libera comunità intellettuale.

Più o meno inconsciamente, esso finisce per essere il luogo ideale per contestare le logiche del potere e dell'industria massmediatica (nonostante la contraddizione intrinseca data dalla sua 'serialità') ma, essendo anche sede privilegiata del linguaggio, il libro permette di sondare le strutture profonde che regolano la comunicazione.[13]

Ed è questa seconda misura che va a mio parere colta in Cattafi che, sensibile alle questioni semiologiche (trattate anche dagli artisti a lui più vicini) sulla linguistica strutturale (in particolare saussuriana), aveva principalmente costruito l'immaginario «segnico».[14]

---

[11] Mirella Bentivoglio ricorda che questa forma del libro «ha trovato autori anche in altri Paesi, soprattutto in Germania, patria di Gutenberg, e in Francia. Divenuto un genere, con le sue immancabili code di orecchiamento epigonico, ha i suoi musei e archivi. Resta un punto d'incontro, l'erede delle ricerche d'avanguardia che, nel corso di molti decenni, hanno tracciato un ponte, nell'area semiologica, tra i segni dell'inconscio e i segni della consapevolezza» (*Il non libro*, cit., p. 22). I libri «privi di quel pezzo artistico originale che costituisce l'elemento distintivo del libro d'artista *stricto sensu*», specifica Cecilia Gibellini in un suo intervento, rientrano invece nei «"libri di qualità" o "libri per bibliofili"»: volumi contraddistinti anche soltanto «da un design editoriale particolarmente curato» (*Libri d'artista. Le edizioni di Vanni Scheiwiller*, catalogo ragionato, a cura di Cecilia Gibellini, uno scritto di Giuseppe Appella, Rovereto, MaRT, 2007, p. 27).

[12] Marino Zorzi, *Introduzione* a *Opus Liber 2002*, a cura di Paolo Tessari, Virgilio (Mantova), Comune di Virgilio, 2002, p. 11.

[13] E. Miccini – A. Rimmaudo, *Libri d'artista*, cit., pp. 21-22.

[14] Le raccolte degli anni Settanta considerano il dispositivo testuale secondo un approccio strutturalista: un corpo semiotico organizzato, ancor prima che dotato di progettualità comunicativa; un'opera minuziosa di tessitura-costruzione, come emerge da *Ragno*, in *La discesa al trono*. Cattafi condivideva la concezione calviniana della scrittura come *ars combinatoria* che rifletteva le lezioni parigine di Roland Barthes. A proposito dell'ifologia nella poesia cattafiana e di alcune convergenze lessicali con Montale, si legga S. Freiles, *La poesia come rimedio al vuoto ontologico: il testo come tessuto*, in Id., *La «parola illimitata» di Bartolo Cattafi*, cit., pp. 45-52.

## 1. I libri d'artista di Bartolo Cattafi

L'avere affrontato le contraddizioni di un prodotto 'ambiguo' come il libro d'artista fa di Cattafi uno sperimentatore, aggiungendo un tassello alla figura d'insieme di un poeta che, con i versi composti negli stessi anni,[15] avrebbe dato prova della complessità e fluidità dei suoi mezzi espressivi, per fare riferimento al sempre valido concetto del «globalismo barocco dei linguaggi» di Celant.[16]

### 1.1. *Lame*

L'attenzione del poeta siciliano a questa particolare forma editoriale si concretizza nel 1971-1972 con la composizione della raccolta *Lame*, edita nel 1973 a Verona per i tipi di Renzo Sommaruga, che comprende quattordici poesie accompagnate da un'acquaforte del poeta e due a colori di Carmelo Cappello, tutte e tre a piena pagina.

Queste ultime erano vagamente ispirate alla poesia che dà il nome al libro, con le loro linee taglienti roteanti nello spazio della pagina bianca. L'edizione fuori commercio e numerata del volume comprendeva anche delle chine autografe.[17]

La scelta di Carmelo Cappello, presente sin dal 1940 alle Biennali di Venezia (con una personale nel 1958), alle Biennali e alle Triennali di Milano, alle Quadriennali di Roma,[18] fu suggerita da Vittori Sereni,[19] propenso sin dall'inizio ad incrociare i disegni cattafiani con quelli dell'artista ragusano, ma risulta in linea con l'ascendenza che lo Spazialismo ebbe su Cattafi: lo scultore difatti era considerato nell'ambito dello Spazialismo una delle figure più importanti a livello mondiale per l'abilità nel risolvere i problemi delle forme nello spazio, che sembrano emanare «energia ruotante» da un nucleo di metallo o di cristallo.[20]

---

15 Mi riferisco in particolare a *Segni*, raccolta risalente al biennio 1972-73, ma revisionata probabilmente fino al '79. Vi confluiscono i testi di *Dieci poesie inedite* e di *Nel rettangolo dei teoremi*.

16 Germano Celant, *Un filo rosso unisce l'antico con il contemporaneo*, «La Repubblica», 28 agosto 2006.

17 B. Cattafi, *Tutte le poesie*, cit., p. lxvi.

18 *Albo d'onore dei Siciliani illustri. Narratori-pittori-scultori. Natale 1974-1975*, a cura di Andrea Camilleri, Messina, Azienda Autonoma di Soggiorno e Turismo, 1975, s.p.

19 La lettera del 2 settembre 1971 di Vittorio Sereni a Bartolo Cattafi è catalogata presso il Centro Apice, fascicolo "Sereni Vittorio" (unimi.it); in essa si legge che il poeta luinese fu anche ideatore del titolo della raccolta.

20 Marco Valsecchi, testo critico, in catalogo della mostra "Carmelo Cappello" (Verona, Galleria dello Scudo, 26 febbraio-15 marzo 1972).

La proporzione tra testi e opere replica quella dell'edizione sommarughiana *Quattordici poesie* di DIEGO VALERI del 1970, accompagnata da 3 acqueforti di ORAZIO PIGATO che Cattafi possedeva e a cui guardò, probabilmente, come *exemplum*.

Dunque, il lungo spazio di silenzio poetico non consolida solo l'attitudine del poeta a leggere la realtà quale insieme di segni («poesia come graffio, incisione, segno fisico sulla crosta del mondo»),[21] riproduzioni ipotipotiche, descrizioni ecfrastiche, schemi iconografici, macchie di colore simili a campiture che sembrano stendersi sulla pagina grazie all'uso sostantivato di aggettivi cromatici con esiti astratto-informali (tutti fenomeni di cui si è evidenziata un'intensificazione a partire dalle raccolte degli anni Settanta), ma colloca proprio l'editoria d'artista all'origine di una ritrovata ispirazione poetica, quale espressione privilegiata della commistione di due talenti che Cattafi sentiva intimamente paritetici:

> Un giorno dell'anno scorso Vittorio Sereni mi disse che un editore-artista voleva fare un libretto di mie poesie corredato da qualche incisione. Gli mandai alcune poesie già pubblicate in *L'Osso, l'anima*, insieme ad un mio disegno a china e ad alcuni versi nei quali prendevo in giro me stesso e il mio silenzio che durava ormai da sette anni. Non l'avessi mai fatto! Alle quattro del mattino di un giorno del marzo 1971, come morso dalla tarantola, dovetti alzarmi dal letto e cercare carta e penna.[22]

È il diario del 22 ottobre 1973 a registrare l'inizio della collaborazione con il misterioso editore che altri non era che Sommaruga:

> Poi gli faccio vedere tutti i miei disegni a china e lui ne sceglie diversi, il Sommaruga, e mi propone di fare delle cartelline di quattro disegni abbinati a quattro poesie, per una tiratura di 50 copie, 25 per lui e 25 per me. Gli dico di sì, realizzeremo in futuro.

Da questo momento Cattafi si apre alla dimensione della intermedialità, cominciando a comporre testi da abbinare alle chine, cui dà l'emblematica etichetta di «poesia-disegno» (29 ottobre 1973).

Il caso di *Lame*, la cui struttura e, in parte, testualità (tredici poesie del '62 escluse da *L'osso, l'anima* e poi revisionate, tranne la nuova *Fecondità*), si viene idealmente a formare attorno al gruppo di chine salvate dall'ultimo rogo del 10 marzo 1971,[23] e poi rese acqueforti, introduce la questione dei tempi della scrittura in relazione a quelli del disegno nel libro d'arte:

---

[21] M. BULGHERONI, *La poesia come graffio*, cit., p. 9.

[22] Le parole cattafiane sono desunte da E. FABIANI, *In Sicilia a caccia di sirene*, cit.

[23] «Parte dell'attività grafica di questo periodo non subirà un trattamento diverso da quel-

Il collegamento ritardato tra la scrittura e la creazione artistica può realizzarsi, ma di rado, ad opera dello stesso soggetto nella sua doppia veste di scrittore e di artista (si pensi, ad esempio, al libro di Montale *Botta e risposta – Lettera da Asolo* delle Editiones dominicae di Verona (1976), nel quale vengono riunite la poesia – già edita nel 1962 da Bodoni e poi nel 1971 da Mondadori – e la grafica del poeta del 1976.[24]

## 1.2. *Quattro poesie*

Nello stesso anno di *Lame* esce *Quattro poesie* con testi di Bartolo Cattafi, Enzo Fabiani, Pieraldo Marasi, Alberico Sala e i «fogli ritrovati» di Ludovico Mosconi. Questo libro d'artista cattafiano reca la firma delle Edizioni per la Galleria Rizzardi,[25] una piccola casa editrice milanese nata nel '62 da una bottega antiquaria e presto trasformatasi in galleria specializzata in libri d'artista.[26]

Il libro viene pubblicato in occasione di una mostra di tempere e disegni – dal '55 al '63 – di Mosconi avvenuta il 1° febbraio 1973 alla Galleria Rizzardi, a riprova di come negli anni Settanta le gallerie fossero il motore propulsivo della transizione dell'editoria verso una nuova dimensione aperta a tutti i linguaggi: quell'esoeditoria, appunto, che si serviva del contributo degli artisti e dei doppi talenti come Cattafi.

La corrispondenza intercorsa tra Mosconi e Cattafi ci informa, infatti, che nel 1972 il pittore, in attesa di eseguire la sua acquaforte per *Il buio*, aveva già deciso di omaggiare il poeta ripubblicando in via autonoma un testo cattafiano – precedentemente stampato con quelli di altri poeti, forse nucleo di *Quattro poesie* – su una cartella d'artista rimasta poco divulgata, al fine di favorirne una più capillare diffusione.

In una nota del NAC («Notiziario Arte Contemporanea») leggiamo infatti di una cartella di 7 litografie di Ludovico Mosconi dal titolo *Variazioni*

---

lo del materiale che Cattafi aveva ricevuto per posta da Milano. A darne prova è l'accenno al fuoco del 10 marzo 1971: "Caminetto dependance disegni (stracciati) e lettura giornali". Saranno invece le chine salvate dal fuoco a uscire, in forma di acqueforti, nell'edizione Sommaruga del 1973 dal titolo *Lame*, e in una successiva, *Quattro poesie e quattro acqueforti*, del 1974» (D. BERTELLI, «*Qualcosa di altrettanto preciso*», cit., p. 123).

24 LUIGI PAGLIA, *Tra poesia e arte: rassegna di editori di libri d'artista italiani del Novecento*, «Diacritica», a. IV, fasc. 22, 25 agosto 2018, p. 100.

25 Sulle edizioni Rizzardi si consulti LETIZIA TEDESCHI, *Editori d'arte e Libri d'artista, Milano 1940-1995*, in *Anni '90 arte a Milano*, a cura di Rolando Bellini, Milano, Editrice Abitare Segesta, 1999, pp. 212-213 e 217-218.

26 «Dal 1973 al 1977 nella collana vengono pubblicati ben 27 *plaquettes* contenenti testi di affermati letterati, come Vittorio Sereni, Sandro Penna, Dino Buzzati, Alfonso Gatto, Edoardo Sanguineti, e grafiche originali (acqueforti, litografie o serigrafie) numerate e firmate, a tiratura limitata, di importanti artisti come Emilio Vedova, Emilio Scanavino, Pietro Cascella, Ibrahim Kodra, Alik Cavaliere» (L. PAGLIA, *Tra poesia e arte*, cit., p. 132).

*ricorrenti 1971/1972* con testi poetici di Cattafi, Fabiani, Marasi e Sala, pubblicato dalle Edizioni Galleria Eunomia (Via dei Bossi, Milano).[27] Questa evenienza ci dà la misura dell'elasticità e fluidità delle relazioni intercorrenti tra artisti e poeti e dei loro interscambi nel mondo dell'arte milanese.

La poesia scelta da Cattafi per il libro d'arte è *Il viola*, testo prettamente segnico[28] che era già comparso in *L'aria secca del fuoco*: si tratta di un caso particolare, visto che gli altri libri d'artista, *au contraire*, saranno costituiti da inediti, riutilizzati casomai in raccolte successive.

Il testo, oltre ad anticipare un *topos* di *Segni* (la pagina come spazio esistenziale e segnico) cita il formato «quindici per venti» che corrisponde – forse volutamente – alle dimensioni in sedicesimi dell'edizione stessa di *Quattro poesie*, finendo per diventare metaletterario.

L'opera, inoltre, è un *unicum* nella produzione in esame, perché libro d'arte a più voci, di cui si moltiplicheranno gli esempi negli anni Novanta, a cominciare dalle 'antologie' poetiche di Piero Bigongiari.

### 1.3. *Quattro poesie e quattro acqueforti*

*Quattro poesie e quattro acqueforti*,[29] da ascriversi per composizione al biennio 1972-73, è l'unica edizione in cui fanno mostra di sé le incisioni tratte dai disegni cattafiani e può rappresentare, per così dire, un modello 'integrale' di libro d'artista, in cui, cioè, la parte grafica e quella testuale sono prodotte dallo stesso soggetto.

Il libro esce nel 1974 dai torchi di Renzo Sommaruga, il quale rappresentava un'eccellenza nella situazione editoriale veneta e veronese «in cui risultavano attivi tipografi come Giovanni Mardersteig, l'Officina Bodoni, le "private press" come quelle di Franco Riva e di Richard-Gabriel Rummonds». Il fatto che Sommaruga risulti tra i collaboratori di casa Scheiwiller inserisce la circoscritta produzione di libri cattafiani all'interno di una ben precisa area di ricerca (le ragioni profonde del libro d'artista, infatti, «restano esclusivamente di ricerca»),[30] che poteva contare su un circuito di

---

[27] Lisabetta Belotti, *Cartelle e libri illustrati*, «Notiziario Arte Contemporanea», maggio 1972.

[28] «Su questo spazio bianco / quindici per venti / brulla pianura / base di partenza per il nulla / portaci le spighe del tuo male / loglio gramigna ortiche / il verde delle piante velenose / il viola / il tetro inchiostro delle tue parole» (*Il viola*).

[29] Il titolo originale era *Arnesi. Rosso di Sera. Nidi. Ombre Statue Presenze & Quattro Acqueforti*. Anche questo progetto nasce principalmente da un nucleo grafico: il diario del 22 ottobre 1973 racconta di un Sommaruga ospite in Sicilia che sfoglia e sceglie i disegni a china del poeta, proponendogli il progetto di una cartellina con 4 disegni abbinati a 4 poesie, da realizzare in futuro.

[30] A. Scarsella, *Il Novecento di Giovanni e Vanni Scheiwiller*, cit., pp. 16-17.

contatti facenti capo all'editore e disegnatore Vanni Scheiwiller,[31] dotato di «un orecchio letterario infallibile e un gusto altrettanto infallibile, da artista e insieme da artigiano, per la bellezza dell'oggetto libro».[32]

Coltivando una serie di collaborazioni con editori da un lato e con artisti italiani e stranieri dall'altro, Cattafi dimostra che la cooperazione tra editoria e arte d'avanguardia con il coinvolgimento di tipografie rinomate e torchi privati, è necessaria alla riuscita di quello che può definirsi un «libro di 'dialogo' tra più parti».[33]

A tal proposito Sandro Parmiggiani ricorda che ogni libro d'artista «non è opera di due soli protagonisti: non esisterebbe senza i maestri artigiani che sanno dargli vita, e ai quali sempre deve essere resa la lode che meritano, e che spesso viene dimenticata o oscurata».[34]

Il catalogo di Sommaruga con incisioni, sculture, libri, disegni della sua mostra milanese tenutasi a Palazzo Sormani nel 1972, le *Incisioni* di Renzo Sommaruga[35] e, soprattutto, il libro d'artista scheiwilleriano *Sommaruga stampatore-illustratore* (con un'incisione dello stesso Sommaruga) del '78[36] compongono nella biblioteca cattafiana un'immagine ideale di operatore culturale, cui aspirava l'artista italiano medio in un momento di cambiamento rivoluzionario (lo sviluppo della *small press* al di fuori dei centri specializzati) che lo costringeva a cambiare statuto, a esplorare la combinazione di diverse discipline.[37]

Negli scaffali cattafiani si trova anche il catalogo del 1974 intitolato *Prima mostra nazionale scrittori che disegnano e dipingono: Gigi Bailo, Romano Battaglia, Carlo Bernari, Valentino Bompiani, Dino Buzzati*, a testimonianza dell'interesse crescente del pubblico, e del poeta, verso questa modalità espressiva.

---

31 Cattafi entra in contatto con Giovanni Scheiwiller nel 1947, all'inizio del suo soggiorno milanese, quando gli sottopone delle poesie, per poi proseguire la collaborazione editoriale col figlio Vanni (B. Cattafi, *Tutte le poesie*, cit., p. xlii).

32 G. Raboni, *Un amico infallibile e rigoroso*, «Corriere della Sera», 18 ottobre 1999.

33 A. Scarsella, *Il Novecento di Giovanni e Vanni Scheiwiller*, cit., pp. 14-15. Per ulteriori approfondimenti si rimanda a M. Ciccuto, *A proposito del "Libro d'artista"*, «Italianistica», XXXI, 2002, pp. 151-156.

34 Sandro Parmiggiani, *Parole figurate. I libri d'artista dei Cento Amici del Libro*, catalogo della mostra (Reggio Emilia, Palazzo Magnani, 22 novembre 2009 – 17 gennaio 2010), Milano, Skira, 2009, p. 5.

35 Renzo Sommaruga, *Incisioni*, a cura di Domenico Porzio, Verona, Edizione d'arte Ghelfi, 1972.

36 Il catalogo ragionato e illustrato di Renzo Sommaruga si inscrive nella tendenza ad «applicare agli scrittori viventi tecniche di indagine e catalogazione un tempo riservate ai classici», fare cioè «filologia sui contemporanei» (S. Zanotto, *Il caso Sommaruga*, cit.).

37 E. Miccini – A. Rimmaudo, *Libri d'artista*, cit., p. 23.

Cattafi oltretutto era stato incluso tra i doppi talenti del catalogo summenzionato e di un altro coevo relativo alla stessa mostra *in itinere*,[38] come vedremo più approfonditamente.

### 1.4. *Ipotenusa*

Nei primi anni Settanta si avvicendano nell'itinerario del poeta varie raccolte contenenti opere d'arte, tra cui la *plaquette Ipotenusa*, edizione bilingue con una incisione di Andrè Haagen (Luxemburg, «Origine»,1975): tra i due artisti, ricorda Ada, il contatto fu lasciato all'iniziativa dell'incisore belga.[39]

Fece inizialmente da intermediario Franco Prete, il poeta e scrittore che aveva creato a Lussemburgo la rivista multinazionale "Origine", e che con altri aveva dato vita al "Gruppo Origine", iniziativa culturale di sintesi franco-italiana di poesia e arte, specializzata nella traduzione e diffusione dei maggiori poeti italiani, francesi, belgi e lussemburghesi.[40] Fu Prete a proporre il libretto e fare il nome di Haagen per l'incisione, in quanto giovane pittore emergente.[41] D'altronde Cattafi aveva ben presente l'esempio del volumetto italo-francese di Sereni *Lavori in corso*, con disegni di Franco Francese e traduzione di Edmond Dune, edito nel 1969 dalla stessa casa editrice lussemburghese.[42]

La *plaquette* però, a dispetto della «presse à bras di Marcourt» e della «carta di puro lino di Dassel», cioè della squisita eleganza del manufatto, presentava il paradosso richiamato da Paul Ricoeur per il quale «una buona traduzione può tendere solo ad una equivalenza presunta, non fondata su una identità di senso dimostrabile. Una equivalenza senza identità».[43] La resa in francese era stata effettuata da Arthur Praillet che era anche poeta, e quindi si confrontava col testo in maniera differente da un semplice traduttore:

---

[38] *Mostra nazionale scrittori che disegnano e dipingono*, Rovereto, Galleria Pancheri, 3-23 ottobre 1974.

[39] Sul rapporto con il pittore, ancora operante a Bruxelles, non abbiamo la testimonianza di alcun carteggio.

[40] Banca dati *on line* di *Verba picta. Interrelazione di testo e immagine nel patrimonio artistico e letterario della seconda metà del Novecento* (Università degli Studi di Firenze), a cura di Teresa Spignoli e Federico Fastelli, recuperabile al *link*: Origine — Verba Picta.

[41] "Origine" era infatti attiva nella pubblicazione di edizioni d'arte con incisioni, acqueforti, serigrafie e disegni di artisti come Felice Ludovisi, Franco Gentilini, Emilio Scanavino, Giovanni Omiccioli, Carlos Pradal (*ibid.*).

[42] Il volume è catalogato al Centro Apice tra i libri del fondo cattafiano (consultabile digitalmente al *link*: Lavori in corso / Vittorio Sereni; avec une gravure de Franco Francese; version française par Edmond Dune - Università degli Studi di Milano Statale (exlibrisgroup.com).

[43] Paul Ricoeur, *Il paradigma della traduzione*, in Id., *La traduzione. Una sfida etica*, ed. it. a cura di Domenico Jervolino, Brescia, Morcelliana, 2001, p. 65.

È l'eterno problema della traduzione: affidarla a un traduttore fedele, magari competente, col pericolo dell'appiattimento, o a un poeta come Praillet, al prestigio della sua firma, ma che s'arrischia talvolta in libertà forse eccessive?[44]

Le aporìe di senso dovute al bilinguismo di *Ipotenusa* vennero però riassorbite dalla più ampia prospettiva dell'opera: diffondere presso un pubblico costituito per lo più da poeti e critici francesi una poesia già apprezzata, a dire dell'amico d'oltralpe, per la sua freschezza e novità. Cattafi, dunque, soprassederà sulle apparenti criticità testuali, avendo sin dall'inizio della corrispondenza precisato a Prete: «non sono uno di quelli che tormenta la pagina (e gli amici come Lei)».[45]

In questo modo anche il libro d'artista cattafiano (all'epoca di *Ipotenusa* erano state già pubblicate numerose traduzioni di raccolte e poesie cattafiane, anche su rivista)[46] si potrà aprire a quell'«incontro con l'alterità, di cui la traduzione è un paradigma».[47]

Questo standard alquanto recente (seconda metà del Novecento) del libro di poesia[48] tradotto da altri poeti, con testo originale a fronte (in lingua italiana o straniera, a seconda del punto di partenza) e inclusivo di disegni d'artista, occupò un esiguo filone nell'editoria italiana degli anni Sessanta-Settanta,[49] e rimase senza seguito nel percorso cattafiano.

Possiamo considerarlo segno di quella adesione alla viva contemporaneità difficilmente riconoscibile in un personaggio come Cattafi, caratterizzato piuttosto da riservatezza, intuizioni anticipatrici e svolte soggettive imprevedibili.

---

44 La lettera di Franco Prete del 23-1-1976 è conservata presso il Centro Apice, fascicolo "Prete Franco" (unimi.it).

45 La minuta della lettera cattafiana è datata l'11 giugno 1974 (*ibid.*).

46 B. Cattafi, *Tutte le poesie*, cit., pp. 842 ss.

47 Domenico Jervolino, *Introduzione* a P. Ricoeur, *La traduzione. Una sfida etica*, Brescia, Morcelliana, 2001, p. 36.

48 Secondo il germanista Luigi Reitani il fenomeno delle edizioni bilingue indica «un importante mutamento del concetto di traduzione poetica»: rispetto ad un passato in cui le traduzioni venivano pubblicate autonomamente «nell'edizione bilingue la traduzione perde invece la sua autonomia. Il suo valore estetico e culturale si fonda piuttosto sulla correlazione che riesce a stabilire con il testo di partenza [...] anche il testo di partenza perde la sua autonomia. Nell'edizione bilingue esso vive per la traduzione» (Luigi Reitani, *Geografie dell'altrove. Studi su Hölderlin*, Venezia, Marsilio, 2020, pp. 161-162).

49 Possiamo considerarne altri esempi il volumetto italo-spagnolo di Jorge Guillén, *La fuente*, variazione su un tema di Renato Bilenchi, versione di M. Luzi, disegni di G.L. Giovanola, Scheiwiller, 1961 (autore già tradotto nel 1858 da Eugenio Montale) o quello italo-inglese di Hans Richter, *Dymos*, tradotto da Roberto Sanesi, incisioni di Hans Richter, Pesaro, Edizioni della Pergola, 1972.

## 1.5. *Ostuni*

La *plaquette Ostuni*[50] con dodici poesie e sette disegni di RUGGERO SAVINIO (Milano, Edizioni 32, 1975) segna il connubio tra il Cattafi di *Marzo e le sue idi* e l'arte del nipote di Giorgio De Chirico, amico di Scheiwiller; tuttavia non fu l'editore a favorirne la conoscenza, ma il poeta Sandro Boccardi, dedito a eventi letterari e artistici per il comune di Milano che, racconta Ada, rappresentò anche il tramite con "Edizioni Trentadue" (la collana "Il Bicordo / Quaderni di poesia" era da lui diretta).[51]

Poiché programmaticamente il libro, sia nel suo aspetto grafico che in quello testuale, rifletterebbe delle impressioni visive (anche se il poeta sottolinea che «l'Ostuni che dà il nome alla sezione di *Marzo e le sue idi* è sullo sfondo di certi tufi, dell'aria e dell'altro materiale fisicamente riscontrabile, soprattutto un luogo della fantasia»), può rientrare tra i casi di convergenza creativa e spirituale tra artista e poeta, così come avviene per le *Stampe dell'Ottocento* di Aldo Palazzeschi (Firenze, Edizione dei Cento amici del Libro, 1942), con 10 litografie di Gianni Vagnetti, o per il *Lamento per il Sud* di Salvatore Quasimodo (Milano, Franco Sciardelli, 1977) illustrato da 3 litografie di Francesco Messina: opere nate da un'unica ispirazione, nonostante la differenziazione, in termini di tecniche e modalità, delle loro parti compositive.[52]

La fitta trama dei disegni in bianco e nero di Ruggero Savinio, intensissima e a tutta pagina, «garantiva una partitura narrativa nel processo immaginifico»[53] e condivideva con il testo una certa progressione spazio-temporale: la *plaquette* rappresenta infatti una vicenda di esilio e redenzione miticamente trasfigurata attraverso reminiscenze quasimodiane[54] e non solo.[55]

La cittadina di Ostuni assume le sembianze di una sassosa Itaca («Pietra bianca conchiglia / calcare») in cui il poeta, controfigura odissiaca, cerca di tornare («il viandante / in grandi linee d'amore per te brucia / occhi e dita addosso ti lascia / insieme con la muta delle anime fedeli»).

---

[50] Il titolo fu suggerito da Raboni (diario del 13 ottobre 1974).

[51] Il titolo "Il Bicordo" voleva «sottolineare che l'accordo o l'armonia stilistica o l'affinità tra i due coautori del libro, il poeta e il pittore, è una prerogativa dell'edizione», strutturata attorno ad un autore contemporaneo di volta in volta illustrato da un pittore («Il Poliedro. Rassegna mensile d'Arte e Attualità», n. 8, luglio 1973).

[52] L. PAGLIA, *Tra poesia e arte*, cit., pp. 98-99.

[53] M. CORSI, *Dentro e dietro il paesaggio*, cit., p. 202.

[54] All'uso di Quasimodo sono da ricondurre principalmente i lemmi «isola», «patria», «cane», «civetta», «conchiglia». Il lemma «atena», in maiuscolo, è circoscritto all'uso quasimodiano (si legga G. SAVOCA, *Vocabolario della poesia italiana del Novecento*, cit., p. 108).

[55] Esclusivamente ungarettiani i lemmi «itaca» (*ivi*, p. 512) e «calcare» (*ivi*, p. 164).

La patina magnogrecizzante[56] del tessuto poetico è in linea con tutta l'opera di Ruggero Savinio, che abita quello spazio in cui la memoria si incontra col mito, e il cui fascino esercitato su Cattafi è testimoniato da un saggio scheiwilleriano del 1972, presente tra i libri cattafiani, stampato in doppia tiratura con un'acquaforte originale dell'artista.

Non è casuale, dunque, che Cattafi abbia rifiutato, considerandoli non attinenti al testo, i disegni proposti da Carmassi (nome al quale dal 1973 la Galleria 32 lo aveva accostato pubblicizzando la sopracitata collana di quaderni),[57] per accogliere con più convinzione l'ipotesi di lavoro avanzata da Boccardi «con Cantatore o con Savinio o con Scheiwiller».[58]

Infine, una curiosità: la lucentezza del *leukós*, il bianco che aveva abbagliato il poeta nella sua visita ad Ostuni,[59] portò alla necessità di caratterizzare non solo il contenuto, ma anche la copertina del libro con un colore chiaro, punto sul quale egli insistette con Boccardi.[60] È un esempio di tipico sconfinamento espressivo dei doppi talenti di cui si è già parlato: il colore si sostituisce alla parola anche in tutto ciò che ruota intorno al testo.

### 1.6. *Nel rettangolo dei teoremi*

L'incremento delle opere grafiche nella raccolta appena menzionata segna un'ideale svolta in direzione di una preponderanza del segno sulla parola che diverrà più evidente nella *plaquette Nel rettangolo dei teoremi*, edita a Milano da Scheiwiller nel 1977, e comprendente soltanto 6 poesie – composte entro il '76 – a fronte di ben 5 acqueforti di Nino Ricci dalle linee allusivamente volumetriche e geometriche: queste «strutture inafferrabili e asciutte» attestano «lo spirito geometrico come spirito di chiarezza».[61]

È lo stesso percorso che si può rinvenire in tutta l'opera di Cattafi, che fa del geometrismo una costante della sua produzione: catalizzate nella *plaquet-*

---

56 Responsabile della patina grecizzante è anche il termine «acrocoro», che viene impiegato per la descrizione orografica della Sicilia (non esente da punte di mitizzazione) in una prosa di *Le isole lontane* (B. CATTAFI, *Rometta*, in ID., *Le isole lontane*, cit., p. 92).

57 Si legga «Il Poliedro. Rassegna mensile d'Arte e Attualità», n. 8, luglio 1973.

58 Diario del 20 novembre 1974.

59 Il sintagma «Pietra bianca / conchiglia calcare» del testo *Pietra bianca* si può considerare un'eco della conversazione con uno dei tre proprietari dell'albergo sulla pietra del luogo («pietra viva calcare, lui dice e tufo bianco»), riportata sul diario del 28 agosto 1972. L'uso del colore bianco, che domina la tavolozza fortemente mediterranea della *plaquette* insieme all'«azzurrino» ma anche al rosso del «geranio» e al verde del «basilico», serve a rafforzare la sacralità classicheggiante attribuita alla 'città bianca' Ostuni.

60 Diario del 17 e 19 dicembre 1974.

61 L. DE LIBERO – G. APPELLA, *Nino Ricci*, Milano, All'Insegna del Pesce d'Oro, 1989, pp. 10-11.

*te*,[62] destinata a riversarsi nella più vasta *Segni*, le figure geometriche svolgono la funzione di rappresentare la realtà non solo come 'inventario' di cose, ma come sistema di relazioni matematiche che scarnifichino, semplifichino, riducano all'osso la realtà per salvarla dall'indistinzione e dalla dispersione.

Non si tratta, in ogni caso, di un accostamento casuale: Nino Ricci, formatosi nelle tecniche incisorie presso la Scuola del Libro di Urbino, ritiene l'abbinamento dell'incisione con la scrittura «quasi sintomatico per affinità. Nel mio caso le persone mi affidano un testo e io devo leggere, cercare di penetrare in quelle parole e poi rappresentare».[63]

Sulla linea della continuità inventiva, la raccolta si distingue per raffinatezza ed equilibrio tra le parti che ne fanno un raro esempio di 'doppia scrittura', per parole e immagini. Continua, infatti, Ricci:

> Se la domanda è: può l'incisione essere accostata alla scrittura e particolarmente alla poesia? Io dico sì, perché può essere essa stessa poesia, generando emozioni irrefrenabili. Goya a conclusione di una sua lastra particolarmente riuscita esclamava, incidendovi sopra: "Bien tenida esta!"[64]

La presenza tipicamente scheiwilleriana di tavole sciolte, cioè di cartelle composte da fogli autonomi, rivendica tuttavia l'indipendenza dell'opera d'arte dal testo poetico, la 'non invasione' di uno spazio specifico, consentendo al collezionista la possibilità di incorniciare la stampa e farne un uso slegato dal testo.[65]

### 1.7. *Se i cavalli non fossero cavalli*

Tornando allo statuto del libro d'artista, la definizione di «testo illustrato con opere originali (xilografie, incisioni, litografie...) da un artista in edizione limitata numerata e firmata»[66] che ne dà Vincenzo Filacavai appare,

---

62 «La poesia di Cattafi, come del resto quella del conterraneo Quasimodo, è ricca di vocaboli della geometria che vanno dagli elementi primi costituiti da *punto*, *retta*, *piano*, agli *archi*, alle *curve*, *ellissi*, *ipotenuse*, dalle figure piane (*cerchio*, *circonferenza*, *triangolo*, *rettangolo*, ecc.) ai volumi (*prismi*, *piramidi*, *cubo*, *sfera*, ecc.). Significativo è in questa direzione il titolo di una sua cartella del 1977, *Nel rettangolo dei teoremi*. Rispetto al vero 'geometra' Quasimodo, il geometra 'potenziale' Cattafi sta quasi tutto dalla parte dell'*esprit de finesse*. Egli si avventura pascalianamente alla ricerca di una sorta di geometria 'metafisica'» (G. Savoca, *Un «punto» per la geometria di Cattafi*, cit., p. 7).

63 Nino Ricci, *Una poetica della vita. Gli scritti di Nino Ricci*, a cura di Lucio Del Gobbo e Luigi Ricci, Civitanova Marche Alta, Associazione Culturale Centofiorini, 2018, p. 200.

64 *Ivi*, p. 112.

65 A. Scarsella, *Postille alle Venezie di Vanni Scheiwiller*, in *Venezia per Giovanni e Vanni Scheiwiller*, cit., p. 39.

66 Vincenzo Filacavai, *Artisti e libri illustrati italiani del XX secolo*, in R. Jentsch, *I libri d'artista italiani del Novecento*, cit., p. 9.

alla luce di quanto detto, alquanto parziale, perché tralascia di considerare il rapporto tra l'immagine e il testo che, per quanto complesso, tende a escludere «ogni reciproca evocatività», e a trascendere la corrispondenza semiotica di significante (l'immagine) e significato (testo o paratesto), per diventare un'unità poetica più profonda.[67]

Si tratta, specifica Franco Russoli, di raccolte poetiche e pittoriche sbocciate dalla stessa idea o aspirazione comuni, che, senza predominare l'una sull'altra, concorrono ad illuminarsi e non a illustrarsi a vicenda (a differenza, appunto, dei libri illustrati).[68]

Un'eccezione che conferma la regola si può considerare il progetto cattafiano con Scheiwiller del 1978 (uscito postumo nel 1979) dal titolo *Se i cavalli non fossero cavalli*, di soli 39 esemplari numerati e a fascicoli sciolti, con 10 disegni di Gian Luigi Giovanola.

Il testo *Frammenti del dubbio* fu scritto appositamente per i disegni «dedicati all'uccisione dei cavalli»[69] ritrovati nel 1956: si tratta di chine su foglio marrone applicate ad enormi pagine di carta bianca[70] che ritraggono dei cavalli convulsi e scarni, maltrattati e torturati.[71] L'artista, infatti, attivo dalla metà degli anni Cinquanta, aveva messo da subito al centro del suo interesse «la figura del cavallo visto come portatore di significati e variamente interpretato: dagli ippogrammi, scritture in bianco e nero, ai successivi oli su tela e sculture in terracotta, cartapesta e legno».[72]

La genesi del libro è ricordata dallo stesso Giovanola in un'intervista ad opera di Giuseppe Appella:

---

67 A. Scarsella, *Il Novecento di Giovanni e Vanni Scheiwiller*, cit., p. 14.

68 Franco Russoli, *Prefazione* a Raffaele Carrieri, *Poesia pittura*, Milano, La Fattoria, 1964, p. 18.

69 Cecilia Gibellini, *Vanni Scheiwiller e il Libro d'artista*, in *Libri d'artista*, cit., p. 51.

70 Sulle dimensioni imponenti della cartella scherzerà lo stesso Giovanola: «La prima cosa che feci fu pesarne una: due chili e seicento grammi, forse anche il peso della nostra fatica» (G.L. Giovanola, *Incomparabile poeta gentiluomo*, cit., p. 3).

71 Le ragioni etiche che sottostanno alla rappresentazione drammatica delle creature equine vengono chiarite dallo stesso artista: «Gli raccontai dunque, e c'era anche Vanni con noi, di quando da ragazzetto passavo le vacanze a Montegrino, patria del pittore Giovanni Carnevali detto il Piccio. Un giorno, su un viottolo di montagna mi passò accanto un soldato a cavallo. Gli chiesi se mi faceva montare con lui, mi afferrò e mi issò sulla sella dietro di lui. Il cavallo si innervosì, io caddi immediatamente e chiusi gli occhi. Quando li riaprii, il cavallo era già lontano e non mi aveva neppure toccato. – Ma perché ci racconti questa storia dopo tanto tempo? chiedeva Bartolo. – Perché da allora ho riflettuto spesso sulla generosità dei cavalli e sulla crudeltà degli uomini. [...] Pensieri che mi hanno sempre accompagnato finché un giorno del '56, utilizzando un pacco di fogli scartati dal mio tipografo, cominciai a disegnare cavalli torturati da uomini senza più sembianze umane: una cinquantina di fucilazioni, una cinquantina di impalamenti, una cinquantina di impiccagioni, una cinquantina di accecamenti... e andai avanti per un mese a disegnare questi supplizi» (*ibid.*).

72 *Giovanni e Vanni Scheiwiller editori*, cit., pp. 340-341.

Un altro poeta a me estremamente caro è stato Bartolo Cattafi che vedevo frequentemente. Nel 1956 scoprì nel mio studio un rotolo sigillato sepolto da anni sotto la polvere. Lo aprimmo e rividi quasi 500 disegni a china che credevo di aver perduto. Ne recuperammo 390, dedicati all'uccisione dei cavalli. Cattafi scrisse una drammatica poesia e Vanni ne pubblicò 39 esemplari stampati da Lucini.[73]

La parte grafica, quindi, assume valore di ipotesto sul quale è esemplata la poesia, anche a distanza di molti anni: in questo caso più di ventidue.[74]

Per la seconda volta dopo *Lame*, la casistica in cui rientra il testo cattafiano è meno usuale rispetto alla maggioranza degli elenchi coevi nei quali «il tempo della scrittura quasi sempre precede quello della grafica (o della creazione dell'oggetto artistico)»,[75] in quanto l'artista visivo – che sia incisore, pittore o scultore – interviene di norma su un testo preesistente (con il suo corredo di segni, illustrazioni, immagini), entrandovi in correlazione per ottenere un prodotto editoriale.

La composizione del testo, inizialmente indicato col titolo provvisorio *I cavalli,* occupò il breve, ma intenso intervallo creativo intercorso tra il 31 ottobre e il 2 novembre 1977, secondo i diari. In una comunicazione di poco successiva,[76] Cattafi annuncia all'amico pittore di avere composto una lunga poesia, confidandogli alcune riserve in proposito che daranno lo spunto per il titolo definitivo: «Cavalli-uomini, uomini-cavalli... Cattafi è dubbioso e dà ai suoi versi proprio il titolo: *Frammenti del dubbio*».[77]

Amato dai poeti del Novecento, Giovanola prese parte a numerose realizzazioni editoriali d'artista dalla sempre forte concentrazione concettuale, una delle quali (quella con Erba, come vedremo più avanti) rappresentò un vero e proprio modello per il libro d'arte cattafiano.

Sulla base di quanto osservato, *Se i cavalli non fossero cavalli* è da considerare un'opera sperimentale.

### 1.8. *Dieci poesie inedite*

Infine, il progetto di *Dieci poesie inedite* con tre incisioni di Giuseppe Santomaso, ideato dal critico siciliano Guido Ballo[78] e uscito postumo nel

---

[73] G. Appella, *Cavalli scolpiti come 'gioco' per ripercorrere il cammino della storia*, intervista a G.L. Giovanola, «L'Osservatore Romano», 1° dicembre 2002, p. 3.

[74] I diari registrano l'inizio effettivo della collaborazione tra Giovanola e Cattafi per *Se i cavalli non fossero cavalli*, individuandolo nel 16 settembre del 1977, con la consegna di un rotolo di disegni da parte del pittore e la richiesta esplicita di una poesia sull'argomento.

[75] L. Paglia, *Tra poesia e arte*, cit., p. 99.

[76] Si veda Appendice I.

[77] G.L. Giovanola, *Incomparabile poeta gentiluomo*, cit., p. 3.

[78] In una testimonianza per il Premio Nazionale di Poesia "Vann'Antò", Guido Ballo affer-

1983, fu condiviso dallo stesso poeta perché si trattava di poesie scelte e consegnate a Piergiorgio Spallacci di "Le Edizioni della Pergola"[79] il 21 luglio del 1977, anche se Cattafi non potè rivederne le bozze perché il libro sarebbe stato pubblicato quattro anni dopo la sua morte.[80]

Il progetto prevedeva sin dall'inizio l'inserimento di una parte grafica, tant'è che il lavoro di *equipe*, svolto con "Peppino" Miligi, Vincenzo Leotta e lo stesso Spallacci, consistette nello scegliere inizialmente ben 21 poesie: «pensiamo di abbondare per mettere anche l'illustratore in condizione di scegliere», si legge nei diari.

Spallacci, impressionato dalla recente scoperta della poesia cattafiana (appena un mese prima della consegna dei testi), aveva espresso il proposito di inserirla in un'opera editoriale congiunta ad «immagini di un valente artista carico di segni definitivi sulla vita, sull'uomo come potrebbe essere Scanavino o Pierre Alechinsky»;[81] oltre ad essere incisore egli stesso, lo stampatore alla fine degli anni Settanta poteva contare (come egli stesso dirà in un'intervista di molti anni dopo)[82] numerosissime collaborazioni con poeti come Sinisgalli e Zanzotto[83] e con artisti quali Guttuso, Hans Richter, Santomaso.

La scelta ricadde proprio su quest'ultimo, le cui opere astratte sbilanciano, in questo caso, il fragile rapporto tra immagine e testo nel libro d'arte cattafiano dagli estremi di una interdipendenza / affinità – spesso generica o sulla scorta del titolo della raccolta – a quelli di una reciproca autonomia.

Le cartelle sono introdotte dal sintagma, stagliato su fondo bianco, «pagine incise»:[84] una dichiarazione d'appartenenza al genere del libro d'artista, di cui Spallacci era esperto conoscitore.

---

ma di essere diventato amico del poeta «negli ultimi anni per una intensa profonda ricerca delle origini, svolta in modo diverso» e ricorda «i suoi occhi profondi e limpidi, pronti ad incantarsi a un tratto e restare così, per poi volgersi tra le cose di ogni giorno.» (*Inaugurazione del monumento di Pietro Consagra a Bartolo Cattafi*, in *Almanacco "Vann'Antò"*, n. 2, cit., p. 78).

79 Per la storia della casa editrice, si vedano L. Paglia, *Tra poesia e arte*, cit., p. 126; *Poesia e immagine: libri d'artista delle Edizioni della Pergola di Pesaro*, testi di Renato Bruscaglia e Giuseppe Appella (Macerata, Biblioteca comunale Mozzi-Borgetti, 26 ottobre-16 novembre 1995), Pesaro, Edizioni della Pergola, 1995; *Figurare la parola: editoria e avanguardie artistiche del fondo Bertini: Biblioteca nazionale centrale* (Firenze, 16 ottobre 2003-31 marzo 2004), Firenze, Vallecchi, 2003, p. 45.

80 V. Leotta, *L'inverno di Bartolo Cattafi*, cit., p. 336.

81 Lettera di Piergiorgio Spallacci del 12-06-1977, consultabile presso Centro Apice, fascicolo "Spallacci Piergiorgio" (unimi.it).

82 M. Bentivoglio, *Intervista a Piergiorgio Spallacci*, «Arte e cornice», giugno 1990, pp. 32-34.

83 Nel 1977, stesso anno di composizione di *Dieci poesie inedite*, Spallacci cura un altro progetto ideato da Guido Ballo che mette insieme dodici litografie di Giò Pomodoro e una poesia di Zanzotto, *Sovraesistenze*.

84 Le virgolette sono del testo.

Per quanto riguarda la casa editrice, essa risulta dal 1967 tra le tipografie private di Pesaro: Spallacci si era specializzato presso la scuola del libro ad Urbino, applicando le competenze tecniche e culturali acquisite durante la formazione artistica con Leonardo Castellani e, in seguito, con i migliori editori di arte, fino a contare 100 volumi di pregio.[85]

La stamperia-studio era poi diventata anche una galleria d'arte che avrebbe vantato numerose mostre sul libro d'artista e personali, tra cui una dello stesso Santomaso.[86]

## 2. Cattafi collezionista

Per concludere, nei primi anni Settanta, dopo la lunga pausa poetica, Cattafi non è solo un 'poeta che dipinge', ma verosimilmente un artista a tutto tondo che dialoga, mediante i suoi libri e *plaquettes* d'arte, con un pubblico di collezionisti, editori, stampatori, estimatori del libro e visitatori di gallerie che erano in grado di apprezzare gli artisti che componevano – con le loro cartelle e la loro parte grafica – questi prodotti ibridi: edizioni per bibliofili appunto, anzi per usare le sue parole, «libr(i) per amatori».[87]

Venti anni erano passati dal volumetto d'esordio del '51, assemblato per le Edizioni della Meridiana, che aveva prodotto l'azzeccato connubio con Crippa di cui abbiamo riferito. In questo lungo lasso di tempo, l'assidua frequentazione da lettore, *in primis*, e poi da collezionista 'involontario' (Ada De Alessandri ricorda che Bartolo riceveva parecchi libri in dono dagli amici artisti e gli veniva richiesto di illustrarne altrettanti) di cataloghi, libri illustrati[88] e *artbooks*, insieme alla pratica del disegno e all'interesse per l'incisione, avevano preparato il terreno di maturazione per sperimentazioni che produssero ben nove libri d'arte nell'arco di pochissimi anni:[89] nove libri, dunque, già presenti nell'immaginario cattafiano, contando anche la postuma *Dieci poesie inedite* e la *plaquette Il Buio*, di poco anteriore alla finestra temporale presa in considerazione, ma con le stesse peculiarità del libro d'arte.

---

85 Sulla formazione di Spallacci si legga L. Paglia, *Tra poesia e arte*, cit., p. 126.

86 M. Bentivoglio, *Intervista a Piergiorgio Spallacci*, cit., p. 33.

87 Dalla conversazione con Vittorio Sereni riportata in D. Bertelli, *«Qualcosa di altrettanto preciso»*, cit., p. 123.

88 Si tratta fondamentalmente di libri poesia: pochi i romanzi con illustrazioni d'artista presenti nel fondo del poeta.

89 Considerando anche *Se i cavalli non fossero cavalli* e *Dieci poesie inedite*, di cui il poeta non poté seguire per intero lo sviluppo.

Significativa, inoltre, è la presenza del poeta – frequentemente registrata dai diari – alla Galleria dei Bibliofili a Milano, considerata il 'tempio' del libro d'artista. La connessione fra personalità diverse dello scenario artistico, ma incuriosite dalle implicazioni semiotiche tra letteratura e grafica, consentì dunque a Cattafi di prendere parte a una rara *intellighenzia* composta da artisti nella duplice veste di co-esecutori e interlocutori, più che da poeti per i quali sarebbe sempre risultato 'fuori squadra'.

La natura di questo tipo di sodalizio rispondeva ad una tendenza tipicamente contemporanea che toccò i più noti intellettuali, poeti, pittori, architetti, scultori dell'epoca, segnando una piccola rivoluzione nell'editoria e sottraendola ai circuiti più battuti e sottoposti all'egemonia delle grandi case editrici.

Ricordiamo, per esempio, le imprese editoriali di Leonardo Sinisgalli con gli artisti Franca Ghitti, Nino Ricci, Lucio Fontana e Leonardo Castellani; di Libero De Libero con Gian Luigi Giovanola, Assadour etc..., supportate anche da un'attività critica che non apparteneva a Cattafi, le cui collaborazioni testimoniano il radicarsi delle interazioni con il mondo delle arti figurative da parte della poesia, e si mantennero sul piano della curiosità tecnica e delle affinità intellettuali e amicali.

L'amico Sereni, anch'egli autore di libri d'artista, si pone invece fondamentalmente da poeta nei confronti degli amici pittori, traslando il loro fare nei suoi brani di critica d'arte che sono vere e proprie prose letterarie, e cercandovi «un fedele rispecchiamento dei rispettivi processi creativi»,[90] laddove Cattafi, forse per la duplice natura di poeta e pittore, mantiene un maggiore distacco intellettuale.

Tuttavia, all'altezza cronologica del 1977, possiamo ormai reputare il poeta un intenditore della variante finora delineata del libro d'artista, se lo sentiamo esprimere con disinvoltura (nella forma privata dei diari) una valutazione sulla *plaquette Nove poesie* di Giorgio Luzzi con undici disegni di Eugenio Comencini,[91] giudicata «elegante» e «in qualche modo interessante».[92] Cattafi dimostra, cioè, la consapevolezza di trovarsi di fronte a un oggetto con un plusvalore formale rispetto al libro tradizionale.

Appropriandosi di un preciso *habitus* etico ed estetico, Cattafi si muove in prima persona all'interno di una contenuta varietà di soluzioni editoriali

---

90 *Amici pittori: i libri d'arte di Vittorio Sereni*, con un'appendice di suoi scritti, a cura di Dante Isella e Barbara Colli (catalogo di *"Dove infinita trema Luino": mostra dei libri d'arte di Vittorio Sereni*, Luino, Villa Hüssly, 29 giugno-18 agosto 2002), Luino, Città di Luino, 2002, p. 11.

91 Giorgio Luzzi, *Nove poesie*, con undici disegni di Eugenio Comencini, Torino, Tipografia Ideal, 1977. Il libretto fa parte del fondo Cattafi.

92 Diario del 16 febbraio 1977.

che declina il rapporto tra parola e immagine e tra incisore e poeta – il libro d'artista è, definitivamente, libro di poesia – toccandone, come abbiamo visto, alcune criticità e specificità.

Lontano dalla visione 'restrittiva' di un Montale, contrario ad ogni trasposizione grafica della propria opera che considerava alla stregua di «un tradimento, non dissimile dalla traduzione in un'altra lingua», motivo per il quale «fa tutto da solo e non permette a nessuno di espugnare il suo libro, di amalgamare forma, contenuto e immagine»,[93] Cattafi si avvicina di più alla propensione di De Libero[94] ad accogliere la sovrapposizione tra il proprio lavoro e quello degli altri, e ad includere nell'idea stessa di libro il risultato ottenuto non solo dal lavoro tipografico – caratteri, carte e rilegatura, pure importantissimi – ma dall'immagine.

Quella di Cattafi è una scelta di fondo che investe il campo dei valori formali, la questione dell'appagamento visivo, e infine l'antinomia tra ordinamento del libro ed espressione, aprendola almeno a tre tecniche tipografiche diverse rappresentate dalla linoleografia, dal disegno e dall'acquaforte: quest'ultima, propriamente un'incisione su materiali metallici, riprodotta a partire dagli stessi disegni autografi del poeta selezionati per *Lame* e *Quattro poesie e quattro acqueforti*.

Ai criteri di purità, parsimonia e autonomia compositiva di molti intellettuali suoi coetanei, che promuovevano un certo integralismo del fare, illustrandosi da soli le proprie creazioni, Cattafi preferiva quelli condivisi con Scheiwiller, il quale costruiva pragmaticamente l'opera sulle intersezioni tra gli autori.

A titolo esemplificativo ricordiamo una lettera del 14-3-1973 dell'editore ad Aldo Palazzeschi, il cui intervento era richiesto per il progetto relativo a *Le città di Tinè*, che avrebbe dovuto in un primo momento coinvolgere anche Cattafi:

Caro Palazzeschi,
mi permetto di ricordarle la promessa di una sua poesia piccola piccola piccola ma inedita sulla città, per il mio amico scultore Tinè (6 litografie con 6 poesie di Palazzeschi, Montale, Carrieri, Sereni, Raboni e Cattafi o Erba o Sinisgalli) [...].[95]

La lettera non solo dà ragione di come avvenivano molte scelte nella strutturazione di un libro d'artista (in questo caso l'accostamento di Cattafi

---

[93] G. Appella, *Introduzione* a *Libri d'artista*, cit., p. 18.

[94] Di Cattafi e De Libero rimane un carteggio che ne rivela la squisita amicizia e le consonanze professionali e intellettuali.

[95] *Libri d'artista. Le edizioni di Vanni Scheiwiller*, cit., p. 343.

estimatore della Sicilia greco-romana a Tinè «solare artigiano della Magna Grecia»,[96] probabilmente), ma testimonia la persistenza di un legame tra sperimentazioni editoriali e immaginario futurista: un bacino di riferimenti notoriamente prediletto dall'editore e al quale lo stesso Cattafi rimarrà sempre idealmente legato (anche per una questione di 'appartenenza' culturale, come abbiamo avuto modo di vedere).

## 3. Mostre di libri d'artista cattafiani

A riprova del fatto che il poeta non considerava le sue *plaquettes* e i suoi libri d'artista soltanto dei prologhi alle più strutturate e ampie raccolte (nelle quali le poesie in essi contenute sarebbero state – nella maggior parte dei casi – inserite, in commistione con altre inedite[97] o compattate a formarne intere sezioni),[98] ricordiamo la partecipazione ad alcune mostre settoriali nelle quali viene riconosciuta ai libri cattafiani l'identità che gli è propria. La rivista padovana «Contrappunto» di luglio-agosto 1978 così ne presenta una:

> Una suggestiva mostra di grafica e poesia è stata allestita in luglio dallo «Studio internazionale d'arte grafica» di Roma diretto da Giuseppe Appella. Essa ha infatti allineato in combinata alcuni dei più prestigiosi nomi dell'arte e della poesia del '900: Balestra/Maccari, Cattafi/Ricci, De Libero/Gentilini, De Libero/Mastroianni, De Libero/Assadour, Eliot/Turcato, Gatto/Venna, Guillen/Roccamonte, Michaux/Conte, Piccolo/Piraino, Pound/Raphael Mafai, Trufelli/Ortega, Scotellaro/Guerricchio, Vivaldi/Nangeroni, Yeats/Consagra.

Appare chiaro da questo tipo di notiziari come ogni poeta avesse il suo illustratore o illustratori preferiti (il caso più sintomatico è quello di De Libero), e come la vocazione all'immagine fosse molto più forte in alcuni, che in altri. Sicuri che non si tratti certamente di combinazioni casuali

---

[96] *Giovanni e Vanni Scheiwiller editori*, cit., p. 377.

[97] Le 34 poesie di *Il buio* saranno smistate (tranne *Intercambiabilità*, non più edita) tra *La discesa al trono* (22 testi) e *Marzo e le sue idi* (12), in alcuni casi con ritocchi formali e titoli cambiati; i testi di *Quattro poesie e quattro acqueforti* confluiranno nello stesso ordine in *Marzo e le sue idi*, che accoglierà anche 7 testi di *Ipotenusa*, della quale i restanti 2 saranno accolti in *Chiromanzia d'inverno* (*L'uovo* non sarà più ripubblicato). Le raccolte *Nel rettangolo dei teoremi* e *Dieci poesie inedite* saranno assorbite per intero in *Segni*.

[98] *Ostuni* cederà 11 poesie (*Un bel tempo*, *L'ulivo*, *Insieme*, *Chi ti squadrò la pietra*, *Statue*, *Spesso quando cammini*, *Un collare*, *Ripudio*, *Un senso giusto*, *Un sasso*, *Le tue dita*) a *Marzo e le sue idi* a formarne e intitolarne la prima sezione, mentre una dodicesima, *Pietra bianca*, sarà accolta in *Chiromanzia d'inverno*.

o estemporanee, possiamo ipotizzare che ogni poeta stabilisca un canone personale di riferimenti visivi, che poi metabolizza nel proprio linguaggio poetico sul filo di una complessa dinamica di risonanze, assimilazioni, ripulse, identificazioni, desideri.

Cattafi, come si è visto, ha amato sperimentare in questo genere che lo vedeva esordiente nei primi anni Settanta e, rifiutando ogni corrispondenza biunivoca, muoversi con disinvoltura tra artisti di diversa cultura, impostazione, formazione: dal figurativismo metafisico e simbolico di Ruggero Savinio all'astrazione totale di Santomaso, per intenderci, anche forte della lunga militanza culturale di Scheiwiller in questo campo.

Alla "Bibliofili Grafica", introdotto da Raboni e Scheiwiller, Cattafi presentava il 20 febbraio del 1975 il suo ultimo libro *La discesa al trono*, insieme ai due libretti misti *Ostuni* e *Quattro poesie e quattro acqueforti* (già edite l'anno precedente).

Il contesto era perfettamente consono alla presentazione di un libro d'artista, ospitando di suo un'esposizione permanente di novantatré artisti italiani e stranieri di grosso calibro, tra cui Dalì, De Chirico, Fontana, Hartung, Klimt, Mirò, Morlotti, Mosconi, Picasso, Pistoletto, Scanavino, Schifano, Rauschenberg, Sutherland, Warhol ed altri.[99]

Nel 1983, infine, i libri d'artista cattafiani continueranno a fare bella mostra di sé in alcune esposizioni di settore, come quella organizzata a Messina da Freiles e Scheiwiller,[100] o quella curata da Giuseppe Appella in Lucania,[101] ma si tratta di iniziative inscritte in un altro 'tempo' della produzione dell'autore, che stiamo per visitare.

---

[99] *Brochure* della presentazione dei libri cattafiani alla "Bibliofili Grafica" catalogata al Centro Apice tra le recensioni e gli articoli relativi a Bartolo Cattafi: "Recensioni, citazioni e annunci pubblicitari" (unimi.it).

[100] La mostra fu organizzata per la XX° edizione del Premio Nazionale di Poesia "Vann'Antò" e presentata da Vanni Scheiwiller: di Cattafi vennero esposti 6 libri d'artista (tra cui l'esemplare unico *Libertà* realizzato in collaborazione con Antonio Freiles) affiancati ai libri di latta di Tullio d'Albisola e Marinetti, al libro imbullonato di Depero, ai libri inutili di Munari, ai libri cuciti di Maria Lai e a una campionatura di altri, secondo le varie tecniche di stampa (catalogo della *Mostra del libro d'artista*, Salone di rappresentanza del Comune di Messina, 5-15 marzo 1983, Messina, Industria Poligrafica della Sicilia, 1983).

[101] Nel paesino sinisgalliano di Castronuovo Sant'Andrea, in occasione delle manifestazioni snodantisi attorno alla mostra "Artisti moderni viaggiatori in Lucania" (con opere di Assadour, Bradley, Consagra, Del Pezzo, Gentilini, Goetz, Jorn, Linde, Melotti, Neitzert, Ortega, etc..) vennero esposte le raffinate pubblicazioni delle Edizioni dell'Arco, i cui testi erano coniugati ad incisioni, silografie e terrecotte originali. Cattafi è presente con la *plaquette Nel rettangolo dei teoremi* (Mauro Masi, *Amore di Lucania*, «Il Tempo», 6 agosto 1983).

## 4. I libri d'artista postumi: un *excursus*

Un discorso a parte meritano le pubblicazioni d'artista postume, relative cioè a quello che la scansione cronologica da noi seguita indica come 'terzo tempo' della poesia cattafiana. Ad inizio degli anni Ottanta Vanni Scheiwiller farà dialogare, in occasione dell'anniversario della morte del poeta, sei poesie inedite di Cattafi composte nel '78 con un'incisione del fratello Silvano[102] nell'opuscoletto *Oltre l'omega* (con prefazione di Giuseppe Miligi, 1980), ripubblicandolo nel 1984 in un formato più grande con quattro *chartae* di Antonio Freiles, pittore collezionista di libri d'artista,[103] già entrato agli esordi della sua carriera in contatto col più maturo Cattafi e con il quale lo stesso Vanni condivideva la passione per l''oggetto libro'.[104]

Miligi nella sua prefazione aveva inizialmente intravisto il punto di contatto più «occasionale» tra i due nel luogo di nascita (provincia messinese), nel segno zodiacale (il cancro) e nell'emblematicità dell'anno 1943 (nascita di Freiles e ritorno in Sicilia di Cattafi per licenza militare), fino a scoprirne uno più profondo nella capacità di sondare le strutture profonde del reale, sfiorando ciascuno i limiti del proprio mezzo espressivo.[105]

Come per *Ostuni*, sono le tangenze tra il poeta e l'artista a rappresentare il legante dell'operazione semiotica messa in atto: «il reale è talmente assimilato dal poeta che diventa "fare poetico", divenire poetico, quindi parole, ritmi, suoni, versi», come nel pittore astratto «c'è il reale materico in altro divenire pittorico»,[106] affermava il critico Guido Ballo riferendosi alle *chartae* di cellulosa fatte a mano da Freiles, la cui pittura è materica sin dalla nascita.

---

102 Di Silvano Scheiwiller, incisore e disegnatore, Cattafi possedeva *Colloquio con Silvano* di Luigi Compagnone (altro titolo: *Disegni di Silvano Scheiwiller*), con trenta disegni dei primi anni Settanta, stampato in occasione della mostra alla Galleria d'Arte Moderna Spriano di Omegna del 24 maggio 1975. Silvano era un artista già uso a collaborazioni con vari poeti, tra cui Vittorio Sereni, Mary De Rachewiltz, Albino Pierro.

103 Gianpiero Mughini, *Un siciliano che sta alla punta del libro d'artista italiano*, in Id., *Il Muggenheim. Quel che resta di una vita*, Milano, Bompiani, 2022, pp. 217-222.

104 Intervista ad Antonio Freiles, *Uno sguardo su Vanni Scheiwiller*, in «Insula europea», rivista culturale online, 27 dicembre 2019, recuperato da https://www.insulaeuropea.eu/2019/12/27/uno-sguardo-su-vanni-scheiwiller-di-antonio-freiles/. Sulla collaborazione tra Antonio Freiles e casa Scheiwiller si veda anche *Giovanni e Vanni Scheiwiller editori*, cit., pp. 88 e 499.

105 G. Miligi, *Introduzione* a B. Cattafi, *Oltre l'omega. Sei poesie con quattro chartae di Antonio Freiles*, Milano, Edizioni Vanni Scheiwiller, 1984, s.p.

106 G. Ballo, *Freiles e Cattafi oltre l'omega*, cit., pp. 89-90. Sulla seconda edizione di *Oltre l'omega* si può consultare anche Giovanna Musolino, *Cattafi e Freiles insieme*, «Gazzetta del Sud», 30 novembre 1984.

All'artista è riferita anche la questione di un'ulteriore edizione cattafiana, costituita dalla sola poesia *Libertà* e da una sua *charta* (figg. 11, 12a, 12b, Tavole), citata nella pubblicazione del Premio Nazionale "Vann'Antò" di poesia del 1983 che la definisce «esemplare unico».[107]

Negli anni Novanta la prima edizione d'artista che coinvolge la poesia di Cattafi è rappresentata da *Cinque poesie con cinque incisioni* di Gaetano Bevilacqua (Milano, Civico Corso di Arti Incisorie, 1990). Questi incarnava perfettamente il modello già affermatosi negli anni Settanta con Sommaruga: quello dell'incisore-editore nel quale avviene «la fusione tra arte e artigianato, tra pensiero puro e manualità applicata sapientemente».[108] Egli pubblicherà, infatti, raffinate edizioni d'arte usando il logo "Dell'ombra" dopo l'omaggio a Bartolo Cattafi, che rappresentò un primo, ben riuscito, tentativo di fusione tra linguaggi diversi.[109]

Sempre nei primissimi anni Novanta il florilegio intitolato *Mare*, con una xilografia di Antonietta Viganone (Milano, Franco Sciardelli Editore, 1992) riproduce su carta Sicars, in cinquanta esemplari, due poesie cattafiane: *Mare* e *Le rotte bianche*.

Proseguendo, ricordiamo il recente volume *Nero su Bianco, poesie di Bartolo Cattafi,* xilografie di Marina Bindella (Verona, Officina Chimerea, 2019), stampato a mano e composto di 28 brevi poesie scelte da *Segni*. Ogni esemplare è caratterizzato da 24 carte non numerate, 46 fogli di carta velina avorio Magnani di Pescia, una rilegatura in brossura morbida con astuccio, per una tiratura complessiva di 60 esemplari numerati. Il titolo, tratto da una delle poesie, suggerisce l'interpretazione grafica degli stessi testi, stampati «rigorosamente in nero intenso con ampi spazi bianchi».[110]

Leggiamo nella *Presentazione* del volume (avvenuta presso la Sala Macchia della Biblioteca Nazionale Centrale di Roma il 5 novembre 2019):

> Nove xilografie di Marina Bindella, incise nello studio romano dell'artista, «danno il ritmo alla sequenza delle pagine – spiega Corubolo – il fascino dei versi che abbiamo riproposto è tutto particolare. Sono riflessioni del poeta su sé stesso, sulla propria storia, la propria irrequietezza, brevi poesie sulla poesia, la sua am-

---

[107] Sulla questione della difficoltosa datazione del libro d'artista, Diego Bertelli afferma che «la data 5-15 marzo 1983 riportata sulla copertina permette due possibili datazioni del volume: la prima da collocare tra la data di composizione del testo (29-30 novembre 1978) e il 1980, anno in cui esce *Oltre l'omega*, dove è nuovamente compresa; la seconda invece tra il 1980 e il 1883» (*Notizie sui testi*, cit., p. 788).

[108] S. Zanotto, *Il caso Sommaruga*, cit.

[109] L. Paglia, *Tra poesia e arte*, cit., p. 151.

[110] La descrizione del libro è fruibile al seguente *link*: http://www.bncrm.beniculturali.it/it/790/eventi/3256/nero-su-bianco-poesie-di-bartolo-cattafi-xilografie-di-marina-bindella. Dalla stessa pagina *web* sono tratte le due citazioni successive.

biguità, sui segni, caratteri, inchiostri, carte con cui essa si estrinseca; l'immagine stessa delle poesie scritte ne diventa spesso oggetto non secondario».

A proposito delle xilografie, si legge nella *Giustificazione* al volume che esse costituiscono per il testo cattafiano «un parallelo visivo e poetico: i segni di Marina Bindella anch'essi scavi, riflessioni sulla propria arte e la propria vita, i suoi contrasti, le sue tenerezze. Ne risulta un'opera unitaria di interpretazione sensibile».

Nello stesso anno, il 2019, viene dedicata a Bartolo Cattafi un'edizione Gattili (la 149esima) dal titolo *Biobibliografia*,[111] tirata in 18 copie numerate, ognuna delle quali protetta da una busta di plastica trasparente, secondo la tradizione di questa piccola casa editrice d'arte fondata nel 2007. In ogni libretto, inoltre, un testo di poesia o di prosa si accompagna a due fotografie, sul filo di una logica non didascalica o esornativa, ma di efficace complementarità.[112]

La poesia che dà il titolo all'edizione[113] è emblematica della poetica cattafiana: il termine «biobibliografia» coniuga infatti il concetto *bíos* a quello di libro inteso come opera letteraria e come oggetto di culto e, infine, di grafia, cioè l'arte di esprimersi attraverso i segni (indifferentemente scrittura o disegno, richiamandone l'etimologia); una parola composta che riflette l'inestricabile nodo affrontato dalla poesia cattafiana *in primis* in *Segni* e poi in tutte le altre raccolte: il rapporto tra il segno e l'esistenza o, meglio, il mistero dell'esistenza che si fa essa stessa segno.

Nei diari ricorre infatti il *leit motiv* della richiesta, da parte di editori e studiosi, di un'accurata biobibliografia che Cattafi, tra il pensoso e il divertito, avverte come impossibile, perché inconciliabile con l'incerto percorso dell'esistenza.[114]

Recente è l'operazione compiuta da Nino Sottile Zumbo, che ha curato la *plaquette Creazione*, affiancando l'eponima poesia cattafiana ad un disegno dell'artista giapponese Hidetoshi Nagasawa (Osnago, Edizioni Pulcinoelefante, giugno 2022), il quale è stato attivo come scultore, architetto e *performer* a Milano dalla fine degli anni Settanta («si può considerarlo ormai

---

111 Cologno Monzese, 21 giugno 2019.

112 Banca dati *on line* di *Verba picta*, recuperabile al *link*: Gattili – Verba Picta.

113 Il componimento rientra tra le poesie composte tra il 1943 e il 1973, in B. CATTAFI, *Tutte le poesie*, cit., p. 728.

114 «A te che vuoi notizie / biobibliografiche su di me / dico che ho nome / e cognome data e luogo di nascita / in un'anagrafe ingiallita / in un antico archivio d'analfabeti / piegati in quattro invece / mi porto in tasca / il luogo e la data della morte / scrissi talvolta qualcosa / su carta urgente / a indirizzi disabitati / se hai fiuto mi trovi / negli angoli d'un buio quartiere / o agli incroci dei verdi semafori / la mano tesa a chiedere aiuto» (*Biobibliografia*).

lombardo»),[115] oltre che fondatore – con Luciano Fabro e Jole de Sanna – della Casa degli Artisti nel 1978.[116]

Questo omaggio a Bartolo Cattafi in forma di libro proviene da parte di un celebre artista dotato di uno «straordinario, astratto spiritualismo»[117] che ha considerato la carta un materiale privilegiato anche per le sue sculture.

Il numero delle copie è esiguo (33), secondo la tradizione della casa editrice, nata nel 1982 e oggi comprendente più di 9000 titoli.[118]

---

[115] L. VERGINE, *Parole sull'arte*, cit., p. 125.

[116] MASSIMO MELOTTI, *Vicende dell'arte in Italia dal Dopoguerra agli anni 2000. Artisti Gallerie, Mercato, Collezionisti, Musei*, Milano, Franco Angeli, 2017, p. 197.

[117] L. VINCA MASINI, *L'arte del Novecento*, vol. VII, cit., p. 1214.

[118] Una delle caratteristiche principali di queste edizioni è costituita dai tempi di lavorazione delle *plaquette*, solitamente realizzate in giornata, attraverso una tecnica ormai consolidata nel tempo, sia per quello che riguarda il formato e l'impaginazione (oltre alla stampa a caratteri mobili, che avviene con l'ausilio di una vecchia Audax Niebolo) sia per il numero delle tirature, generalmente non più di 30 (dalla banca dati *on line* di *Verba picta*: Pulcinoelefante – Verba Picta).

## Capitolo quindicesimo

# DALLA SCRITTURA DIARISTICA ALLA SCRITTURA POETICA

I versi dei poeti a primavera
aleggiano intorno ai rami dei peschi
prima ancora che vi spuntino i fiori.

Fausto Melotti

### 1. Il «tormento poetico»

Un dato indiscutibile che emerge dai diari (scritti, come s'è visto, tra il '71 e il '79, decennio in cui l'intersezione tra poesia e arte si fa più stretta) è la quasi totale dedizione di Cattafi all'impegno letterario, da lui considerato – e definito – inappellabilmente «lavoro»: la pagina del 13 gennaio 1977 (fruibile in Appendice I) testimonia, nella sua asciuttezza, l'impegno nell'*iter* elaborativo delle poesie che appare letteralmente pervasivo, estendendosi, in questo caso, all'intero arco della giornata; vi affiorano note autoriflessive che contengono espressioni enfatiche, di solito poco frequenti nella prosa diaristica cattafiana, in relazione all'attività compositiva, come «costernazione» e «tormento poetico».[1]

Notiamo altresì alcuni aspetti che possono essere estesi a tutta la scrittura diaristica: la stilizzazione del dato contingente in direzione di un certo soggettivismo mediante procedimenti prettamente poetici quali, ad esempio, l'accumulazione nominale o verbale («mi sveglio, mi lavo mi sbarbo mi vesto»); la denotatività evenemenziale nelle descrizioni ripetute dei pranzi e delle cene; il recupero meticoloso dei giorni arretrati per l'adesione ad una disciplina di scrittura metodica e costante; la trasfigurazione simbolica dei fatti che si fa inevitabilmente messa in scena, di cui Cattafi dimostra consapevolezza nei testi poetici («e quando / chino sulla mia vita scrivo / l'atto di presenza / mi effondo mi circondo di parole /

---

[1] Espressioni simili saranno: «una poesia che mi tormenta perché incompiuta» (30 luglio 1976); «raccapriccio per avere dimenticato una parola» (7 marzo 1977).

copro colmo comando / parole / l'assenza certifico / attesto la finzione», *Nero su bianco*).[2]

Nella fattispecie, la pagina sopracitata conferma le parole del critico Vincenzo Leotta, amico del poeta: «Egli sembra ignorare le gioie della creazione, le quali anche il cantore dell'infelicità cosmica, Giacomo Leopardi, qualche volta provò ("Felicità da me provata nel tempo del comporre", recita un frammento dello Zibaldone, datato 30 novembre 1828)»:[3] non passa giorno, a meno di quelli in cui sia impossibilitato, che Cattafi non si dedichi alla poesia e che, in generale, non discuta di progetti letterari o ne segua con grande attenzione l'evoluzione, questione per lui esiziale, coinvolgendo nell'attività letteraria tutti coloro che gli ruotano attorno, in particolar modo la moglie Ada:

> Non credo proprio che sia stata d'aiuto nel suo magistero formale. Ma certo tra di noi c'era una stretta collaborazione. Lui scriveva a mano le sue poesie poi le ripassava in bella copia sui fogli. Io, invece, battevo tutto a macchina prima di mandare a Vanni Scheiwiller o a Vittorio Sereni le bozze.[4]

È invece raro che dai diari emerga un qualche giudizio di valore sui testi, tranne nel caso di *18 dediche*, una delle poche raccolte delle quali Cattafi riporta esplicitamente i riflessi emotivi che raddoppiano, proprio il giorno del matrimonio religioso, la sua emozione: «Ore 5 circa, mi sveglio e non riesco più ad addormentarmi. Mi eccito all'idea della plaquette "18 dediche". Ripenso rivivo le 18 poesie e tiro a lungo sveglio» (2 gennaio 1978).

Non è difficile individuarne il motivo: si tratta di una raccolta dallo stile asciutto e prosastico che, pur non escludendo l'utilizzo di *topoi* e stilemi tipici della lirica cattafiana, è incentrata sul dialogo tra vivi e morti (cui sono dedicati rispettivamente gli ultimi 10 e i primi otto componimenti): un raro caso, cioè, in cui il *limes* tra dimensione poetica ed esistenziale si fa più labile per la stessa natura ideativa della *plaquette*.

Per il resto, se guardiamo a quelli che sono considerati i tre principali aspetti di un autocommento, ovvero le delucidazioni stilistiche e strutturali; le spiegazioni 'eziologiche', attinenti, cioè, a tutto ciò che ha concorso alla genesi del testo; ed infine l'illustrazione dei molteplici legami intertestuali ed extratestuali (rimandi, echi, etc.),[5] possiamo constatare come il diario cattafiano non indulga di solito a pratiche di questo genere, se non

---

[2] Il testo è in *Segni*.

[3] V. Leotta, *Come lavorava Cattafi*, cit., p. 24.

[4] A. De Alessandri, *Mio marito, che fascino*, cit., p. 37.

[5] Fabio Pusterla, *Dal nulla al troppo*, in *L'autocommento nella poesia del Novecento: Italia e Svizzera italiana*, a cura di Massimo Gezzi e Thomas Stein, Pisa, Pacini, 2010, p. 124.

da un certo periodo in poi e limitatamente ad una sola delle tre tipologie di precisazioni d'autore.

Dal mese di marzo 1976, infatti, come abbiamo anticipato, non si trova più alcuna indicazione sui titoli delle poesie (che tra l'altro, come nota Prandi, erano spesso temporanei o corrispondenti all'*incipit* del componimento),[6] ma vengono disseminate varie note procedurali intorno ad aspetti creativi, tempi e luoghi di composizione (questa fase è ora infatti più nettamente distinta da quella della trascrizione, che può avvenire anche parecchie ore dopo); ad esempio, nella pagina dell'11 novembre 1977 leggiamo: «lavoro alla poesia che è cominciata ieri, ne scrivo con dei suoi avanzi, due».

In compenso, talvolta Cattafi esplicita la genesi dei suoi versi, annotando lo stimolo visivo che li ha prodotti:[7] ci riferiamo a quelle seppur minime vicende private, fatti autobiografici, luoghi determinati che rientrano appunto nella seconda categoria degli autocommenti.[8] I verbi utilizzati a tale scopo, inoltre, denotano una concezione 'creaturale' dell'opera poetica («ho rifatto, cambiandola, la poesia nata ieri sera», 18 settembre 1977),[9] espressa, come vedremo, anche nelle epistole rivolte agli amici intellettuali, e in virtù della quale il processo compositivo può essere definito dal poeta «gestazione» («penso alle poesie che ho in gestazione», 28 maggio 1976; «scrivo una poesia di sicuro, un'altra è in gestazione», 1 dicembre 1977), o «incubazione» («ore 6 mi sveglio, scrivo poesia in incubazione già da ieri», 1 ottobre 1977).

Riannodando i fili di questi 'appunti sparsi' sull'opera cattafiana, ricordiamo che la poesia precede la prosa diaristica (che dal punto di vista biografico «svolge il medesimo ruolo di commentario di cui parla Baldacci a proposito di *L'allodola ottobrina*»),[10] e, in ultimo, le succede: i diari si interrompono infatti il 28 febbraio del '79 con l'ultima breve e commossa pagina, in cui l'iterazione dell'indefinito «tutto» («Ada mi aiuta preziosamente a

---

6 S. Prandi, *Da un intervallo del buio*, cit., p. 215.

7 Come nel caso di *Lo scarafaggio*: «Vedo uno scarafaggetto. Comincio a progettare una poesia [...] Ore 9.15 circa mi sveglio. Compongo la poesia sullo scarafaggio» (13 novembre 1977), o di *Elisabetta*: «[Elisabetta] piange disperatamente, ripeto: disperatamente [...] ed io su questo pianto – ore 6 – scrivo una poesia» (31 ottobre 1977). Nella stessa data il poeta aggiunge di avere composto anche una seconda poesia dedicata alla figlia, senza specificarne il titolo.

8 F. Pusterla, *Dal nulla al troppo*, cit., p. 124.

9 Per inciso, i verbi «nascere» e «morire» sono estesi anche all'avvicendarsi delle stagioni («l'estate è nata», «l'estate è morta» etc..), sulla scorta di quel biologismo ormai rimarcato dalle recensioni critiche assiduamente fornite al poeta da "L'Eco della Stampa".

10 D. Bertelli, *«Qualcosa di altrettanto preciso»*, cit., p. 127. Il riferimento è all'affermazione di Luigi Baldacci, che nella *Premessa* a B. Cattafi, *Ultime*, cit., p. 9, definiva *L'allodola ottobrina* «un commentario delle estreme stazioni di appressamento alla morte con, in prospettiva, il punto cruciale».

trovare tutto. Ora ho tutto [...]») funge da cassa di risonanza dell'intuizione poetica su cui si regge *In te* (12 febbraio 1979), una delle ultime poesie di *Chiromanzia*.

L'attività compositiva proseguirà fino al 4 marzo, segno di una precisa, non meno dispendiosa scelta esistenziale: tra le due modalità espressive (la poesia e la prosa) Cattafi sceglierà quella ritenuta da sempre a lui più congeniale quasi a riaffermare, *in extremis*, ciò che la critica aveva sin dall'inizio intravisto: scriveva Sergio Ferrero in una sua recensione a *Le mosche del meriggio* apparsa su «Domus» nel '59 che «Bartolo Cattafi è prima di tutto e soltanto un poeta».

## 2. Ancora su Cattafi lettore (e spettatore)

Per le complesse vicende compositive ed editoriali relative alle maggiori raccolte poetiche, rimandiamo alle fini analisi che nel corso dei decenni sono state svolte dalla critica,[11] riservandoci di cogliere dai diari, in questa sede, gli aspetti che aiutino a collocare la produzione artistica sotto una giusta luce rispetto a quella puramente letteraria, in modo da poter leggere le poesie – questa la finalità principale – da un'ottica sempre più multidisciplinare.

Tra le 'aperture' cattafiane abbiamo, innanzitutto, la concezione della cultura come formazione continua: i diari registrano l'interesse nei confronti della semiotica, dell'architettura, della fumettistica, della filosofia, del teatro, della pedagogia,[12] della critica d'arte,[13] oltre che ovviamente della poesia contemporanea (Montale *in primis*), specificando di continuo le letture (ma anche i film e i programmi televisivi, questi ultimi in particolare accompagnati talvolta da sagaci note critiche e da una certa precisione informativa). Nelle abitudini da lettore rientra il rituale serale dell'approfondimento dei quotidiani, ma anche l'insistita lettura di «Tuttolibri», supplemento di «La Stampa», con le sue recensioni e novità editoriali.

Sappiamo da Accrocca che Cattafi si riteneva un lettore non molto ostinato:

---

[11] Per una visione sintetica delle notizie intorno alla composizione e divisione in raccolta dei testi, si leggano V. Leotta, *Nota ai testi*, in Bartolo Cattafi, *Poesie 1943-1979*, cit., pp. 320-344; S. Prandi, *Cronologia e stesure manoscritte e dattiloscritte dei testi relativi alle principali raccolte cattafiane*, in Id., *Da un intervallo del buio*, cit., pp. 215-252; *Notizie sui testi*, cit., pp. 739-827.

[12] I mesi di febbraio e marzo 1974 sono dedicati alla lettura dell'opera di Gianni Rodari, *Grammatica della Fantasia. Introduzione all'arte di inventare storie*, Torino, Einaudi, 1973.

[13] Nel febbraio 1974 Cattafi annota sui diari la lettura di *Il medioevo fantastico: antichità ed esotismi nell'arte gotica*, del critico d'arte Jurgis Baltrušaitis (Milano, Mondadori, 1977).

Mi piacciono i buoni libri. Ma, a proposito di libri, non è sempre facile vincere la pigrizia. Ho scarse energie; chi mi ripaga poi delle delusioni, della fatica sprecata su pagine che non mi riguardano o di cui non sono degno? (Ognuno ha i suoi punti cardinali, le rotte da seguire, le richieste da esaudire grossamente tracciate nell'intricato fondo della propria biologia).[14]

Alla luce di questa dichiarazione, le varie notazioni letterarie, soprattutto se protratte per più pagine, piuttosto che obbedire ad un automatismo, risultano sintomatiche di una convergenza intellettuale, o meglio viscerale, tra poeta e testo: l'1 febbraio del 1979, ad esempio, complice l'immobilità dovuta all'aggravarsi delle condizioni di salute, Cattafi comincia la lettura dell'edizione tascabile di Camillo Sbarbaro (*Poesia e prosa*, a cura di Vanni Scheiwiller, prefazione di Eugenio Montale, Milano, Arnoldo Mondadori, 1979), che proseguirà per tutto il mese e a cui collegherà esplicitamente[15] la composizione di alcune poesie confluite probabilmente in *Chiromanzia*, fra le ultime sei di *Codadigallo* (dal 3 febbraio '79) e *Ultime* (dal 10 febbraio al 4 marzo 1979).

È come se i sentimenti che agitavano l'animo cattafiano in questa delicata fase della vita (il sofferto ma grato riconoscimento dell'ineguagliabile bellezza della vita insieme alla necessaria resa alla sua caducità) si accordassero «all'unico possibile umore» di Sbarbaro: «l'intima sfiducia e quasi l'impotenza a vivere».[16]

Nello specifico, l'immagine «I manici di sughero / tengono a galla lame», tratta da *A galla*,[17] composta a Cimbro il 10-11 febbraio 1979, può essere riportata a *Trucioli* («galleggia sulle apparenze come un sughero e si ciba di sfumature»),[18] o ancora più precisamente a *Fuochi Fatui* («e senza questo sughero quanti si terrebbero a galla?»).[19]

Sbarbariano dei *Trucioli* è anche il verbo «ammonticchiare» sotto forma di participio aggettivale («un gregge di nuvolette ammonticchiate e leggere»),[20] utilizzato in *In te* o «fuoco fatuo», presente nel componimento cattafiano *Fuoco*, anche questo tra i quattordici di *Chiromanzia* composti nel febbraio del 1979.

---

14 E.F. Accrocca, *Ritratti su misura di scrittori italiani*, cit., p. 124.

15 «Ore 11 meditazione, lettura poesia di Sbarbaro e subito dopo con la Grazia di Dio scrivo una poesia (3 febbraio 1979)»; «ore 11.30, mi sveglio, mi alzo, lettura Sbarbaro [...] e scrivo un'altra poesia» (6 febbraio 1979), etc.

16 Citazione di Giuseppe De Robertis tratta da *Il libro di Sbarbaro*, in *Altro Novecento*, Firenze, Le Monnier, 1962, poi in Camillo Sbarbaro *Poesia e prosa*, cit., pp. xii-xiii.

17 In *Chiromanzia d'inverno*.

18 C. Sbarbaro, *Trucioli*, in Id., *Poesia e prosa*, cit. 56.

19 C. Sbarbaro, *Fuochi fatui*, *ivi*, p. 102.

20 C. Sbarbaro, *Trucioli*, *ivi*, p. 56.

Insomma, la rilettura di Sbarbaro (soprattutto lo Sbarbaro prosatore dell'edizione in questione) potrebbe dare ragione di altre coincidenze lessicali e del recupero di certe atmosfere (la riconsiderazione del senso del peccato e del peccaminoso, ad esempio), anche nell'ultimissima produzione, se si evita di confinare la sua influenza agli anni Cinquanta.

Per quanto riguarda Montale, Cattafi ne è lettore assiduo: per quel tanto che si può desumere dai diari, ne segue le evoluzioni poetiche (nel diario del 1975 viene citato anche per il Nobel appena conseguito), rileggendo *Satura* per due volte (nel '71 e nel '76), e dedicandosi con interesse allo studio di *Quaderno dei quattro anni* nel 1977.[21]

Altri poeti in questo ultimo scorcio del percorso cattafiano sono prolungato oggetto di lettura: nel 1976 è la volta di Addamo, Bigongiari, Ruffilli, Caproni (del quale è citato *Il muro della terra*)[22] e Luzi (*Dal fondo delle campagne*),[23] di cui nel 1978 leggerà *Al fuoco della controversia*.[24] Per quanto riguarda la prosa ricordiamo *Il sorriso dell'ignoto marinaio* di Consolo nell'estate del 1976 e *Bestidiario* dell'amico poeta Andrea Genovese nel 1977.[25]

L'intensità e la qualità delle letture è dunque, nell'arco di tempo preso in considerazione, più forte nel triennio 1977-1979, in assonanza con quell'approfondimento interiore e quell'affinamento spirituale dei sensi che viene registrato anche nelle raccolte finali.

Cattafi fu anche lettore di se stesso, non soltanto attraverso le parole dei critici che lo facevano «andare alla preistoria e agli albori della storia della mia poesia» (diario del 24 agosto 1977), ma anche per la frequente rilettura diretta delle sue opere, come avviene per esempio nell'estate del 1977 con le prose di *Le isole lontane*.

Se a proposito di tale pratica, che fa di ogni autore un protolettore, Elias Canetti scrive che «l'autentica vita intellettuale consiste nel ri-*leggere*»,[26] in questo caso l'abitudine di cui stiamo parlando si può associare perfettamente alla 'formula' di Giacinto Spagnoletti del «ripudiare» e «riprendere» i temi già sviluppati, contemporaneamente al «coinvolgerne altri nel giuoco

---

[21] «Prandi ha ricordato che tra i materiali preparatori de *L'aria secca del fuoco* c'è una poesia intitolata *Parole*, scartata perché troppo simile ad alcuni testi di *Satura*. Più in generale, l'influsso dell'ultimo Montale, anche quello dei *Diari* e dei *Quaderni*, su Cattafi meriterebbe di essere analizzato in modo più approfondito» (B. Cattafi, *Tutte le poesie*, cit., p. xxii).

[22] Giorgio Caproni, *Il muro della terra*, Milano, Garzanti, 1975.

[23] M. Luzi, *Dal fondo delle campagne*, Torino, Einaudi, 1969. «Finisco lettura giornali e alle 16.40 finisco lettura "Sorriso d'ignoto marinaio". Ore 17. 15 mi metto fuori [...] a leggere Luzi "Dal fondo delle campagne" (diario del 13 agosto 1976).

[24] M. Luzi, *Al fuoco della controversia*, Milano, Garzanti, 1978.

[25] Andrea Genovese, *Bestidiario: canti, idilli, scherzi, zoomorfosi e altre ipotesi*, Milano, All'Insegna del Pesce d'Oro, 1977.

[26] Elias Canetti, *La tortura delle mosche*, Milano, Adelphi, 1993, p. 173.

dell'impegno vitale»,[27] meccanismo per cui Cattafi, come ogni grande poeta, non farebbe che ripensare ciò che ha già scritto.

Per quanto attiene al Cattafi fruitore teatrale, l'unica annotazione diaristica è quella del 20 giugno 1977, relativa allo spettacolo di Antonello Aglioti, Marcello Panni, Memè Perlini, cui Cattafi assiste al teatro Argentina di Roma: «incredibile opera all'insegna del gratuito, della follia, del gestuale ecc...».

Si trattava di *La partenza dell'Argonauta*, trasposizione teatrale del testo letterario di Alberto Savinio,[28] che per le sue molteplici sfaccettature di scrittore, pittore, compositore, saggista, drammaturgo, ben si prestava ad ispirare un progetto sperimentale e soprattutto multidisciplinare.

Segno distintivo della regia di Perlini era l'inserimento di «"interventi pittorici" (segni e colori proiettati a vista, nell'atto del loro farsi)», che coagulavano attorno al tema del viaggio e della malattia mentale – cui si deve un certo clima da reclusorio – elementi acustici, verbali, gestuali, coreografici e giochi di luci, in un omaggio figurativo alla temperie culturale impregnata di surrealismo e metafisica in cui agì Savinio.[29]

L'entusiastico apprezzamento dell'opera da parte del poeta apre uno spiraglio sulla sua percezione della temperie artistica di quegli anni. Possiamo ipotizzare che la riscrittura del testo di Savinio abbia potuto influenzare o essere in linea con certe atmosfere concitate e convulse di alcune poesie del 1977 confluite in *L'allodola ottobrina*, come ad esempio *Crescita*.[30]

Per quanto riguarda il Cattafi cinefilo, il discorso meriterebbe ampi e adeguati approfondimenti che non è possibile affrontare in questa sede.

## 3. I diari come 'officina' interartistica

La scrittura diaristica di Cattafi, oltre ad adattarsi stilisticamente ad ogni tipologia di eventi trattata,[31] rielabora e compendia talvolta esperien-

---

[27] G. Spagnoletti, *Bartolo Cattafi*, cit., pp. 891-892.

[28] «Il titolo del lavoro è quello dell'omonimo testo di Alberto Savinio che viene qui rivisitato e che racconta di un viaggio compiuto nel 1915 da Ferrara a Salonicco, costeggiando l'Adriatico. Perlini lo intende come "un viaggio attraverso situazioni che si ispirano al transito del tempo che è come dire all'avviamento alla morte"» (Paola Maurizi, *Quattordici interviste sul nuovo teatro musicale in Italia. Con un elenco cronologico delle opere (1950-1980)*, Perugia, Morlacchi, 2004, p. 21).

[29] *Isolati, ma tra belle immagini. L'opera di Aglioti, Panni e Perlini compendia con notevoli effetti vari elementi espressivi*, «L'Unità», 23 giugno 1977.

[30] «Non posso modellarla con dolcezza / su sé stessa cresce / precipitosamente / e m'invade la stanza / stravolta infuria / stride con l'unghie ai vetri / la mente tesa al punto di rottura / l'insania ansante / l'insania che con gesti / graffianti già esce / - fuori si traduce - dalla mente».

[31] «spostamenti, incontri, visite, telefonate private e di lavoro, questioni finanziarie, film

ze avvenute in campo grafico (così come in poesia vengono trasposti vari 'problemi' pittorici): abbiamo già citato la questione del chiaroscuro o la rappresentazione impressionistico-astratta dei paesaggi.

Anche lo stile giornalistico, benché utilizzato decenni prima, fa capolino quando sull'aereo, durante un volo di ritorno in Sicilia, Cattafi descrive ad un ipotetico lettore-turista la vista dell'isola:

> Favoloso il semicerchio delle Alpi emergente dalle nuvole, gli Appennini molto parzialmente innevati, Napoli e il Vesuvio, la Penisola sorrentina, i monti lazio campani coperti dalla neve, Stromboli, Strombolicchio, Panarea, Salina, Lipari e Vulcano. L'aereo entra sulla terra a ovest di Capo Calavà, visibili Tindari e Milazzo. Al centro zone innevate e poi maestosa incredibile indicibile bianchissima l'Etna.[32]

Il brano ricorda nel suo insieme il *reportage* sugli arcipelaghi che vedeva Cattafi da geografo farsi anche geometra, misurando le forme naturali: pensiamo al «semicerchio terminale della penisola calabra», al «triangolo siciliano», allo Stretto di Messina che è «un punto teorico lasciato alle spalle, una sbiadita striscia sulla carta geografica», al «trapezio di colore rosa, grigio e rosso» dell'isola di Salina, a «i cerchi, i quadrati, i rettangoli» di Filicudi, al «cono modesto, un po' tronco al vertice» di Alicudi, al «punto-vertice Trapani»;[33] oppure ai rigidi geometrismi dei castelli descritti nell'inedito *Santa Lucia del Mela*, risalente probabilmente al periodo tra il '50 e il '61.[34]

A dispetto dell'uso privato della scrittura che viene fatto nei diari, si notano sintagmi finalizzati a una suggestione orientata solitamente in relazione a raffigurazioni contemplative della volta celeste e degli scenari naturali: «Mi alzo per chiudere le imposte e il cielo è bordato deliziosamente di rosa, carico all'orizzonte mentre è incupito in tutta la sua dimensione di notte. Ma è un sereno fresco, è cristallino» (9 dicembre1973); frequenti sono anche i paesaggi marini come quello del 1° dicembre 1973 («Fuori infuria la tempesta, un violento vento gelido da Sud. Tutte le onde dello specchio di mare di capo Tindari vanno confusamente al largo»), e l'altro del 12 settembre 1977, più particolareggiato e impressionistico:

> Ammiro l'aurora sul mare, una fascia violetto azzurrina all'orizzonte, una zona rosso aurora, un'area di chiarissimo verdolino, e poi l'azzurro notturno che comincia a stingersi, e un'unghia esilissima di luna, stelle brillantissime.

---

visti, libri letti, il numero delle poesie scritte e riviste, i titoli eventuali; ancora: malesseri fisici, nascite, morti» (D. BERTELLI, *«Qualcosa di altrettanto preciso»*, cit., p. 116).

32 Diario del 17 febbraio 1972.

33 B. CATTAFI, *Le isole lontane*, cit., pp. 31 ss.

34 Si legga B. CATTAFI, *Santa Lucia del Mela*, cit., p. 88.

Anche una semplice anastrofe, talvolta, basta a piegare stilisticamente una frase in direzione di una maggiore emotività: «c'è un po' di luna e debole è la mia ombra» (18 novembre 1977).

Il verbo «stingere», variamente presente nelle sequenze più liriche dei diari («qualche stinta pennellata di rosa in cielo», 3 marzo 1977), è impiegato ad esempio in alcuni microcontesti di *Chiromanzia d'inverno* («stinte sinopie dei muri»),[35] o di *L'aria secca del fuoco* («Un colore si stinge»);[36] anche l'uso del lemma «squarcio» («gli squarci d'azzurro» del 16 novembre 1977) ricorda gli «squarci sereni» di *L'allodola ottobrina*;[37] l'apparizione di «alfabetiche luci intermittenti» in *Simùn*[38] riflette forse l'esperienza naturalistica sospesa tra il quotidiano e il miracoloso, raccontata nei diari il 1° giugno 1972: «Per la prima volta vedo le lucciole qui, luci intermittenti piccolissime faville, ne catturo una per accertarmi della loro identità».

Tranne qualche altro raro esempio, poche risultano le tangenze lessicali e, in generale, tematiche con la poesia cattafiana e sarebbe una forzatura volerle individuare a tutti i costi in una prosa che di rado assume le forme dell'autocommento. Possiamo pacificamente ribadire, dunque, che «A differenza di molti della sua generazione, Cattafi non ama parlare di poesia. Anzi, nelle sue raccolte (se non mi sbaglio) è assente perfino la parola "poesia". La verità è che la sua cultura e la sua poetica sono tutte dentro la storia del linguaggio lirico».[39]

---

35 *Mondo*.

36 *Tela*.

37 *Squarci*.

38 *Mummia*.

39 G. Savoca, *Linea montaliana del linguaggio di Cattafi*, cit., p. 117.

## Capitolo sedicesimo

# CATTAFI NEGLI ANNI SETTANTA: I LUOGHI, I CONTATTI, GLI EVENTI

Cedere una parte di me stesso
a chi desidera cedere una parte di se stesso
è l'opera che mi interessa.

Michelangelo Pistoletto

## 1. Gli scenari dell'arte

Ambienti in cui poter condividere esperienze tecniche e confrontarsi su questioni estetiche sono stati per Cattafi (così come per gli altri intellettuali di una Milano al crocevia delle più importanti innovazioni artistiche negli anni Sessanta / Settanta), oltre a ritrovi come il celebre "Giamaica" (che sarà ricordato anche nei diari come simbolo di una ormai trascorsa temperie culturale), soprattutto le gallerie d'arte e gli studi d'artista, che egli spesso si trovava a visitare in occasioni del tutto informali, ma non meno determinanti per l'osservazione diretta e l'eventuale assimilazione di processi, stili e tendenze in atto.

Luogo di incontro prediletto da Cattafi con i suoi amici artisti negli anni Settanta fu, a Milano, in particolare la "Galleria 32", citata nei diari ora in relazione a varie «rimpatriate», come quella del 31 maggio 1971 con i pittori Aligi Sassu, Carmelo Cappello, ma anche con il poeta Alberico Sala (questi ultimi due coinvolti nei libri d'artista cattafiani) e i suoi colleghi Severini, Paolini, Forti (nella totale assenza di confini disciplinari precostituiti);[1] ora

---

[1] Secondo gli Archivi dell'Università Cattolica del Sacro Cuore (al *link*: Arianna4View - Entità - Galleria Trentadue Milano), «La Galleria fu un punto di riferimento per la pittura con esposizioni di Attardi, Bailey, Banchieri, Bodini, Bonichi, Calabria, Carroll, Caruso, Cremonini, De Stefano, Falconi, Fontana, Francese, Frangi, Gropper, Grosz, Guccione, Guttuso, Levi, Luino, Manzù, Mariani, Mattioli, Mensa, Migneco, Miller, Mulas, Ortega, Ossola, Petrus, Picasso, Pignatelli, Plattner, Rauschenberg, Sassu, Sherman, Sughi, Vangi, Velasco, Vespignani, Zigaina. La galleria è anche punto di incontro di letterati tra i quali Buzzati, Fabiani, Gatto, Montanelli, Moravia, Prisco, Quasimodo, Sciascia, Ungaretti, Zeri».

in relazione ad una mostra di Arturo Carmassi (3 febbraio 1972): serate che si concludevano nella giovialità di cene collettive insieme agli intellettuali, ai critici, agli artisti espositori, e di cui raramente i diari riportano gli argomenti di conversazione, sostituiti per lo più dalla descrizione minuziosa delle portate, secondo l'uso cattafiano.

I personaggi attinenti al mondo dell'arte con cui Cattafi entra in contatto e che frequenta abitualmente risultano però essere, in special modo tra il 1971 e il 1972, Sassu, Carmassi, Isgrò e Alfredo Paglione.

Quest'ultimo, fondatore della "Galleria 32", era un noto mecenate, collezionista ed esperto d'arte che fece da ponte di collegamento tra il nostro poeta e vari pittori, tra cui lo stesso Carmassi (che Cattafi segue assiduamente, visitando nel 1972 ben due sue esposizioni e una terza nel 1974),[2] e Ruggero Savinio, soprattutto nel periodo della messa a punto di *Ostuni* (in particolare nel 1974, secondo il resoconto diaristico).

Successivamente, il poeta citerà Savinio raccontando di avere presenziato all'inaugurazione di una sua mostra tenutasi alla "Galleria Bergamini" il 2 febbraio del 1978, annotando sul diario: «C'è tutta Milano».

Abbiamo già parlato dello storico amico Isgrò, con cui Cattafi condivide l'avventura culturale milanese, rilasciandogli più volte delle interviste, non ultima (nel gennaio 1972) quella per la rivista «Tempo illustrato» di cui l'artista era appunto in quel periodo giornalista.

Mantenendo autonome le rispettive preferenze espressive (Isgrò è poeta e soprattutto artista concettuale; Cattafi pittore astratto e soprattutto poeta), i due conducono, sul filo di un intenso scambio intellettuale, percorsi di ricerca tangenti (abbiamo visto come le sperimentazioni concettuali coinvolgessero il libro fino al livello del segno grafico, e che questo fosse il terreno in cui anche *Segni* fiorisce).

Il luogo che forse più di altri contribuisce alla formazione di un gusto definito in merito all'interazione tra arte e poesia è però la "Galleria dei Bibliofili", fondata nel 1970[3] da Scheiwiller e dal geniale Piero Fornasetti, il quale vi esporrà le sue creazioni e quelle degli artisti contemporanei:[4] la Galleria è per Cattafi, come emerge dalle sue notazioni diaristiche, un

---

[2] L'opera di Carmassi era nel frattempo andata incontro ad un'evoluzione: secondo Sciascia, infatti, l'artista «dall'informe è venuto coerentemente sgrovigliando la forma, dal caos la figura» (LEONARDO SCIASCIA, *La faccia ferina dell'Umanesimo*, in ID., *Carmassi*, Osnago, Galleria 32, 1972).

[3] PIERO FORNASETTI, *La bottega fantastica*, a cura di Barnaba Fornasetti; testi di Mariuccia Casadio; con un contributo di Andrea Branzi, Milano, Electa, 2009, p. 690.

[4] Sulla storia e le creazioni di Fornasetti si veda il sito ufficiale alla sezione "1970-1979 – Piero curatore" (https://www.fornasetti.com/it/it/atelier-fornasetti?library=cloud&asset=H14).

ambiente vivo e prolifico dal punto di vista interartistico, in cui fare ricognizioni, trovare riscontri del proprio lavoro,[5] fissare estemporaneamente nuovi obiettivi.

Il poeta vi assiste a varie presentazioni di libri misti, come per esempio quella, citata nei diari, delle cartelle di Consagra e delle poesie di Erba (4 febbraio 1975), e sempre «alla Galleria dei Bibliofili di Giuliana Olcese e Luciana Visconti». Scheiwiller ricorda (nel già citato articolo *Nella Milano del Giamaica con Bartolo Cattafi, poeta* di «Il Sole 24 ore») di aver presentato nel 1973, congiuntamente a Cattafi, la raccolta *Il buio*, che abbiamo ascritto a pieno titolo al genere del libro d'artista.

Insomma, "I Bibliofili" con la sezione "Grafica" rappresentava alla perfezione la fluidità e la dinamicità dell'ambiente milanese, in cui le linee di demarcazione tra gli ambiti espressivi parevano sfumati e permeabili e poeti, *performer*, pittori e intellettuali condividevano gli stessi spazi espositivi, gli stessi *vernissages* e circuiti culturali. Prolissi e puntuali, nei diari, gli elenchi dei personaggi ivi incontrati.

A Messina è la libreria OSPE di Antonio Saitta, aperta nel '52-'53, ad essere un importante motore culturale grazie all'*intellighenzia* che la guidava e che si fece artefice di una serie di iniziative e collaborazioni di rilievo:

> La "scocca" di amici, con in testa il cavaliere Antonio Saitta, era formata da: Salvatore Pugliatti (futuro Magnifico Rettore dell'Ateneo messinese dal 1952 al 1975), da Salvatore Quasimodo (futuro premio Nobel per la Letteratura nel 1959), dal politico Giorgio La Pira (futuro sindaco di Firenze dal 1951 al 1957 e dal 1961 al 1965), dal poeta Vann'Antò, dai professori Giuseppe Miligi, Salvatore Calderone, Giuseppe Vanadia, Renato Guttuso, i fratelli Zona, Daniele Schmiedt e tanti altri.[6]

Il gruppo di intellettuali rappresentò un *trait-d'union* tra l'esperienza della 'brigata quasimodiana' e le istanze di aggiornamento post-belliche, colmando l'assenza quasi totale di fondamentali strutture quali accademie, gallerie d'arte, riviste specializzate, collezionismo.[7]

Il periodo in cui Cattafi si era ritrasferito nella provincia messinese fu contrassegnato, infatti, da una vivacità culturale che si esplicò in un premio per artisti esordienti (la "Tavolozza d'oro"), in uno legato alle arti visive,

---

[5] «Clamorosi consensi suscitati dal libro I° edizione giovedì scorso ai Bibliofili» (7 ottobre 1974).

[6] Cristina D'Arrigo, *Antonio Saitta. OSPE: la scocca della cultura*, attraverso i ricordi di Nazareno Saitta, Messina, Di Nicolò, 2016, p. 13.

[7] G. Miligi, *Pugliatti animatore culturale*, in *Almanacco del "Vann'Antò"*, n. 3, Marina di Patti, Pungitopo, 1988, p. 115, ristampato in *Scritti in onore dell'Istituto Tecnico Commerciale e per il Turismo "Salvatore Pugliatti" di Taormina*, Messina, EDAS, 2001.

con cadenza annuale per i più giovani ("Premio FUCI"), e in un premio letterario dedicato a Vann'Antò che, iniziato nel 1961, aveva saputo dare a Messina una grande occasione di confronto col resto del paese, travalicando ogni barriera socio-culturale. Nelle varie edizioni erano state premiate personalità di spicco come Luzi, Bertolucci, Rebora, Risi, Turoldo, solo per citarne alcuni.

In un'atmosfera goliardica e conviviale, ai membri dell'Accademia della Scocca venivano tributate delle onorificenze spiritose che toccarono, tra gli altri, anche a Quasimodo all'indomani del suo Nobel, così come a Nino Pino, altro accademico, e allo stesso Cattafi: questi fu insignito del titolo di "Cavaliere dello Stretto",[8] benché fosse tra i membri fuori sede e dunque defilato, come anche Stefano D'Arrigo, rispetto ad una rete di rapporti che intrecciavano cariche istituzionali (del mondo universitario e politico) a sodalizi intellettuali.

Nonostante ciò, l'OSPE costituirà un punto di riferimento sia per il Cattafi poeta che per il Cattafi artista, poiché strettamente legato alla galleria d'arte "Il Fondaco", dove coabitavano «libri e quadri, libri e sculture, libri e gioielli d'arte, libri e litografie, libri e serigrafie»,[9] e dove venivano ospitate più di quattrocento mostre realizzate tra il 1950 e il 1982, che si riveleranno un'importante vetrina per tutte le tendenze dell'arte contemporanea, dal realismo all'arte astratta.

Aperto alle innovazioni provenienti dalle capitali dell'arte italiana, "Il Fondaco" fu fertile anche per lo sviluppo di una certa intermedialità, poiché produsse, oltre a una collana di poesia (*Il Vascello*), anche una collezione di quaderni di letteratura e arte impreziositi dalle illustrazioni di Guttuso, Mazzullo, Paggi, Vanadia e di tanti altri artisti siciliani non.[10]

L'ambiente culturale dello Stretto, dunque, nel periodo in cui Cattafi era tornato in Sicilia, era divenuto, per una serie di circostanze concomitanti, un centro di notevole fermento culturale che operava nell'arte e nella poesia con assoluta serietà, lontano da ogni provincialismo.

---

[8] C. D'Arrigo, *Antonio Saitta. OSPE*, cit., pp. 97 ss. La vicenda è raccontata anche nel diario del 7 luglio 1972.

[9] *Ivi*, pp. 7 e 55-56. «Moltissimi gli artisti più rappresentativi dell'arte italiana contemporanea e alcune firme internazionali (penso a Ortega, Dubuffet, Hsiao Chin, ai pittori lionesi). Contemporaneamente [l'OSPE] offrì agli artisti operanti in loco (Romano, Schmiedt, D'Ascola, D'Anna, Canonico, i fratelli Zona, Castagna, Busà, Lucerna...) gli stimoli e le occasioni per una presenza attiva nella vita intellettuale messinese [...]» (G. Miligi, *Pugliatti animatore culturale*, cit., p. 116).

[10] *Fichidindia* di Vann'Antò (1956) e *Accademie Messinesi* di Antonio Saitta (1964), edizioni autografiche di 300 esemplari numerati (C. D'Arrigo, *Antonio Saitta*, cit., pp. 55-56).

## 2. La cultura visuale di Cattafi: le mostre

Da assiduo frequentatore di mostre, Cattafi riesce a presentarsi nel capoluogo lombardo anche a tre *vernissages* in un solo pomeriggio (diario del 26 aprile 1978), forse per tentare di colmare, in una sorta di 'bulimia' culturale (termine quanto mai appropriato in questo caso), i lunghi periodi di assenza dal contesto milanese.

Gli anni più ricchi di esperienze e relazioni-rivelazioni artistiche (riferendoci esclusivamente all'arco temporale coperto dai diari) coincidono per il poeta inevitabilmente con quelli in cui si diede alla pratica della pittura e degli acquerelli, dal 1971 al 1973. In generale, l'esperienza di Cattafi si articola in un continuo contatto con la bellezza e con la meraviglia dell'opera d'autore, che nei diari viene raccontata con una naturalezza disarmante: «Alle 22.15 andiamo a Barcellona alla stazione a prendere Vanni che arriva alle 22.40, carico anche di litografie di Viviani e della scultura del nonno Wildt»[11] (diario del 1° giugno 1974).

Da quest'ottica, ripercorrere alcune delle tante mostre visitate (e commentate) può servire a comprendere il vissuto estetico del poeta e le relazioni instaurate con molteplici personalità; dati che ci confermano sostanzialmente – in un contesto in cui proliferano esperienze e sperimentazioni di ogni genere – l'attrazione verso i tre grandi movimenti che hanno attraversato l'immaginario cattafiano, lasciando tracce effettive nella sua poesia: il Futurismo, il Surrealismo, l'Astrattismo.

Fra tutti riveste un ruolo primario sicuramente il Futurismo, nelle retrospettive o negli aspetti residuali presenti in nuove ricerche artistiche; meno apprezzate da Cattafi sembrano invece le opere che riflettano una qualche tensione onirica o un contenuto inconscio (il surrealismo della seconda produzione trova, d'altronde, un contrappeso nella seduzione materica).

I giudizi cattafiani, espressi in modo netto e conciso, pur nella frammentarietà della scrittura diaristica, testimoniano un approccio non pregiudiziale, ma immediato ed istintivo all'opera d'arte, che può anche talvolta diventare intransigente («un'immondezza di guazzabuglio surrealistico-mitologico di pessimo gusto» Cattafi definirà nel 1977 un'esposizione su cui non vengono forniti ulteriori ragguagli).

---

[11] Per una sintetica biografia dello scultore Adolfo Wildt (1868-1931) si veda *Giovanni e Vanni Scheiwiller editori*, cit., pp. 135-136.

2.1. *Nel contesto artistico lombardo*

Una delle esposizioni ritenute interessanti dal poeta, tanto da meritare di essere nominata esplicitamente (cosa non ovvia, rimanendo i riferimenti spesso sul piano della genericità), è quella di Lyonel Feininger alla galleria "Il Milione",[12] su cui ha parole di apprezzamento, a differenza di quella di Klee visitata nello stesso giorno («passiamo ad altra mostra: roba raccogliticcia di Klee», diario del 22 gennaio 1972), e che, incrociando i dati cronologici, risulta essersi svolta alla galleria "Eunomia".

Nel catalogo della mostra di Feininger, definita da Cattafi «ottima», leggiamo come nella «spazialità aprospettica» dell'artista si possa riconoscere un qualche riflesso della realtà, in particolare delle «architetture gotiche audacemente angolose delle vecchie città tedesche»:[13] in altre parole, il cubismo di Feininger, reso più dinamico da simboli cinetici di ispirazione futurista, si esprime in una rigida impalcatura di linee geometriche, nelle quali spesso è posta una piccola sagoma umana sottoposta ad un processo di astrazione.

È dunque una forma di astrattismo geometrico che, senza escludere la figura umana, ricerca un senso di ordine, un limpido schema formale, che è vicino a molti risultati poetici cattafiani, nei quali si cerca di incanalare l'impetuoso flusso delle forme in schemi razionali di pensiero (tra i molteplici esempi, «Le linee luccicanti / rigide dritte / messe quasi a scacchiera / splendenti anche a sera nella mente» di *Finzione,* in *L'allodola ottobrina*).

Tra le prime mostre che Cattafi cita nelle sue agende ricordiamo anche quella futurista del 24 gennaio del 1972, tenutasi alla Galleria "Blu" di Milano, dal titolo *Il mito della macchina: esaltazione, ironia, crisi*, a cura di Enrico Crispolti, con opere di Balla, Prampolini, Depero, Veronesi, Colombo, Duchamp, Picabia, Ernst, Calder, Grosz, Hausmann, Hoch.

Si tratta di una retrospettiva che assume, alla luce di quanto abbiamo detto, una particolare importanza nella cultura artistica del poeta. Il repertorio futurista ha, infatti, sempre la capacità di attivare, anche a distanza di anni dall'*imprinting* siciliano, l'immaginazione cattafiana: due giorni dopo, ad esempio, il poeta comporrà la poesia *Stadio* (inserita in *La discesa al tro-*

---

12 Si tratta di una mostra «storica» della galleria fondata dai fratelli Ghiringhelli nel '30 (Mostre - Galleria il Milione). "Il Milione" rappresentava «l'arte più avanzata, con le mostre degli astrattisti e col "Bollettino": Fontana, Melotti, Licini, Soldati, Reggiani, Veronesi e il gruppo comasco vicino all'architetto Terragni (Rho, Radice, Aldo Galli)» (*Giovanni e Vanni Scheiwiller editori*, cit., p. 17).

13 Dal testo critico s.t. di W. Haftmann, in *L. Feininger. Dipinti, acquarelli, disegni* (Milano, Galleria del Milione 18 gennaio-18 febbraio 1972), Cologno Monzese, 1972, s.p.

*no*), che si apre con un'immagine di velocità per introdurre un confronto antitetico tra dimensione temporale ed eterna: «C'era l'assalto ai record / corse in programma / lepri levrieri tartarughe / nell'ovale perfetto dello zero. / E il tempo passa / sul suo volto di smalto / neppure l'ombra lontana d'una ruga».

Nello stesso mese, il 26 gennaio 1972, Cattafi visita a Milano anche un'altra mostra menzionata a chiare lettere nei diari: "Metamorfosi dell'Oggetto", svoltasi a Palazzo Reale, di cui resta un prezioso cortometraggio sul sito dell'Istituto Luce.[14]

In questa collettiva si riprende il problema dell'oggetto che era stato trattato in una famosa conferenza di Martin Heidegger, tenuta il 6 giugno del 1950 a Monaco: il filosofo voleva riportare l'oggetto al centro della speculazione filosofica ed assegnargli un posto definito nella percezione globale della realtà,[15] modificata dallo sviluppo dei moderni mezzi di comunicazione e di trasporto.

L'inquietante ma «uniforme "assenza di distanza"» degli oggetti postulata da Heidegger si riflette nelle opere cattafiane, così come in quelle di tutti gli autori accomunati da un tema che può considerarsi il nucleo propulsore delle più vivaci correnti di fantasia figurativa moderna.

Cattafi potè avere un contatto diretto con le perturbanti opere di Pistoletto, di Morandi, di Dalì e di altri artisti che sono stati considerati in questo studio dei possibili modelli in alcune fasi, o per alcuni aspetti della sua produzione (dagli artisti del "polimaterismo" a Andy Warhol; da Joe Tilson a Marcel Broodthaerts, a Robert Filliou): la grandiosa esposizione, insomma, fornì a Cattafi letteralmente una miniera di spunti visivi.

Degno di nota è quello proveniente dall'opera surrealista di Bernard Schultze, *Manichino Migof, orrendamente fiorito e cadaverico* (1970)[16] che potrebbe essere messo in relazione al componimento di *Chiromanzia* intitolato *Bellezza* (1977), per la presenza di un «manichino emerso dalla linea tormentata».[17]

---

14 Italia – Una mostra intitolata "Metamorfosi dell'oggetto" – Archivio storico Istituto Luce (archivioluce.com).

15 Werner Haftmann, *L'oggetto e la sua metamorfosi*, cit., p. 11. Da questa pagina è tratta la citazione successiva.

16 J. Dypréau, *Dalla Pop-Art all'environnement*, cit., pp. 146-147 e 179.

17 «Manichino», tuttavia, non è un lemma neutro nella critica e nella storia dell'arte, afferendo principalmente all'area dechirichiana, visitata da Cattafi per la costruzione del suo immaginario poetico. Il lemma è presente anche in più antiche prove, come ad esempio in *Le mosche del meriggio* a rappresentare uno dei tanti e perturbanti doppi dell'uomo contemporaneo (come la statua, l'araldo etc.): a tal proposito si legga *Plaza de toros*, in *Le mosche del meriggio* e *Donna vera*, tra le poesie composte tra il 1943 e il 1973 (B. Cattafi, *Tutte le poesie*, cit., p. 716).

Lo sguardo che percorre una superficie fratta, sfilacciata, irregolare («Tempesta e scompiglio / infuriano in un singolo millimetro / passano turbinando al metro e al miglio/procedono in lunghezza») si fa relatore di un rovesciamento dei canoni estetici tradizionali, in linea con le acquisizioni dell'Informale.

L'opera di Schultze, basata sulla tecnica dell'*assemblage*,[18] presenta una forma in consunzione o ancora in transito, forse, tra varie fasi organiche: il cadavere dell'astronauta Migof, protagonista di «un universo fantastico e putrescente», non lontano da una figura comparsa all'improvviso nella poesia cattafiana del biennio 1972-1973 (contingente, tra l'altro, all'anno della mostra), ovvero la *Mummia*, la cui postura sembra riflettere proprio quella del manichino di Schultze:

> Se tu che col gomito mi sfiori
> di grigia gabardine
> occhi prestati da un morto remoto
> capitano imperioso
> in gallie scatenate
> mummia che in cenere andrai
> se il fil di ferro non regge
> se sbagli il conteggio
> d'alfabetiche luci intermittenti
> in un temporale di passaggio.

In entrambi i casi, quello della «mummia» e quello del «manichino», la poesia cattafiana si dimostra particolarmente recettiva e consonante nei confronti della dolorosa riflessione portata avanti da un grande maestro dell'informale tedesco come Schultze, teorico, per l'appunto, di «un'estetica esistenziale della distruzione»[19] che riflette il suo vissuto bellico nelle forme lacerate, a brandelli, e nelle tonalità che richiamano ferite putrescenti e carni in decomposizione.

Sempre a Milano, il 10 ottobre 1972, il poeta visita la mostra di Graziana Pentich alla "Galleria Schettini", dove racconta di avere incontrato il critico (Massimo) Carrà. Si tratta di una mostra figurativa: la Pentich, però, non è

---

[18] «Costruiti su un telaio-armatura su cui vengono applicati materiali diversi (carta, fili di ferro, brandelli di tessuto), essi trovano tuttavia nella materia cromatica, violenta e suggestiva, il loro reale elemento unificante, per cui le inquietanti costruzioni tridimensionali restano subordinate a una ricerca essenzialmente pittorica» ("Schultze, Bernard", in *Enciclopedia italiana di Scienze, Lettere ed Arti*, 1961-1978, P-Z, appendice IV, Roma, Istituto dell'Enciclopedia italiana-Treccani, 1981, p. 293). Dalla stessa pagina è tratta la citazione successiva.

[19] Chantal Colleu-Dumond, *Bernard Schultze "Sculptures végétales"*, in *Stagione d'arte 2023*, catalogo della mostra (Domaine de Chaumont-sur-Loire, Centre d'Arts et de Nature, 1° aprile-29 ottobre), fruibile al *link:* Bernard Schultze | Domaine de Chaumont-sur-Loire.

solo l'autrice della *Finestra dorata (omaggio a Vermeer)* del 1968, ma è anche un doppio talento, essendo poetessa e scrittrice. Compagna, almeno fino al 1970, di Alfonso Gatto,[20] e depositaria della sua opera dopo la morte, avvenuta nel 1976, la Pentich usò la finestra «come emblema di esclusione e di confine»[21] (viste le origini triestine), ma anche come oggetto delle magnifiche opere degli anni Settanta, che Cattafi osservò, traendone forse qualche spunto ispirativo per rafforzare un diagramma così ricorrente nella sua opera e, d'altronde, di gran lunga abusato in letteratura.

La Pentich, che già dal 1961 dipingeva vetrate,[22] è da considerare una pittrice 'metafisica', per il tema della finestra intrinsecamente connesso a quello della stanza, della prigione esistenziale, come ben spiegava Alberto Moravia nel testo introduttivo al catalogo della mostra del '72:

> È al tempo stesso la finestra che divide dalla realtà e la realtà che bisogna esprimere, rappresentare. In tal modo, dipingere la finestra vuol dire insieme denunziare una mancanza di rapporto con la realtà e l'inizio di questo rapporto. Insomma, la finestra alla fine è la sola realtà che conta; e questa realtà consiste nel sentirsi divisi dalla realtà e nel riconoscere questa condizione come la sola veramente reale.[23]

Evitando dunque griglie troppo stringenti di corrispondenza tra immagini poetiche e figurative (benché siano comunque numerose nell'ultima produzione le polivalenze dell'immagine riflessa, dello specchio, della finestra e dei suoi omologhi: ricordiamo la definizione critica «iconografia della lastra»[24] a proposito de *La discesa al trono*), si potrebbero ipotizzare più che influenze dirette, alcuni punti di tangenza con la poesia cattafiana.

Il 7 aprile del 1978 Cattafi scrive sull'agenda: «sono alla Fondazione di Corrente in via Porta dove vedo la mostra di Birolli e m'incontro con Vittorio [Sereni] fugacemente».[25] La mostra, unica nel suo genere tra quelle

---

20 Franco Pastore, *Alfonso Gatto: il poeta che ha raccontato Salerno*, Salerno, AITW, 2020, p. 9. Sul rapporto tra Gatto e Pentich si veda anche Mara Affinito, *Un confronto alla finestra: Alfonso Gatto e Graziana Pentich*, «Strumenti critici», XXVI, n. 3, 2001, pp. 445-453.

21 Barbara Carle, *Dalle zolle perdute alla finestra: l'identità letteraria dei confini in Lina Galli e Graziana Pentich*, in *L'esodo giuliano dalmata nella letteratura*, Atti del Convegno Internazionale (Trieste, 28 febbraio-1° marzo 2013), a cura di Giorgio Baroni e Cristina Benussi, Pisa-Roma, Fabrizio Serra Editore, 2014, pp. 392-393.

22 M. Affinito, *Un confronto alla finestra*, cit., p. 445.

23 Alberto Moravia, s.t., in *Pentich*, catalogo della mostra alla Galleria Schettini (Milano, dal 10 al 22 ottobre 1972), ora con il titolo *Graziana Pentich* nella sezione antologica di Luigi Lambertini, *Graziana Pentich. Opere 1947-1979*, Bologna, Bora, 1999, p. 182.

24 Giuseppe Amoroso, *La seconda stagione di Cattafi: la durata assoluta delle cose*, in *Atti del Premio Nazionale di Poesia e Saggistica «Bartolo Cattafi»* (I e II edizione), cit., p. 21.

25 Nessuna notazione sulle opere di Birolli, ma la citazione della sede non è certo un caso:

visitate da Cattafi nei nove anni documentati dai diari, ha un'importanza storico-politica, essendo legata alla figura di Renato Birolli (cui rimanda il titolo "Opere e documenti inediti di Renato Birolli"). Essa rappresenta un omaggio a "Corrente":[26] più che un movimento, com'è noto, un gruppo di intellettuali di diversa formazione (letterati, filosofi, cineasti, pittori, scultori), accomunati da un alto senso di libertà e di idealità civili che li condusse alla militanza nell'antifascismo e poi nella Resistenza.

Le forme predilette dagli artisti del gruppo furono l'astrattismo e ancor di più l'espressionismo, movimento capace di demistificare, grazie ad una certa dose di realismo, gli apparati monumentali e celebrativi di molte opere del tempo.[27] L'attività di "Corrente", rivista chiusa da Mussolini nel 1940, poi casa editrice e nel 1978 Fondazione, prevedeva, oltre alla raccolta in catalogo della produzione artistico-letteraria dei suoi membri, una serie di eventi-mostre itineranti che ebbero inizio con quella di Renato Birolli, maestro del gruppo.[28]

La presenza di Cattafi a uno di questi eventi potrebbe essere motivata, più che dalla consonanza di poetiche visive, dai rapporti intrattenuti a Milano con personaggi che avevano fatto la storia di "Corrente", come ad esempio Roberto Rebora, Migneco, Sassu (che rientrava nel nucleo originario),[29] e soprattutto lo stesso Sereni che vi aveva preso parte con poesie[30] e pezzi critici.

---

la Fondazione, insieme allo Studio Ernesto Treccani, si trova infatti nella celebre Casa delle Rondini, con la facciata interamente decorata da maioliche policrome a opera di Ernesto Treccani, in via Carlo Porta 5 a Milano (si veda La Fondazione Corrente – Fondazione Corrente).

26 Si fornisce sull'argomento la seguente bibliografia: *Corrente di Vita Giovanile (1938-1940)*, a cura di Alfredo Luzi, Roma, Edizioni dell'Ateneo, 1975, p. 95; Raffaele De Grada, *Il movimento di «Corrente»*, Milano, Edizioni del Milione, 1952; *Il movimento milanese di «Corrente di vita giovanile», e l'ermetismo*, «L'Approdo letterario», a. 14, n. 43, luglio-settembre 1968, pp. 79-100; Giosuè Bonfanti, *«Corrente» e la letteratura*, «Autografo», n. 8, 1991, pp. 53-69; Giovanna Benvenuti, *L'esperienza di «Corrente di vita giovanile»*, in *Studi di lingua e letteratura lombarda offerti a Maurizio Vitale*, Pisa, Giardini, 1983, pp. 999-1019; Anna Vaglio, *Lo spazio della poesia: «Corrente di vita giovanile»*, in *Le letterature straniere nell'Italia dell'entre-deux-guerres. Le riviste di cultura. Spogli e Studi*, a cura di Edoardo Esposito, Lecce, Pensa MultiMedia Editore, 2004, pp. 469-482.

27 Edoardo Esposito, *Vittorio Sereni e «Corrente»*, «Materiali di Estetica» n. 9, 1-2, 2022, p. 45.

28 «Circolo 70», aprile 1978; estratto dell'articolo recuperabile su: Inventario-Archivio-Fondazione-Corrente-1977-2006-2.pdf (fondazionecorrente.org). Si veda anche Fiorella Minervino, *Rivivono in una fondazione gli anni difficili della cultura antifascista*, «Corriere della Sera», 23 febbraio 1978.

29 «Sottolinea infatti Mario De Micheli che furono appunto artisti come Sassu, Birolli, Manzù, Grosso, presenti alla 'collettiva' del febbraio 1932 alla Galleria del Milione diretta da Edoardo Persico, a formare il primo nucleo del futuro movimento, che si amplierà poi specie ad opera di Renato Guttuso» (E. Esposito, *Vittorio Sereni e «Corrente»*, cit., p. 45).

30 Precisamente «con i versi di *Temporale a Salsomaggiore*, comparsi sulla rivista il 15 aprile

### 2.2. *Nel contesto artistico siciliano*

I diari attestano la presenza del poeta, il 18 marzo 1971, al *vernissage* del pittore romano Luigi Fagioli, esplicatosi all'interno del ciclo di mostre organizzate dal circolo dell'OSPE a Messina.

Nell'esperienza visiva che stiamo ricostruendo rientra anche la visita ad una mostra fotografica di Antonino Uccello svoltasi nella stessa città il 28 dicembre 1977: Uccello, da antropologo e poeta, voleva custodire e rivitalizzare le radici culturali della Sicilia contadina in un momento storico segnato da cospicui flussi migratori verso le regioni settentrionali, anche attraverso mostre di fotografia etnografica.[31]

Dalle fonti sappiamo che, tra le amicizie instaurate dallo studioso in Brianza con uomini di cultura e arte, tutti legati al Sud e ai suoi problemi per origine o per scelte politico-culturali (come Ernesto Treccani, Salvatore Fiume, Guttuso, Piero Chiara, Diego Valeri), rientrava anche Bartolo Cattafi.[32]

Possiamo ritenere che la presenza di Cattafi a questa mostra, al di là delle motivazioni amicali, potesse trovare un riscontro nel terreno comune ai due, cioè in quell'interesse storico-sociale (diluito rispetto alle prime prove caratterizzate da velleità populiste) nei confronti delle masse rurali del Meridione che riemerge in *L'aria secca del fuoco* quale parte di un immaginario più articolato, sebbene influenzato dalle componenti ideologiche aristocratico-borghesi e conservatrici derivanti dall'ambiente sociale di appartenenza.[33]

Pensiamo al testo *Tramonti*, nel quale si avverte l'eco di *Jurnateri senza terra* di Nino Pino, più per una consonanza di immagini che per la partecipazione emotiva, in quest'ultimo profondamente accorata («zappuni, sciamàrri, tozzi 'i pani duru / nte bértuli smancati [...]», in *Mminuzzàgghi*):[34]

> Il sole padano tramonta su una fuga
> di mense colte d'infilata
> di risomilano
> risottoparmigiano
> affettati misti asparagi arrosti
> è difficile vada

---

del 1939, e con *Canzone lombarda*, il 15 novembre dello stesso anno»; e nel 1941 *Frontiera*, primo volume di poesia sereniano, fu edito per le "Edizioni di Corrente" (*ivi*, pp. 46 e 48).

31 *Giovanni e Vanni Scheiwiller editori*, cit., p. 241. Antonino Uccello collaborò anche con l'Accademia Nazionale di Santa Cecilia e con il Centro Nazionale Studi Musica Popolare di Roma (*ibid.*).

32 SEBASTIANO BURGARETTA, *L'eredità di Uccello*, «La Sicilia», 26 febbraio 1984.

33 A. CATALFAMO, *La poesia di Bartolo Cattafi*, cit., p. 77.

34 Per un confronto tra i due autori, si veda *ivi*, pp. 77 ss.

buca la cena in questi posti.
Il sole terrone
lungi dai padroni
dei vapori ancorati
in piena terraferma
e dei loro metallici meccanici
sole di braccianti ridotti
a due sole braccia
di cafoni artigianocontadini
se di primavera è bello
se passeri ladri permettono
tramonta su favepiselli
senza guanciale
con pane e pecorino.

Altra occasione d'incontro con personaggi del mondo dell'arte si registra nel diario il 9 maggio del 1977, alla mostra di un artista esordiente non precisato, nella quale però Cattafi rileva la presenza del pittore conterraneo Filippo Minolfi.[35]

Altri artisti incontrati di passaggio sia a Milano che in Sicilia, italiani o più spesso stranieri, vengono descritti mediante un dettaglio fisico o un particolare che li contraddistingue, scelta che ne rende difficile l'identificazione, ma che testimonia la *curiositas* di Cattafi nei confronti di un'umanità spesso sopra le righe, di cui coglieva argutamente le singolarità.

## 3. Gli amici pittori

Il titolo di questo paragrafo si richiama esplicitamente a quello del catalogo dedicato a Sereni, poeta e critico d'arte («benché non lo soccorr(a)no, dichiaratamente, competenze tecniche specifiche»),[36] e che racconta i quasi sconosciuti rapporti da lui intrattenuti con numerosi artisti, pittori e scultori, che si sono dedicati ad una interpretazione figurativa dei suoi versi, o ad

---

[35] Sulla pittura di Minolfi, sospesa tra surrealismo, iperrealismo ed elementi tecno-futuristi, si legga *Navigando nel futuro: 15-16 settembre 2017*, catalogo della mostra (Teatro Vittorio Emanuele, 15-26 settembre 2017), a cura di Laura Mauro, Messina, 2017. Il pittore, dopo aver mosso i primi passi negli anni Sessanta in Italia meridionale, espose «sul territorio nazionale e internazionale, fino a Baton Rouge, Louisiana, nel 1998 e a Londra nel 2000, all'Institute of Contemporary Arts di Londra. Realizza anche delle sculture, come il monumento a Bartolo Cattafi a Barcellona Pozzo di Gotto, realizzato nel 1980» (Filippo Minolfi | Le Scalinate dell'Arte). Per una biografia sintetica, si veda il *link*: Storia - Cittadini - Personaggi - Minolfi Filippo - Barcellona Pozzo di Gotto.

[36] *Amici pittori: i libri d'arte di Vittorio Sereni*, cit., p. XI.

una collaborazione editoriale (come nel caso di Aligi Sassu, che illustrò un *Orlando furioso* con introduzione di Sereni).[37]

Non va dimenticato però che i due poeti, pur condividendo qualche amicizia (altro amico in comune era Franco Francese), gravitavano attorno a cerchie artistiche differenti, a conferma di come ciascuno avesse sviluppato modalità autonome di dialogo con il mondo dell'arte contemporanea.

Come chiarito all'inizio del nostro percorso, passare sotto la lente di ingrandimento la rete di relazioni più o meno strutturate di Cattafi nella Milano degli anni Settanta, oltre a rendere meno vago il contesto artistico in cui era inserito, risponde all'esigenza di un approfondimento biografico – finora sacrificato ad un'ottica esclusivamente letteraria – inteso a esplorare l'influenza reciproca tra ambienti pittorici e poetici.

Oltre ai nomi già citati a proposito delle collaborazioni inerenti ai libri d'artista, emergono dai diari personaggi quali ad esempio il siciliano Giuseppe Migneco, conoscenza pregressa all'incontro avvenuto in data 15 gennaio 1972,[38] e Ignazio Moncada, incontrato più volte, come ad esempio il 15 gennaio 1977 in occasione di una collettiva dal titolo "Rispecchiamenti", avvenuta alla "Galleria Transart" a Milano, sulla quale Annalisa Cima scrisse un testo critico.[39]

Nella stessa occasione i diari fanno anche il nome del pittore Luciano Lattanzi (conosciuto tramite la famiglia Amori)[40] che nel 1977 faceva parte dell'*entourage* artistico cattafiano.

Tra le numerose conoscenze mediate da Scheiwiller, che aveva attivato una circolazione continua tra produzione editoriale e produzione artistica,[41] nel 1978 troviamo Aldo Galli, indicato nel diario come «il pittore di Como», altro esponente dell'astrattismo. Cattafi incontra nella stessa circostanza anche Silvano Scheiwiller, schivo intellettuale che gli dona un ritratto della piccola Elisabetta, seguendo quella vena che lo portava a ritrarre,

---

[37] *Fantasie d'amore e di guerra dall'Orlando Furioso*, con 15 incisioni a colori di Aligi Sassu, introduzione di Vittorio Sereni, Milano, Edizioni Dell'Orso, 1974.

[38] Il pittore era vicino alla galleria "Il Fondaco" di Messina.

[39] Le informazioni sono state fornite dall'Archivio Ignazio Moncada, che non è in possesso di alcuna corrispondenza epistolare intercorsa tra il poeta e il maestro Moncada.

[40] Sul dettaglio biografico riguardante l'amicizia con Ermanno e Silvio Amori, dedicatario di *L'osso, l'anima*, si legga B. Cattafi, *Tutte le poesie*, cit., p. lix.

[41] *Vanni Scheiwiller "editore milanese"*, Atti del Convegno (Milano, 24 ottobre 2019), a cura di Laura Novati, Milano, All'Insegna del Pesce d'Oro, 2020, p. 81. Le collane di arte contemporanea, progettate e edite da Vanni sulla scia paterna, incrementano «la platea di artisti che conosce e soprattutto frequenta», grazie alla sua «"capacità di mettere in relazione artisti e scrittori, direttori di galleria e giovani esordienti, autori ed editori"» (*Giovanni e Vanni Scheiwiller editori*, cit., p. 44).

con schizzi estemporanei che dimenticava in giro,[42] centinaia di volti umani «in cui si ravvisa a tratti ora l'ombra di Modigliani, nella sua tensione verticale, ora l'intensità dolente del nonno Wildt».[43]

L'amicizia con Silvano, con cui Cattafi condivide l'interesse per l'incisione, ha costituito un tramite per la conoscenza di altri artisti come «il vecchio pittore Pellegrini»[44] (12 ottobre 1978), o il pittore abruzzese Achille Pace (14 febbraio 1976), che già nel 1975 lo aveva invitato ad una sua personale ad Omegna.[45]

Questi, ad esempio, che aveva fatto parte del "Gruppo Uno" dal '62 al '64 ed era impegnato nella sperimentazione dell'arte informale, utilizzava nelle proprie opere filamenti,[46] di cui si riscontra la 'presenza' anche nella poesia cattafiana.

Tale genere di incontri, spesso casuali, metteva in moto non solo scambi di idee e progetti, ma anche una circolazione virtuosa di opere che serviva a rinsaldare sodalizi artistici e amicizie, secondo il meccanismo messo in risalto da Isgrò:

> Noi giovani artisti, in quegli anni, non è che ci aspettassimo granché dal mercato, se non altro perché il mercato non esisteva. Al massimo si vendicchiava. Ma soprattutto si regalava agli amici veri o presunti.[47]

Così capita che i diari ritraggano un Cattafi compiaciuto del fatto che Renzo Modesti e Gillo Dorfles avessero interesse a visionare i suoi quadri, o che Sereni gli donasse una sua serigrafia. Nel 1977 il poeta ha modo di incontrare Angelo Verga, un pittore legato al 'mitico' periodo del "Giamaica", del quale va a vedere le opere in studio e dal quale riceve un disegno (18 marzo 1977). Anche l'editore e incisore Spallacci, la cui frequentazione si infittisce, com'è ovvio, in concomitanza del lavoro per *Dieci poesie inedite*, dona degli acquerelli al poeta (30 luglio del 1977).

Talvolta, mostrare le proprie opere serve a suscitare un'insperata collaborazione, come quando «ci sono due giovani pittori che vengono a propormi cartelle coi loro disegni e con mie poesie. Dico loro che non ho poe-

---

42 Sebastiano Addamo, *Racconti di editori*, collana "Prosa", n. 38, Milano, Libri Scheiwiller, 1991, p. 49.

43 *Giovanni e Vanni Scheiwiller editori*, cit., p. 20.

44 Probabilmente Angelo Sirio Pellegrini, pittore livornese fondatore nel 1948 dell'Eaismo, movimento di arte astratta.

45 L'invito è fra il materiale relativo alla corrispondenza del poeta conservato al Centro Apice.

46 G.C. Argan, testo critico s.t., in *Il labirinto in-visibile*, cit., p. 6.

47 E. Isgrò, *Autocurriculum*, cit., p. 39.

sie, che ho dato tutto a Spallacci» (11 agosto 1977): erano verosimilmente, come risultato da controlli incrociati, i messinesi Antonio Freiles e Mimmo Gusmano,[48] artisti esordienti all'epoca.[49]

L'artista ticinese Renzo Ferrari, del quale Cattafi visita una mostra tenutasi alla "Galleria Bergamini" il 5 aprile del 1977, gli regala un'acquaforte e gli consente la conoscenza diretta delle opere di Cesare Lucchini (5 ottobre 1977), altro pittore attivo tra l'Italia e la Svizzera. I diari sono praticamente intessuti di scambi materiali e culturali di questo genere.

È difficile determinare con precisione l'influenza che ogni singolo artista ebbe sull'opera cattafiana, ma si tenga presente, ad esempio, che Ferrari in quel periodo dipingeva oggetti meccanici, globi rigidi messi a contatto con figurazioni più fluide, organiche, a rappresentare i condizionamenti che la tecnologia esercita sui corpi umani, succubi e al contempo testimoni della stessa.[50]

A tal proposito, prendendo in considerazione solo *L'Allodola ottobrina*, notiamo che alcune poesie del 1977, come *Faber*, *Il bullone* e *Certezze* («si scarichino a sussulti / le macchinette vitali»), mettono ancora in scena congegni e strumenti meccanici, a distanza di quasi due decenni dalle sollecitazioni letterarie e 'futuriste' che avevano provocato l''esuberanza' tecnologica di *Qualcosa di preciso* e di *L'osso, l'anima*.

Altro incontro interessante, come abbiamo già accennato, è quello tra Cattafi, ricoverato alla clinica La Madonnina a Milano, e Carlo Belloli: «Conversazione, amicizia, mi regala un suo "quadro" e me lo attacca al mobile con lo scotch» (19 gennaio 1979).

---

48 Mimmo Gusmano, artista tuttora in piena attività, partecipa nel 1961 alle "Gentes Ars" di Roma. Seguono poi la IX Mostra al Palazzo della Ragione di Mantova (1965), la Quadriennale di Torino del 1968, la Mostra di Grafica al Gabinetto Nazionale delle Stampe di Roma (1969) e quella dell'Accademia di San Luca a Roma, Palazzo Carpegna, 1971» (*Albo d'onore dei Siciliani illustri. Narratori-pittori-scultori*, cit., s.p.). All'epoca dell'incontro con Cattafi, aveva esposto nel 1974 in Danimarca e con delle personali al "Traghetto" di Venezia e alla "San Fedele" di Milano (*ivi*). Sull'artista siciliano si leggano anche Mimmo Gusmano, *Tempere 1980-1981*, con un testo di Marisa Vescovo, Torino, Galleria Weber, 1981; *Opere 1962-1969*, catalogo a cura di Franco Fanelli, Gagliardi Art System, 2017, e *Opere 1960-1970*, Torino, Gagliardi e Domke, 2022.

49 Secondo le testimonianze che ho raccolto da entrambi, il poeta, messo di fronte alla richiesta di più inediti da associare alle opere presentategli dagli artisti, avrebbe risposto di non poter prevedere quando avrebbe dato alla luce la poesia successiva, e che sarebbero potuti passare sei giorni, sei mesi o finanche sei anni, ribadendo così il carattere fortemente ispirativo della sua attività letteraria.

50 Ludy Kessler, Peppo Jelmorini, *Ferrari, Bellini, Lucchini*, video sulla mostra dei tre artisti ticinesi al Padiglione Conza nella Cupola di Artecasa (Lugano, 6 maggio-4 giugno 1972), andato in onda il 24 aprile 1973 nel programma televisivo «Incontri – Fatti e personaggi del nostro tempo», ora consultabile nell'archivio RSI al *link*: Ferrari, Bellini e Lucchini espongono al Conza - lanostraStoria.ch.

Con il termine «quadro», scritto non a caso tra virgolette, il poeta si riferiva alla peculiare espressione creativa che Belloli aveva portato nel 1969 alla Biennale di Venezia, connessa sì alle poetiche verbo-visuali e iconotestuali delle avanguardie secondo novecentesche, ma distinta da esse per un interesse che concerne la «dimensione ottica del testo»,[51] colta correttamente da Cattafi.

Ciò attesta come un poeta (è anche il caso di Montale),[52] pur non essendo critico d'arte per professione e non avendo particolari competenze tecniche, possegga frequentemente una sensibilità innata che gli permette di interpretare il linguaggio delle immagini con sorprendente acume.

Tornando a Belloli, a differenza dei poeti visivi che cercano un amalgama tra aspetto iconico e aspetto lessicale, e tendono a dare sempre più spazio all'immagine, per i Concreti (che pure hanno alle spalle, come i primi, il retroterra del Futurismo e del Dadaismo) è la parola stessa a costituirsi come immagine.

Nel 1979, anno in cui compare il nome di Belloli nei diari, questa tipologia di opere, viva dagli anni Sessanta, «sta(va) diventando oggetto di interesse non tanto dei critici letterari, come ci si attenderebbe, quanto di quelli d'arte»,[53] e lo testimonia una mostra avvenuta nel 1977 alla Galleria di Arte Moderna di Bologna, *La forma della scrittura*, a cura di Adriano Spatola, che interpretava la vocazione internazionalista, insita in questa tendenza, a trasformare ed innovare i codici poetici.[54]

Si può ipotizzare che ancora una volta fosse Scheiwiller il fautore di questa conoscenza, poiché dalla sua casa editrice nel 1970 venne stampata l'opera *Dieci situazioni iconogrammiche vibrotesturate* di Carlo Belloli, con acqueforti di Giovanni Korompay.

Più misterioso, invece, è il contatto tra Cattafi e il celebre incisore fiorentino Pietro Parigi di cui non v'è traccia nei diari, ma che è documentato dall'archivio privato se il maestro mette Cattafi a parte della donazione delle sue opere alla Basilica di Santa Croce a Firenze, dove dal 1980 è stato creato un museo a lui dedicato, oggi interattivo.[55] Probabilmente Pietro Parigi, nato a Settimello (Firenze) nel 1892, vedeva il più giovane artista

---

[51] FEDERICO FASTELLI, *La dimensione ottica del testo. Poesia concreta e cultura visuale*, «LEA – Lingue e letterature d'Oriente e d'Occidente», n. 7, 2018, p. 104 (DOI: http://dx.doi.org/10.13128/LEA-1824-484x-24399).

[52] Sull'argomento si veda ANTONIO SOLDI, *Montale osservatore d'arte*, «Studi cattolici», 10, 2020, foglio 3.

[53] ARRIGO LORA-TOTINO, *Poesia concreta*, in *La forma della scrittura*, cit., s.p.

[54] MAURIZIO SPATOLA, *Poesia concreta e visiva:* La forma della scrittura *(Bologna, 1977) e* Le Stanze d'Agorà *(Genova, 1991)*, fruibile al *link*: Poesia concreta e visiva (archiviomauriziospatola.com).

[55] Si consulti Museo Pietro Parigi – Basilica di Santa Croce in Firenze.

come una sorta di allievo ideale che avrebbe potuto vegliare sulla sua memoria e sulle sue opere.

Alla conoscenza tra i due, accomunati dall'amore per il libro d'arte di cui Pietro Parigi con le sue xilografie era stato un grande illustratore, avrà certamente concorso la comune amicizia con Carlo Bo, che era entrato da giovane nel gruppo fiorentino costituito nel 1929 da Giovanni Papini, Piero Bargellini, Carlo Betocchi, Nicola Lisi e appunto Pietro Parigi, attorno alla rivista «Il Frontespizio».

Con quest'ultimo personaggio, appare ancora più evidente come gli 'agganci' cattafiani al mondo dell'arte contemporanea (se vogliamo utilizzare il criterio storiografico che la identifica con quella del XX secolo, corrispondente all'incirca a cinque generazioni artistiche)[56] siano stati alquanto spuri, eterogenei, a volte imprevedibili.

## 4. I critici d'arte

Il dialogo che Cattafi instaurò con i critici d'arte (alcuni, come Dorfles, assidui nel suo *entourage*, altri meno) testimonia la volontà di avere un altro strumento di lettura per accedere alle cose.

Sia l'esperienza diretta delle opere d'arte contemporanee, che il confronto mediato dai testi critici e specialistici offrono a Cattafi gli strumenti necessari per cogliere il fatto artistico nella sua essenza, decifrare il proprio linguaggio pittorico e quello degli altri artisti, affinare i sensi in direzione dell'invisibile.

Oltre a Gillo Dorfles (tra l'altro anche pittore),[57] che abbiamo ricordato per la sua presenza ad un piccolo *vernissage* organizzato a Milano da Cattafi per gli amici poeti in data non precisata, tra le figure più interessanti del capoluogo lombardo incontriamo Renzo Modesti, frequentato fino al 1979, come apprendiamo dai diari.

Poeta vicino alla Linea lombarda «nell'adozione stilistica di un verso lungo, inclusivo, piuttosto che nella tecnica delle citazioni o dell'oggettivazione delle sensazioni»,[58] non fu adeguatamente riconosciuto dalla critica,

---

[56] Si legga sulla questione Enrico Crispolti, *Come studiare l'arte contemporanea*, Nuova edizione aggiornata e ampliata con una Appendice su Presente e Futuro nell'arte del XX secolo, Roma, Donzelli Editore, 2005, p. 3.

[57] Si veda G. Dorfles, *Il pittore clandestino*, a cura di Martina Corgnati, catalogo della mostra (PAC Padiglione d'Arte Contemporanea, Milano, 1° marzo-22 aprile 2001), Milano, Mazzotta, 2001.

[58] Tommaso Lisa, *Le poetiche dell'oggetto. Da luciano Anceschi ai Novissimi: linee evolutive di un'istituzione della poesia del Novecento, con un'appendice di testimonianze inedite e testi rari*, Firenze, Firenze University Press, 2007, p. 166.

pur essendo stato antologizzato nei due volumi che più contribuirono al dibattito poetico nel secondo dopoguerra.[59]

Da critico curò varie monografie,[60] oltre ai già citati volumi sull'arte moderna (risalenti agli anni Cinquanta) che supponiamo essere stati un punto di riferimento, un *vademecum* per la formazione artistica di Cattafi. Il legame di amicizia, del quale rimane un esiguo carteggio, fu sicuramente importante per la qualità delle scelte cattafiane in merito ai libri d'artista, in quanto Modesti non nascondeva il suo parere sulle scelte editoriali dell'amico poeta che coinvolgessero appunto aspetti grafico-artistici (diario del 31-01-1979), con un certo compiacimento dello stesso Cattafi.

Altra figura emblematica, con cui Cattafi intrattenne uno scambio epistolare,[61] fu quella di Raffaele Carrieri, che compare nei diari nel contesto di una mostra di Carmassi nel gennaio del 1972 alla Galleria "L'incontro", e ad un'altra nel 1974 alla Galleria "Toninelli".

Carrieri, nome di cui si è quasi completamente persa la memoria, fu scrittore vicino al Surrealismo, poeta e critico d'arte «con il quale tutta l'arte italiana ha avuto a che fare, uno degli uomini più vivi della nostra cultura moderna».[62] Figura poliedrica, fu ritratto da Picasso, Savinio, Fontana, Cantatore, De Chirico, Gentilini, Campigli, Fiume, e fu amico di Zavattini, De Libero, Gatto, Sinisgalli.[63]

Ricordiamo anche il siciliano Guido Ballo, frequentato a Milano nel 1977 e già nominato a proposito dei libri d'artista. Negli anni Settanta Guido Ballo rientrava nella triade della «critica d'arte "nuova"» con Franco Russoli, toscano,[64] e Gillo Dorfles triestino, «a riprova di una Milano che accoglieva e promuoveva».[65]

---

[59] Il riferimento è all'anceschiana *Linea lombarda* e a *Quarta generazione: la giovane poesia (1945-54)* di Piero Chiara e Luciano Erba. Uscì anche una terza collana di *Oggetto e simbolo* dedicata a Modesti: *Due di briscola*, nel 1954. Sull'alterna fortuna critica del personaggio, si legga Paolo Senna, *All'origine del romanzo di Renzo Modesti*, in R. Modesti, *Due di briscola*, a cura di P. Senna, Genova, San Marco dei Giustiniani, 2020, pp. 7 ss.

[60] «Sono numerose le monografie d'arte firmate da Modesti, da Modigliani a Picasso, da Lautrec a Max Ernst, da Meloni a Del Bon [...]», (G. Vigorelli, *Introduzione* a R. Modesti, *Il testimone scomodo*, Firenze, Nuovedizioni Vallecchi, 1988, p. 14).

[61] La corrispondenza con Carrieri è consultabile presso il Centro Apice (fascicolo Carrieri Raffaele).

[62] Luigi Cavallo: *Raffaele Carrieri. Una vita per la poesia*, bibliografia e indici a cura di Oretta Nicolini, Milano, Rusconi, 1978, p. 23.

[63] Simone Giorgino, *Profilo di uno scrittore leggendario*, in *Fame a Montparnasse (ultime scene della Bohème)*, a cura di Antonio Lucio Giannone, Neviano, Musicaos Editore, 2022, p. xx.

[64] Russoli compare nei diari del 1972 come parte del gruppo di intellettuali frequentato da Cattafi a Brera, insieme a Sassu, Carrieri, Paglione.

[65] Vittorio Emiliani, *Orfani e bastardi: Milano e l'Italia viste dal "Giorno"*, Roma, Donzelli, 2002, p. 10.

La sua figura risulta legata ancora una volta all'astrattismo – che tanta importanza ha avuto nel percorso artistico di Cattafi – in quanto avrebbe diretto nel 1980 l'importante rassegna *Origini dell'Astrattismo. Verso altri orizzonti del reale*, che valse a chiarire gli apporti mitteleuropei alla genesi del primo astrattismo.[66]

Ballo rappresenta, nella biografia cattafiana degli anni Settanta, un punto di contatto tra il contesto milanese e quello siciliano, essendo vicino anche al gruppo messinese di Miligi, Malatino, Saitta, Di Giacomo (Turi, figlio del poeta Vann'Antò), intellettuali che animavano culturalmente la città, ospitando poeti e artisti di livello nazionale e internazionale.

In particolare, le occasioni di incontro con Cattafi ruotarono attorno al "Premio Vann'Antò",[67] della cui giuria il critico faceva stabilmente parte insieme a personaggi quali Carlo Bo, Giorgio Caproni, Giancarlo Vigorelli, Giorgio Petrocchi, Gaetano Mariani, Giovanni Raboni ed altri. Nel 1971 proprio Ballo era stato vincitore del premio, che sarebbe toccato l'anno successivo a Cattafi.[68]

Altro critico d'arte con cui il poeta si rapportò in modo continuativo, come emerge dal diario del 1978, fu Lucio Barbera, uno dei principali animatori artistici della Messina degli anni Sessanta e Settanta,[69] che, nell'ampio contributo critico per gli atti del Premio Nazionale di Poesia e Saggistica "Bartolo Cattafi" (I e II edizione), così coglie il nodo che lega parola e immagine nella poesia cattafiana:

> La parola diventa sostanza della cosa e il fantasma delle cose diventa sostanza di una parola che sembra costruire sue proprie figurazioni, che fanno pensare alle appuntite spine di Sutherland, alle blasfeme solitudini di Bacon, alle combustioni di Burri, allo straziante vuoto di Magritte o allo spazio atemporale e afisico di Morandi.[70]

---

66 Gian Alberto Dell'Acqua, *Arte in mostra*, con presentazione di Luciano Caramel, Milano, Pubblicazioni dell'Università Cattolica del Sacro Cuore, 1993, p. 7.

67 Nel diario del 27 dicembre del 1977 Cattafi risulta appunto impegnato con Guido Ballo nella giuria del premio, insieme a Raboni, Ramat, Scheiwiller.

68 C. D'Arrigo, *Antonio Saitta*, cit., p. 142.

69 Al critico è stata dedicata la Galleria d'Arte Moderna e Contemporanea "Lucio Barbera" (GAMeC), inaugurata nel 1998, con sede nell'ex falegnameria della Provincia Regionale di Messina (si consulti il sito luoghidelcontemporaneo.cultura.gov.it/esplora/galleria-d-arte-moderna-e-contemporanea-lucio-barbera/).

70 L. Barbera, *Cattafi o della totalità*, in *Atti del Premio Nazionale di Poesia e Saggistica «Bartolo Cattafi»* (I e II edizione 1981-1982), cit., p. 100.

## 5. Cattafi artista espositore

Negli anni Settanta la partecipazione di Cattafi a due collettive arricchisce il quadro finora delineato, confermandone la riluttanza ad esporre in mostre personali, ma al contempo collocandolo all'interno di un contesto artistico ben preciso – quello messinese – legato alle esperienze futuriste di Giulio D'Anna. La seconda collettiva testimonia piuttosto l'attenzione al fenomeno dei doppi talenti che in Italia si fa più evidente, appunto, in quegli anni.

### 5.1. *La mostra del futurista Giulio D'Anna*

Abbiamo rilevato come l'esperienza estetica del Futurismo sia stata fondante per il poeta, non solo perché rappresentò la prima scintilla artistica e letteraria che accese l'immaginazione del giovanissimo Cattafi, ma soprattutto perché si protrasse in vario modo fino agli ultimi anni.

In particolare, apprendiamo dai diari che Cattafi visitava di tanto in tanto la casa messinese del pittore futurista Giulio D'Anna,[71] operativo pressoché fino al 1975, tre anni prima della morte.

Durante la sua attività a Roma e a Milano negli anni Trenta, D'Anna era stato a stretto contatto con Marinetti,[72] che gli concesse la possibilità di partecipare ai più grossi eventi futuristi, e aveva contribuito a reinserire la Messina post-bellica nel panorama artistico nazionale, grazie alla capacità di assorbire nella sua produzione le influenze di tutto il Futurismo, «da quello eroico e rivoluzionario» di Boccioni «a quello più recente di Giacomo Balla, Enrico Prampolini e Fillia (Luigi Colombo)».[73]

Alla figuratività di D'Anna, esempio di «festosa creatività del Secondo Futurismo»,[74] Cattafi aveva avuto accesso già in giovane età a Castroreale Bagni, dove l'artista aveva progettato insieme ad altri l'arredamento della già citata villa di Jannelli.

Fu in virtù di questo legame col pittore che nel 1972 il poeta prese parte, sollecitato da Armando Penna, «mercante d'arte»[75] messinese presente

---

[71] 14 marzo 1972.

[72] Marinetti aveva visto per la prima volta le opere di Giulio D'Anna ad una sua mostra al Teatro Vittorio Emanuele di Messina, «lodandone la ricchezza coloristica, il dinamismo delle forme e la spontanea adesione alla ricerca aeropittorica, in anni in cui questo tipo di pittura non era ancora giunto per altre vie in Sicilia» (A.M. Ruta, *Il futurismo in Sicilia*, cit., p. 114).

[73] Teresa Pugliatti, *Presentazione* a V. Buda, *Un pittore limpido e festoso*, cit., pp. 7-14.

[74] *Ivi*, p. 17.

[75] Appellativo con cui viene identificato nei diari per distinguerlo da un altro Penna: San-

nel catalogo dei siciliani illustri, alla mostra "Omaggio a Giulio D'Anna e ai maestri della pittura contemporanei" organizzata dal "Circolo del Tennis e della Vela" dall'8 al 10 dicembre 1972.

Nel diario del 7 dicembre di quest'anno Cattafi riferisce infatti dell'esposizione estemporanea di una sua opera accanto a quelle di ben novantadue grandi dell'arte italiana, accomunati «da una valida e stimolante modernità»,[76] notando tra le righe e quasi con stupore: «Il mio quadro non sfigura, anzi».

Si tratta dunque della seconda mostra cattafiana di cui abbiamo testimonianza, oltre a quella cui aveva assistito a Milano il ristretto circolo di amici poeti ed intenditori d'arte presieduto da Gillo Dorfles.

La *brochure* dell'evento vede quindi il nome di Cattafi accostato a D'Anna, De Chirico, Depero, Guttuso, Carmassi, Baj, Morlotti, Migneco, Sironi, De Pisis e altri.

Le dodici opere di D'Anna inserite in catalogo, ancora fedeli alle istanze futuriste, si facevano carico anche delle recenti ricerche pittoriche, incentrate sulla manipolazione di oggetti e di materiali diversi (il *grattage* degli Spazialisti e Nuclearisti degli anni Cinquanta),[77] tecnica il cui influsso sulla produzione poetica di Cattafi è stato notevole.

### 5.2. *Scrittori che disegnano e dipingono*

L'opera pittorica di Cattafi è coinvolta, infine, nella già citata "Prima mostra nazionale di scrittori che disegnano e dipingono", organizzata ad Albisola a mare (1-31 agosto 1974) dalla pittrice-scrittrice Milena Milani, che abbiamo ricordato essere stata una delle firmatarie dello Spazialismo insieme a Beniamino Joppolo (a sua volta presente nel novero degli artisti). La Milani così commenta la presenza del poeta alla rassegna: «Cattafi era anche pittore e si serviva degli strumenti figurativi per esprimere meglio altre idee e sensazioni poetiche».[78]

La mostra, proseguita alla Galleria Pancheri di Rovereto (dal 3 al 23 ottobre), contava ben 49 firme (da Montale a Alfonso Gatto, a Tullio d'Al-

---

dro, il poeta perugino amico di Cattafi. Armando Penna è presente nell'*Albo d'onore dei Siciliani illustri. Narratori-pittori-scultori* (cit., s.p.) in cui figura pure Cattafi: «Appassionato collezionista d'arte moderna, da molti anni si interessa di mostre e premi di pittura quale organizzatore e membro di giurie. [...] ha aperto a Messina una sua galleria, distinguendosi per la chiarezza del discorso culturale. Ha allestito mostre di Canonico, Fontana, Picenni, Spazzapan e una "Collettiva di grafica internazionale" [...]».

76 Carlo Quaglia, *Successo della rassegna d'arte contemporanea*, «Gazzetta del Sud», 13 dicembre 1972.

77 V. Buda, *Un pittore limpido e festoso*, cit., p. 70.

78 M. Milani, *Testimonianza*, cit., p. 85.

bisola, poeta e ceramista del Secondo Futurismo), benché mancassero Luzi e Testori e Fellini rientrasse nel catalogo, ma non esponesse le sue opere.[79]

Bartolo Cattafi non presenziò all'inaugurazione, ma si limitò ad inviare – come richiesto a tutti gli artisti – un'autopresentazione / riflessione sul suo talento pittorico,[80] e tre opere: degli oli su tela del '68.

L'operazione della Milani, che replicava una precedente mostra-competizione del '43 intitolata "Il gioco del Paradiso" – vincitore Cesare Zavattini –, nasceva dall'esigenza di considerare la pittura simmetrica alla poesia: «Letteratura e pittura vanno d'accordo. Nessuno di noi gioca una partita. Non invadiamo il campo dell'arte. Crediamo fermamente che anch'esso ci appartenga».[81]

Indagando i rapporti tra fruizione privata del testo scritto e dimensione – per sua natura – pubblica dell'opera pittorica, questo tipo di operazioni apriva il campo ad una serie di implicazioni teoriche e pratiche che Cattafi era consapevole di attraversare e che lo connettevano ad altre figure del presente e del passato. Nel 1954, infatti, anche Sinisgalli aveva dedicato un'antologia a numerosi artisti, dal titolo *Pittori che scrivono*.[82]

Nonostante ciò, il poeta si tenne volutamente in disparte rispetto ad altre iniziative espositive, che pure gli venivano proposte, rifiutando una sovraesposizione della sua figura, ma soprattutto rivendicando la proprietà delle sue opere, dopo eventuali mostre, come *condicio sine qua non* per la realizzazione delle stesse.

Come in campo letterario, emerge in più occasioni dai diari che Cattafi non fosse interessato ai meccanismi intrinseci che regolano il mondo dell'arte:

> Viene Penna, mercante d'arte, insiste per avere il monopolio o quello ch'è possibile dei miei quadri, comunque di almeno uno per la sua prossima mostra e cinque righe di presentazione per D'Anna. Rifiuto ancora una volta [...]» (10 novembre 1972).

Sulla partecipazione in veste di giurato ad alcuni concorsi di pittura (svoltisi parallelamente a quelli letterari, tra i quali spiccava il premio

---

79 Carlo Giacomozzi, *È un vizio anche il pennello*, «La fiera letteraria», 15 settembre 1974.

80 Il cui contenuto è stato riportato fra le dichiarazioni dei doppi talenti a p. 136.

81 M. Milani, *Gioco del Paradiso 1974*, in *Prima mostra nazionale scrittori che disegnano e dipingono*, cit., p. 9.

82 *Pittori che scrivono. Antologia di scritti e disegni*, a cura di Leonardo Sinisgalli, Milano, Edizioni della Meridiana, 1954. L'opera raccoglie materiale relativo ad autori come Bartolini, Birolli, Campigli, Capogrossi, Carrà, Casorati, Consagra, Cremona, De Chirico, De Pisis, Donghi, Fontana, Gentilini, Guttuso, Levi, Maccari, Mafai, Messina, Morandi, Morlotti, Pirandello, Scialoja, Sironi, Tamburi, Turcato, Viviani.

"Vann'Antò") non abbiamo molte informazioni: si tratta di manifestazioni di non troppo ampio respiro che citiamo per esigenza di completezza. Una risalirebbe all' 11 marzo 1973, e si sarebbe svolta a Milazzo, in provincia di Messina, secondo i rapidi cenni dei diari. All'8 agosto 1976 risale un'altra breve partecipazione al comitato d'onore di un concorso di pittura estemporanea a Montalbano Elicona, paese natìo dell'amico Giuseppe Miligi, sempre in provincia di Messina.[83]

Dal diario del 1976 apprendiamo che il poeta comincia a calibrare la propria presenza nel contesto artistico siciliano e, pur essendo invitato dal giornalista e scrittore Melo Freni a presenziare come giurato a un concorso di pittura locale, rifiuta (13 agosto 1976).

Concludendo, il quadro complessivo è quello di un Cattafi dedito ai tormenti della poesia in versi, ma anche capace di essere nell'*hic et nunc* del capoluogo lombardo, di farsi coinvolgere dai fenomeni culturali con cui entra in contatto, interpretandoli per mezzo di una rara sensibilità e un gusto estetico che gli consentono, pur non facendo critica d'arte, di confrontarsi con personaggi del calibro di Gillo Dorfles.

La frequentazione degli intellettuali legati alla libreria OSPE di Messina, e al contempo delle voci più autentiche del panorama artistico e letterario milanese (tra cui ad esempio Maria Luisa Spaziani, che ben conosce il suo valore artistico),[84] è uno dei tanti aspetti che accresce, senza dubbio, la percezione di un'elevata caratura intellettuale del personaggio Cattafi, confermando l'idea di un artista a tutto tondo, capace di integrarsi – il che non ha mai significato né vendersi bene né promuoversi – nella città dello Stretto come nella roboante Milano, in una sorta di doppia cittadinanza sostitutiva del cosmopolitismo giovanile, senza abdicare mai alla sua irripetibile e forte identità.

---

[83] *Domenica concorso di pittura a Montalbano*, «L'ora», 31 luglio 1976.

[84] «Continueremo a trovare accostamenti con pittori, parleremo ancora di Morandi, di Magritte, di Bacon, si scoprirà che forse più che a Magritte, in area belga, Cattafi ha molto in comune con Delvaux, con le sue suggestioni oniriche, i suoi grigi e il suo senso della morte che vitalmente trapela ovunque. Parleremo e riparleremo anche di Mirò. Ma sempre riconducendo tutti i poeti e tutti i pittori che in qualche modo gli somigliano, a quello che è stato uno dei suoi problemi centrali [...] e cioè una strenua attenzione ai valori permanenti dell'etica e della poesia, ossia un'allergia per tutto quanto è di moda, che tenta di inserirsi nella storia con velocità non organica, innaturale» (Maria Luisa Spaziani, *Intorno a Bartolo Cattafi*, in *Atti del Premio Nazionale di Poesia e Saggistica «Bartolo Cattafi»*, I e II edizione, cit. p. 77).

## Capitolo diciassettesimo

# FRAMMENTI POETICI E ARTISTICI NEI CARTEGGI CATTAFIANI

> Sappiamo che saremo capiti da un piccolo numero, ma questo ci basta.
>
> Charles Baudelaire

Dalla nostra ricostruzione, necessariamente parziale, emerge una fitta rete di contatti con le figure più disparate dell'ambiente artistico milanese e anche siciliano (artisti di nuova e di vecchia generazione, editori, critici, mercanti d'arte) che hanno puntellato l'esistenza cattafiana, e che è rimasta per lo più sommersa, probabilmente per un certo pudore da parte della critica nell'addentrarsi in domini tradizionalmente pertinenti ad altri settori di indagine, come le arti figurative, le tecniche incisorie e l'illustrazione.

Dai carteggi (per la maggior parte brevi, per il carattere riservato di Cattafi, più pronto al calore di una conversazione dal vivo) è possibile anche trarre delle recensioni, delle *microlectures* e, talvolta, al contrario, delle valutazioni complessive della poesia cattafiana, effettuate da personaggi del mondo dell'arte come Pignotti, Carmassi, Sassu, Joppolo: voci diverse da quelle degli amici poeti ma altrettanto interessanti ed autorevoli. Alcuni di questi sono stati dei doppi talenti, come Beniamino Joppolo, coinvolto in un'attività pluridisciplinare di pittore, scrittore, poeta e anche di critico d'arte.[1]

Al contempo, analizzando il materiale epistolare, si può notare un'evoluzione della prosa cattafiana che affianca le diverse fasi compositive delle raccolte, distaccandosi e riallineandosi di continuo al testo poetico, rispecchiandone le isotopie, la metrica, le perifrasi; anzi, più che "rispecchiare", occorrerebbe usare il verbo "rispettare": non c'è alcuna soluzione di continuità tra ciò che Cattafi scrive a figure quali Nino Pino Balotta (fondamentale nella sua formazione) o Beniamino Joppolo e ciò che esprime nei suoi

---

[1] Si legga B. Joppolo, *Lettere ad artisti (Saggio inedito 1951-1954)*, in *Beniamino Joppolo tra segno e scrittura*, cit., pp. 104-154.

versi, a riprova della fondamentale sincerità e autenticità della sua scrittura (nonché della qualità e intima sostanza dei legami umani instaurati).

## 1. Jack Clemente e Beniamino Joppolo

Andando per ordine, negli anni Cinquanta la figura che forse più ha incarnato il senso dell'amicizia per il giovane Bartolo, oltre a Luciano Erba, è quella del giovane artista italiano trasferitosi a Parigi Jack Clemente (1926-1974).[2]

Cattafi ne parla entusiasticamente in alcune lettere inviate alla madre nel 1954 a proposito del soggiorno parigino, durante il quale Jack Clemente si dimostra «una guida ideale».[3] Ma, purtroppo, della conversazione epistolare con Clemente ci rimangono solo le lettere dell'artista, nelle quali è descritto il difficile *iter* di affermazione e integrazione nel mondo parigino dell'arte (dalla ricerca di uno studio in cui realizzare i propri lavori, alle difficoltà nel vendere i quadri), e la natura *bohemienne* delle esperienze artistiche, sociali e umane intraprese dal comune gruppo di amici, dediti ai viaggi e alle conoscenze femminili:

> Sono uscito poche volte per andare a Saint Germain des Prés. L'ambiente diventa di più in più interessante. Ci sono delle straniere degne di un Papa Borgia. La caccia è aperta e porta i suoi frutti. Ci sono delle nordiche da far delirare. Studiano tutte e vivono in piccole camere sotto i tetti. Allora...in alto i cuori. Ti vedo tra gli occhi bruni siciliani delle tue belle in Barcellona la fenicia e ti prego di non sacrificare troppo a Bacco.[4]

Diversamente, la conversazione epistolare con Beniamino Joppolo, svoltasi negli stessi anni, permette una ricognizione anche del vissuto estetico cattafiano, utile a ravvisare nuclei immaginativi della poesia, inclinazioni e (momentanee) preferenze pittoriche.

La minuta di una lettera rivolta a Joppolo[5] e datata 9 marzo 1950 (in Appendice I) presenta delle immagini, come quelle sinisgalliane delle mosche,

---

2 «[...] pittore e documentarista, artista poliedrico e inclassificabile, allora alle primissime armi, ma già una mostra all'attivo (Galerie La Muette, Parigi, 1953). Anche quando l'estate è finita, Luciano a Milano, Bartolo a Barcellona, non c'è scambio di lettere tra di loro in cui Deri e Jack non ritornino (Francesco Rognoni, *Per Bartolo Cattafi*, cit., p. 41).

3 Lettera di Cattafi del 12 agosto del 1954 a Matilde Ortoleva, consultabile presso il Centro Apice (fascicolo "Corrispondenza con familiari").

4 Lettera di Jack Clemente a Bartolo Cattafi del 18 novembre 1954. La lettera è consultabile presso Centro Apice, fascicolo "Clemente Jack" (unimi.it).

5 Catalogata presso Centro Apice, fascicolo "Joppolo Beniamino" (unimi.it).

che ci conducono direttamente dentro la poesia cattafiana degli esordi, a cominciare naturalmente dal titolo dell'autoantologia del 1958; anche il binomio «sterco e sole» rientra nella rappresentazione rurale e arcaica di *Nel centro della mano* («mosche e sterco, la morte sotto il sole»; «Terra e sterco s'intrecciano compatti»),[6] per la quale si è parlato di «scadimento oleografico».[7] A produrre la colorita rappresentazione di stampo quasimodiano «in cui assumono un ruolo preponderante la terra e il sangue»[8] contribuiscono, stando a quanto esplicitato da Cattafi, anche le «parole» e i «colori» di Joppolo che diventano un binomio inscindibile e un modello per entrambe le arti, scrittura e pittura.

Joppolo risponderà, in una missiva non datata, di apprezzare la poesia cattafiana, riprendendo la metafora del sangue, anche se *in absentia* («la tua poesia mi circola dentro profonda»), e la connotazione ctonia della natura («Caro Bartolo, come ringraziarti del pensiero gentile, tutto pregno di sapore di amicizia, di ferro e di terra?»).

I due doppi talenti, usando nel carteggio lo stesso codice visivo, si restituiscono l'un l'altro una rappresentazione della Sicilia fortemente iconica, incisiva, coloristica (in particolare per l'uso del rosso), la quale viene messa in contrapposizione a un nord spento, scolorito.

La considerazione critica del soggiorno milanese, con l'espressività materica del verbo «incrostare», è utile a meglio definire il controverso rapporto tra il poeta e il capoluogo lombardo negli anni immediatamente successivi al suo arrivo nel '47, in testi coevi sospeso tra ammirazione e bianciardiano disprezzo. A distanza di un anno, nella lettera a Govoni del 20 settembre 1951, Cattafi avrà però rielaborato il suo vissuto con maggiore equilibrio: «Milano mi è giovata per la spinta che m'ha dato a scrivere qualche cosa, e per tutto l'amaro, tutta l'esperienza che ho assorbito».[9]

Le immagini iniziali, inoltre, avvicinano il testo alla celebre dichiarazione comparsa su *Poesia italiana contemporanea (1909-1959)*, nella quale Cattafi riportava la genesi della sua attività poetica proprio al contatto diretto con la natura idillica e primaverile della Sicilia.[10]

---

6 I versi si trovano rispettivamente nelle poesie *Nord e sud* e *Fuoco e gloria*.

7 S. Ramat, *Bartolo Cattafi*, in *Letteratura italiana. I contemporanei*, ideazione e direzione di Gianni Grana, Milano, Marzorati, 1974, vol. IX, p. 9047.

8 P. Maccari, *Spalle al muro*, cit., p. 39.

9 S. Prandi, *Da un intervallo del buio*, cit., p. 49.

10 «Appena ottenni la licenza di convalescenza e giunsi in Sicilia (era la primavera del 1943), la guerra cominciò a non esistere più per me come evento eccezionale, mostruoso. Cominciai a scrivere versi non so come, ero sempre in preda a non so quale ebbrezza, stordito da sensazioni troppo acute, troppo dolci. Le mille cose che quella snervante primavera mi proponeva erano magicamente gravide di significati, ricche di acutissime, deliziose radiazioni.

Una seconda minuta per Beniamino Joppolo[11] (in Appendice I), non datata, è successiva all'estate del 1950 e di poco antecedente alla pubblicazione di *Nel centro della mano*, che il poeta prevedeva di far «nascere» nei primi mesi del '51, formulando forse per la prima volta quell'idea biologica dell'ispirazione e, per così dire, creaturale dell'opera poi coscientemente teorizzata nelle dichiarazioni di poetica. La lettera condivide con la prima raccolta cattafiana, e le poesie ad essa coeve, una certa struggente riflessione sulla morte e un'enfatica malinconia, giustificata dal ricordo dell'amico perduto.

L'immagine delle «radiche lunghe» viene replicata nella «radica lunghissima» di *Una sola bandiera per l'Europa*, e nelle «radiche» che «avvolsero ossa saracene» della già citata *La strada della Sicilia*, così come il verbo «bivaccare» è solo di *Nel centro della mano* («agavi e capre bivaccano covando / il sangue fatto polvere nei secoli», *Scirocco in Sicilia*); il sintagma «nel nostro sangue lacerato» ricorda il «lamento del sangue nelle vene» di *Un alto mare*, mentre il «tacito dolore» richiama la «bocca taciturna» di *Marinaio in partenza*. La lettera contiene quindi più di un nucleo germinativo della poesia cattafiana: pensiamo a *Come vecchi saggi* in *La discesa al trono*, in cui alla pianta dell'ulivo verrà data valenza teofanica e sapienziale, adesso *in nuce* nell'«ulivo di collina» sotto cui è sepolto il compianto amico.

Movenze poetiche tipicamente cattafiane degli esordi hanno inoltre le tre similitudini, che si susseguono secondo la già nota concatenazione surrealista: «precarie, come un pugno di frasche, come un fortino Maginot, come una parola da cancellare». L'accostamento al sentire decadente si configura come un'implicita – e ovviamente temporanea – dichiarazione di poetica, nella quale la citazione del «cadavere squisito» dei surrealisti è dovuta soprattutto ad una consonanza emotiva giocata sul piano dei significanti, ma rende comunque ragione dei modelli di riferimento di questo periodo iniziale.

Anche il tono corale e profetico dell'eloquio cattafiano, con il sapore retorico dell'apostrofe ciceroniana «Fino a quando?», è tipico degli esordi. Il termine «mutazione» invece è direttamente connesso alle teorie sull'Abumanesimo esposte da Joppolo nella precedente missiva («Siamo alle soglie di una metamorfosi biologica dell'uomo?»), cui seguirà l'invio dei già menzionati volumi *L'abumanesimo* e *L'arte da Poussin all'Abumanesimo*: quest'ultimo, a parere di Joppolo, particolarmente gradito al destinatario.

---

Come in una seconda infanzia, cominciai ad enumerare le cose amate, a compitare in versi un ingenuo inventario del mondo» (G. SPAGNOLETTI, *Bartolo Cattafi*, cit., pp. 891-892).

[11] Il carteggio è consultabile presso il Centro Apice, fascicolo "Joppolo Beniamino" (uni mi.it).

Ai riferimenti letterari e filosofici si intrecciano quelli politici, in accordo con la posizione espressa subito dopo l'adesione alla corrente dell'"Uomo qualunque", e perciò caratterizzati da un certo antiamericanismo.

La parte più interessante, tuttavia, è quella costituita dagli apprezzamenti nei confronti dell'opera pittorica del più maturo amico: per «sangue tremendo e consapevole» Cattafi intende un'arte realistica atta a mettere in evidenza la vita semplice e povera, eppure dignitosa, delle masse rurali; la volontà di resistenza del popolo siciliano, senza edulcorazioni.

A questa mitologia siciliana lo stesso Cattafi aveva temporaneamente ceduto, dalla fine del 1945, dotando i propri versi di un certo spirito di rivolta, dopo essersi mosso su linee prettamente simboliste.

Insieme ai modelli poetici della primissima produzione quali Baudelaire, Rimbaud, Lorca, Govoni, Montale, Ungaretti, Quasimodo, gli ermetici, gli americani Hemingway (per un influsso ideologico più che lirico) ed Eliot, dovremo contemplare dunque anche Joppolo, tenendo presente che l'attrazione verso forme e colori non si esprimerà nella pittura immediatamente, ma avrà il tempo di sedimentare fino alla fine degli anni Sessanta.

Joppolo, dal canto suo, esalterà in risposta il carattere per così dire 'spazialista' della poesia cattafiana in una lettera non datata:

> Il termine – poeta – trascende e a pochi può essere applicato. A te va applicato. Circola nella tua poesia quella atmosfera di cristallo che hanno i giardini con i rossi globi delle arance l'inverno, quando si proiettano nell'universo che fanno vedere dietro il cristallo come un incanto divenuto plastica.

Il verbo «proiettare», emblematico della pittura spazialista, afferisce infatti ad una concezione dell'arte intesa come immersione dell'opera negli spazi circostanti, compiuta in prima istanza da Fontana.[12] Ma soprattutto, in quegli anni, il sogno della «proiezione» delle forme nell'universo pareva agli spazialisti diventare realtà, dopo il cinema, grazie alla nuova tecnologia della televisione, prontamente esaltata e inglobata nelle loro teorizzazioni.[13]

---

12 Scriveva a tal proposito nel 1949 proprio Joppolo, commentando l'esposizione del caposcuola alla Galleria del Naviglio: «Gli spazi sono per Lucio Fontana la nuova materia plastica e colorata su cui la sensibilità e l'intelligenza nostra possono trovare un loro pieno significato, gli spazi entro cui l'uomo e l'universo si muovono relativi e assoluti, finiti e illimitati [...] gli spazi lanciati in una vicenda senza soste tra una geometricità in continuo movimento di forme e colori», in BENIAMINO JOPPOLO, *L'ambiente spaziale di Lucio Fontana*, pieghevole della mostra (Milano, Galleria del Naviglio, 5-11 febbraio 1949), Milano, 1949; ora in *Lucio Fontana e gli Spaziali. Fonti e documenti per le Gallerie Cardazzo*, a cura di Luca Massimo Barbero, Venezia, Marsilio, 2020, p. 45.

13 «Adesso, in America, ho letto che proiettano già, per televisione, delle forme nello spazio: allora, potrei fare già qualcosa, non è che trasmetterei delle figure, invaderei degli ambienti di colore, farei delle proiezioni, farei quello che vorrei, ma arrivi attraverso uno spazio e arrivi attraverso degli elementi veramente nuovi» (*Milano, 10 ottobre 1967: Carla Lonzi intervista Lucio*

Dunque, Joppolo nota la potenza visiva della poesia cattafiana (riferendosi, con «i rossi globi delle arance», probabilmente al testo *Domani* di *Nel centro della mano*) e la recensisce da critico d'arte,[14] come se si trattasse di un *Concetto spaziale* di Fontana, immaginando un prolungamento delle forme geometriche in uno spazio sostanziato di materia «plastica», termine altrettanto ricorrente negli scritti teorici spazialisti.[15] Ciò non deve stupire perché la sintesi spaziale fra pittura e scrittura era fondamentale per lo stesso Fontana: «Ricordati che il quadro deve uscire dalla cornice, dilatare nello spazio, lo stesso è per la pagina scritta».[16]

Possiamo affermare che Beniamino Joppolo costituì per Cattafi, oltre che una figura paterna e amicale nel primo periodo milanese, il primo vero esempio di doppio talento con cui si confrontò e dal quale rimase affascinato.

## 2. Debiti di riconoscenza e riflessioni metapoetiche: Corrado Govoni e Nino Pino Balotta

Prevalentemente letterario è il contesto condiviso con il maestro Corrado Govoni con cui, dopo la partecipazione e la vittoria al concorso "Pagine Nuove" nel 1948, Cattafi rimane in contatto:[17] nello scambio epistolare (non consecutivo) riportato in Appendice I, e risalente agli anni 1949-53, lo stile cattafiano indulge a stereotipie letterarie: lo notiamo dall'uso di termini ricercati come «velario», ad esempio, e dalla particolare emotività del dettato che, oltre ad essere messa al servizio dell'effetto di compartecipazione patetica ricercato nell'interlocutore, è indicativa della fase biografica precedente alla pubblicazione della prima raccolta poetica: «Passeranno altri giorni e altri mesi, le mie cose continueranno ad avviz-

---

*Fontana*, in *Lucio Fontana: sedici sculture 1937-1967* a cura di Paolo Campiglio, Cinisello Balsamo, Silvana Editoriale, 2007, pp. 55-56).

14 Attività iniziata agli inizi degli anni Quaranta con articoli su Carrà, Migneco e Valenti pubblicati sulla rivista «Corrente», e proseguita anche dopo l'attività teatrale e letteraria con la redazione dei manifesti spazialisti insieme a Lucio fontana (G. Joppolo, *Beniamino Joppolo critico d'arte*, in *Beniamino Joppolo tra segno e scrittura*, cit., pp. 73-74).

15 «Avviene allora che questi spazi devono in seno all'arte dell'uomo trasformarsi in una materia ben precisa definibile e plastica da usare e sfruttare sempre in sede di intuizione dello spirito. […] È facile intendere come, in questo senso, lo spazio deve intervenire come nuova materia più sottile, più imponderabile a nutrire l'opera d'arte. Ciò avvenne col tempo quarta dimensione, con la luce che gioca nei vuoti in plastica» (B. Joppolo, *Presentazione allo Spazialismo*, in *Beniamino Joppolo tra segno e scrittura*, cit., p. 93).

16 Testimonianza di Milena Milani sugli insegnamenti ricevuti da Fontana in *Prima mostra nazionale scrittori che disegnano e dipingono*, cit., p. 66.

17 Il carteggio tra i due durerà fino ai primi anni Sessanta (B. Cattafi, *Tutte le poesie*, cit., p. xlv).

zire (meno male se non resistono, illusioni di meno), e io rimarrò ridicolmente incompleto, accasciato tra quattro muri, snervato da quest'aria e da questo sonno».

Fanno qui capolino il *topos* esistenziale della stanza, della natura sicula come contraddittoria fonte ispirativa[18] (vagamente connessa al motivo brancatiano del sonno),[19] ad esprimere per contrasto la necessità, l'urgenza del canto che non può essere in alcun modo rimandato, pena la sua consunzione quasi materiale (il verbo «avvizzire» ci riporta al triste destino delle «mele mézze» di *Estinzione*, in *Chiromanzia d'inverno*).

Nella distanza generazionale che li divide (semplificata dalla retorica contrapposizione tra «bella giovinezza» e «fredda cenere»), quello tra Cattafi e Govoni è un dialogo tra poeti, con tutte le implicazioni metatestuali ed estetiche del caso (soprattutto in relazione al valore consolatorio dell'atto poetico e alla genesi del processo creativo). La comunicazione è orchestrata su ben precise corde emotive e tematiche che fanno appello alla tradizione letteraria: la sublimazione della sofferenza nell'arte, la sua funzione salvifica, la pulsione tanatica. I due poeti si rincorrono, escluso qualche raro momento di ironia,[20] in un reciproco gioco di adulazione tra verità e artificio.

Merita di non essere tralasciata la lettera di presentazione di *Nel centro della mano* inviata da Cattafi a Nino Pino (Appendice I), insieme al relativo libretto, e conservata nel "Fondo Balotta" della Biblioteca della Facoltà di Veterinaria di Messina. È parte anch'essa di quel genettiano peritesto privato, funzionale spesso a comprendere l'evoluzione del rapporto tra autore ed opera attraverso il tempo, la dedica autografa apposta sull'esemplare riporta la stessa data della lettera: «Milano, 16 dicembre 1951».

Il ricordo delle «lontane stagioni al Settantasei» (una porzione della proprietà dello zio Enrico Barresi, situata al termine della contrada Mollerino, dove c'era una sorgente, ricorda Ada De Alessandri)[21] è nella missiva chiaramente connesso all'apprendistato poetico, rappresentato da «le mie

---

[18] Il verbo «snervare» richiama la «snervante primavera» della testimonianza di Giacinto Spagnoletti.

[19] Si legga, a titolo esemplificativo, il brano *Vento africano*, tratto da Vitaliano Brancati, *Gli anni perduti*, in Id., *Opere 1932-1946*, a cura di L. Sciascia, Milano, Bompiani, 1987, anche in Gesualdo Bufalino – Nunzio Zago, *Cento Sicilie. Testimonianze per un ritratto*, Milano, Bompiani, 2008, pp. 219-220.

[20] Il bonario rimprovero di Govoni («non Le farò avere nemmeno il più secco grazie per doni di poesia commestibile. Siamo dunque intesi!») ricorda quello di Vittorio Sereni del 5 settembre 1950: «possibile che tu non ti faccia più vivo se non in forma ortofrutticola?» (F. Rognoni, *Per Bartolo Cattafi*, cit., p. 38).

[21] Questa disposizione d'animo nei confronti del luogo in questione è anche dei diari (13 gennaio 1974: «passeggiata con le Ade e Arì al 76, ondata di ricordi»).

prime prove incespicanti, io così ingenuo, cieco, infantile; cominciavo a camminare con la sua mano fraterna sulla spalla...».

Queste parole confermano, senza la necessità di ulteriori indicazioni cronologiche (all'epoca della lettera Cattafi era ancora relativamente giovane, avendo 29 anni), il ruolo fondamentale, risalente a un tempo avvertito come remoto, svolto da Nino Pino, la cui testimonianza apriva una questione rimasta irrisolta, e cioè la retrodatazione dell'iniziazione poetica cattafiana all'età adolescenziale,[22] così riassunta da Catalfamo:

> Lo scienziato e umanista barcellonese parla della «preistoria» poetica di Cattafi, facendola risalire agli anni 1938-'39. Qualcuno ha indirettamente messo in dubbio le parole di Nino Pino, sottolineando che non è stato trovato alcun quaderno o dattiloscritto cattafiano con poesie anteriori al '43. Sta di fatto che Cattafi dedicò la prima sezione della sua prima raccolta poetica, *Nel centro della mano*, a Pino e a Govoni. Questa dedica congiunta conferma indirettamente le parole di Pino e rappresenta un omaggio ai due che per primi fecero conoscere l'opera del giovane poeta.[23]

Anche qui, come nella maggior parte del materiale finora esaminato, non è difficile rintracciare degli addentellati con i testi cattafiani: l'aggettivo «infantile», ad esempio, è presente in *Chiromanzia d'inverno* proprio in relazione al fare poesia (la «bugiarda immagine infantile» del testo *Immagine infantile*), e il lemma «incespicare» si presenta nella forma participiale unicamente nella raccolta deputata ad affrontare le insidie della scrittura, allorché per i «segni / incerti deambulanti nella pagina / incespicanti zampe di gallina» abbiamo visto essere auspicata in *Segni* una definitiva *Cancellazione*.

Queste indicazioni ci portano nel campo dell'autocommento che, quasi del tutto assente nei diari, risulta invece più frequente nelle lettere. Ma va tenuto presente che «il poeta», e Cattafi non fa eccezione, «non ama spiegarsi. E non solo perché un po' di oscurità, un po' di fumo (sigaro di Mallarmé o sigaretta di Montale) fa parte del gioco, ma soprattutto perché il commento finirebbe per sostituire la poesia».[24]

---

22 S. Palumbo, *La preistoria di Bartolo Cattafi*, cit., p. 102.

23 A. Catalfamo, *La poesia di Bartolo Cattafi*, cit., p. 19. E ancora, a proposito dell'ulteriore testimonianza di Nino Pino su un invio di poesie a Govoni da parte di un Cattafi ancora molto giovane, l'autore ricorda che «il fatto che non siano state trovate tra le carte dell'autore composizioni anteriori al '43 non esclude questa circostanza, in quanto i testi potrebbero essere stati smarriti per qualsiasi motivo o eliminati dallo stesso, in un "autodafé" liberatorio, come egli soleva fare con alcuni suoi componimenti che riteneva superati oppure che gli avanzavano nella formazione dei vari volumi da pubblicare» (*ivi*, p. 20).

24 Pietro De Marchi, *Per una tipologia dell'autocommento in Giorgio Orelli: note, autoletture, autocommenti impliciti*, in *L'autocommento nella poesia del Novecento*, cit., p. 28.

Stante questa premessa, possiamo notare come Cattafi individui nella sua raccolta d'esordio «un po' il corpo dei miei fantasmi, delle mie inquietudini» e, rivolgendosi all'interlocutore, lo ringrazi «delle lunghe vicende che ella ha avuto la bontà e la pazienza (forse immeritata) di seguire passo passo con occhio benevolo e incitatore». Il riferimento potrebbe essere alla lunga crisi sentimentale che aveva attanagliato il poeta, e forse alla iniziale difficoltà del comporre. Ma soprattutto, la distinzione tra «storia interna (ed esterna) delle mie cose», in questa *tranche* della produzione cattafiana, è in consonanza con certe acquisizioni del Surrealismo – e successive –, se pensiamo alle parole di Bo sulla linea che separa il mondo esterno da quello interno contenute nel saggio *Bilancio del Surrealismo*:

> Quando c'informa [Nerval] che "Dès ce moment je m'appliquais à chercher le sens de mes rêves [...] je crus comprendre qu'il existait entre le monde externe et le monde interne un lien..." vuol dire che egli ha imparato a conoscere la presenza di un altro mondo più vero e di una maggiore coscienza: sa che al disordine e alla vanità di questa parte che ci tocca di reale si deve opporre tutto un regno inedito d'eterna invenzione. Breton ripeterà quasi con le sue parole che lo stato del sogno continua il lavoro dell'esistenza [...]».[25]

Breton, infatti, nel Secondo Manifesto del 1946 riconosce come elemento propulsore dell'opera surrealista l'individuazione di un luogo dell'anima in cui si annullano, compenetrandosi, le opposizioni tra reale e immaginario, sublime e infimo, passato e futuro, esprimibile ed inesprimibile: un *limes*, insomma, dal cui superamento può prendere vita anche la stessa arte astratta, slegata dalla necessità di rappresentare l'oggetto.

Ebbene, questo punto di congiunzione tra mondo interiore ed esteriore sarà individuato da Cattafi, grazie al supporto di Nino Pino, proprio nella poesia («Ora esse sono qui, cucite assieme, ora la barchetta di carta è già varata sulla sua rotta»), che alla maniera dantesca si accinge a percorrere il mare del dicibile.

## 3. Gli anni Settanta: l'amicizia con Giovanola e con Sassu

A testimonianza dei legami allacciati dal poeta con vari artisti negli anni Sessanta e Settanta, abbiamo la lettera inviata da Bartolo Cattafi a Giovanola il 18 novembre del 1977, e pubblicata dalla moglie di quest'ultimo, Anna Maria Parente, su una rivista specialistica di Grafologia.[26]

---

[25] Carlo Bo, *Bilancio del Surrealismo*, in *Letteratura come vita. Antologia critica*, a cura di Sergio Pautasso, Milano, Rizzoli, 1994, p. 877.

[26] Anna Maria Parente, *Poesia e Grafologia. Scritture di poeti del '900 italiano*, in *Grafologia*

La lettera, benché breve, ha un'indubbia valenza metapoetica. In essa emerge l'esigenza di prendere le distanze dal testo, di osservarlo da lontano: i versi che, appena usciti dal magma incandescente dell'inchiostro – o dalle viscere del poeta stesso –, devono 'stagionare' ricordano le parole montaliane di *Satura* che «preferiscono il sonno / nella bottiglia al ludibrio / di essere lette / vendute / imbalsamate / ibernate».

Il testo, letto da Cattafi già l'anno della sua uscita,[27] è secondo Prandi centrale per la composizione di *Parole* che «hanno vita apparente / vivere a loro non riesce / gelatosi il fervore della nascita / giacciono mute e smunte in un angolo / ingarbugliato filo d'inchiostro ammucchiato / oppure, ed è questa / la sorte peggiore / dopo tre giorni puzzano / come un ospite o un pesce» (*L'aria secca del fuoco*).

Nella lettera a Giovanola viene attribuita ai segni, come nell'omonima raccolta, un'esistenza autonoma, indipendente da chi li produca: essi hanno una loro intrinseca ragione di essere. La volontà di resistenza del segno (il verbo «resistere» è sottolineato dall'autore), allude alla pratica cattafiana di dare alle fiamme i testi e, come abbiamo visto, anche i disegni: «Vado nella dependance a lavorare. Scrivo, ricopio cioè le poesie che resistono. Le altre le metto da parte per bruciarle (e le brucio nel lavatoio fuori dalla cucina)».[28]

La non convenzionalità del testo, inoltre, è certamente data dall'ampiezza inusuale rispetto alle altre prove poetiche, ma anche dalla tematica ecologico-animalista suggerita dai disegni di Giovanola, e sostanzialmente nuova per Cattafi. In una missiva precedente, citata dal pittore nell'intervista-ricordo sull'amico siciliano, erano stati in pratica avanzati da Cattafi gli stessi dubbi: «Spero di combinare qualcosa, non so come, non so quando naturalmente. Speriamo che ci riesca (*Se i cavalli vorranno, se i cavalli*...come dice il poeta Erba)».[29]

Oltre a ribadire il carattere estemporaneo ed imprevedibile della creazione poetica, le parole cattafiane rivelavano anche un preciso riferimento letterario: i versi di Luciano Erba dialoganti con 11 disegni in bianco e nero e 1 a colori di Gian Luigi Giovanola nella *plaquette* fuori commercio *Ippogrammi & metaippogrammi di Giovanola. Programmi di altri ippogrammi* (Scheiwiller, 1958),[30] stampata in occasione della mostra dell'artista alla Sa-

---

*e sue applicazioni*, Bollettino quadrimestrale del CE. S. GRAF (Centro Studi Grafologici, Via G. Allievo, 75 Roma), n. 10, anno 1999, p. 22; ora in appendice al presente testo.

[27] «Leggo a lume di candela *Satura* di Montale» (20 marzo del 1971).

[28] Diario del 4 maggio 1977.

[29] G.L. Giovanola, *Incomparabile poeta gentiluomo*, cit., p. 3.

[30] La *plaquette* fu tirata in edizione originale in soli 500 esemplari. In copertina: *Cavallini*,

letta d'arte della Libreria San Babila a Milano, il 12-4-1958, e conservata nell'archivio della famiglia del poeta (Appendice II).

Il testo dell'esiguo libretto, dal titolo *Ippogrammi & metaippogrammi del pittore Giovanola*,[31] costituì presumibilmente un punto di partenza per la composizione di *Frammenti del dubbio*, ad esso accomunato da più di un elemento (a dispetto delle opposte dimensioni dei due libri):[32] l'andamento prosastico, l'ampio respiro (49 versi Erba, 66 Cattafi), l'uso dei puntini di sospensione, e infine l'attribuzione di una coscienza umana ai cavalli:

> ...d'improvviso questi cavalli sono un'altra cosa
> io non dico giraffe bisonti uomini tori formicole
> né cavalli di pezza lasciati malconci da un bimbo
> né cavalli di panno riempiti da quattro pagliacci
> resteremmo in un campo di pure associazioni d'idee
> se fosse solo così. Dico invece che questi cavalli
> selvaggi o anche ammaestrati
> ma raramente domi e comunque per loro volontà
> che questi bradi o sapienti, ma per quanto sopra autodidatti
> cavalli
> recalcitranti il più delle volte
> riottosi, in fuga dal foglio di carta
> o cheti a quel loro modo un po' subdolo
> e pateticamente allora pensosi
> [...]
> Confitti, rivenduti al teatro d'anatomia, colà alfine arresi
> [...]
> Occorreranno altri cavalli
> per saperne qualcosa di più.
> Siamo adesso alla fondazione di un alfabeto. Se i cavalli vorranno, se i cavalli...

La forma ipotetico-dubitativa del finale sarà inoltre riflessa più volte nel testo cattafiano: «e se i cavalli non fossero cavalli / ma uomini [...] se tutti gli uomini non fossero cavalli [...] o ancora se uomini e cavalli [...] se fossero altri uomini i cavalli [...]».

---

1958. A lato del frontespizio: copertina di Giovanola per *L'iconografia italiana di Ezra Pound* (1955).

[31] LUCIANO ERBA, *Poesie 1951-2001*, a cura di Stefano Prandi, Milano, Mondadori, 2002, p. 76, ora in L. ERBA, *Tutte le poesie*, a cura di Stefano Prandi, Mondadori, 2022.

[32] Il libro cattafiano ha un formato in folio 44,8 × 62: dimensioni inversamente proporzionali a quelle della *plaquette* di Erba, 12.3 × 12,8 (*Giovanni e Vanni Scheiwiller editori*, cit., pp. 492 e 240).

Il coetaneo Luciano Erba, al di là delle appartenenze culturali, fu un'importante figura di riferimento dell'*entourage* cattafiano, frequentatore gradito di quella «casa siciliana dove transitava una intellettualità molteplice e vivacissima»,[33] secondo Sebastiano Addamo. I rapporti tra i due sono testimoniati da un carteggio che evidenzia forti simmetrie nelle loro produzioni degli anni Cinquanta, e che attende di essere pienamente valorizzato dagli studi critici.

Non deve stupire che Cattafi si sia voluto ispirare non solo a un testo, ma a un'intera operazione editoriale compiuta da Erba (in un circuito virtuoso di rimandi e reciproche ispirazioni, quest'ultimo, ad esempio, di fronte alla poesia di *Partenza da Greenwich* dedicatagli da Cattafi aveva esclamato: «Mi hai fatto venir voglia di scrivere anch'io una mia Rue de Seine»).[34] Con gli anni Settanta non svaniscono del tutto quelle «somiglianze che talora sfioravano l'intercambiabilità, con alcuni testi di coetanei», tra cui appunto Erba «per l'apparenza gratuita e svagata delle situazioni».[35]

Tra coloro che si possono considerare amici del poeta annoveriamo anche Aligi Sassu, una voce assolutamente autorevole nell'arte italiana del secondo dopoguerra. Egli insieme a Birolli aveva fatto parte del gruppo di Corrente negli anni Quaranta, quando si trattava di sottrarsi alla retorica dell'arte di regime.[36]

Il pittore sardo, vicino negli anni Settanta agli ambienti milanesi frequentati da Cattafi, in una conversazione epistolare[37] commenta l'attitudine visuale della poesia dell'amico, dopo averla paragonata a quella quasimodiana:

> Sai quanto stimo e ammiro la tua ritrosa poetica in cui ritrovo un'aria, quel cristallo umano che vi era anche nella voce di Quasimodo. Si tratta di una luce e di una tenebra che la tua terra dona ai suoi figli e che si sente moltissimo. Bastano poche parole di una tua poesia per dare il calore e la forma, la sostanza concreta di un'immagine, mai antica, ma che ci investe come la realtà in cui viviamo.[38]

---

[33] S. Addamo, *L'esistenza a misura di macchina. La poesia di Luciano Erba*, «La Sicilia», 25 settembre 1991.

[34] Dalla lettera di Sergio Ferrero del 26 ottobre 1964 (*Per Bartolo Cattafi*, cit., p. 46). Sulle vicende relative alla dedica di *Una stanza in rue de Seine*, sintomatiche dell'intreccio poetico e amicale tra Sereni, Erba e Cattafi, si veda *ivi*, pp. 43 ss.

[35] S. Ramat, *Introduzione* a B. Cattafi, *Simùn*, cit., pp. 8-9.

[36] Vittorio Fagone, *L'arte all'ordine del giorno: figure e idee in Italia da Carrà a Birolli*, Milano, Feltrinelli, 2001, p. 196.

[37] La missiva, spedita da Monticello Brianza (MI), è senza data; secondo quanto riportato sul fascicolo consultabile presso il Centro Apice, la datazione può essere compresa tra il 1967 e il 1979.

[38] Un testo critico di Sassu, risalente al 1941, presenta delle somiglianze con la recensione della poesia cattafiana, affrontando la questione del rapporto tra forma e colore: «*Il colore è poesia, ma non è con una poetica del colore che l'artista può giungere a dare alla realtà concreta una*

Nonostante voglia iscrivere Cattafi in un preciso contesto regionale, ricercando il confronto con altri illustri siciliani, il pittore ha piena contezza del doppio talento cattafiano, come emerge anche da un'intervista del 1989, in cui afferma di prediligere tra i poeti contemporanei proprio Cattafi per il suo cromatismo: «è un poeta pittorico, il colore lo conosceva e la pittura la praticava».[39]

D'altronde l'estrema violenza del colore era anche un elemento centrale della stessa pittura di Sassu mediante il quale, secondo Sereni, la luce «si raggrumava in sostanza corporea»:[40] sarà infatti il predominio del rosso a produrre il travolgente impatto percettivo delle sue opere nel corso degli anni.

Come Sassu, anche Carlo Betocchi non potrà fare a meno di rapportare la pittoricità della poesia cattafiana all'opera, rappresentativa di istanze tipicamente siciliane, di un altro famoso conterraneo come Guttuso: l'intellettuale, infatti, in una lettera del 12 maggio del 1972 nota che «la poesia de *L'aria secca del fuoco* s'è avvicinata di molto al Gottuso [*sic*] e allontanata alquanto dall'aria continentale e settentrionale di prima. Ma a sua volta ha acquistato un altro grande fascino».[41]

Il Guttuso a cui Betocchi si riferisce è sicuramente quello che dopo avere attraversato un periodo di cambiamento, passando dal realismo esistenziale al rappresentare i suoi soggetti con una nuova plasticità e concretezza di immagini,[42] alla fine degli anni Sessanta rielaborava in pittura le memorie della sua Sicilia con il ciclo "Autobiografia",[43] e andava progressivamente accentuando il suo programmatico realismo fino a farlo esplodere in un'opera come *Cimitero di macchine* nel 1978.

Insomma, in Guttuso il gusto per la natura morta, per la rappresentazione dell'oggetto, anche nei periodi morandiani e dechirichiani, è stato una costante, insieme all'«insopprimibile tensione del pittore civile, attento alla condizione degli uomini e al loro destino»,[44] componenti, queste, che

---

*figura di sogno*. La questione è di avere maggiore o minore capacità di interpretare con potenza le forme. A questo proposito penso che si può fare rappresentazione moderna ed essere liberi, fare opera di poesia: i termini sono identici» (A. Sassu, *Dare alla concreta realtà una figura di sogno*, «Prospettive», 1940).

39 Intervista di Giovanna Giordano ad Aligi Sassu, «Giornale di Sicilia», 12 febbraio 1989.

40 V. Sereni, *Introduzione* a *Fantasie d'amore e di guerra dall'Orlando Furioso*, cit., poi in *Amici pittori*, cit., p. 105.

41 *Per Bartolo Cattafi*, cit., p. 82.

42 Valentina Raimondo, *Scheda* dell'opera "Grande Natura morta", in *Guttuso. La forza delle cose*, catalogo della mostra a cura (Palermo, Villa Zito 22 dicembre 2016-26 marzo 2017), a cura di Fabio Caparezza Guttuso e Susanna Zatti, Milano, Skira, 2016, p. 92.

43 V. Raimondo, *Scheda* dell'opera "Fette di anguria", *ivi*, p. 102.

44 *Ivi*, p. 37.

si confanno in modo particolare al Cattafi di *L'aria secca del fuoco*. Non sappiamo se i due autori avessero mai avuto un contatto diretto, ma Guttuso era molto vicino al circolo dell'OSPE, e aveva a Messina il suo referente principale nel pittore Giulio D'Anna.[45]

Nonostante tali spunti interpretativi e parallelismi siano parziali, e non abbiano la pretesa di esaurire la complessità degli artisti che mettono a confronto, essi valgono a chiarire però le modalità di ricezione e d'inquadramento di un'opera sfaccettata come quella di Cattafi da parte dei circuiti letterari e artistici del suo tempo.

### 4. L'*optimus amicus*: Vanni Scheiwiller

Infine, qualche frammento poetico è presente anche in una breve minuta di una lettera senza data (di poco successiva al '67, visti i riferimenti intrinseci) all'amico di sempre Vanni (in Appendice I). L'occasione, duplice, è data dal ringraziamento per il dono di un libro («i tuoi magnifici poeti bretoni») e dagli auguri ricevuti per il quarantacinquesimo compleanno, ma si snoda intorno all'evento centrale del matrimonio civile con Ada De Alessandri.

Lo scritto, con i suoi toni spiritosi e affettuosi, rivela i presupposti di un'amicizia che risulterà preziosa, almeno quanto l'amore: due argomenti focali dell'esistenza cattafiana. Com'è usuale nei componimenti, il poeta rielabora un'espressione idiomatica, in questo caso "ne è passata di acqua sotto i ponti", modificandola in «tanta Gulf Stream è ormai passata», per adeguarla al contesto geografico ricreato nella poesia.

Il motivo dello scorrere del tempo, apparentemente in sordina, è in realtà centrale: lontana dall'atmosfera stagnante e asfittica descritta nella lettera inviata a Govoni qualche anno prima, adesso la dimensione vissuta dal poeta è dinamica: la corrente del golfo non è altro che la trasfigurazione simbolica del cambiamento positivo intervenuto nell'esistenza del poeta («bagnando addolcendo le coste delle Shetland»).

In una spumeggiante analessi, il paesaggio delle Shetland ammirato dalla coppia durante il viaggio di nozze[46] viene riesaminato attraverso uno

---

[45] G. Miligi, *La mostra dell'Ospe nell'ambito delle celebrazioni del centenario della nascita di Salvatore Pugliatti*, in *Per una storia dell'Ospe. Nel centenario della nascita di Salvatore Pugliatti, 1903-2003* (Messina, Teatro Vittorio Emanuele, 20 dicembre 2003-20 gennaio 2004), a cura di Piero Serboli, Messina, EDAS, 2003, p. 34.

[46] «La decisione di sposarsi è portata a termine in poco più di un mese: bisogna soltanto attendere i quaranta giorni richiesti per l'affissione delle pubblicazioni. Per quella ragione, Bartolo e Ada compiono un viaggio che da Glasgow li porta prima alle isole Orcadi e poi fino alle

schema da *plazer*: «[...] il mio matrimonio con Ada è un matrimonio shetlandese come la lana, i ponies, la torba, i merluzzi, le acciughe, la luce estiva che dura ventiquattro ore».

Immediato il rinvio alla poesia *Nelle Shetland* di *L'aria secca del fuoco*, che può essere considerata ovviamente un contrappunto poetico della lettera, riprendendone a distanza di qualche anno «i segni e le figure»:

Questi li tengo chiusi nel recinto
sull'ultimo scoglio a Nord
che in Europa possiedo
insieme con la Regina dei Britanni.
All'altezza di questo parallelo
le cose cambiano
d'estate la notte non ha spazio
la patata il fungo il pomodoro
la carota la mela la cipolla
vengono per nave dalla Scozia
qui cresce un'erba dura
nana giallastra sulla torba
pastura che fa deformi i ponies
dilata una gran pancia
su gracili gambe
ma la testa è di grande splendore
nobile ben sbalzata intelligente
un ciuffo arruffato sulla fronte
le pecore acquistano un pessimo carattere
ottuse ombrose onuste
di ricchissima lana
i ladri d'aringhe i lesti mendicanti
ad ali aperte gridano sfrontati
gabbiani d'occhio avido
instancabili voci
i pulcinella di mare
si perdono accecati
dietro un lampo d'argento di sott'acqua
la terna artica
disegna l'eleganza su una lastra
immensamente simile alla morte.
Erano questi i segni e le figure
d'una stagione attenta

Shetland. Una volta arrivati, affittano una piccola casa, e lì trascorrono, in una specie di attesa fuori dello spazio e del tempo, i quaranta giorni richiesti prima della celebrazione del rito civile» (per questa fase della biografia cattafiana, si legga B. CATTAFI, *Tutte le poesie*, cit., p. LIX).

affettuosa
d'un album uscito a Nord nell'ultima
mia Thule nell'ultima
parte della mia vita.

Il nord (variamente rievocato nella lettera dai nomi di Oslo, Stoccolma, Bergen) assume i contorni di una dimensione lucente e avventurosa, in cui è finalmente possibile una nuova misura del vivere, da contrapporre miticamente al sud, al quale non vanno più, come un tempo, «certe particolari predilezioni iberiche che avevo in comune con tuo padre».

L'immagine proposta è ancora quella di un Cattafi geografo che ama passare in rassegna quasi didascalicamente luoghi e storie, anche se in modo più criptico rispetto alla conversazione con Sereni del 1955 – riportata dal numero monografico di «Paragone»[47] –, nella quale erano chiariti i motivi di apprezzamento dei luoghi iberici:

Ricordo con nostalgia la bianca deliziosa cittadina Andalusa Jerez de la Frontera, famosa per le sue *bodegas*, e il prezioso e fulvo frumento da whisky sugli altopiani della Scozia e l'estesa architettura della birra Guinness a Dublino. Il fatto è che i paesi dove mi sono trovato meglio, si chiamano: Irlanda Inghilterra e Scozia & Spagna.

Nella cartografia cattafiana i toponimi trascendono la loro mera funzione di coordinate spaziali per diventare centri di ancoraggio della cultura e degli affetti: «voi mitteleuropei mi avete sempre incastrato con certi affetti, certe mitologie, certa civiltà. San Gallo (tu), Salisburgo (mia moglie), i dinamitardi (Innsbruck & Vienna)». Il poeta ripercorre con leggerezza la traiettoria che dalla Spagna, attraverso le Shetland, lo riporta in Italia, dove prende definitivamente possesso della propria identità umana e intellettuale.

Il ricordo del primo incontro tra l'amico editore e la donna che Cattafi sposò due volte (per utilizzare il titolo di un vecchio articolo)[48] suggella poi la parte finale della lettera, ricostituendo alla maniera quasi stilnovista – si lasci passare il paragone – un'essenziale, triadica società ideale, all'insegna della fiducia, ma anche dell'allegria conviviale che è stata un tratto peculiare del carattere di Cattafi: luogo dell'incontro «fugace e "toscano"» è un ristorante milanese, circostanza, senza dubbio, di buono auspicio.

---

[47] *Per Bartolo Cattafi*, cit., p. 62.

[48] DONATELLA BISUTTI, *Ritratto di Bartolo Cattafi. Sposò due volte la stessa donna*, in *Millelibri*, Editoriale Giorgio Mondadori, luglio-agosto 1992, pp. 107-108.

## 5. Cattafi e l'arte contemporanea: un dialogo ininterrotto

Varie sono state le iniziative volte a restituire sempre più il poeta al contesto della grande poesia del Novecento non solo italiana, ma europea, soprattutto nel recente centenario della sua nascita.[49] Tuttavia, basta una rapida ricognizione da un'ottica interdisciplinare per scoprire come l'opera di Cattafi, dal carattere extra-ordinario, impuro, ricco di contaminazioni e particolarmente sensibile ai contraddittori codici del contemporaneo, sia stata oggetto di attenzione di artisti e musicisti, o resa protagonista di vere e proprie installazioni. Queste evenienze ci offrono lo spunto per comprenderla nelle sue 'estensioni' e apprezzarne le aperture intermediali. Il confronto tra testo e immagine lascia spazio a quello tra testo e musica nel caso dell'opera ideata da Nino Sottile Zumbo.

### 5.1. *Il* Viale dei canti *tra poesia, musica e arte visiva*

Tra le iniziative degne di nota che hanno trovato nella parola cattafiana più di una ragione, si colloca il progetto *Viale dei canti*, attuato nel 2016 a Parigi lungo i 50 metri di parete del settecentesco Hotel de Galliffet, sede dell'Istituto Italiano di Cultura: «un'opera collettiva che rende omaggio alla cultura, al dialogo tra le nazioni e alla fusione tra arte e industria», con la finalità di rendere l'arte «un'esperienza al servizio del bene comune», si legge nel catalogo dedicato.[50]

L'installazione, composta da un graffito e da un circuito acustico, nasce *in primis* come reazione agli attentati del 13 novembre 2016 che avevano causato la chiusura dell'ingresso principale dell'Istituto; restaurando la parete che lo costeggia, si è dato vita a un'opera permanente dall'evidente

---

[49] Nel 2023 all'Università di Messina si è tenuto il Convegno internazionale "Lieto di non avere in me che cose amate. Cattafi oltre il '900" (23-25 ottobre), cui è seguita l'istituzione di "Un seme nuovissimo. Premio Bartolo Cattafi per la ricerca e per la traduzione", iniziativa organizzata dal Dipartimento SUM – Scienze Umanistiche dell'Università degli Studi di Palermo. Dopo l'edizione complessiva di *Tutte le poesie* per i tipi di Le Lettere nel 2019, a cura di Bertelli e Bruni, la cresciuta attenzione della critica verso il poeta si è manifestata attraverso una serie di pubblicazioni: il saggio *La poesia di Bartolo Cattafi. Testi e contesti* di Antonio Catalfamo (Chieti, Solfanelli, 2020); la riedizione di *L'osso l'anima*, (Firenze, Le Lettere, 2022), con la curatela di Bertelli, e lo studio monografico *L'oltraggio di una minima stella rugginosa. Viaggio nella poesia di Bartolo Cattafi* di Diego Conticello (Milano-Udine, Mimesis, 2022).

[50] Le citazioni sono tratte rispettivamente dagli interventi di Marina Valensise e di Giuseppe Caccavale, in *Viale dei canti*, catalogo a cura dell'Istituto Italiano di Cultura a Parigi, primavera 2016, pp. 17 e 20. Sull'argomento si veda anche Leonardo Martinelli, *"Viale dei canti", profumo d'Italia a Parigi*, «La Stampa», 14 giugno 2016, consultabile al *link*: "Viale dei Canti", profumo d'Italia a Parigi - La Stampa.

valenza pedagogica, tale da essere considerata «un cammino di alfabetizzazione attraverso l'idioma».[51]

All'artista Giuseppe Caccavale si deve la scelta del leopardiano *Canto notturno di un pastore errante dell'Asia* e di altre quattro liriche composte da poeti del Novecento quali Alfonso Gatto, Leonardo Sinisgalli, Lorenzo Calogero e Bartolo Cattafi, per tracciare le quali sono stati messi a disposizione i caratteri mobili disegnati da Alberto Tallone Editore e trasferiti da studenti dell'ENSAD (la Scuola Nazionale Superiore delle Arti Decorative), mediante l'antica tecnica dello «spolvero», sul muro intonacato di fresco inteso come metafora di «una nuova pelle biografica».

La collaborazione del compositore Stefano Gervasoni ha permesso l'ideazione di un'opera polifonica ispirata ai testi, con le voci del mezzo soprano Monica Bacelli e con «quelle registrate nel cantiere, di chi costruiva l'installazione» – ha affermato Marina Valensise, direttrice dell'Istituto – fruibili «mediante diffusori invisibili all'avanguardia della società Garvan».[52]

Infine, due ingegneri del suono come Marco Liuni, attivo presso l'Ircam di Parigi, e Alvise Vidolin dell'Università degli Studi di Padova, hanno concepito un dispositivo algoritmico capace di diffondere combinazioni sonore sempre diverse a ogni passaggio degli spettatori.

Il testo di Bartolo Cattafi di cui è stato fatto il 'calco' per questo «incontro inedito tra le arti murali e le arti tipografiche»[53] è *Chi ti squadrò la pietra* (*Marzo e le sue idi*), ricco di risonanze che in qualche modo si allineano al senso ultimo del progetto: l'incontro tra due dimensioni sonore, quella della parola poetica e quella del gesto artigianale che plasma e modella la materia con maestria, strettamente intrecciate anche nella produzione cattafiana, come abbiamo avuto modo di dimostrare a proposito del lessico tecnico-artistico.

Infine, il *Viale dei canti* non solo rappresenta una meritoria opera di diffusione della lingua italiana all'estero, ma mette in relazione il lucano Sinisgalli, il salernitano Gatto, il siciliano Cattafi, il calabrese Calogero tra di loro e con la grande poesia italiana dell'Ottocento rappresentata da Leopardi, promuovendo un progressivo riscatto per una letteratura meridionale troppo spesso sottovalutata e marginalizzata.[54]

---

[51] Giuseppe Caccavale, testo critico s.t., cit., p. 20. Dalla stessa pagina è tratta la citazione successiva.

[52] L. Martinelli, *"Viale dei canti"*, cit.

[53] G. Caccavale, testo critico, cit., p. 20.

[54] Mimmo Sammartino, *Un verso di Sinisgalli a Parigi*, «La Gazzetta del Mezzogiorno», 1 giugno 2016.

### 5.2. *L'opera cattafiana crocevia di campi percettivi*

L'opera di Cattafi (pittorica, in questo caso) è parte integrante del fascicolo redazionale del Contenitore di Cultura Contemporanea *Bau* n. 17/2020, punto di confronto e contatto tra diverse discipline espressive.

Il cofanetto, nato a Viareggio nel 2004 e assemblato ogni anno in tiratura limitata (170 esemplari) con opere originali di vari autori, intende raccogliere «le eredità delle riviste d'artista e ad assemblaggio degli anni Sessanta-Settanta-Ottanta (tra cui Aspen di Phyllis Johnson, Geiger di Adriano Spatola, *Tèchne* di Eugenio Miccini, *Assembling* di Richard Kostelanetz, le riviste ad assemblaggio di *Fluxus* [...] e della mail art [...])».[55]

Il numero 17 di *Bau* contiene ben 60 opere originali di 63 autori e all'interno del fascicolo figura l'olio cattafiano che è annoverato, dunque, tra le sperimentazioni visive degli anni Settanta.

Di altro tipo è l'iniziativa intitolata "*«2-2»* Omaggio al poeta Bartolo Cattafi" della Galleria d'Arte "Portanova 12" di Bologna che, in occasione della Giornata Mondiale della Poesia del centenario della nascita del poeta, inaugurava il 21 marzo 2022 l'anteprima di una mostra nata dalla collaborazione del direttore artistico Massimo Cattafi e di Eva Laudace ("Centro di poesia contemporanea" dell'Università di Bologna).

Quattro componimenti cattafiani venivano letti e interpretati dai seguenti artisti contemporanei dell'*urban art* e del mondo dell'illustrazione: Opiemme, vicino alle ricerche verbo-visive delle avanguardie novecentesche; lo *stencil artist* Chekos; il muralista Nicola Alessandrini; il trio di illustratori Ufficio Misteri; l'illustratrice argentina Mariana Chiesa.[56]

Questo, che era da considerarsi un primo omaggio al poeta, si sarebbe sviluppato dal 6 al 22 luglio dello stesso anno in una mostra-tributo più ampiamente articolata dal titolo '22-22', in cui per l'appunto 22 poesie sarebbero state illustrate da altrettanti artisti (ma più che di illustrazioni si dovrebbe parlare, secondo Massimo Cattafi, di «trasposizioni immaginifiche» e di «trascrizioni calligrafiche» delle parole del poeta), tesi a ridefinire esteticamente i codici dell'arte urbana all'interno di un «progetto composito e lungimirante, nel solco del binomio poesia e illustrazione declinato a 360 gradi con la linea di ricerca della galleria».[57] Attualissime voci artistiche

---

[55] La citazione è tratta dal testo introduttivo di ANTONINO BOVE e LUCA BROCCHINI a *Bau* n.17/2020, s.p.

[56] Per informazioni più dettagliate sulla mostra, si consulti il *link*: 2-2 omaggio a Bartolo Cattafi | Artribune.

[57] Le informazioni riguardanti gli aspetti concettuali della mostra provengono dal direttore della galleria Massimo Cattafi, parente del poeta, che ringrazio, e dal comunicato

riscoprono e sentono, insomma, di poter interagire con quella che considerano «una voce straordinariamente unica e innovativa nel panorama della poesia moderna».

E la poesia cattafiana *ABC*, recentemente riscoperta,[58] è esposta dal 2023 al Museo Epicentro a Gala di Barcellona (in provincia di Messina), insieme a 1200 opere originali delle più importanti correnti artistiche italiane e straniere, eseguite, dal dopoguerra ad oggi, su mattonelle in cotto della grandezza di 30 × 30 cm. Il testo è collocato su una mattonella anch'esso, tratto peculiare di questo museo unico nel suo genere, eletto nel 2022 «luogo del contemporaneo» dal Ministero dei Beni Culturali.[59]

Che il dialogo tra la poesia cattafiana e l'arte contemporanea sia rimasto aperto fino ai nostri giorni non fa altro che avvalorare la riflessione di Bigongiari sulla secolare e inconclusa questione dell'«ut pictura poësis» che coinvolge le due arti:

> Sia l'una che l'altra non sono che punti di vista sulla conoscenza, nel senso di un tentativo di appropriarsi e di trovare il cammino che ci porta a questa conoscenza. Sono vie parallele: a volte si intersecano, a volte sembrano allontanarsi, a volte sembrano consegnare l'una all'altra la loro direzionalità.[60]

Infine, ricordiamo un'iniziativa finora unica nel suo genere: "La mano dell'informe. Omaggio a Bartolo Cattafi", concerto per mezzosoprano ed *Ensemble* da camera "Fracargio", a cura di Nino Sottile Zumbo, «le cui partiture, dalle sonorità classiche o contemporanee, sono ispirate al tema della travagliata ricerca dell'Assoluto nella poesia di Bartolo Cattafi».[61]

Se Yves Bonnefoy si dice certo che sia musica la pittura di Piero della Francesca o quella di Jan Vermeer e di Eugène Delacroix,[62] potremmo dire lo stesso per l'opera così fortemente visiva di Cattafi.

Le musiche composte da Marina Leonardi, Roberto Carnevale, Giovanni Arena, Dario Tindaro Pino, Francesco Lipari, in circa 60 minuti esplorano le potenzialità fonetiche, metriche e ritmiche di 29 poesie cat-

---

stampa diffuso al *link*: 22-22 Tributo a Bartolo Cattafi | Artribune, da cui è tratta la citazione successiva.

[58] Il testo è stato pubblicato su «Paragone», cit., p. 110.

[59] NINO ABBATE, *Artisti storici nella collezione del Museo Epicentro. Dal Futurismo alle ultime tendenze*, introduzione di Emilio Isgrò, Melo Freni, Valentina Certo, Barcellona Pozzo di Gotto, edizionEpicentro, 2024, s.p.

[60] P. BIGONGIARI, *L'ablazione della favola immaginaria: poesia e pittura*, in *Lezioni di poesia*, Firenze, Le Lettere, 2000, p. 26.

[61] Sito *web* La mano dell'Informe – Omaggio a Bartolo Cattafi – Diaphonia Edizioni.

[62] YVES BONNEFOY, *L'alleanza tra la poesia e la musica*, traduzione di Francesco Bergamasco, Milano, Archinto, 2010, pp. 12-13.

tafiane,[63] mettendo in atto una intermedialità «esplicita (nelle forme che utilizzano due o più media)», ma realizzata secondo «ciò che Scher e Wolf definiscono come *word music* (ovvero effetti musicali conseguiti attraverso le proprietà insite nella parola)».[64]

Che la percezione di un'opera poetica possa essere riprogrammata da un diverso approccio sensoriale può quindi valere anche per Cattafi benché, sin dalle prime prove simboliste, egli non si sia mai contraddistinto per una particolare propensione alla melodicità ed effusività del verso.

L'opera è stata eseguita per la prima volta il 24 ottobre 2023 all'Aula Magna del Rettorato dell'Università di Messina, all'interno dei lavori del Convegno internazionale "«Lieto di non avere in me che cose amate». Cattafi oltre il '900".

---

[63] *Innanzi a Te, Aquile, mosche, lepidotteri, Visita, Nel pieno dell'estate, L'allodola ottobrina, Tenebra e azzurro, Oggi, Costrizione, Luce, Il buio, Cammino, La provvidenza, Il Verbo, Testimone, Oltre, Le pergole, E dovunque, La mano dell'informe, Come una lastra, Libertà, Al nome di Lourdes, Fuga dall'angelo, In quella chiara, È qui che Dio, Dall'altra parte, Dodici dicembre 1976, La grazia, Pronto, In te.*

[64] T. Spignoli, *Variazioni su musica e poesia*, in *Notturni e musica nella poesia moderna*, a cura di Anna Dolfi, Firenze, Firenze University Press, 2018, pp. 76 e 78.

# APPENDICE I

## Diario del 13 gennaio 1977

Ore 8 mi alzo, c'è un cielo rosato, si preannunzia una splendida giornata. Meditazione. Mi faccio un tè. Ore 9 telefono a Giovanni e gli sottopongo i passi in questione. Li risolviamo, metto le bozze nella borsa. Ore 9.45 scendo e trovo il taxi prenotato. Giornata favolosa, splendido sole, freddo da cani. Ore 10.05 sono a Segrate. Parlo con Marco dell'Oscar, se la vedrà lui col Nomellini in marzo.

In marzo mi darà risposta. Vado dal Valenza e gli faccio apportare tutte le nuove correzioni: quelle stabilite col Giovanni ieri pomeriggio e questa mattina. Mi dice che a causa di esse l'uscita del libro subirà un ritardo: l'entità del ritardo me la preciserà dopo. Ore 11.30 me ne vado. Mi faccio chiamare un taxi e in quei momenti di attesa mi viene un dubbio: un verso sostitutivo di un altro verso in una certa poesia.

La cosa mi tormenta, intanto ho congedato le bozze. Alle 12 arrivo a casa e mi butto sul telefono. Prima vittima della mia nevrosi il solito Giovanni: approva quest'ultima sostituzione. Subito dopo telefono a Valenza e lo prego di apportare questa correzione. Esulto per aver risolto la faccenda e mi preparo un piatto di capelli d'angelo con olio e parmigiano, li mangio, ma mentre mangio la mozzarella (mezza) avanzata di ieri, allibisco e crollo nella più profonda disperazione: la soluzione adottata vanifica un'assonanza, una falsa rima con l'ultimo verso. Mia costernazione.

Ore 13.30 mi butto a letto, leggo i titoli e neanche dei giornali, m'addormento. Ore 15.45 mi sveglio, mi lavo mi sbarbo mi vesto. Vado in centro a bighellonare, giro delle librerie. La gente dice che stamattina c'erano ancora alcuni gradi sottozero, ma che la notte scorsa saranno stati sui sei. Ritorno in piazza Morbegno, acquisto prosciutto cotto 1 etto, prosciutto crudo 1 etto, bresaola 1 etto, 1 mozzarella di bufala, 1 assaggio di quartirolo, 1 rotolo di carta alluminio. Ore 19.40 faccio la doccia e mi metto in pigiama e vestaglia.

Ore 20.10 telefono a Vittorio ma non c'è. Giovanna dice che mi farà chiamare al suo rientro. Attacco a scrivere il diario (arretrato di ieri). Alle 20.30 Vittorio mi chiama e lo prego di aiutarmi a risolvere l'ultimo mio tormento poetico. Domani si vedrà, mi chiamerà.

Continuo il diario. Ore 21.40 telefono ad Anselmo ma c'è la segreteria telefonica e non dico niente. Ore 21.45 finisco il diario. Mangio 1/2 mozzarella di bufala, con Buitoste piccole, striscia quartirolo, bevo poco Barbera De Alessandri e subito dopo tosse e vomito tutto. A letto, breve lettura. Ore 12.05 spengo, sonno.

## Minuta di una lettera a Beniamino Joppolo (a)*

Barcellona, 9 marzo 1950

Caro Beniamino,

troppo in ritardo è questa mia e ti prego di perdonarmi; moltissime seccature mi hanno aggredito al ritorno, e ora spero solo che venga al più presto un periodo tranquillo da dedicare interamente e spero, fruttuosamente, al mio lavoro.

Qui il fango si sta sgretolando, comincia a nascere la grande polvere, sterco e sole sono cose importanti a Barcellona. Tra non molto verranno i venti e le mosche calde di una mezza estiva primavera sin troppo dolce, estenuante. E allora, sarà difficile lavorare. Nato ed Enzo felicissimi per le tue buone notizie.

Sono veramente grato a questi due amici per avermi dato il desiderio e il modo di conoscerti. Non immagini forse ciò che sei stato per me a Milano; spezie di acuti colori in un'aria smorta di pioggia e di carbone; sottolineatore, scopritore, felicissimo inventore sul filo delle cose e delle parole, ricchissimo, favoloso compagno anche lungo un itinerario minuto, cosparso di cose consunte nella loro spettrale quotidianità.

Il fatto è che sei un siciliano veramente universale. Molte sono le favole luminose sepolte nel tuo sangue (di ciò parlano i tuoi libri, i tuoi quadri e non ultima la tua vita d'uomo).

Per tutto Ben, ti sono grato; per l'ospitalità affettuosa; per le tue parole e i tuoi colori, per il tuo cuore antico fresco e fedele nel modo più alto alla propria terra, per la tua vivissima e confortante presenza in un ambiente troppo spesso squallido e monotono, incrostato di piccoli veleni, popolato di piccoli cafoni.

Saremmo molto lieti di averti con noi in estate. Mi rammarico per la brevità del nostro incontro. Ti preghiamo di dare conferma e indicarci la tua scelta: Patti o Castroreale Bagni; se la risposta dovesse tardare molto, le probabilità di trovar casa al mare sfumerebbero sicuramente.

Ringraziamenti e ossequi alla gentile signora; a te ancora la mia gratitudine, gli auguri e i saluti più affettuosi.

Tuo Bartolo

---

* La lettera, conservata presso il Centro Apice, è inedita.

## Minuta di una lettera a Beniamino Joppolo (b)*

Caro Beniamino,

spero che sia stata buona l'estate in Cadore, per te, per il tuo lavoro, per i tuoi, per Giovannino (Nato mi diede l'agghiacciante notizia, ma subito seppi che era ben salvo). Per me speravo in un'estate migliore, essa invece è stata un'assai falsa e infelice stagione, piena per me di effimeri trasalimenti, di stridori, di cieche effusioni, di sbagli inerti. E i miei amici lontani, chi nel Nord, chi qui e lontano, tu in Cadore, Nato esausto in un dannato groviglio di affari, il corpo di Enzo sottoterra, a dare ironico pasto alle radiche lunghe d'un ulivo di collina, e altro di Enzo tra noi, nel nostro sangue lacerato, presenza non ironica, ma tragica, infinitamente saggia.

Mio caro Ben, sono molto triste, molto solo, credo che il dolore sia la mia patria migliore; accolgo con sollievo quest'autunno. (Sarò forse un decadente, un più o meno "cadavere squisito", ma è la mano straziante, è il tacito dolore che mi fa essere vivo, che mi fa tendere alla coscienza, che serenamente mi allarga gli occhi).

L'altro giorno chiedevo in una lettera ad un mio amico di Los Angeles, California, fino a quando sarà possibile mettere assieme nel frigidaire marxismo e champagne, Dio e orchidee, patatine fritte e democrazia. Fino a quando?

Io credo che il nostro dolore, il dolore di milioni di uomini, sia un segno troppo importate per non significare niente, e nel cielo assurdo, nell'aria confusa, c'è già il tempo stridente del passaggio, l'inquietudine della mutazione; l'annunzio certissimo per i pochi che già bivaccano dentro le loro case, ben sapendole precarie, come un pugno di frasche, come un fortino Maginot, come una parola da cancellare.

Cosa c'è nei tuoi quadri se non sangue tremendo e consapevole, se non visione vittoriosa, oltre gli inganni e i fantasmi troppo cari, che cosa se non splendore impietoso sui frantumi d'un mondo?

Caro Beniamino, non immagini quanto ricordi te e le tue cose, e la bontà cordiale di tua moglie, i giochi di Giovanni, la viva precocità della piccola. Spero di tornare a Milano nei primi mesi del '51, se il mio libro, come pare, dovrà nascere. Stavolta forse sono giunto a un punto più concreto.

In seguito ti manderò qualcosa di mio, qualcuna delle mie cose ultime, che ancora devo riordinare. Porta i miei ossequi a tua moglie, bacia per me i piccoli, e tu accetta l'augurio e l'abbraccio del tuo [Bartolo].

---

* Il dattiloscritto, inedito, presenta correzioni autografe.

## Lettera a Nino Pino Balotta*

Caro Onorevole,

sono particolarmente contento di poterLe finalmente offrire questo libretto.

Esso è un po' il corpo dei miei fantasmi, delle mie inquietudini, delle lunghe vicende che ella ha avuto la bontà e la pazienza (forse immeritata) di seguire passo passo con occhio benevolo e incitatore.

Ricordo le ormai lontane stagioni al Settantasei, a Mollerino, le mie prime prove incespicanti, io così ingenuo, cieco, infantile; cominciavo a camminare con la sua mano fraterna sulla spalla...

Come, dunque, non dare un peso enorme alla sua viva presenza d'amico e di poeta nella storia interna (ed esterna) delle mie cose?

Ora esse sono qui, cucite assieme, ora la barchetta di carta è già varata sulla sua rotta. Voglia Onorevole accettare ancora una volta, e in ispecie oggi, questo sentimento di gratitudine e d'affetto.

Colgo l'occasione per inviare a Lei, alla gentile Signora, alla Signorina Sua sorella i miei migliori auguri per le feste.

Mi creda molto devotamente Suo Bartolo Cattafi.

## Lettera a Gian Luigi Giovanola**

Terme Vigliatore, 18 novembre 1977

Carissimo Gian Luigi,

forse ce l'ho fatta: sessanta versi, ancora caldi caldi. Ma bisogna che si raffreddino, che stagionino. Speriamo che resistano: in questo caso, solo in questo caso, li spedirò a te e a Scheiwiller. Al momento mi convincono perché non sono convenzionali. Speriamo bene.

Intanto ti prego di salutarmi tua moglie, ti abbraccio, ti mando tanti auguri.

Tuo Bartolo.

---

* La lettera, inedita, è conservata presso il "Fondo Balotta" della Biblioteca della Facoltà di Veterinaria di Messina.

** Il testo è apparso su *Grafologia e sue applicazioni*, Bollettino quadrimestrale del CE. S. GRAF (Centro Studi Grafologici, Via G. Allievo, 75 Roma), n. 10, anno 1999, all'interno dell'articolo di Anna Maria Parente, *Poesia e Grafologia. Scritture di poeti del '900 italiano.*

## Minuta di una lettera a Vanni Scheiwiller*

Caro Vanni, ricevo l'otto luglio i tuoi magnifici poeti bretoni moderni e ricevo soprattutto i tuoi auguri per il 45° compleanno. Grazie infinite! Il tuo ricordo mi è (ci è) particolarmente gradito. È anche un regalo di nozze.

Immagino saprai che tanta Gulf Stream è ormai passata bagnando, addolcendo le coste delle Shetland e il mio matrimonio con Ada è un matrimonio shetlandese come la lana, i ponies, la torba, i merluzzi, le acciughe, la luce estiva che dura ventiquattro ore. A Nord di Oslo, di Stoccolma, lo stesso parallelo di Bergen.

Insomma, a parte certe particolari predilezioni iberiche che avevo in comune con tuo padre, voi mitteleuropei mi avete sempre incastrato con certi affetti, certe mitologie, certa civiltà. San Gallo (tu), Salisburgo (mia moglie), i dinamitardi (Innsbruck &Vienna)...

Comunque, l'incontro tra te e Ada (mia moglie) fu fugace e "toscano" all'insegna Greppia, via Vittoria Colonna 50, Milano.

## Minuta di una lettera a Corrado Govoni**

Barcellona, 25 ottobre 1949

Mio caro Maestro,

conosco la Sua bontà per bene sperare che vorrà perdonarmi questi due altri mesi di silenzio il quale, beninteso, è solo silenzio della carta e non del cuore.

Aspettavo, per potergliela dare, qualche buona notizia, dirLe di aver combinato con qualche editore, oppure annunziarLe una mia imminente venuta.

Ma purtroppo tutto ciò, ora, mi appare lontanissimo, infelici intoppi di carattere finanziario mi trattengono spietatamente qui, e il domani è molto incerto.

Passeranno altri giorni e altri mesi, le mie cose continueranno ad avvizzire (meno male se non resistono, illusioni di meno), e io rimarrò ridicolmente incompleto, accasciato tra quattro muri, snervato da quest'aria e da questo sonno. Potranno solo salvarmi, se vorranno, la poesia e un coraggio feroce, scongiurando un vilissimo fallimento.

Quando avrò la fortuna di tornare a a Roma e di rivederla La pregherò di farmi conoscere l'elegia <u>L'Italia odia i Poeti</u>, testo sicuramente altissimo ma che io auguro <u>non definitivo e finale</u>, sperando che il Suo Cinquantennale e splendido fervore di poesia possa ancora protrarsi, e lungamente arricchirci.

Certo <u>odio</u> è chiara definizione chi lo possiede, e non sarà certo il maligno velario di fumo fetido a nascondere la gloriosa e ricolma stagione del Poeta di cui

---

* La lettera, conservata presso il Centro Apice, è inedita.

** La lettera, conservata presso il Centro Apice, è inedita.

discorro, e non sarà a contare la bilancia dei filistei, la luminosa evidenza essendo già affidata a ben altre misure.

## LETTERA DI CORRADO GOVONI*

Roma, 8-4-1953

Carissimo Cattafi,

prima di tutto devo farle, pur ringraziandola anche a nome di mia moglie e di mio figlio, un serio rimprovero per il disturbo sempre più grosso che Lei va prendendosi con l'inviarmi tanta copia di frutti squisiti della Sua indimenticabile terra.

Disperando di correggerla e di impedirglielo, La avverto che, per castigarla a dovere, per l'avvenire non accuserò mai più ricevuta se non di doni graditissimi di carta stampata o manoscritta, non Le farò avere nemmeno il più secco grazie per doni di poesia commestibile. Siamo dunque intesi!

Non mi meraviglio più del Suo malumore e della Sua costante insoddisfazione: sono, secondo me, i più sicuri segni di una natura sensibilissima, di esuberante, incontenibile forza giovanile e della più che legittima ambizione e brama di pretendere e di ottenere dalla vita addirittura l'impossibile.

Ma lavori, lavori, lavori e sfrutti questo Suo stato di disagio spirituale, straordinariamente favorevole alla creazione artistica. E nella poesia scritta (senza naturalmente trascurare quella materiale e palpabile, che è sempre la più valida e importante), Lei troverà sempre ogni conforto, consolazione e appagamento nel corso della travagliata vita. Se Lei si lamenta, che ha in mano la bella giovinezza, che cosa dovrei dire io che ho in mano solo la fredda cenere della disperata, e durissima sotto tutti i rapporti, vecchiaia?

È stato da me Giacinto Spagnoletti e non può immaginare che gioia nel sentirgli affermare che Le vuole un gran bene come uomo e come poeta.

Coraggio dunque! E sia sereno e più che mai fiducioso per il presente e per l'avvenire!

Con i più affettuosi saluti per Lei
e per la Sua buona mamma, mi creda
sempre Suo Corrado Govoni

* La lettera, conservata presso il Centro Apice, è inedita. Si ringrazia Flavio Andrea Govoni per avere dato il nullaosta alla sua pubblicazione.

# APPENDICE II

## Gli 'altri' testi: un'integrazione del fondo bibliografico cattafiano

I seguenti volumi sono di proprietà e ancora in possesso della famiglia del poeta che ne ha gentilmente permesso l'inventario. I numerosi saggi monografici a soggetto artistico, opuscoli e cataloghi di mostre risalenti agli anni Cinquanta e Sessanta testimoniano un coinvolgimento (che non va dunque ascritto solo alla maturità) nei confronti delle arti visive, compreso quel campo di interesse ancora del tutto inesplorato che è la fotografia.

Tra i volumi si evidenzia la monografia di Isabella Far su De Chirico che retrodata l'interesse cattafiano verso l'artista di due decenni rispetto alle emergenze metafisiche della raccolta *Marzo e le sue idi*. La pittura metafisica era, come abbiamo visto, oggetto di trattazione anche dei due volumi di Renzo Modesti. Da notare anche il libretto di Vittorio Famularo *Le isole Eolie*, del '51, a cui Cattafi probabilmente si rifece per la scrittura di *Le isole lontane*, integrando così il bagaglio mnestico acquisito durante la sua esperienza da *reporter* in Sicilia.

Per quanto riguarda gli anni Settanta, oltre alle edizioni d'arte firmate dal poeta stesso (alcune postume) che sono qui collocate in calce, risaltano tre libri d'artista: *Ippogrammi & metaippogrammi* di Giovanola. *Programmi di altri ippogrammi*, prototipo di *Se i cavalli non fossero cavalli*; un catalogo dell'opera di Emilio Isgrò; il *Diario senza date* di Antonio Saitta e Vanadia, una copia del quale fu in seguito esposta alla mostra del libro d'artista del Museo di Messina nel 1989.


*Alinari fotografi a Firenze 1852-1920 (Gli)*, catalogo a cura di Vladimiro Settimelli e Filippo Zevi (catalogo della mostra tenuta a Firenze, Forte Belvedere, luglio-ottobre 1977), Firenze, Alinari, 1977.

Antony Armstrong earl of Snowdon, *Snowdon Assignments*, New York, William Morrow and Company, 1972.

Carlo Battisti – Giovanni Alessio, *Dizionario etimologico italiano* (A-Z), Firenze, Barbera-Università degli Studi, 1965.

Carlo Betocchi, *Omaggio a Pietro Parigi*, catalogo della mostra alla Sala d'armi Palazzo Vecchio (23 febbraio-10 marzo 1974), Firenze, Unione Fiorentina, 1974.

Werner Bischof, *Giappone*, Zurigo, Conzett e Huber, 1954.

Pietro Bruno – Giulio Conti, *Messina. Impronte del passato*, testi di Pietro Bruno, fotografie di Giulio Conti, Messina, Rotary Club, Edizioni GBM, 1978.

PIERA CALLEGARI, *La vita e l'arte di Toulouse-Lautrec*. Ricerca iconografica e didascalie a cura di Silvia Danesi, Verona, Arnoldo Mondadori, 1973.

RAFFAELE CARRIERI, *L'arrotino*, con otto incisioni originali di Romolo Calciati, Milano, Edizioni Terramare, 1960.

BARTOLO CATTAFI, *Libertà*, con una *charta* di Antonio Freiles (s.l., s.e., s.d.).

— *Il buio*, Milano, Scheiwiller, 1973.

— *Quattro poesie*, testi di Bartolo Cattafi, Enzo Fabiani, Pieraldo Marasi, Alberico Sala. *Fogli ritrovati* (opere di Ludovico Mosconi), Edizioni per la Galleria Rizzardi, 1° febbraio 1973.

— *Lame*, quattordici poesie e un'acquaforte di Bartolo Cattafi e due acqueforti di Carmelo Cappello, Verona, Libri di Renzo Sommaruga, 1973.

— *Quattro poesie e quattro acqueforti. Arnesi, Rosso di sera, Nidi, Ombre statue, presenze*, Verona, Stampe di Renzo Sommaruga, 1974.

— *Ostuni*, con sette disegni di Ruggero Savinio, Milano, Edizioni 32, 1975.

— *Ipotenusa*, avec une gravure de Andrè Haagen "Origine", Luxembourg, Senningerberg, 1975.

— *Se i cavalli non fossero cavalli*, con dieci disegni originali di Gian Luigi Giovanola, Milano, Scheiwiller, 1979.

— *Dieci poesie inedite*, con tre incisioni di Giuseppe Santomaso, Pesaro, Edizioni della Pergola, 1983.

— *Oltre l'omega. Sei poesie con quattro chartae di Antonio Freiles*, introduzione di Giuseppe Miligi, Milano, Edizioni di Vanni Scheiwiller, 1984.

*Cimabue*, collana "I maestri del colore", n.11, Milano, Fratelli Fabbri, 1976.

*Cinquantennio editoriale di Arnoldo Mondadori, 1907-1957 (Il)*, Verona, Arnoldo Mondadori, 1957.

*Corriere dei piccoli*, settimanale illustrato del «Corriere della Sera», a. XLVI, n. 17, 25 aprile 1954.

*Donna in trentatrè proverbi veneti (La)*, con una litografia di Giuseppe Ajmone, Verona, Sommaruga, Quaderni delle edizioni Verona, 1965.

LUCIANO ERBA, *Ippogrammi & metaippogrammi di Giovanola. Programmi di altri ippogrammi*, Milano, Scheiwiller, 1958.

*Max Ernst*, a cura di David Larkin, Verona, Arnoldo Mondadori, 1976.

VITTORIO FAMULARO, *Le isole Eolie*, seconda edizione ampliata, Messina, Grafiche La Sicilia, 1951.

ISABELLA FAR, *Giorgio De Chirico*, Milano, Fratelli Fabbri, 1968.

PIETRO FEDELE, *Grande Dizionario della Lingua italiana*, voll. I-X, Terza edizione, Torino, UTET, 1970-1978.

MAX GALLO, *I manifesti nella storia e nel costume*, Milano, Arnoldo Mondadori, 1972.

*Gela. Destino di una città greca di Sicilia*, testo di Pietro Griffo, fotografie di Leonard Von Matt, Genova, Tipografia Stringe, 1964.

GIAN LUIGI GIOVANOLA, *Cavalli musei* (Galleria Tiberi, 28 ottobre-22 novembre), Orvieto, 1978.

*Emilio Isgrò*, con un saggio di Filiberto Menna, una nota di Enzo Paci, un'autointervista di Emilio Isgrò, Parma, Centro Studi e Archivio della Comunicazione Università di Parma, 1976.

Giovanni Lazzari, *L'Enciclopedia Treccani*, voll. I-XII, Napoli, Liguori, 1970.

*Longane*, contributo alla conoscenza della città di Longane in occasione della celebrazione del XX Anniversario dell'Autonomia Comunale, 1947-1967, Patti (Messina), Biblioteca Comunale Popolare Longane di Rodi Milici, 1967.

Pietro Longo, *Messina e Provincia. Guida storica-turistica*, Messina, La Sicilia, 1936.

Guido A. Mansuelli, *Forma e colore. I marmi del Partenone*, Firenze, Sadea Sansoni, 1965.

Renzo Modesti, *Pittura moderna nel mondo*, Milano, Antonio Vallardi, 1961.

— *Pittura italiana contemporanea. Dal Futurismo alla metafisica, il Novecento, il Surrealismo, l'Astrattismo, Corrente, dal Cubismo alla nuova figurazione*, Milano, Antonio Vallardi, 1964.

Carlo Munari, *Via Crucis di Fratel Venzo S. J.*, Milano, Centro Culturale San Fedele, 1964.

Achille Pace, *Il labirinto in-visibile*, con testi critici di Giulio Carlo Argan, Antonio Calderara, Luigi Lambertini, Ennio De Gregorio, Carmine Benincasa, Robertomaria Siena, Roma, Magma, 1975.

Picasso, *Peintures 1939-1946*, introduction de Robert Desnos, Paris, Les Editions du chéne, 1946.

*Pittura francese. Da Fouquet a Poussin* (*La*), con testi di Albert Chatelet e Jacques Thuillier, Losanna, Fabbri-Skira, 1965

Jaques Putman, *Alechinsky*, Milano, Fratelli Fabbri, 1967.

Ferdinando Reggiori, *Il monastero olivetano di San Vittore al Corpo in Milano*, Milano, Silvana Editoriale, 1954.

Antonio Saitta, *Diario senza date*, con tavole di Giuseppe Vanadia, Macerata-Roma, Casa Editrice d'arte Foglio OG, s.d.

Vanni Scheiwiller, *Marussig. Disegni*, Collana "Documenti *del disegno*" diretta da Osvaldo Patani, Milano, Edizioni della Seggiola, 1976.

Gino Severini, *Le analogie plastiche del dinamismo*, Roma, Sigma Tau, 1968.

Nunzio Sciavarrello, *Opere scelte (dipinti disegni incisioni)*, *brochure* della mostra alla Galleria d'Arte Cavallotto, (Catania, 7-24 dicembre 1976), con una nota di Vanni Scheiwiller.

«Persona. Mensile di letteratura, arte e costume», a. XI, nn. 6-7-8-9-10-11-12, fascicolo dedicato a Roma 1870-1970, giugno-dicembre 1970, Roma, A.B.E.T.E., 1970.

Diego Valeri – Raffaele Carrieri, *Calciati. Opere 1959-1964*, introduzione di Diego Valeri, Le Clematis, 1964.

Patrick Waldberg, *Adieu a Nelly, cinq eaux-fortes originales de Philippe Labarthe*, Pesaro-Milano, La Pergola, 1974.

# APPENDICE III

## Padre Felice Scalìa: una testimonianza

Padre Felice Scalìa, teologo e scrittore, è il sacerdote che ha celebrato il 2 gennaio 1978 il matrimonio religioso del poeta con Ada De Alessandri nella cappelletta dell'Istituto *Ignatianum* di Messina con padre Federico Weber e che, insieme a quest'ultimo, ha assistito Bartolo Cattafi nel suo percorso di conversione religiosa.

I diari lo nominano in relazione a eventi fondamentali della vita cristiana di Bartolo, come quando, dopo molti anni, si riaccosta al sacramento della Riconciliazione nella sua casa di Mollerino, presenti Miligi, Weber e Scalìa, e dà poi un piccolo rinfresco per festeggiare la gioiosa occasione («Fratellanza, amicizia, mia indicibile felicità per avere ricevuto dopo 38 anni la Comunione», 10 marzo 1978). Questa testimonianza inedita, che racconta un aspetto più intimo e delicato del personaggio cattafiano, e per la quale ringrazio il gentilissimo padre Scalìa, è stata raccolta il 29-04-2024.

Sono stato molto fortunato a conoscere Bartolo ed Ada. Di Bartolo ho un'immagine vivida, anche se sono trascorsi molti anni da quando lo vidi per la prima volta. Mi sembra che Elisabetta fosse già nata, quindi dev'essere stato all'incirca nel 1975 o nel 1976. Ho frequentato la sua famiglia, insieme al mio confratello Federico Weber, fino alla partenza di Ada dalla Sicilia, dopo la morte di Bartolo. Per il mio ruolo istituzionale di allora (ero rettore all'*Ignatianum*) assistetti alla presentazione organizzata dal Rotary Club all'Hotel Royal di Messina, del suo volume di *Poesie Scelte* degli Oscar Mondadori.

Lo sentii parlare e mi colpì il suo afflato calmo ma avvincente, la voce pastosa e avvolgente. Sapeva attrarre l'attenzione del pubblico. Aveva la battuta pronta Bartolo, ma nelle sue freddure c'era molta verità. A tal proposito, ricordo un aneddoto: un giorno avemmo un confronto sulla scelta della chiesa in cui si sarebbe sposato; desiderava farlo nel Santuario piccolo del Tindari, nei suoi luoghi di origine, ma era chiusa e perciò gli proposero il Santuario grande. Bartolo allora disse che quello grande gli pareva una «cassata siciliana» (per la sua forma compatta, presumo), e decisero di sposarsi all'*Ignatianum* dove io e padre Weber, mio confratello, celebrammo il matrimonio. Weber era l'amico, quello che lo comprendeva di più.

Alla cerimonia c'era anche Peppino Miligi che era parte, insieme a Bartolo, di una *élite* intellettuale di cui si sente la mancanza da tempo a Messina. Padre Weber, greco di nascita, era entrato nella Compagnia di Gesù in Italia, ma si era formato in Francia e aveva quindi una personalità molto complessa, dotata di un sottile *esprit de finesse*. La sua filosofia era dialetticamente opposta al Neotomismo della Chiesa: propugnava un ripensamento teologico; come filosofo riusciva a dire l'intima natura delle cose, a rivelarne l'essenza (anche con parole che non erano soltanto filosofiche), come faceva Bartolo attraverso la poesia: forse per questo fu proprio lui ad accompagnarlo nel suo cammino religioso.

Talvolta, però, Bartolo si apriva anche con me: ricordo che un giorno parlammo della sua necessità di credere attraverso i segni. Bartolo nutriva una vera devozione per la reliquia come oggetto sacro, in quanto entrato in contatto un santo e, quindi, segno tangibile della presenza di Dio: diceva che per sentire l'ineffabile, l'indicibile, aveva bisogno di chi lo aveva sentito in prima persona o, in sua vece, dell'oggetto con cui questi aveva avuto un contatto diretto. Come dire: Bartolo era sì spirituale, ma a partire dai segni. Spiegava che avere fede nelle reliquie non era un'idolatria, ma un "mezzo per": pur indicando il fine, la reliquia era un'incarnazione del fine nel mezzo. La sua era una mentalità 'spiritual-materialista'.

La mia visione era meno netta, più problematica: la reliquia dev'essere un mezzo più che un fine, se no c'è il pericolo che possa alimentare la credulità popolare. Non mi contrapposi alle sue idee con forza, mentre Bartolo aveva bisogno di essere contestato. Aveva il desiderio e la necessità di confrontarsi apertamente, di essere guidato con fermezza, non assecondato. Bartolo allora si rivolse a me in dialetto dicendo: «Padre, non mi facissi 'u muru troppu vasciu» ("non mi renda le cose troppo facili"). Diventato ormai amico di famiglia, ricordo di essere stato presente sia andando a fargli visita che a distanza, fino alla fine: una fine che cercavamo di scongiurare con le preghiere.

Io e Bartolo abbiamo spesso discusso anche della sua produzione letteraria: mi confidò che l'interpretazione comune voleva che in alcune sue poesie parlasse di amore coniugale, mentre invece parlava di Dio e con Dio, o, per meglio dire, vedeva in Ada un segno dell'esistenza di Dio: «La gente crede che io parli soltanto alla mia sposa, invece io, parlando di lei, parlo a Dio». In alcune poesie si rivolgeva a Dio con una dedizione così totale, che veniva scambiata per un'altra forma di amore.

Per intuire l'invisibile sconosciuto, ci voleva un salto e Bartolo in ciò è stato facilitato dall'amore per Ada, nel vedere Dio in lei (secondo l'interpretazione che davano gli altri, ma che lui in qualche modo confermava). La ricerca della concretezza fu una sua caratteristica. Bartolo era immerso nella materia, di cui apprezzava le forme, i colori, i sapori, gli odori, ma non se ne accontentava.

Molti poeti intravedono l'infinito nel finito, ma si fermano un gradino prima; Bartolo invece, oltrepassava quella soglia con i suoi versi. Per citare una sua poesia, voleva ribaltare «il lato tombale delle cose».[1]

---

[1] *Dall'altra parte*, in *Marzo e le sue idi*.

È una poesia che spiega la volontà di superare la materia e cercare l'invisibile al di là del visibile, che poi è la scommessa di ogni cristiano: «tutto è pazienza e attesa / che ribalti la pietra pasquale / il lato tombale delle cose / dall'altra parte il vero disegno / il volto luminoso / il regno il regno il regno».

La speranza non è solo indice di religiosità: è necessaria. I buddisti la chiamano 'desiderio'. Se non avessimo la speranza che il meglio possa accadere, saremmo disperati giorno per giorno. Tutti i versi della poesia sono positivi, tranne uno che fa riferimento alla tempesta («del fulmine sghembo tra la pioggia»), e invita a guardare ciò che gli altri non vedono. La poesia parla, in qualche modo, di un cielo metafisico al di là di quello fisico o anche poetico, perché il poeta stesso crea una realtà che corrisponda ai propri desideri più profondi.

A cosa servirebbe la bellezza di un notturno sul mare, o di un bosco illuminato dalla luna, se nessuno la potesse vedere? Se non c'è nessuno che la pronunzia, questa bellezza non serve a niente. Il senso della bellezza si rivela nell'essere vista, nel porgersi allo sguardo del poeta, che con la sua parola poetica rende tangibile ciò che altrimenti resterebbe inafferrabile.

Mi servii di quella poesia per spiegare le verità pasquali ai miei allievi durante un ritiro spirituale, dicendo che qualsiasi cosa Bartolo intendesse, invocava nei suoi versi ciò che non c'era: «dietro l'aria azzurrina» c'è forse un altro cielo, e lui indicava la strada per questo invisibile attraverso gli strumenti del poeta: le parole, le immagini.

Noi, a rigor del vero, conosciamo solo la materia creata da Dio: per questo la prima Bibbia di Dio è la natura. I poeti lo sanno bene. Bartolo era estasiato anche dalla natura. Non si contentava di cercare nel cibo il gusto, ma ciò che rendeva piena, bella, gioiosa una convivialità. Nel convivio trovava l'espressione di ciò che noi siamo: relazionalità, benevolenza, amicizia, declinazione dell'io al plurale.

Quello di Bartolo era un tentativo di scalfire il materialismo; ma non parlo di un materialismo ideologico, bensì di uno concreto, costituito di 'accidenti' per dirla alla latina, fatto delle piccole cose della realtà quotidiana; in questo modo contribuiva alla nostra 'umanizzazione', a quella della società. Se questo vuol dire essere disimpegnati…

La convivialità che lo contraddistingueva era, come per Gesù, un mezzo per essere in relazione con gli altri. Sapeva bene che invece di un "io", il cristiano dovrebbe dire un "noi", e pronunciava questo "noi" lontano da ogni forma di bigottismo, di esteriorità. L'imprevedibilità della vita, così come l'imprevedibilità del dono di Elisabetta, ha fatto sì che per molti anni Bartolo fosse in ricerca. Ecco, questa è la definizione più corretta che posso darne: Bartolo è stato un uomo in ricerca che ha camminato con le sue scarpe, con le sue mani, con i suoi sensi.

# TAVOLE

# INDICE DELLE TAVOLE

Fig. 1. Disegno inedito. China su carta. Courtesy: Ada De Alessandri.

Fig. 2. Disegno inedito. China su carta. Courtesy: Ada De Alessandri.

Fig. 3. Disegno inedito. China su carta. Courtesy: Ada De Alessandri.

Fig. 4. Disegno inedito. China su carta. Courtesy: Ada De Alessandri.

Fig. 5. Disegno inedito. China su carta. Courtesy: Ada De Alessandri.

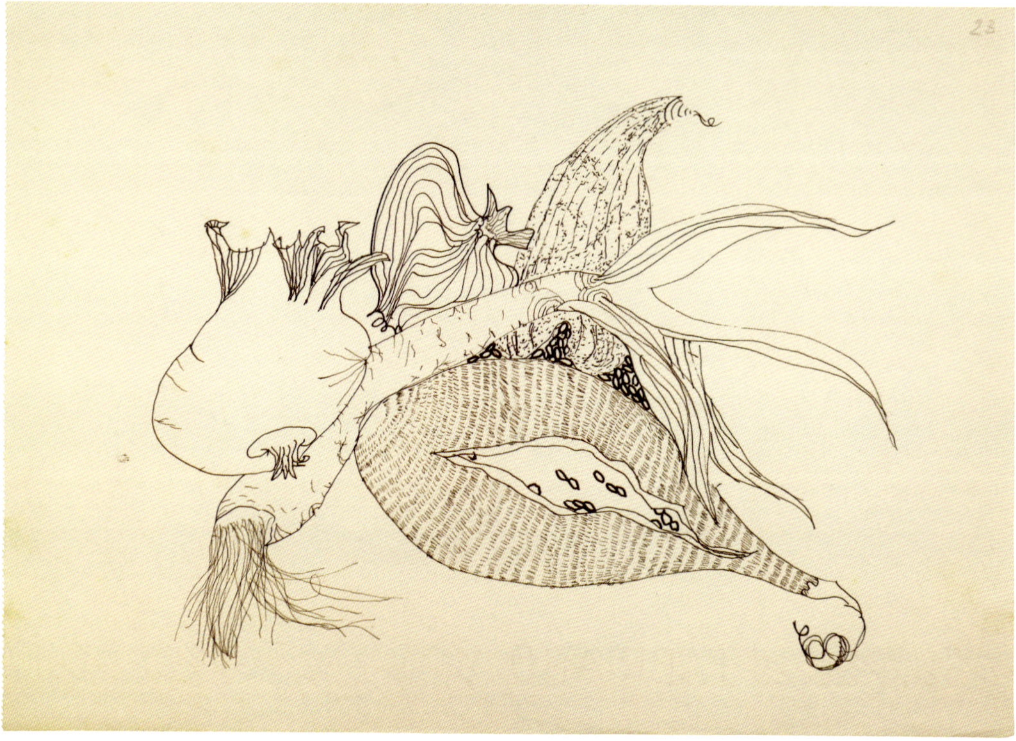

Fig. 6. Disegno inedito. China su carta. Courtesy: Ada De Alessandri.

Fig. 7. Disegno inedito. China su carta. Courtesy: Ada De Alessandri.

Fig. 8. Disegno inedito. China su carta. Courtesy: Ada De Alessandri.

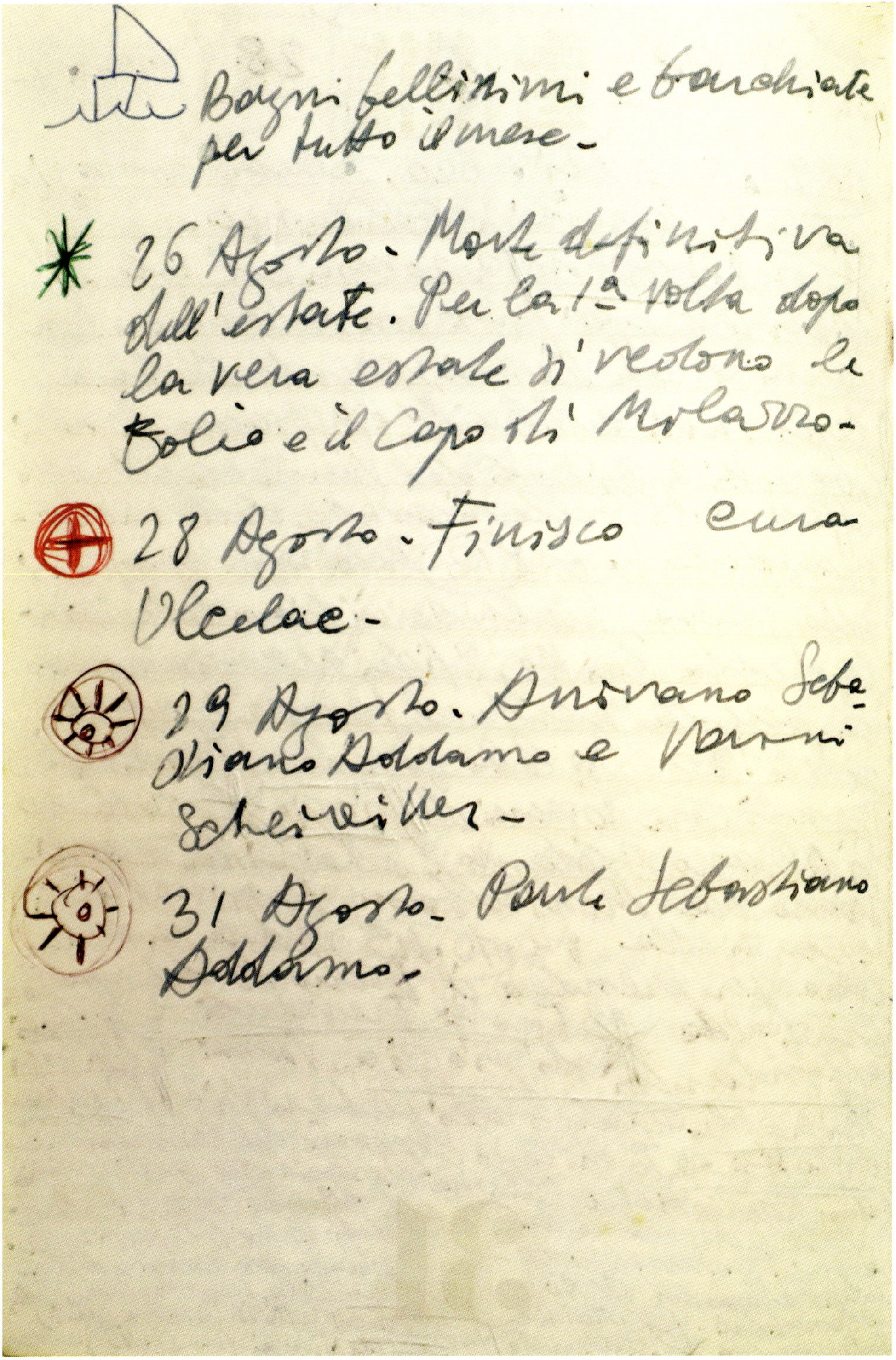

Fig. 9a. Pagina di diario con elenco *marginalia* (31 agosto 1973).

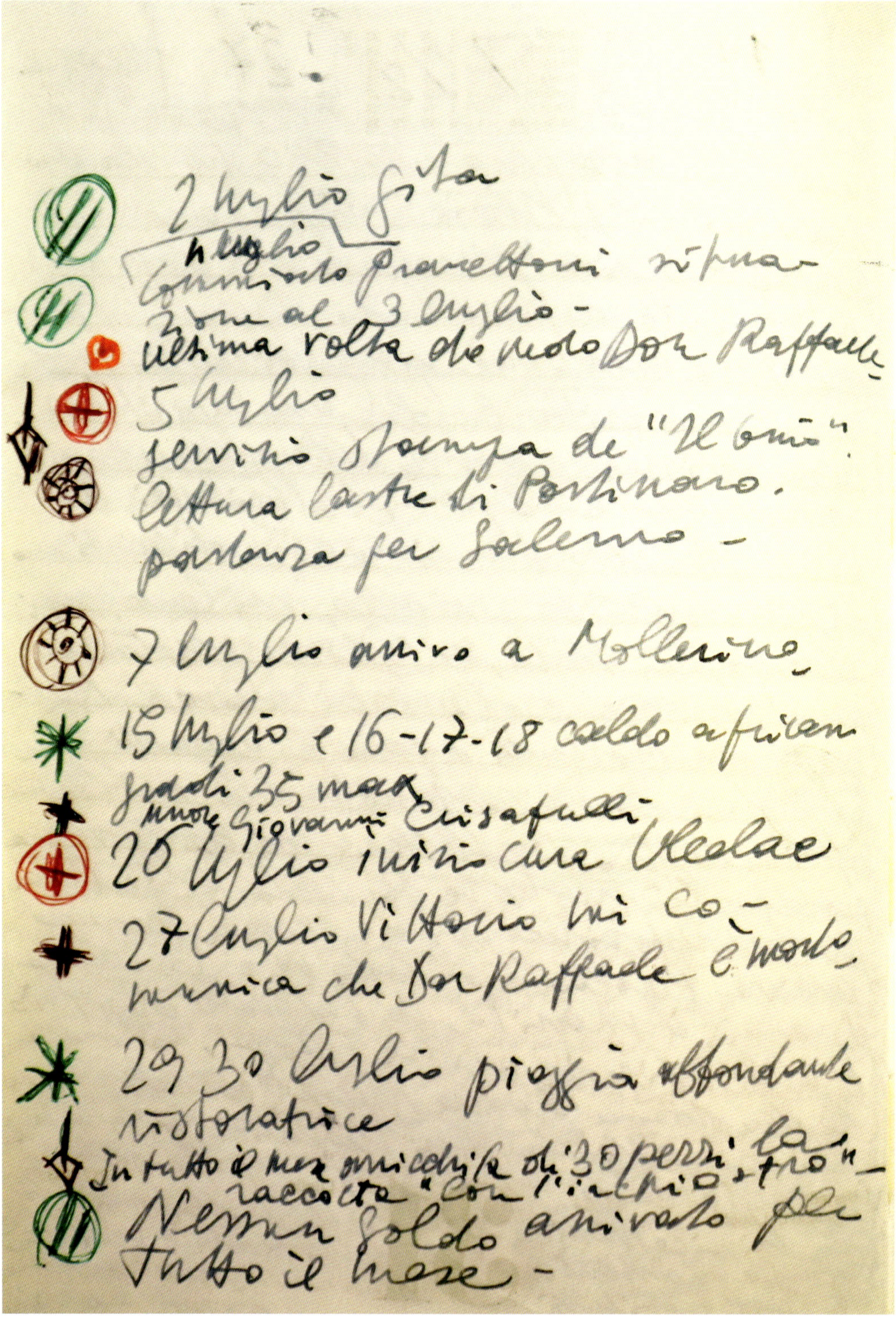

2 luglio gita
4 luglio
Comunicato Pravettoni riparazione al 3 luglio –
ultima volta che vedo Don Raffaele –
5 luglio
servizio stampa de "[illegible]".
lettura carte di Portinaro.
partenza per Salerno –
7 luglio arrivo a Mollerone –
15 luglio e 16-17-18 caldo afoso
gradi 35 max
muore Giovanni Crisafulli
20 luglio inizio cura Uleslac
27 luglio Vittorio mi comunica che Don Raffaele è morto –
29 30 luglio pioggia abbondante
ristoratrice
In tutto il mese [illegible] di 30 pezzi la raccolta "Con l'[illegible]" –
Nessun soldo arrivato per tutto il mese –

Fig. 9b. Pagina di diario con elenco *marginalia* (31 luglio 1973).

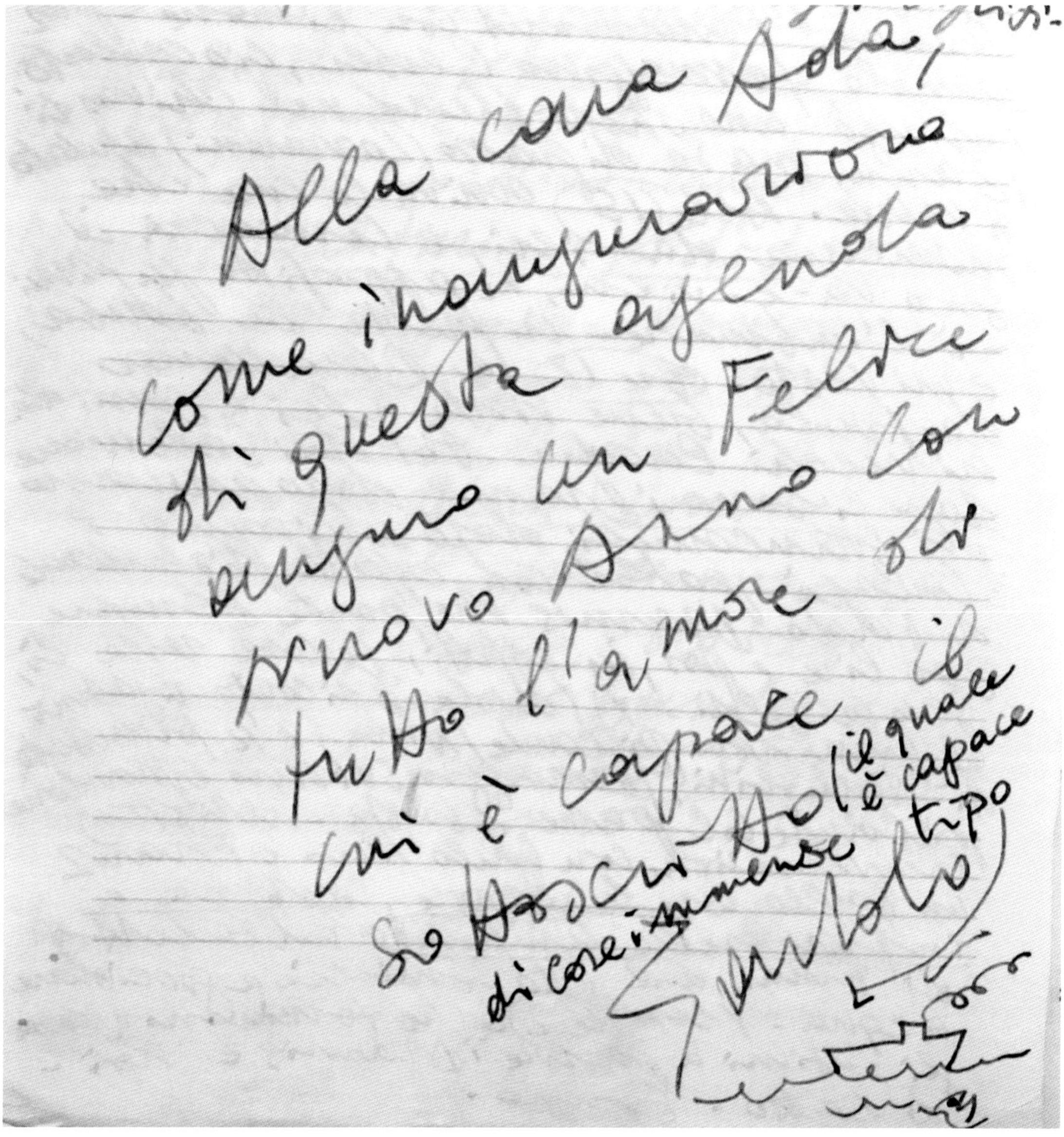


Fig. 10. Dedica con *marginalia* (diario del 2 gennaio 1973).

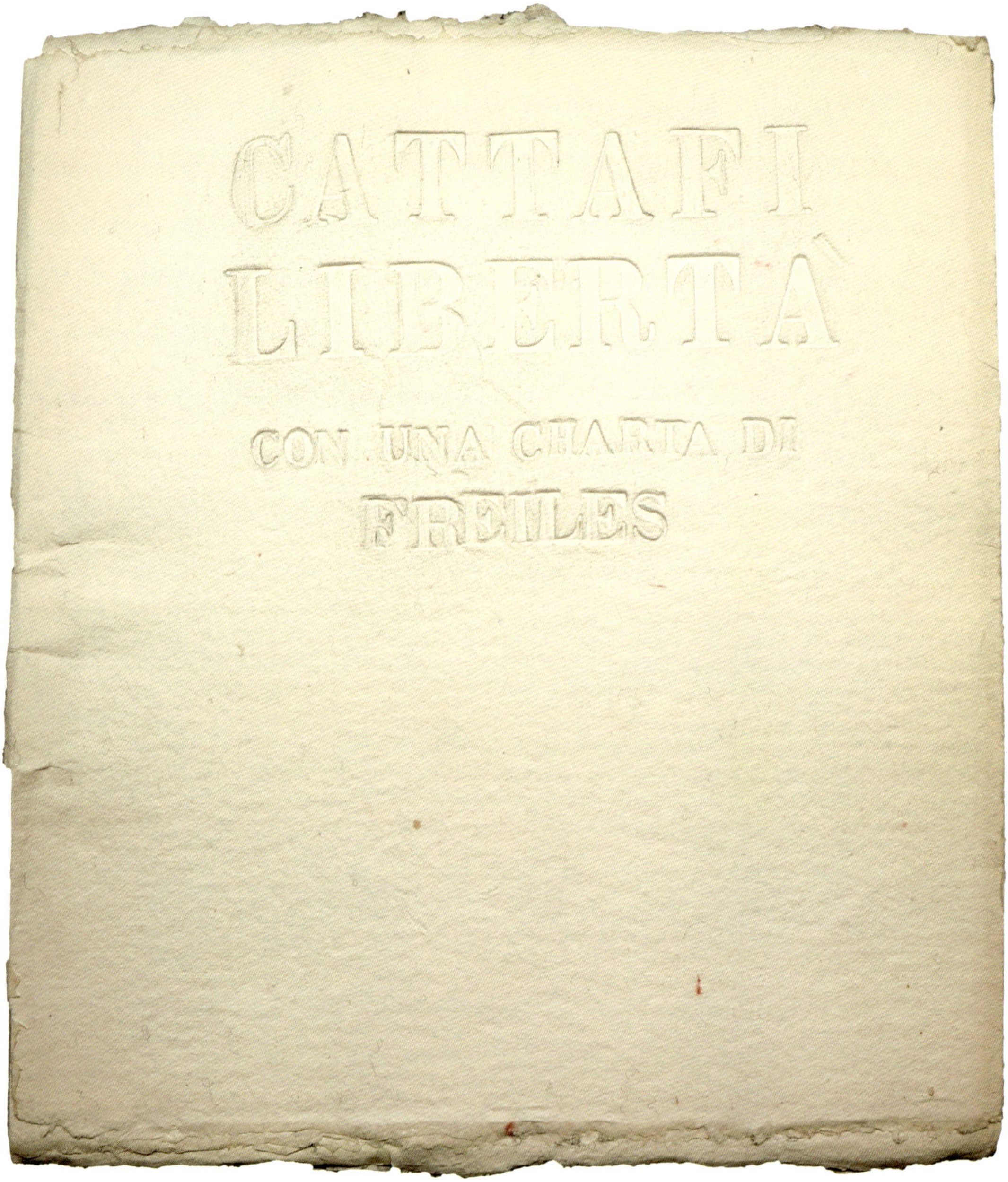


Fig. 11. Libro d'artista *Libertà*, con una *Charta* di Antonio Freiles (copertina).

a

b

Figg. 12a-b. Libro d'artista *Libertà* con una *Charta* di Antonio Freiles (interno).

Fig. 13. Disegno inedito. Matita e tempera su carta. Courtesy: Ada de Alessandri.

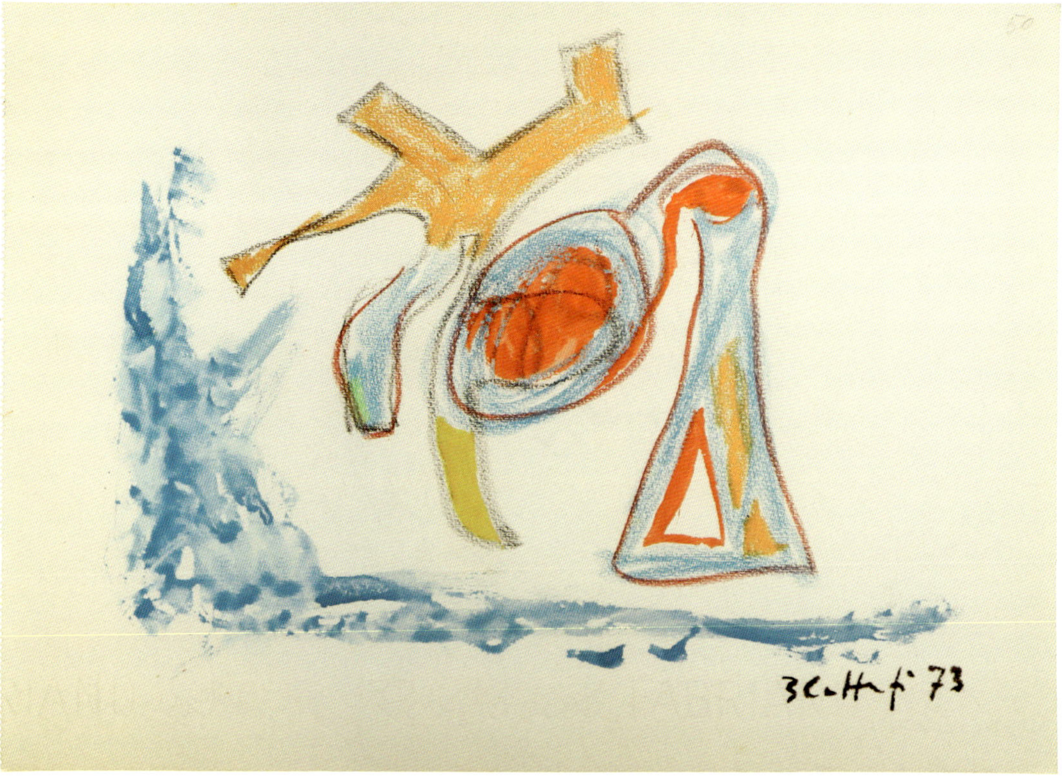

Fig. 14. Disegno inedito. Matita e tempera su carta. Courtesy: Ada De Alessandri.

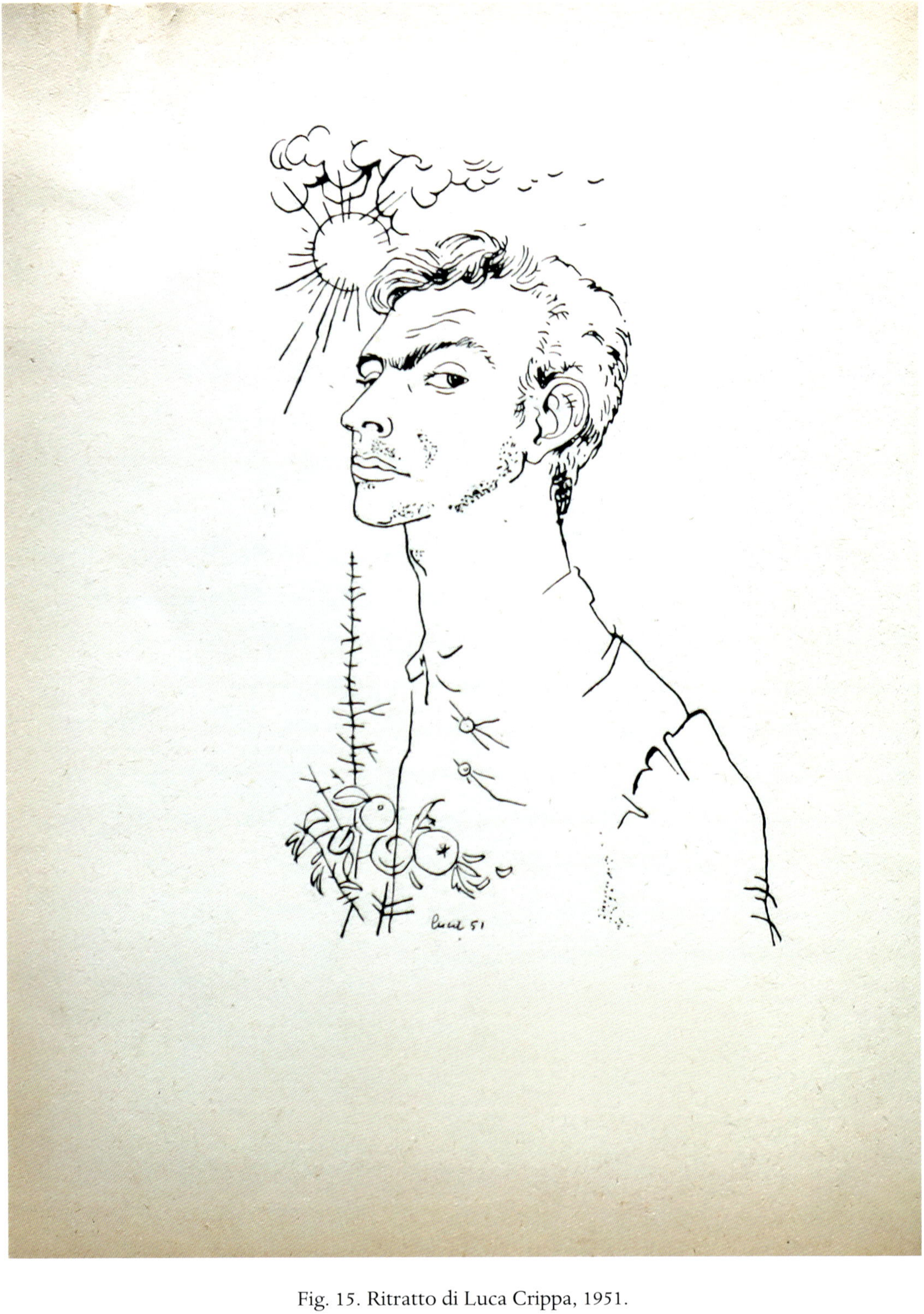

Fig. 15. Ritratto di Luca Crippa, 1951.

## INDICE DEI NOMI

# INDICE

FINITO DI STAMPARE
PER CONTO DI LEO S. OLSCHKI EDITORE
PRESSO ABC TIPOGRAFIA • CALENZANO (FI)
NEL MESE DI SETTEMBRE 2025

# POLINNIA

## TESTI, STUDI E MANUALI DI LETTERATURE EUROPEE

1. *Contributi per Pasolini*, a cura di G. Savoca, 2002, pp. 222.

2. *Paroles dévoilées. Regards d'aujourd'hui sur la femme maghrébine*, a cura di M. Rivoire Zappalà e R. Curreri, 2003, pp. 204.

3. Commare, G., *Turoldo e gli «organi divini». Lettura concordanziale di* O sensi miei..., 2003, pp. 210.

4. *Le muse inquiete. Sinergie artistiche nel Novecento tedesco.* Atti del convegno internazionale, Catania, 4-6 dicembre 2001, a cura di G. Pulvirenti, R. Gambino, V. Scuderi, 2003, pp. 238.

5. *La parola 'quotidiana'. Itinerari di confine tra letteratura e giornalismo.* Atti del convegno, Catania, 6-8 maggio 2002, a cura di F. Gioviale, 2004, pp. 334.

6. Savoca, M., *Góngora nel Novecento in Italia (e in Ungaretti) tra critica e traduzioni*, 2004, pp. 230.

7. Galvagno, R., *Carlo Levi, Narciso e la costruzione della realtà*, 2004, pp. 222.

8. Baudelaire, C., *I fiori del male*, traduzione con testo a fronte a cura di C. Muscetta, presentazione di G. Savoca, 2005, pp. 410.

9. *Sentimento del tempo. Petrarchismo e antipetrarchismo nella lirica del Novecento italiano*, a cura di G. Savoca, 2005, pp. 184.

10. Tomasello, D., *La realtà per il suo verso e altri studi su Pascoli prosatore*, 2005, pp. 162.

11. Le voleur de feu. *Bufalino e le ragioni del tradurre*, a cura di C. Rizzo, 2005, pp. 230.

12. Sichera, A., Ecce Homo! *Nomi, cifre e figure di Pirandello*, 2005, pp. 492.

13. Di Silvestro, A., *Leonardo Sinisgalli fra scrittura e trascrizione*, 2005, pp. viii-282 con 4 figg. n.t. a colori.

14. Paino, M., *Dicerie dell'autore. Temi e forme della scrittura di Bufalino*, 2005, pp. 226.

15. Castaldini, A., *Giovanni Papini: la reazione alla modernità*, 2006, pp. 106 con 1 fig. f.t.

16. *Viaggio verso qualcosa di preciso. Percorsi della poesia di Bartolo Cattafi.* Atti del Convegno di studi, Messina, 25-26 novembre 2004, a cura di D. Tomasello, 2006, pp. 126.

17. Pliya, J., *Teatro. Testi e traduzioni, con inediti (1990-2004)*, a cura di C. Rizzo, 2007, pp. 438 con 5 tavv. f.t. a colori.

18. *Prospettive sui* Malavoglia. Atti dell'incontro di studio della Società per lo studio della Modernità letteraria, Catania, 17-18 febbraio 2006, a cura di G. Savoca e A. Di Silvestro, 2007, pp. vi-164.

19. Macrì, O., *Traduzioni sparse di poesia ispanica*. Introduzione e cura di M. Savoca, 2007, pp. 446.

20. Savoca, G., *Il Canzoniere di Petrarca tra codicologia ed ecdotica*, 2008, pp. viii-334 con 340 figg. n.t. e 16 tavv. f.t. di cui 12 a colori.

21. Petrarca, F., *Rerum vulgarium fragmenta*. Edizione critica di G. Savoca, 2008, pp. xxvi-668 con 914 figg. n.t. e 16 tavv. f.t. a colori.

22. Savoca, G., *Leopardi. Profilo e studi*, 2009, pp. viii-312 con 14 tavv. f.t. a colori.

23. Paino, M., *La tentazione della leggerezza. Studio su Umberto Saba*, 2009, pp. 342.

24. Savoca, G., *L'infinito e il punto. Letture di poesia tra Ungaretti e Cattafi*, 2011, pp. 166.

25. Fontanelli, G., *Tozzi e le facce di* Paolo. *Dal poema in prosa al romanzo*, 2012, pp. 474.

26. Tomasello, D., *L'isola o-scena. Un'idea di Sicilia nella poesia contemporanea*, 2012, pp. 110.

27. *«Un poeta non può morire». Memoria e scrittura nell'opera di Raffaele Poidomani*, a cura di A. Sichera, 2012, pp. 264.

28. Calderone, B., *Funzione-Petrarca. Figure e concordanze del Canzoniere da Leopardi al Novecento*, 2014, pp. 130.

29. Sichera, A., *Pavese. Libri sacri, misteri, riscritture*, 2015, pp. 316.

30. Brunel, P., *Mitocritica*, a cura di C. Rizzo, traduzione di Riccardo Raimondo, 2015, pp. x-94.

31. Savoca, G., *Naufragio senza fine. Genesi e forme della poesia di Ungaretti*, 2019, pp. viii-218

32. Stazzone, D., *Al di qua del faro. Consolo, il viaggio, l'odeporica*, 2021, pp. xviii-114.

33. Savoca, G.,*Verga cristiano dal privato al vero*, 2021, pp. viii-234 con 1 fig. b/n n.t.

34. Savoca G., *Sogni fatti in Sicilia. Pirandello, Brancati, Sciascia*, 2022, pp. viii-206.

35. Savoca, M., *Rubén Darío poeta tradotto in Italia*, 2024, pp. viii-108.

36. Freiles S., *Bartolo Cattafi tra libro di poesia e libro d'arte*, 2025, pp. xiv-284 con 16 tavv. f.t. a colori.